他的地板是你的天花板

特權階級怎樣自我複製並阻礙社會流動機會？我們如何打破社會不平等？

THE CLASS CEILING
Why it Pays to be Privileged

山姆・弗里曼 Sam Friedman、
丹尼爾・勞瑞森 Daniel Laurison 著

麥慧芬 譯

獻給我們的女兒——

可拉（Cora）、史凱（Skye）、英格德（Ingrid）及費雅（Freja）

CONTENTS

謝辭

這本書的封面上雖然只印了兩個名字，然而那個衍生出本書的大規模的原始計畫，卻聚集了許多人的心力與重要貢獻。我們要正式感謝的第一個人，也是最重要的一位，是我們的研究助理伊恩．麥當勞（Ian McDonald）。他負責了我們建築業個案研究——庫柏斯建築師事務所——絕大部分的實地調查工作。短短六個月內，伊恩就完成了這間事務所的招募、實地調查與資料分析的全部工作。毋庸置疑，這份研究所提出的深刻見解，是我們這個專案計畫的無價收穫。另外，本書相當大部分的撰寫與編輯內容所仰賴的普遍性學術支援與協助中，伊恩也是至關重要的來源之一，而且他甚至是無償提供協助。

進行大量演員訪問的戴夫．歐布萊恩（Dave O'Brien）、完成了好幾場透納．克拉克會計師事務所人員訪談的坎頓．路易斯（Kenton Lewis），也是我們衷心感謝的重要合作者。他們不僅協助收集資料，也是本書所表達的許多思維與論點成型與發展的關鍵人物。

將實地調查的資料與量化分析融合在一起以讓本書能夠問世，整個過程耗時、費力、傷腦、艱困，中間偶有曲折起伏，卻也常常帶來許多啟發。在這樣的旅程中，我們能求助於許多學術界同仁的協助，實在是件非常幸運的事情。我們特別要感謝麥克・薩瓦吉（Mike Savage），他提供的指導傑出而優秀，而且給予的回饋意見自始至終都珍貴無比，其中還包括了這個研究專案初始階段迫切需要的鼓勵。裘尼・庫哈（Jouni Kuha）、麥克・豪特（Mike Hout）、琳西・馬克米蘭（Lindsey Macmillan）以及艾倫・瑞夫司（Aaron Reeves）都在不同的時間，對我們的量化分析提供重要的指導；此外，若沒有歐娜・金恩（Oona King）、史嘉蕾・布朗（Scarlette Brown）、帕司卡・瓦索（Pascale Waltho）、與亞德・若克里夫（Ade RAwcliffe）的協助，我們研究個案的實地調查工作根本不可能完成。

我們還需要感謝許多同仁，不論來自學術界或非學術界，他們都慷慨地針對本書早期的內容提供了寶貴的意見與深刻的見解，包括安娜特・拉若（Annette Lareau）、帕司卡・瓦索（Pascale Waltho）、尼克・米勒（Nik Miller）、史嘉蕾・布朗（Scarlett Brown）、瑪倫・托夫特（Maren Toft）、露辛達・普拉特（Lucinda Platt）、戴倫・華勒斯（Derron Wallace）、莎拉・威利—拉布萊頓（Sara Wilie-LeBreton）、雪若・佛格森（Sherelle Ferguson）、卡洛琳・雪諾夫（Carolyn Chernoff）、提姆・伯克（Tim Burke）、喬依・查爾頓（Joy Charlton）、彼得・哈維（Peter Harvey）、彼得・卡特頓（Peter Catron）、坎伯・格萊尼（Campbell Glennie）與大衛・卡倫（David Karen）。除此之外，催促我們把投稿論文中的想法做進一步發展的每一位《美國社會學評論》（*American Sociological Review*）評論者，我們也要致上由衷的感謝。

在把研究專案發展成這本書的過程中，許多聽我們談論這個計畫的人們，提出的各種見解深刻且具挑戰性的問題和討論，都讓我們獲得極大的裨益。要感謝的人多得不勝枚舉，但是當我們卡在專案計畫中動彈不得的時候，約翰・戈德索普（John Goldthorpe）、理查・布林（Richard Breen）、裘蒂・瓦克曼（Judy Wajcman）、湯姆・迪普瑞特（Tom DiPrete）、佛羅倫西亞・托切（Florencia Torche）、胡安・帕布羅・帕多—古耶拉（Juan Pablo Pardo-Guerra）、約翰・希爾斯（John Hills）、史蒂芬・馬欽（Steven Machin）、唐恩・道（Dawn Dow），以及吉爾夫・佩恩（Geoff Payne），都提供了回饋的意見，或催促我們往更深處去想。

這種混和的研究方法，是一種時間與資源高度集中的工作，如果沒有山姆的經濟與社會研究委員會未來研究領袖（ESRC Future Research Leaders）基金的慷慨解囊，這個專案沒有絲毫完成的可能。艾塞克斯大學（University of Essex）英國資料服務處（UK Data Service）的人員，非常有耐心地幫我們釐清怎樣才能將勞動力調查（Labor Force Survey）數據做最好的利用。除此之外，我們自己單位的同仁——特別是倫敦政經學院的露意莎・勞倫斯（Louisa Lawrence）以及斯沃斯莫爾學院的蘿絲・邁歐（Rose Maio）——在邏輯處理與行政工作方面的管理，給予了我們極大的協助。政策出版社（Policy Press）的團隊，也是我們要致上無比的感激的對象，本書出版前，他們不斷提供我們協助與指導。藉此機會，還要特別謝謝愛麗森．蕭（Alison Shaw）給予我們機會，讓這本書可以問世、謝謝瑞貝卡．湯姆林森（Rebecca Tomlinson）十足的耐心與支持、謝謝潔絲．密秋（Jess Mitchell）那雙敏銳的編輯之眼，以及謝謝肥皂盒設計室（Soapbox Design）的雪倫．馬（Sharon Mah），將我們數據中的關鍵內容，以優雅的視覺方式呈現。

我們還要感謝我們的研究參與者，特別是研究個案企業中的每一位受訪者，幫我們建立起進入他們企業組織的管道，並讓我們穿梭其間。若沒有他們持續熱心地參與、提供深刻的見解、率直與坦誠，這項研究計畫不可能完成。

最後，我們要特別謝謝我們兩人的家人。謝謝山姆的父母安迪（Andy）與珮特（Pat）為這本書的初稿提供真知灼見，也謝謝他的伴侶露意絲（Louise），在照顧新生寶寶的空檔，神勇地貢獻時間為這份初稿貢獻慧眼獨具的想法。丹尼爾的伴侶漢娜（Hannah），不論以往還是現在，始終都是這個世界的一股向善之力，她不但為這本書提供了意見與鼓勵、撫育我們兩人那對棒透了的寶貝，**同時還**接下了組織賓州人民反對川普政策的艱鉅工作。

本書用語說明

本書討論的是英國的情況，所以內文使用的英文都是英式拼音、文法與詞彙。因為英、美語詞結構用法而出現的差異，抑或是我們認為可能會造成讀者困擾的一些內容，都會在附註中提供解釋。

有一個英、美兩國在語言使用上出現重大歧異的議題，那就是泛指少數種族族群的相關內容。由於英、美殖民主義與種族主義的歷史發展差異，兩國對於各自的族群分類方式，缺乏一言以蔽之的完美語言，而在壓迫史面前，哪些詞句最能精準表達，在各族群之間也多有爭議。在請教了兩國的學者與朋友，同時也在兩國的推特上諮詢大家意見後，我們兩人大多時候都使用「少數族群」（racial and ethnic minorities）這個詞彙（儘管更正確的說法應該是「小眾化」〔minoritised〕或「種族化」〔racialised〕的族群）。在英國，大家經常談論的種族，是生活文化造成的不同族群（ethnicity），而美國所談論的則是人種（race）；我們常用「種族族群」（racial-ethnic）這個複合詞來強調族群與人種這兩個詞彙的重疊部分。英國標準的解決作法是使用縮寫BME（Black and Minority Ethnic），意思是黑人與少數族群，所以書中我們也會使用這個詞彙；偶爾我們也會使用「有色人種」（people of colour）這個詞彙，這在美國是很常見的用法，但在英國卻不是那麼熟悉。同樣的，當我們提到「所有種族族群中的女性，以及少數種族族群中不分性別的所有人」時，我們還會使用諸如「女性與少數種族族群」（Women and racial-ethnic minorities）這類的詞彙。在本書中，我們自始至終都遵循著現代種族與族群學者（譬如kehal, n.d.[1]）、批判性種族理論（Crenshaw, 1988[2]；Harris, 1991[3]）與他們的前輩（譬如DuBois, 1971[4]），以及在將「白人」以英文小寫方式呈現時，同時以大寫的英文呈現「黑人」與其他少數種族族群名稱的作法。

從根本而言，本書是一本關於階級的著作。不過對於不同的階級詞彙應該有什麼樣的意義，各界同樣也存在著極大的歧異——即使是研究階級的學者之間也不例外！（我們會在第十章探討這些爭辯的內容）。本書的焦點會放在那些把「菁英」類的較高階專業、管理或文化工作當成階級終點的人身上。除此之外，當我們提到階級背景時，我們是根據英國政府的全國社會經濟分級統計（National Statistics Socio-economic Classification〔NS-SEC〕），將階級粗分為三類，而我們所謂的「專業與管理階級」、「中上層階級」或「特權階級」背景的人，是指父母當中至少有一人的工作，屬於全國社會經濟分級統計中的前兩類階級；那些我們稱之來自「中產階級」或「中低階級」出身的人，父母當中至少有一人是自己開業或從事辦事員、技術、較低階的管理工作者；最後，我們所稱的「勞工階級」背景，描述的對象則是那些父母從事例行或半例行性工作，抑或長期無業的人。

---

1 kehal為一前歐洲猶太族群機構，負責宗教、法律與公共相關事務。

2 金柏蕾・克倫肖（Kimberlé Williams Crenshaw）：一九五九～，美國律師、民權運動人士、哲學家與批判性種族理論學者。以提出交織性與研究交織性發展著稱。目前為加州大學洛杉磯分校與哥倫比亞大學法學院教授。

3 安潔拉・哈里斯（Angela P. Harris）：一九六一～，美國法學學者，目前任教於加州大學戴維斯分校，研究包括批判性種族理論與刑法，一九九一年出版《建立理論、建立社群》（*Building Theory, Building Community*）。

4 威廉・杜博伊斯（William Edward Burghardt DuBois）：一八六八～一九六三，美國社會學家、歷史學家與民權運動人士，是個社會主義者與泛非主義者，為一九〇九年全美有色人種協進會（National Association for the Advancement of Colored People）的創辦人之一。

前言

馬克[1]擁有一份大多數人都會覬覦或羨慕的電視台工作。身為六號電視台[2]時事節目的負責人，他製作出了一些英國備受好評、引人注目的節目。他掌控的預算高達數億，甚至數十億台幣。川流不息的獨立電視節目製作人，每天都會在他的辦公桌前，拼命想要得到他的青睞。對許多人來說，他就是終極守門員。

三十九歲就手握如此大權的馬克，真的很年輕。當然，他也很滿意自己的快速晉升。大約在五年前被六號電視台成功挖角前，就已經闖出節目製作人名號的馬克，一開始是一家與六號電視台打對台的電視廣播公司局長。馬克在接連轟出一連串安打後，儼然成為六號電視台最強的打者之一。

當然，我們在訪問馬克之前，就已經對他的這些豐功偉業都瞭若指掌了；散發著光芒的各種新聞相關履歷，全都在讚頌他饒富創意的才能。但是當我們在六號電視台那個包覆著鋁與玻璃材質，充滿了未來感的總部頂樓和他見面，並請他用自己的話闡述他的職涯時，我們聽到的卻是另一個完全不一樣的故事版本。馬克並沒有否認自己的成功；他顯然對於當下的成就非常驕傲。令人訝異的是他的坦率；他的事業軌道，他告訴我們，特別是飛快的晉升速度與一路相對的暢通無阻，其實取決於擁有一連串重要優勢的「起跑點」。

他娓娓地向我們從頭說起。馬克有個不凡的背景，他父親是一位成功的科學家。他在進入牛津之前，上的是倫敦最好的私立學校之一。他對我們說，這樣的特權在幫助他進入電視圈的過程中，起了關鍵的作用。尤其是，他向我們解釋，大學期間——在父母的資助之下——他去了紐約進行大學論文研究。[3] 透過他父親與學校的關係，馬克在紐約的住宿全部免費。「因為我爸認識得分線旁邊的人，於是我在紐約就落腳在那間空的公寓裡。」他一面搖頭一面笑著回憶過往。他父親認識的人很快又介紹他認識一位在電視圈工作的朋友：

> 所以，我跟著攝影師羅斯一起出去玩，然後碰到了當時正在製作英國國家廣播公司系列節目的導演。她問我：「你在幹嘛？」我就回答「我在牛津唸書」之類的答案。然後她的反應大概是「哦，牛津啊」。再後來，大學畢業後，我寫了封信給這位導演，問她：「有沒有什麼累積工作經驗的機會？」就這樣，我得到了一份工作。她帶我到處走了一遍，並向她的同事介紹說：「這是馬克，他很聰明哦，剛從牛津畢業。」從那個時候開始，我大概就算是進了電視圈，有點像是非正式的工作。幾個禮拜後，他們說：「你看

起來還不錯，繼續待著吧，這是一份三個月的工作合約。」再然後，就是接二連三的工作合約。

從這個起點開始，一如他的新聞工作簡歷所展現的，馬克的晉升一路加速。不過相較於他的簡歷，他對自己的事業發展提出了另外一個不是那麼浪漫的版本。當然，他很清楚自己有許多客觀的「優秀能力」，包括亮眼的學歷證明、積極的敬業精神、特定的技能（譬如「對於新聞事件的敘述，有獨特的觀點」、熟練而巧妙的「創意思考」）。然而最重要的事，他告訴我們，是一個可以讓這些才能揮灑的舞台——一個「發展的機會」與一個「得以發光的際遇」。而這一切，有很大一部分都和他人的協助有關。一開始是家裡的經濟支援，那是讓他在拿到長期工作合約前，可以「度過」不安穩日子的一張安全網。然而更重要的，他說，是那些在關鍵時刻，讓他快速通關、為他的工作提供便利，以及站在他的立場替他說話的資深同事。他告訴我們：「真的很有意思，我是說我幾乎可以以支持我的那些舉薦者為主軸，跟你們講述我的整個職涯過程，這就有點像……電視圈其實還活在中古世紀。你只要投了誠，就會有罩你的保護者。」

尋找舉薦者，一方面要精明，一方面還要有「政治性的戰略規劃」。以馬克為例，這代表「與那些我認為很不錯的人有連結，並試著成為他們的左右手」。然而要能建立起這樣的連結，取決於一種層面更廣的能力，去「在某種程度上，融入整個電視圈」。這種能力是一些諸如服飾之類的表面東西。馬克指著自己那雙看起來非常昂貴的純白球鞋這麼說：「我不知道自己幹嘛要穿這種東西，我想應該是一種制服，是吧？就像企業人士都穿西裝打領帶一樣。」

與同事之間的「連結」，通常指的是非正式場合的交流，也屬於這種能力的範疇。馬克記得他在二十五、六歲時的一次事業大突破：「我記得坐在我對面的那小子是借調來製作一部艾薩克．海斯（Isaac Hayes）[4]紀錄片的傢伙，我當時說了一句『噢，我好愛艾薩克．海斯。』兩人就這樣聊了好久，後來又一起去酒吧，連著三個小時都在談音樂，最後他說『其實我正在製作的影片，還需要一個研究人員。』」就這樣，他們合作了好幾年。

「融入」的問題，馬克說，在他進入電視圈委託製作的高端領域之後，影響更大。關鍵點，他說，是如何在電視圈那種普遍的合作與創意決策環境中有所表現。馬克再一次將他所稱的「遊戲規則」和他階級背景的特殊性作了明確的連結：「我舉個例子給你們聽，」他回憶著當初被拔擢到一個新聞節目的資深製作團隊時的情況：

> 每天早上我們都要開場晨間會議，決定報導哪些新聞。每個人都會提出各自認為最好的新聞播報順序跟播報角度，試著贏得其他與會人員的支持。我立刻就認知到這種場合其

實跟我在牛津公共休息室裡碰到的狀況一模一樣。遊戲規則就是——正確，很好；好笑，更好！在這樣的環境中，存在著一種像《私家偵探》（*Private Eye*）[5]與《新聞問答》（Have I Got News For You）[6]那類刺激腦部的特殊幽默。因此使用畫龍點睛的雙關語，或丟出一個非常高明的參考範例，都會是非常優秀的表現。

值得注意的是，馬克並不覺得承認這些事情會讓他特別尷尬或感覺到威脅。他的自述也沒有包裹著刻意算計的謙虛，或刻意流露的中產階級罪惡感。相反地，他告訴我們，在我們正式碰面之前，他有相當長的一段時間一直在「想著我們的訪問」。我們訪問的主題，不僅促使他回溯自己的事業發展過程，也讓他有生以來第一次去思考自己的職涯與背景，存在著什麼樣的連結關係。這種情況下展開的訪談，再加上匿名狀態所圈出的安全範圍，讓馬克有如服下了一帖瀉劑，大暢其言。一如他的總結：「這並不是說我覺得自己像個廢物似的，我的意思是我見過許多擁有更好人脈與特權背景的同儕，因為自身不夠優秀，而把前途搞砸了。不過話說回來，如果我假裝自己的事業發展路上，沒有強大的順風推送，那更是大笑話。」「順風」，或特權助力的概念，是本書內容的核心。馬克不過是我們這個計畫所訪談的一百七十五位受訪者之一。[7]我們的受訪者橫跨各種菁英職業領域，來自不同的階級背景。在某種程度上，馬克代表了一個典型的範例，因為我們見過許多來自類似優勢背景，並攀上了他們所處業界高峰的人。但從另一個角度來看，馬克也是非常特殊的一個例子。我們碰到的大多數訪談者，特別是那些坐擁優渥特權背景的人，他們提供的成功故事非常不一樣。根據大部分這類受訪者的說法，決定他們職場發展的最關鍵因素，是「優秀能力」。[8]

這一點並不令人特別意外。西方文化長久以來始終崇拜「任人唯才」的成就。就像馬克斯・韋伯（Max Weber）[9]早在一九一五年就論辯的觀點：

幸運的人鮮少滿足於自己幸運的事實。不僅如此，幸運的人還需要知道這樣的好運是他們應得的權利。他們需要說服自己「值得」擁有這樣的好運，而最重要的是，他們比別人更有資格擁有這些好運……因此他們想要讓自己的好運變成正當的財富。[10]

本書所要挑戰的概念，正是菁英職場上的功成名就，其實不過就是「正當財富」問題的這個堅定信仰。不僅如此，我們還要證明那些賺最多、爬最高的人，源於特權背景者的數量不但多得不成比例，連他們的成功，也不能簡單地只用「優秀能力」四個字輕輕帶過。我們會揭露一些推動他們前進，並讓他們領先其他出身較劣勢背景者的隱藏機制。正是因為瞭解這些順風推助本質的過程，馬克的故事才特別具有佐證的啟發性。從我們傳統認定的「優秀能力」層面來看，馬克的確優秀得合情合理——他在教育體系中成績優異、工作努力，而且累積了豐富的經驗。然而，就像馬克所提出的解釋，外界為他鋪設了一個特別的**平台**，讓他可以展現「優秀能力」，也給了他一個舞台，讓高階主管可以很輕易地認可他全部的「優秀能力」以及他所展現的方式。讓這些「優秀能力」**登陸**的能力，以及這種能力與一個人出身背景的關連，是本書的核心。確實，父母銀行、檯面下的支持，以及輕而易舉地融入周遭環境等等，這些一路伴隨在馬克職涯左右的議題，不斷在我們所有訪談過程中迴響。隨著我們在之後章節中的論辯，大家會看到前述的每一個議題，在建立以及維繫英國「階級天花板」的工程中，都扮演了至關重要的角色。

在這篇前言裡，我們會為讀者概略勾勒出本書的主要論點。但在此之前，很重要的一件事是提供我們這項研究計畫核心問題的政治與社會脈絡——支撐起這個計畫的問題源於何處？這些問題為什麼重要？從這一開始，我們就要清楚地表達我們無意囊括一整個領域的學術文獻。當然，我們確實在書裡投入了極大量階級和社會流動性相關的各種學術論點，為此，我們也特別在第十章以更具學術討論性以及更具正當性的方式，來探討我們「階級天花板」的研究方式。然而從根本上來說，我們的目標是要讓這本書能夠成為一個讓大家能夠閱讀無礙的作品，因此本篇前言旨在為我們的研究計畫，向各位提供一個易讀且能引起大家興趣的指南。

階級之死

許多一九八〇、一九九〇年代的政治與學術人物都接二連三地出面宣稱「階級的終結」。在大眾眼中，階級這個傳承社會分化的鮮明標誌，在當前的世界已無立足之地。英國連續多位首相，全熱情擁抱奠基於菁英制度之上的無階級新社會[11]和以無限可能為特色的「完美」社會流動性。[12]一如東尼．布萊爾（Tony Blair）一九九九年的著名宣言：「階級之戰已然結束。但真正的公平之爭才剛剛開始。」[13]

這個主張並非出自政治人物的原創。許多學術界的評論者也同樣相信社會階級的時代已成歷史。深具影響力的德國社會學家烏爾里希．貝克（Ulrich Beck）[14]曾提出一段眾所周知的言論，主張階級在現代已屬「殭屍類別」。[15]不但如此，他和諸如安東尼．吉登斯（Anthony Giddens）[16]與齊格蒙．包曼（Zygmunt Bauman）[17]等學術界人士，還群起歌頌一個奠基於「個人化」的後現代世界新秩序的興起。他們的論點核心在於，普遍的社會改變不但已經將我們從階級這種「歷史制訂的社會型態與承諾」中解放出來，還將我們納入一種更個人化導向的時代裡，在這個新的時代，我們「必須產出、展現，並拼湊出」我們自己的人生傳記。[18]

為「階級的終結」論述[19]添柴加油的重要假設之一，是我們經歷了一個社會流動的變革時代。這個說法當然是事實，在許多高所得國家裡，充滿動能與不斷擴張的二次大戰後經濟制度，開啟了強勢的經濟成長率、廣泛拓展的國家教育，並且穩定改善了許多人民的生活水準。[20]自此開始，勞工階級背景的人經歷向上的社會流動，移入管理與專業階級的數量，也急遽飆漲。在英國，這種情況有很大一部分歸因於職業結構的變化，特別是工業與製造業的式微，以及專業與管理領域的大規模擴張。舉例來說，從一九二〇年代到一九九〇年代，從事專業與管理工作的總勞動人口，從不及百分之十五攀升到百分之三十七。[21]因為這樣的發展，「頂端的空間」明顯大了很多，而許多出身勞工階級背景的人，往往透過重點學校的教育[22]，爬升到了頂端，填補了那些新開放的職位。

不過英國社會因此變得更開明，卻是大家對於這段期間的一個誤解。社會學家約翰・戈德索普[23]的開創性研究，毫無疑問地戳破了這個迷思。他披露儘管享受到向上流動的絕對人數的確有所成長，但是出生在勞工階級家庭的人，要（超越來自於特權背景的人）進入專業領域的**相對**機會，或者說可能性，在整個二十世紀期間，依然維持著很低的比例。[24]話說回來，絕對流動性所帶來的移動，讓大家對於開放的**認知**，出現了非常重要的影響。[25]許多人都看過或認識有過向上流動經歷的其他人，而這樣的情形助長了大家覺得各種舊有的階級再製機制，均已逐漸解體的感覺。

戰後「頂端的空間」的擴張，與薪資所得不平等幅度的降低，而且是降到有史以來最低點的時期吻合：薪資所得最高的百分之一人口總收入金額，佔所有人口總收入的比例，在戰前是百分之十五，一九八〇年下降到百分之六。[26]當然，有錢人依然比其他人有錢很多很多，但程度上卻不如過去。

只不過，絕對流動與薪資所得平等的成長，卻慢慢地停滯不前了。一九八〇年代，柴契爾的保守黨政府擁護以金融領軍、服務為主的經濟，與貿易全球化聯手，創造出了從現在的角度看起來似乎是一種高度不穩定的經濟成長。許多顯而易見的成功，都是政策鬆綁與公共資產出售所帶來的一次性收益，而非確保戰後數十年較長期收穫所倚賴的生產力持續提升。於此同時，那些生活在社會階級底層的人，也可能很快就要面對公共支出的刪減。[27]在這樣的情況下，不平等——特別是薪資所得分配最頂端所出現的不平等——迅速生長，而且根據許多不同的量測標準，不平等的程度攀升到了一九三〇年以來的新高峰。[28]

政治論述，毫不令人意外地，在兜了一大圈後，再次回到了原點。對於階級劃分正在逐漸固化的狀況[29]，大家現在愈來愈有共識，而對於當代不平等動態的普遍憂慮，尤其是脫歐之後，也出現了急轉彎，驅使大家要求政治力緊急干預。[30]

社會流動性與不平等議題

在不斷加劇的不平等現象，以及因此而持續惡化的大眾不安過程中，社會流動冒出了頭，並成為政治人物在回應問題的表演時利用的關鍵修辭工具。最近老調重彈，一如泰瑞莎・梅伊接任首相後在議會的首次演說，英國必須成為「**這個**任人唯才的偉大體制」；這是回應社會「令人憤怒的不平等」的主要工具。[31]

這類慷慨陳辭的口號，部分源於對英國人愈來愈封閉的擔憂。戰後快速擴張的「頂端的空間」速度，無疑已經放緩。[32]絕對的社會向上流動性速度，也開始下滑，甚至有些證據還可以證明相對比例已經有所衰退。[33]

然而事實上，不論如何量測，整體的流動率其實一直都沒有太大的變化。既然如此，為什麼社會流動性的這種修辭話術，會如此頻繁地被刻意運用在不平等議題的討論之中呢？很大部分的原因在於社會流動性的議題，是直接對應較大層面的**公平性**原則。相較於其他人，如果某些人就是有可能獲得最高回饋的工作，不論他們的能力是否最強、工作是否最努力，那麼絕大多數的人都會認為這是不公平的事情。[34]再說，位於階級分配頂端的工作，幾乎都是薪資所得更高的工作——因此誰有管道接觸到那些工作的問題，也成了經濟不平等以及薪資所得分配公平程度的一個問題。

故此，有很長的一段時間，主流的政治觀點都認為只要機會平等，經濟不平等就不一定會成為問題。從這個角度來說，如果不同出身背景的人都擁有公平的**管道**，得到大家最想獲得的工作與最高的薪資所得，那麼就算之後的結果出現了不平等，大家也都能接受，甚至這樣不平等的結果還會是大家冀望的**結果**（因為重賞必然可以激勵那些最有能力的人，去追求收穫最豐的工作。[35]）社會流動性，就是藉由這樣的想法，成為一套替不平等正名的重要工具，將不平等全塞進了戈德索普所謂的「任人唯才的合法性」當中。[36]

然而跡象顯示這樣的共識具變動性。不平等議題相關的劃時代著作，如理查・威爾金森（Richard Wilkinson）與凱特・皮克特（Kate Pickett）[37]、托瑪斯・皮凱帝（Thomas Piketty）[38]、丹尼・朵林（Danny Dorling）[39]的作品，以及由國際貨幣基金組織[40]、世界銀行[41]等這類高調機構所發表的重磅報告，都已經說服了許多人相信，極大範圍的薪資所得不公問題，事實上是一個異常急迫的公平層面問題。除此之外，還有許多政治人物——主要是左派人士，不過也有一些右翼分子——認為不論大家獲得工作的管道有多公平，當其他人一年只能賺取微薄的一萬英磅（或更少）餬口，有些人竟然可以拿到數百萬的年薪，就是不合理的情況，而且不斷加重這個論點的宣傳。[42]然而話說回來，這些政治人物同樣支持比例愈來愈高的社會流動性，並將之視為社會開明的一個重要量尺。他們往往都會特別關切世代之間的特權移轉，以及如何防止富裕者把如此多的有利條件傳給下一代。[43]

通往高階的公平管道

有鑑於左右兩派意識形態導向的共同點，頂端階層，尤其是菁英職業領域中頂端階層的社會封閉，會成為社會流動性中聚集了最多政治力道的範疇，也就不是那麼令人感覺意外了。[44]看起來，這是一個所有政治人物都能夠拿來做文章的議題，至少在修辭上可以如此行事。那些把這個議題帶到大眾眼前，引起所有人關注的人當中，特別具有影響力的一位，要算前工黨大臣艾倫．米爾本（Alan Milburn）了。米爾本親身經歷過深刻的向上流動，從杜倫（Durham）的社會住宅[45]一路攀升到了內閣的前排座位。然而在力爭上游的過程中，他所面臨的阻礙，尤其是在他所選擇的政治競技場，讓米爾本相信，努力打開進入職場的公平管道，是改善社會流動的關鍵。[46]二〇〇九年，米爾本撰著了那份毫不留情的《施展抱負》（*Unleashing Aspiration*）報告，提交給公平取得工作機會委員會（Panel on Fair Access to the Professions），大家後來稱這份報告為《米爾本報告》（*the Milburn Report*）。在報告中，米爾本堅定地論稱，諸如媒體、法律與醫療這類特定的行業，仍維持著一種「封閉式企業」的型態，對於「自我開放，廣納人才」的力度，並不足夠。[47]身為社會流動委員會（Social Mobility

Commission/SMC）主席的米爾本，一直都在這個領域施加政治壓力，直到二〇一七年後期，他才停止了對政府不願意作為的抗議。

然而就在米爾本與社會流動委員會持續不懈地堅持把菁英主義的議題留在政治議程上時，真正的現實卻是他們其實也一直侷限在他們以自己手中證據為基礎所建立牢籠之內。以各種菁英職業為例，我們對於社會開放程度的深刻瞭解，其實真的可謂是管窺蠡測。[48]

不過事情也並非一直這樣一成不變。二十世紀中興起了一股質疑社會菁英組成架構的社會學傳統，而且非常活躍。[49]然而一九八〇年代以降，研究人員因為對於檢視整個階級結構內社會流動的更廣泛模式有更大的興趣，於是這種「菁英招募的社會學」變得黯然失色。這種將個別行業併入「大型的社會階級」之中的研究方式，一開始就獲得了戈德索普的支持，現在已成為全球社會流動研究人員所採用的標準研究方法。[50]完成這個程序後，研究人員可以把大家的階級出身（亦即父母的職業）與他們的階級終點（亦即自己的工作）進行比對，然後評量出兩者間的移動或流動。這當然是基本的分析平台。這個平台可以讓研究人員從特定國家的社會流動性升降狀況[51]，以及不同國家間流動性變化的跨國比較，進行這兩種改變的核心問題分析。[52]

然而這樣的研究方式，卻也在我們的知識領域留下了一個十分明顯的缺口。尤其顯眼的是，我們對於不同菁英職業的開放與封閉程度，幾乎一無所知，也因此對於勞動力市場中菁英再生的**確實發生之處**，也同樣無所知。

本書中，我們盡量導正回平衡的研究。我們運用了《勞動力調查》（the Labour Force Survey, LFS），這份英國最大規模的就業報告中，新的和改變遊戲規則的社會流動資料。[53]具體來說，我們彙總了二〇一三年七月到二〇一六年七月的勞動力調查數據——這讓我們得以接觸到一萬八千多名從事菁英工作者，也提供給我們一個空前的機會，可以更清楚瞭解英國上層社會的狀況。

當前英國人的出身背景與終點職業

要為我們的分析設定情境，第一件重要的事情是解釋英國社會流動性的基礎結構。身處流動比例相關的政治口號戰以及技術官僚辯論的大漩渦當中，大家通常會忽略這個以經驗主義為基礎的根本描述：實際從事英國菁英職業的人有多少？這些人的出身背景是什麼？

下頁圖0.1呈現的是大家出身背景與終點職業之間的連結，在當今的英國，兩者仍維持著頑強的延續性。左邊顯示的三種不同出身背景，是依據每個人成長過程中，家中主要負擔家計者的職業。[54]位於圖上方的是出身中、上階級背景的人，他們的父母都是專業人員或管理人員。中間是那些來自中產階級背景的人，父母從事的是諸如秘書、文書管理或警察這類的

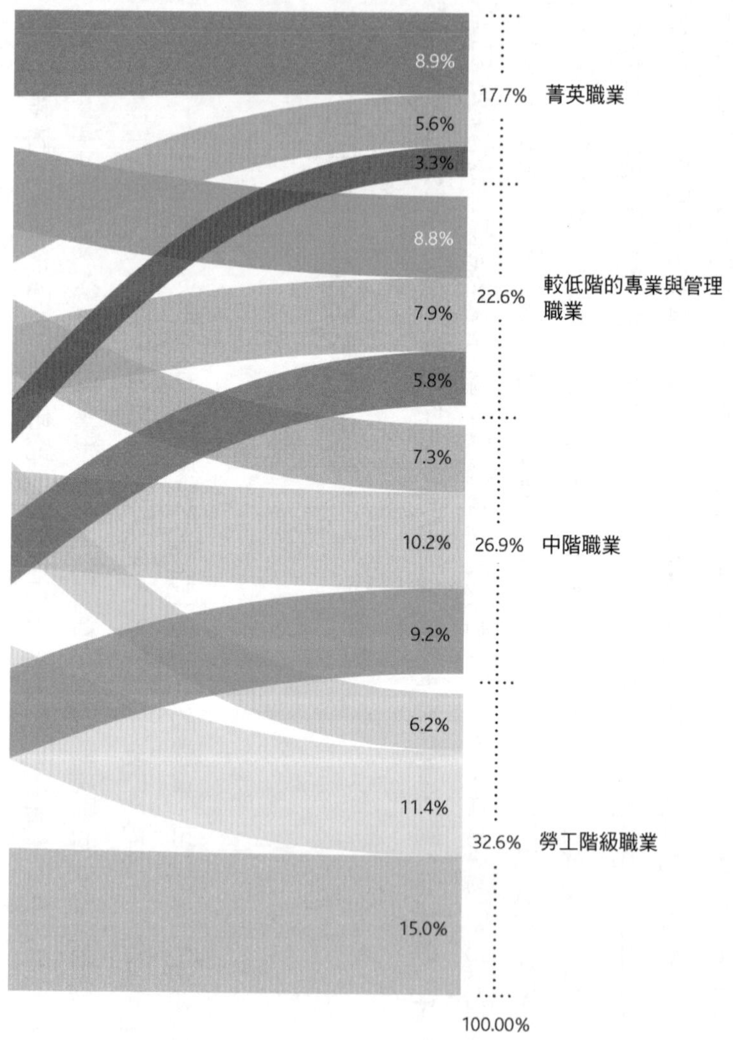

8.9%
5.6%
3.3%
17.7%
菁英職業
8.8%
7.9%
5.8%
22.6%
較低階的專業與管理職業
7.3%
10.2%
9.2%
26.9%
中階職業
6.2%
11.4%
15.0%
32.6%
勞工階級職業
100.00%

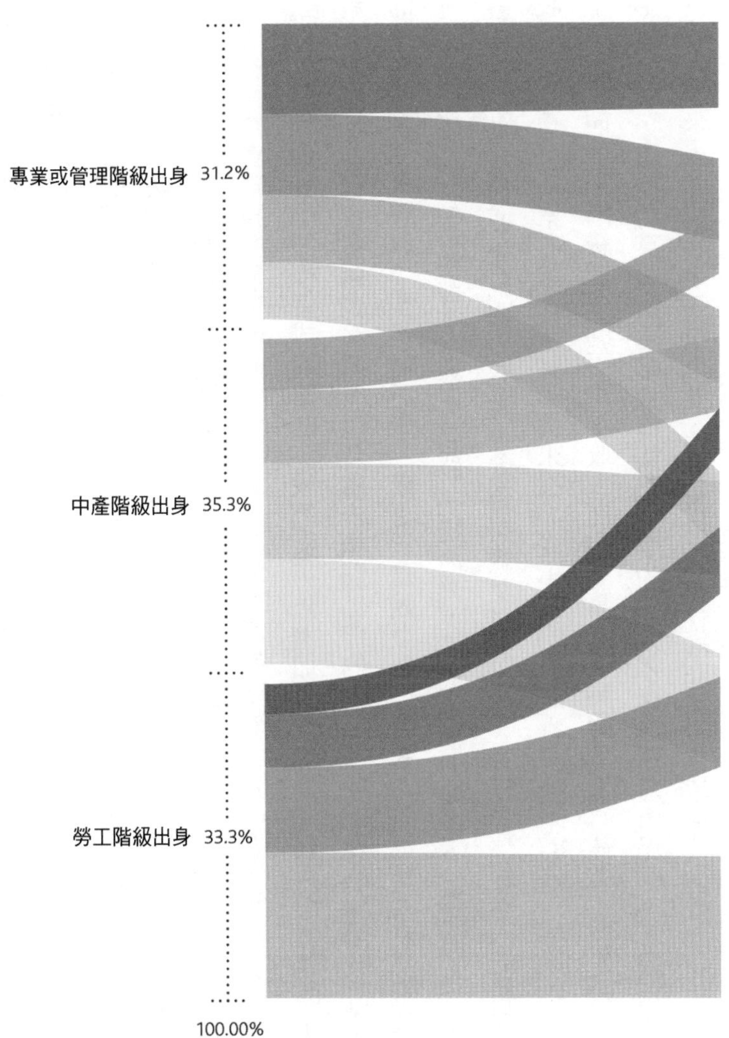

圖0.1 英國出身背景與終點職業的流動性

中階工作。再下面就是那些出身於勞工階級的人，他們的父母從事的都是例行或半例行性的工作，譬如清潔人員、貨車司機、勞工，或根本沒有收入。

圖0.1右邊是四個階級的終點職業，與出身背景的分類群組相同，不過專業與管理階級又細分為兩個組別；我們將護理、教學與社會工作等「較低階」[55]的專業與管理職業，與「菁英職業」作出區別。我們將「菁英職業」定義為構成英國政府全國社會經濟分級統計中頂級階層職業的「較高階的專業與管理職業」。[56]這類的菁英職業包括在傳統上就享有威望的專業性工作，譬如會計師、學者或建築師。我們還另外增加了一些具文化與創意性的工作，譬如記者、影視工作者、戲劇表演者，以及廣告相關工作的人。這些工作的報酬或許不像許多其他的上層職業那樣豐厚，卻不可不謂（或更）具競爭性、影響力，也是大家都希望得到的工作。[57]我們並不認為這些菁英職業等同於「統治菁英」或「權力菁英」這類他人[58]使用的詞彙定義，這一點我們要先敘明。然而，就菁英職業與其聲望、自主性和收入的**相對**程度來看，我們認為菁英職業非常獨特。舉例來說，從事我們所謂菁英職業的人，平均年收入約四萬五千英磅，而勞工階級工作的平均年收入僅約一萬五千英磅。更有甚者，若從較廣義的權力與影響來說，這些菁英職業通常會構築起主要的「人才庫或招募市場」[59]，成為統治或權力菁英的人才來源，僅從這一點來看，這些菁英職業就相當具有重要性。[60]

圖0.1呈現出每個人從階級出身移動到階級終點的狀況，而每條線的寬度，則表示每個人

選擇的可能從事職業的比例。

我們看到最寬的線條——亦即最常見的職涯——表示這些人維持在與他們出身大概相同的階級位置。在英國，從事菁英工作的人，大約有一半是來自於中上層階級背景，而整個英國這樣背景出身的人，大約只佔三分之一。勞工家庭出身的人確實有時候也能進入菁英行業中，但並不常見；大概只有一成勞工階級出身的人（約佔所有人口的百分之三點三）能夠跨越最陡峭的向上流動之途。換另一種說法，也就是說出身中高階層的人，最後落腳在菁英工作的機會，是出身勞工階級者的六點五倍。[61]家庭出身，換言之，與當前英國人的終點職業仍維持著非常緊密的關係。[62]

布迪厄與階級出身的深遠影響

若想合理解釋這些流動模式，我們需要瞭解階級出身的意義以及重要性。截至目前為止，我們採用的階級出身定義相當狹隘，我們以家中主要經濟來源的父親或母親工作為依據，然後再按照這個定義對比社經階級分類。本書之所以採用這個量測法，主要是出於**務實**的考量。我們認為職業可能是階級分類的最佳近似值，因為這個單一的資訊本身，就可以提供一個人大部分出身背景特性相關的可能社經狀況資訊。然而，對我們而言，職業卻僅僅只是階級的一種**代表條件**。

我們對於階級，特別是階級出身的研究方法，深受法國社會學家皮耶・布迪厄（Pierre Bourdien）[63]的影響。為此，我們用第十章一整個章節的內容，完整討論他的研究，以及他對我們研究方法的影響，但是這些想法也可以相當輕易概述如下。

布迪厄的思想從根本上就堅持認定我們的階級背景，由父母的三項主要型態資本所定義[64]：經濟資本（財富與收入）、文化資本（學歷與合法化知識、技術與品味），以及社會資本（有價值的社會網脈與朋友圈）。這三種資本不但建構出了我們童年環境的各個層面，我們往往也會承續。這個過程在經濟與社會資本面呈現得最為直接：中高階父母可以把財務資產以及有價值的社會人脈直接傳承給孩子，而這兩項資本接著又會以不證自明的方式繼續提供優勢。

文化資本的傳承比較複雜。根據布迪厄的說法，接受過正規教育的中高階人士，因為物質的富裕，有能力讓子女和經濟必要性保持一定的距離，而這樣的保護方式，又會深遠地反映在他們與子女的社會性互動方式之上。特別是他們會灌輸給孩子一種特定的「慣習」（habitus）——這是讓孩子如何系統化地瞭解周遭世界，並與周遭世界建立起連結方式的一套**支配系統**。這套系統中的部分內涵會以具象型態呈現，透過腔調、語調變化、手勢與姿勢等各種身體特定的**舉止行為**模式，以及服飾、禮節、態度等風格而表現出來。[65]然而最重要的影響，或許是特權父母在孩子童年早期所留下的癖好印記，也就是布赫迪所謂的「象徵性掌控」（symbolic mastery）。這種印記包括了特定的語言使用模式，譬如精心選擇的字彙與「正確」的文法、對於抽象與理論性概念的普遍熟悉度，還有對於文化與品味的一種特別超然、有意識的美感取向。

對布迪厄而言，這種美學稟性（aesthetic disposition）以及其他象徵性掌控層面、特權成長環境相關的體現，都很容易讓中高階人士（誤）以為是社會生活中理所當然的存在。這些面向構築出了認識這個社會的唯一方式——而且在布迪厄的眼裡，這個方式相當獨斷。儘管如此，在大多數已開發社會中，這樣的傾向與體現，不但持續被賦予了很高的價值，同時還扮演著大眾認可的文化獨特性信號的角色。更有甚者，在複製階級特權時，這些面向尤其重要，因為文化資本的傳承要比社會與經濟資本的過繼更為隱誨。舉例來說，要針對一個人的經濟資產或社會人脈追本溯源，在理論上是可行的事情。相反的，要探測到文化資產的跨世代移轉，難度卻高得多，因此在日常生活中，大家也就經常（錯）以為文化資本是個人「天生」精緻度的一種信號（譬如，這些人就是有「時尚的眼光」，或「老饕的味蕾」），或甚至是這些人與生俱來的智慧。[66] 換言之，僅僅靠著表達自己的品味或想法，這些特權階級就能夠輕鬆地在各種場合中利用他們具象化的文化資本套利。

當然，這些概念都有些抽象與理論化。不過現在已出現了相當豐富的實證研究，更精準地檢視日常生活中文化資本移轉如何實際運作。其中一個最具影響力的例子，是美國社會學家安娜特・勞若（Annette Lareau）[67]對於家庭中文化資本灌輸方式的研究。[68]她研究來自於不同階級背景的九至十歲兒童家庭生活，結果發現了父母教養方式具因果必然關係的巨大階級差異。中高階的父母（亦即那些擁有專業工作與大學學歷的父母）把教養孩子當成一種「規劃栽培」（concerted cultivation）的專案——提供課業上的廣泛支持、精心規劃的互補式課外活動，而且不斷與孩子進行溝通與討論，所有的這些行為都是在培育孩子象徵性掌控的能力。

反觀勞工階級與窮困的父母，他們撫育孩子的方式全都是勞若所稱的「天生天養的成就」。在努力確保自己的孩子能夠健康、健全地長大這一點上，這些父母的付出與中高階父母並沒有差異，但他們扮演父母的方式卻與中高階父母迥異。他們的孩子得自己找樂子、與鄰居小朋友一起發明遊戲，或看電視的時間要比中高階父母教育下的孩子多多了。這種差異，部分歸因於父母所面對的拮据經濟。然而整體而言，這種情況也反映出大家對於教養孩子以及世界有不同的看法；中高階的父母相信管理好孩子的每分每秒，並擔任孩子的代言人，是一件很重要的事情，而勞工階級的父母則更相信孩子的獨立性，並且對於像學校這樣的機構，也給予更高程度的尊重。

勞若態度謹慎地強調，**兩種**撫育孩子的方式，在本質上並沒有好壞的問題，而且從孩子的發展來看，兩種方式也各有優缺點。我們同意勞若的看法。然而因為學校、大多數工作場所，以及許多其他機構，由中高階層者負責運作的機率更高，因此在中產階級環境中成長，確實具有長期優勢。舉例來說，勞若研究中的勞工階級背景孩子，與他們中高階出身的同學，有著非常不一樣的上學體驗。在勞工階級的孩子眼中，學校主要是與權威打交道的地方，上學的目的在於避免捲入麻煩，也因此他們比較不容易在學校有成功的表現或得到成就感。等這些孩子完成高中學業後，比較不會選擇繼續就學，進入職場後，通常找到的工作，也不是他們想做的事情。

當然，父母撫育孩子的方式不但依全國各地民情不同而多有差異，也會隨著時間變遷而改變，但廣義而言，勞若所觀察到的階級差異，與包括英國[69]在內的其他環境所反映出來的情況，一直都相當吻合。特別是後續的研究工作更是再次重複了勞若的觀察重點：中高階級的家庭更常訓練孩子去熟悉文化資本的各種功效利用，而這樣的情況也提供了孩子在小學[70]、中學[71]與大學[72]的具體優勢。其他研究也顯示這樣的文化資本，特別是藉由特別品味或美學風格的呈現，如何以一種文化獨特性的信號形式，兌換出更多每天可用的貨幣。[73]

文化資本的研究認為階級出身的影響不但擴及所有方位，而且影響時間長遠。就算是環境出現了簡單的變化——譬如有了更多的錢、受了大學教育，或得到了比父母更好的工作——階級出身對於個人塑造所留下的痕跡，也不一定會被抹消。這並不是在說大家不會藉由學習或改變生活，來適應新的環境中——我們當然會學習，也會改變我們的生活。[74]但是研究認為我們早期的生活會在我們身上留下一道具階級性的深刻印記。就如同英國影評人安娜特・昆恩（Annette Kuhn）的著名論述：「階級是一種存在於服飾、皮膚之下的東西，它存在於你的本能反應、你的精神，以及你生命的絕對核心之中。」[75]

「玻璃天花板」的啟發

數量龐大的研究都認為階級出身在我們的生活中留下了極為深遠的影響。然而針對本書所聚焦的職場與菁英職業競技台，階級出身究竟**如何**展現其重要性的這個一針見血的問題，眾多研究卻嘎然止步。儘管如此，從兩種內容豐富且協同作業的研究傳統中所汲取的資料，依然可以讓我們找到重要的蛛絲馬跡。

第一種研究是以菁英勞動力市場中少數種族族群和白人女性經驗所進行的研究。在這類研究強調前述群體若想攀升到與白人男性相同位置，過程中所需要面對隱形卻長期障礙的狀況描述時，玻璃的隱喻，特別是玻璃**天花板**的隱喻運用，效果一直非常好。[76]這群人在向上流動的過程中，會遭遇到一連串的機制運作，從赤裸裸的歧視（性別歧視或種族歧視），到較不易察覺的刻板成見、微歧視、樣版主義與同質偏好（亦即決策者間，以各種不同的形式，偏好與自己相似的傾向）等各種隱晦作用。[77]這種研究也強調了這些群體還會常常被拒於大家俗稱的「老校友人脈」之外。所謂的老校友人脈，指的是可以幫人瞭解工作機會與升遷管道等相關消息的非正式社交網脈。[78]

玻璃天花板相關文獻所產出的關鍵重點，是我們傳統上理解為「優秀能力」的東西，不但不是職涯成功的決定因素，甚至可能連主要的決定因素都稱不上。不斷有研究指出，即使女性或少種族族群的能力、才華與努力等等這些可以測量的各個層面，都與白人男性不相上下，他們得到工作機會的可能性依然較低。對我們的研究來說，這個態勢明顯帶著弦外之音。我們都知道出身於勞工背景的人，在歷史上（儘管原因各有不同）一直都被排除在菁英職業之外[79]，那麼造成了玻璃天花板現象的機制，若換成了階級出身的因素，影響可及的範圍有多廣？

只不過要把對於玻璃天花板的內省見解與階級話題扯上關係，絕不是簡單畫條平行線就可以了。畢竟，在不平等架構中，階級、性別、種族（以及許多其他社會分化的層面）都不是個別運作或互相排斥的軸線。相反地，這些範疇幾乎總是互為根基、共同運作。這一點當然就是**交織性**[80]概念所引進的重要洞燭之力。在社會流動性的整體框架中，交織性的觀察角度是絕對的關鍵。舉例來說，有力的證據證明向上的社會流動**經驗**很獨特，而對於女性以及少數種族族群來說，他們的經歷通常特別艱困。就如史黛芙．勞勒（Steph Lawler）[81]所提出的解釋，在「窮苦人家的男孩白手起家」的英雄故事裡，一直都沒有相等的女性角色，而

「女性對於受人敬重以及有形物質的冀望與羨慕」，長久以來，也一直被刻畫成虛偽與膚淺的表徵。[82]包括比佛莉・史蓋格斯（Beverley Skeggs）[83]、貝爾・虎克斯（bell hooks）[84]、黛安・瑞伊、卡爾汪特・波帕爾（Kalwant Bhopal）[85]以及琳西・韓利（Lynsey Hanley）[86]在內的一些女性學術領導者，都曾藉由生動敘述她們向上流動職涯軌跡中所親身遭遇的複雜與多舛事件，來強調女性與少數民族流動經驗的特異性。[87]她們各自不同的故事，情節儘管精彩，卻存在著共通點，那就是這些女性都感受到恆久不散的錯位混亂感，那是她們不論在過去或現在的社交空間中，都無法完全「融入」的感覺。[88]一如史蓋格斯所述，當她在學術同僚間感覺到自己像個「騙子」時，她的勞工階級家庭並不能提供庇護。而在這樣的環境框架之中，她本身就是一個令人失望的存在、是一個「德不配位」的人、是一個背棄了自己家庭責任的人，更重要的是她違背了眾人對她所應扮演傳統女性角色的期待。[89][90]這些論述都凸顯了大家在瞭解社會流動性**親身經歷**的過程中，交織性的絕對核心地位，也因此探討英國菁英職場上性別、種族、族群以及階級移動的可能交織性，是非常重要的事情。

從「入行」到「上位」

大家預期出身勞工階級者在菁英職業圈內會遭遇各種挑戰的另一個原因，是我們都知道這些人從一開始踏上「入行」之路，就會遭遇到各種尖銳的障礙。有兩位學者一直以結構化的論述，說明這類的管道相關問題。美國的羅倫．瑞衛拉（Lauren Rivera）[91]就表示，菁英專業服務的企業，在聘僱與招募運作的相關過程中，都偏好已經享有特權的人。一開始，頂級公司幾乎會刪除掉所有未上過菁英學院或大學的求職者。接著這些公司會安排求職者參加如雞尾酒會與交際活動等一系列的「非正式」招聘活動，而一般來說，對於那些出身勞工階級背景的人，這些都是令人很不自在又非常不熟悉的場合。最後，當正式的面試終於上場時，主考官通常都避而不談公開的聘僱條件與標準，反而更重視候選人表現出來的**自在**程度，也許是雙方在面試過程中所建立起來的融洽氣氛，也或許是雙方是否存在著相同的興趣。瑞衛拉稱這樣的過程為「文化匹配性」（cultural matching）。[92]

在英國的環境裡，路薏絲．艾胥黎（Louise Ashley）[93]在法律、會計與金融領域的菁英企業中，發現了類似的相互作用——尤其是那些位於倫敦市的菁英企業。艾胥黎特別強調了聘僱者如何習以為常地將「文化展現」的階級性表演，「錯認」為「才能」。舉例來說，主考官所要求的「優雅」外表，高超的辯論能力以及自信的態度等這些特質，在艾胥黎的眼中，都可以追溯到與中高階生長環境密不可分的關係。[94]

儘管這些研究饒富啟發性，但其分析的起迄點都侷限在求職錄取的議題。這樣的決定，從很多角度來看都可以理解。幾乎所有的社會學家與政治人物，都想透過一個誰可以「入行」的問題，來將社會流動性概念化。[95]

但是當社會流動性被濃縮成一維層次的管道問題時，卻出現了一個風險；從這個角度切入議題分析的假設是，社會流動性在一個人入行的當下就結束了。然而一如我們已解釋過的，一大堆證據證明階級出身「如影隨形」，而且如文化資本這類具高傳續性（卻又隱密）的資源，很可能持續對大家的職涯過程產生非常長期的衝擊。因此，我們應該重新省視前面的圖0.1。這張圖顯示出身勞工階級的人，有十分之一可以確保進入英國的菁英職業圈，但這張圖卻無法告訴我們，進入了菁英職業的這些人，是否可以繼續晉升，爬到與那些出身更具特權家世之人所能臻至的相同成功高度。

研究這個議題，是本書背後真正的驅動力——從「**入**行」到「**上**位」，社會流動性不但進入了菁英職業圈，更是存在於菁英職業圈**之內**。具體來說，我們詢問了三個相關的問題。第一，向上流動者是否能夠獲得與那些出身特權背景者相同水準的薪資或職位？第二，如果第一個問題的回覆是否定的，那麼就算我們比較其他條件相當但出身背景不同之人時，「階級天花板」是否固執地持續發揮影響力？第三個問題，如果階級天花板確實存在，驅動它運作的動力是什麼？

本書概要

特權階級之所以吸引人的原因

本書採用邏輯性的編排方式，因此依序閱讀的效果最好。在對應前述的核心問題時，我們的第一步是從新勞動力調查數據的實證進展中汲取資料。這個方式讓我們可以從一開始，在第一章，就越過標準社會流動研究的高度聚合參數，直接深掘、聚焦英國菁英職業。我們發現這些職業都由出身特權背景的人掌控。我們還發現教育程度不平等的狀況也有部分反映在這種偏斜的態勢當中，但是教育程度不平等卻只能解釋工作管道的模式。令人驚訝的是，我們證明了即使那些出身勞工階級的人進入最高學府就讀、即使他們拿到了最優秀的成績，相較於來自特權背景的人（拿著相同的證書），他們出現在高端工作職場的可能性，**依然**比較低。對於特定種族族群的人來說，這個結果更是嚴重。譬如出身勞工階級家庭的孟加拉人，進入高端工作職場的人，只有同樣來自勞工階級家庭白人數量的一半，即使這些孟加拉人都上了大學，成績也都比一般人優異。

我們另外也呈現了橫跨各菁英領域的重要差異。一般而言，管理職要比專業職更開放，但在專業職**之間**也存在著驚人的差異。舉例來說，出自中高階家庭的人，成為醫生的機率是出身勞工階級家庭者的十二倍，但成為工程師的差異卻只有兩倍。

第二章的焦點，從工作管道移轉到了職涯發展。在這一章裡，我們證明了在英國的菁英職業領域，有一種重要但之前卻無人察覺的「階級薪資差異」正在上演。特別是那些出身勞工階級的人，在菁英職業圈，平均薪資所得要比來自特權背景的同僚低百分之十六。勞工階級出身的女性、失能者，以及特定種族族群，薪資差異狀況更嚴重，他們全都要面對明顯的雙重劣勢。除此之外，我們也論證了階級薪資差異集中在特定的菁英行業：脫穎而出的產業包括金融、法律、醫療、會計以及戲劇表演圈。

這個情況所引發的問題，當然就是**怎麼會這樣**——這是我們在第三章要開始釐清的一個問題。在這個章節裡，我們從資料庫中引用了充分的資料，揭露階級薪資差異可能出現的因素。首先，這個分析顯示了不同階級背景者之間的人口統計差異，絕對**無法**解釋薪資上的差距。事實上，當我們比較出身背景不同，但年齡、性別與族群都相同者時，薪資差距的狀況明顯更加惡化。除此之外，我們也發現許多傳統上定義為「優秀能力」的指標，在解釋薪資差異時，效用並不大。舉例來說，我們找不到證據證明向上流動者的工作時間、受過的訓練，或工作經驗都不如他們出身特權階級的同僚。

不過有一個「優秀能力」的指標很重要——學歷。勞工階級出身的人取得學歷，以及進入知名大學的可能性比較低，而這兩項因素都與較高的薪資所得有關。不過明顯地，即使這些向上流動的工作人口確實取得了最優異的在學表現，包括牛津學位以及／或一等榮譽[96]的成績，也無法換到與特權出身者相同的優渥薪資所得。

我們另外還揭露了三個重要的機制。特權出身者更容易找到在倫敦的工作、大型企業的工作，以及如醫療、法律與金融類的特定菁英工作。至關重要的是，所有的這些因素與較高的薪資都息息相關。然而我們認為這樣「篩選」機制既非無心插柳的結果，也非「任人唯才」的原因。舉例來說，在倫敦闖出自己事業的能力，通常仰賴「父母銀行」，至於獲利豐厚的專業工作與大型企業，也都有人證明在招聘大學畢業生時，總是會不公平地偏好特權出身的申請者。[97]

透過計算所有這些可解釋機制而得出的累加效應，是第三章的高潮所在。重要的是，即使我們掌控住這些狀況以及下一階段的所有因素，實質的階級薪資差距依然會繼續存在。

「階級天花板」的探討

接下來是進一步深探，瞭解造成薪資差異的因子。我們認為這樣的探詢，遠遠超過了調查數據可以分析的範疇，調查方向應該往瞭解英國菁英職業內大家的親身經歷邁進。因此本書第二個部分的焦點，就放在了四份我們深入的研究案例上。我們自此進入了菁英企業不公開的幕後，訪問在不同菁英行業中工作的人。第四章介紹了這些（匿名的）研究個案，包括一家全國性的電視傳播公司六號電視台、一家大型的跨國會計師事務所透納・克拉克會計師事務所、一家建築公司庫柏斯建築師事務所；除此之外，我們也對幾位演員自己開設的公司，展開了實地調查。每一個研究個案，我們都結合了調查數據的分析與非正式的觀察，另外再加上大規模的一百七十五人次深入的訪談計畫（每個研究個案都有三十至五十位受訪者）。[98]這些訪談讓我們可以針對階級出身的議題，跨越一維式的職業量測，正確記錄每位受訪者帶入工作職場的布迪厄資本，以及他們承襲的這些資源對接下來的職涯軌跡，產生了什麼樣的影響。[99]我們在本書方法論說明中闡述了這個研究設計的輪廓、我們如何量測階級與社會流動性、如何以及為什麼選擇這些研究的個案，還有我們身為研究人員本身的定位（來自不同階級背景與國家的白人男性——一位是跨性別者，一位順性別者）等等其他的重要議題。

第四章繼續提供了每一個研究個案的詳細資料。這麼做的目的是要證明關鍵的問題不僅僅是階級薪資的差異，在許多情況下，**階級天花板**才是問題。特別是在六號電視台與透納・克拉克會計師事務所中，出身勞工背景的員工常常被分配到較沒有聲望的專業工作中，而且鮮少能有人爬到組織層級的頂端。

「自信最重要」：個人化解釋的謬誤

為了瞭解階級天花板，我們量化分析的第一步就是讓受訪者反思他們認為可能的關鍵驅動因素為何。[100]我們以為受訪者會提出各種各樣的理論，但大家一開始的回覆相似度卻高得令人吃驚。最令受訪者遲疑且明顯令他們回答費力的問題，之後全落在了一個詞彙上：自信。當然這個詞彙有各種不同的定義內容，也存在著各種不同程度的支持與責難。但不論階級背景為何，大家隱晦的情緒卻都一致得令人稱奇。受訪者一而再、再而三地告訴我們，那些出身特權家世的人，只不過是更有自信而已；他們對於自己進步的能力，有一種獨特的自信或確定感，而這又成為了他們先馳得點的決定性因素。

從某個層面來看，這是個很重要發現。因為這個發現揭露了有關大家如何觀察階級差異，以及如何讓階級差異合理化的重要意涵。而且在某種程度上，學術文獻——特別是心理學——也支持這樣的發現。[101]許多研究都發現階級背景與自信、自尊以及有時候所謂的制握信念（locus of control，亦即一個人覺得自己對於生命中所發生事情的掌控程度），存在著一定的關係。

然而若再繼續深究一些，大家就會很快清楚認知到，自信的解釋能力其實侷限在相當基本的層面。隨著受訪者對於他們認為什麼是自信以及如何展現自信的解釋愈多，我們再把這些說法與他們之前描述自己職涯發展過程的內容相比，我們愈來愈清楚，把自信當成一種解釋機制，範圍太廣也太過簡化。特別是，我們注意到，受訪者往往把自信當成一種掌控的詞彙，或者說一種容器，他們會把無數種其他過程，特別是相當獨特的過程，全打包塞入這個容器當中。針對這些機制，第五章到第九章都會介紹。

階級天花板的（隱藏）驅動力

受訪者最常提到自信的情境，往往都是在談論誰願意在職業生涯中冒險的相關話題時。然而若深入鑽研大家的敘述，則會發現自信與個人個性的關係不是那麼大，反而是與個人可以運用的資源有非常大的關係。具體而言，大多數受訪者的描述都不外乎誰擁有或沒有去冒險的條件，而這些條件就是通常由父母提供的經濟資本管道，或者他們覺得如果自己也擁有想要的經濟資本條件，也會去冒險云云。我們在第五章會深入探討這個主題，除了解釋那些能從父母銀行取用資源的人，可以揮霍的職業優勢有多麼豐厚，還會讓大家瞭解，擁有這類財務緩衝能力的人，完全可以避開菁英事業鍛造過程中，可能遭遇的大部分不確定狀況，不論是像倫敦這類許多絕佳機會聚集地斤斤計較的生活費用，抑或是在心理層面上，覺得自己應該花更多錢建立人脈，或為了長遠可能回收的結果，接受更多不太確定或短期的工作。這樣不確定的窘境在電視、表演等文化產業特別普遍。在這些領域裡，工作招募通常都非常不穩定，而爬到高階更是常常取決於多年短期工作合約的協商。話說回來，我們也發現日復一日賺錢餬口的現實，在缺乏家庭金援的菁英職業從業者口中，完全是場經濟混亂——或者，套句演員瑞的話：「就像跳傘時沒有降落傘。」

另外一種提及自信的情境，是受訪者在職涯中刻意奮力進取、積極尋找晉升或交涉加薪的時候。這種時候，特權階級者往往都會表現出更高的意願，去為自己付出的努力爭取相對應的應得報酬。我們確實也找到了一些證據——出身特權背景的受訪者**在過去**提出這樣要求的次數較多。不過這些人卻顯少獨斷獨行地作出這樣的決定。的確，我們的訪問顯示這些要求晉升或加薪的決定，幾乎清一色地都是他人建議的結果，而這些建議來自家族或熟識圈內有發言權的長輩或前輩的情況特別顯著。在第六章中，我們會探討這類舉薦人管道的重要性。在舉薦機制下，資深前輩通常會以檯面下的運作，將新手納於自己羽翼之下，讓新人在職涯道路上得以快速通關。這種運作模式，儘管很大程度上都以慧眼識英雄這類單純的方式呈現，但是我們發現舉薦關係，其實鮮少建立在工作表現的基礎上。相反的，這樣的關係，至少從第一個實例來看，幾乎總是藉由文化親和力以及共有的幽默感、興趣與品味而打造產生。再說，當下的位高權重者，在數量上壓倒性地都是出於中高階背景，也因此這種同質性的連結，更容易讓已經享有特權的人具備更多的優勢。

自信被視為帶動階級薪資差異的另外一種主要方式，是透過會議、報告與面試這類場合所展現出的膽識。出身特權背景的人就是比較能夠堅持他們自己的意見或想法。從這一點來看，還算合理。但同樣的，我們的分析顯示自信其實是種有些誤導的說法。舉例來說，告訴我們他們在這類場合缺乏自信的許多向上流動受訪者，在其他讓他們覺得自在的環境中，譬如與家人相處或特定的休閒場合，一樣可以暢所欲言。換言之，不見得是他們缺乏自信這個東西，而是他們在**職場的環境中**，就會缺乏自信。這麼說吧，特定的社交環境會抑制他們的自信，卻會增加其他人的膽識。所以解釋機制的問題癥結點並非自信，而是，如我們將在第七與第八章所提出的說明，主宰人類自我感覺能否融入菁英工作職場的行為準則與文化符碼。在第七章中，我們會比較特定職場領域所謂適切性概念的準則架構，從透納・克拉克會計師事務所的精明幹練到六號電視台精心設計過的隨性。儘管這些潛規則看起來也許不同，但功效卻相當一致，因為我們認為設定共通的準則與期待——包括服飾、語調、品味與禮儀——往往會**被誤認**為技術、才幹與能力的「客觀」標記。我們在第八章中將繼續深入這個分析，解釋流傳在高階管理文化間一個甚至更狹隘的概念——掌握正統的文化，往往是游刃於高階人員爭鬥熾烈環境中的先決條件，或者，只有具備某種特定型態，才會被視為最「適合」代表企業組織站在大眾或客戶面前的人。

最重要的是，我們清楚發現了一個誰比較「適合」的模式。橫跨整個第七與第八章，我們證明了出身特權背景者最能自在地接納、掌握與操控文化主流的行為準則、他們最能感覺到自己的「全心投入工作」，也因此一般而言，他們就給人一種他們最能「自然」體現這類行為準則的印象。我們認為這些其實都根基於一種集體理解的方式。由於許多菁英職業其實就是以出身特權者的形象呈現，也因此讓大眾以為出身特權者似乎天生就更適合這類職業——特別是在進入高階層級之後。

我們在第九章反過來探討感覺與職場格格不入是什麼樣的景況，以及這樣的感覺是如何頻繁地扼殺向上流動者的鴻鵠之志。然而，與其把這類遭到打擊的抱負歸咎為與生俱來的自信瑕疵，我們卻認為，現實往往是當事人對於預期即將橫亙於眼前的真實障礙，所顯露出來完全符合邏輯的反應。因為有了這層瞭解，我們特別關心的是，對於那些有過這類經驗，同時也理解許多其他人為什麼不再力爭上游，決定採取「自我消除」行為的人而言，流動性具有什麼樣的意義。

第五章到第九章所探討的機制，在我們看來，常常都是因為將特權階級出身者的成功，歸因到他們天生自信的討論，而被模糊了全貌。這是因為大多數人都把自信看成了個人天生的特質，以為那是一種個人能力，有些人強，有些人弱。許多政策制訂者對症（低社會流動的問題）下的藥，也同樣採個人化角度。這些政策制訂者根據這類的階級與其他薪資差異相關狀況的解釋，辯稱我們需要做的，其實就只是要讓那些出身於劣勢家庭背景的人，建立起自信、個人風格，並讓他們懷抱宏願，再透過個別的教導、訓練或「更好的」父母教養，

「彌補」他們所「欠缺」的「特質」。[102]

然而我們的分析卻指出，當局有必要採取迥異於當前方式的作法。當然，大家在觀察進入菁英工作職場的那些不同背景之人時，最容易注意到的就是他們的自信心。然而一如我們書中所述，一旦深究下去，就會發現這種自信其實根本就是隨著環境而變化的東西——換句話說，這是一片隨著大家在職場的經驗而改變的煙幕，有人在這片煙幕裡感覺身有所屬、有人覺得得到支持，而這樣的感覺又是如何從根本上增長一些人的膽識、打壓另一些人的勇氣。從這些深入瞭解所得到的資訊，我們勾勒出了十個實用步驟作為本書的結尾，提供企業組織用來因應階級天花板的問題。

從本質上來說，本書證明了職場上的階級出身差異，與那些出身勞工階級背景者的性格缺陷**無關**。階級出身的差異也無法充分解釋「優秀能力」的「天生」差別。事實上，如我們接下來的各章節所述，大部分我們在菁英工作職場習慣歸類於「優秀能力」的特質，事實上完全無法與特權背景的「順風」分割開來。

1 原註：「馬克」與本書中所有出現的名字，都是化名。一些受訪者的部分生活細節也經過了修改，確保相關人士的身分隱私。我們所採用的保密方式，在本書末的方法論有說明。

2 原註：本書所提及的六號電視台與其他研究個案的企業，包括透納・克拉克會計師事務所與庫柏斯建築師事務所，均為化名。

3 原註：在英國，大學與碩士最後提交的學士與碩士資格論文，使用的英文字是「dissertation」，而取得博士學位的論文，使用的英文字為「thesis」，與美國的詞彙使用完全相反。由於本書闡述的是英國的現況，因此文中所使用的詞彙意涵，均為英國定義，但在有需要之處，書中另提供美式英文相對應的翻譯。

4 原註：艾薩克·海斯（Isaac Hayes）是一位備受好評的美國非裔靈魂歌手與作曲家。譯註：一九四二～二〇〇八，美國歌手、作曲家、演員與製作人。是斯塔克斯唱片（Stax Records）旗下南部靈魂音樂的創作主要動力之一，二〇〇二年進入搖滾樂名人殿堂、二〇〇五年進入作曲者名人殿堂。

5 原註：《私家偵探》（*Private Eye*）是一份已經營很長時間的英國諷刺時事雜誌。

6 原註：《新聞問答》（Have I Got News For You）是英國國家廣播公司電視台一個相當長壽的時事討論節目。

7 原註：我們納入了一張所有受訪者的資料彙整，包括廣泛的人口結構與詳盡的職業資訊，請參考本書末方法論說明的表 A.1a–1d。

8 原註：整本書中，「優秀能力」兩個字都加了引號，因為一如我們在內容中所呈現的，這個詞其實相當地一言難盡。當我們說某人具有「優秀能力」時，我們通常指一個人不論是透過努力、才幹、能力或其他的天分等可以客觀評量的因素或行為，他的成功就是他所應得的結果。但是大部分的社會學家也都同意，這種「優秀能力」的評估，不太可能完全獨立於社會偏差之外（另請參見 Littler, 2017; Mijs, 2016）。舉例來說，即使是智力測驗，通常也都有種族偏差以及／或出現評量個人的教育品質，而非先天能力的情形（Fischer and Voss, 1996）。然而話說回來，能力、才幹、動機或努力這些特質，也不可能在職涯成功的路上毫無影響；當然企業與經理人都試著犒賞那些最努力工作的人。本書許多內容都致力於揭開在塑造「優秀能力」評量過程中，階級背景與其他因素所扮演的角色。

9 馬克斯·韋伯（Max Weber）：一八六四～一九二〇，德國社會學家、歷史學家、律師與政治經濟學者，被視為現在西方社會發展最重要的理論家之一。一生不斷地涉獵與研究新領域，從西方的《基督新教的倫理與資本主義的精神》（*The Protestant Ethic and the Spirit of Capitalism*）到遍及世界各大宗教經濟倫理的《儒教與道教》（*The*

Religion of China）、《印度教與佛教》（*The Religion of India*）、《古代猶太教》（*Ancient Judaism*），再到包羅萬象的《經濟與社會》（*Economy and Society*），從未停止對未知領域的知識追求。

10 原註：Weber (1992, p 271)。

11 原註：「菁英制度」因麥可・楊格（Michael Young）一本反烏托邦小說而開始流行（Young, 2001），該書批評完全根基於「優秀能力」的社會。譯者註：小說名為《菁英制度的崛起》（*The Rise of the Meritocracy*）。

12 原註：Major (1990)。

13 原註：Blair (1999)。

14 烏爾里希・貝克（Ulrich Beck）：一九四四~二〇一五，德國知名社會學家，他的著作聚焦於討論現代社會的不可控性、無知與不確定性。「風險社會」（risk society）、「第二現代性質」（second modernity）與「反身現代化」（Reflexive Modernization）等詞彙，均為他所創。著有《風險社會》（*Risikogesellschaft*）、《反身現代化》（*Reflexive Modernization*）等著作。

15 原註：Blair (1999)。

16 原註：Giddens (1991)。

17 原註：Bauman (2000)。

18 原註：第一段引述 Beck (1992, p 128)，第二段引述 Beck 與其他人 (1994, p 13)。

19 原註：階級的終結，代表著所有人都成為中產階級或所有人都富裕的論點，是學者們都謹慎避免去爭論的議題。他們很清楚不平等一直存在。儘管如此，學者們的社會學論述依然附和著各種能夠勾起大家認為階級是屬於過去的產品，早已被全球化或現代化的力量而粉碎殆盡的階級政治宣言。

20 原註：Lindert (2004)。

21 原註：Payne (2017)。

22 原註：英國的「重點學校」（grammar school）與美國的一些「菁英學校」（magnet school）類似，都是具高度篩選性的中學，根據十一歲學生所進行的一次考試表現，來決定入學資格，這項考試被稱為初中入學前預試

（11-plus）。二次大戰後，英國有一千兩百所重點學校，這個數目現在已縮減至一百六十四所。

23 約翰・戈德索普：一九三五～，英國社會學家，牛津大學榮譽教授，主要研究領域為社會階層化、社會流動性與比較宏觀社會學。

24 原註：Goldthorpe et al (1980)。戈德索普 (2016) 提供了一個英國絕對與相對流動性趨勢的絕佳概述。

25 原註：Bukodi et al (2015)。

26 原註：Piketty (2014)。

27 原註：Savage and Friedman (2017)。

28 原註：Piketty (2014) and Dorling (2014)。吉尼係數為評量與比較經濟不平等性的主流方式；皮凱帝的研究是普遍性地查驗一個國家收入最高的百分之一人口，其收入佔一個國家的比例。不論哪一種評量方式，大約在二〇〇八年金融海嘯之後，不平等的狀況有稍微趨緩，但是一九七〇年代之後的整體趨勢，一直都朝著更大的不平等結構前進。

29 原註：McKenzie (2015); Savage et al (2015b); Bloodworth (2016); Major and Machin (2018); Wilkinson and Pickett (2018)。

30 原註：Elliott (2017)。

31 原註：Doherty (2016)。

32 原註：Payne (2017)。

33 原註：Blanden et al (2004); Blanden and Machin (2017)。

34 原註：舉例來說，YouGov 在二〇一一年為英國智庫機構政策交流（Policy Exchange）所進行的研究發現，英國有八成五的民眾同意「在一個公平的社會中，大家的收入應該取決於個人工作的努力程度以及具備的才能高低」。當人民投票選擇一個政黨時，公平是僅次於經濟能力的重要價值。同樣的，二〇一六年的英國社會態度調查（British Social Attitudes survey）發現，百分之九十五的人民同意「在一個公平的社會中，每個人都應該擁有相同的起始機會」（Elitist Britain, 2016; Milburn, 2014）。

35 原註：這就出現了一個更大的問題，誰來決定哪個工作最重要？最重要的工作最後是否真的就是最高所得？這是一個經典的辯論議題，至少可以回溯至戴維斯與穆爾（Davis and Moore, 1945）的「階層化的一些原則」（Some principles of stratification）與圖明（Tumin，1953）的「批判分析」（Critical analysis）的回應。

36 原註：Goldthorpe and Jackson (2007)。在美國，這當然是封裝在「美國夢」的信仰之中。

37 原註：Wilkinson and Pickett (2009)。

38 原註：Piketty (2014)。

39 原註：Dorling (2014)。

40 原註：IMF (2017)。

41 原註：The World Bank (2016)。

42 原註：舉例來說，英國工黨黨魁傑若米．柯賓（Jeremy Corbyn）最近重提階級不平等的議題。一如他二〇一八年在英國單一最大工會團結聯盟（Unite the Union）的演說：「三十年來，媒體與企業一直試著告訴我們，階級再也不是什麼重要的事情，我們應該揚棄所有代表勞工階級以及促進勞工利益的想法，」然而同時「社會頂端的一小撮人，卻變得愈來愈富有。」（Corbyn, 2018）。

43 原註：Watson (2017)。

44 原註：面臨危機的關鍵問題在於菁英招募的哪些過程引發了封閉的形式，抑制通往符合資格者小圈子的資源與機會管道。（Parkin, 1979; Tilly, 1999; Weeden, 2002）。

45 原註：「社會住宅」在美國稱為公共住宅或「國宅」。

46 原註：蘭卡司特大學（日期不詳），www.lancaster.ac.uk/alumni/news/archive/features/alan-milburn--from-council-estate-to-cabinet/。

47 原註：Cabinet Office（2009）。

48 原註：有些研究把這個議題與單一菁英職業或一小塊菁英職業區塊互相比較與參考，前者譬如法律（Ashley, 2010; Ashley and Empson, 2013）與律師（Freer, 2018），後者如金融與生命科學（Moore et al , 2016）或專業服務（Rivera, 2012, 2015; Ashley and Empson, 2017）。同時，社會流動委員會以及像薩頓信托（Sutton Trust）這類的通路所發表的報告，則是把不同的菁英領域視為各自獨立的領域，這些作法主要是仰賴不完美的階級出身代表性，譬如學校教育的型態，而且僅僅只會聚焦於菁英職業非常頂級的階層。相較之下，菁英職業跨區流動性最後一次真正具意義性的討論，是在健康衛生領域（1981）。

49 原註：一些知名的著作包括 Stanworth and Giddens (1974); Heath (1981); Dahl (1989); 以及 Domhoff (2002)。

50 原註：通常這些「大型的」社會階級，每個都會聚集三十至一百種職業。

51 原註：Bukodi et al (2015); Goldthorpe (2016)。

52 原註：Breen and Jonsson (2005)。

53 原註：ONS (2016)。

54 原註：根據英國國家統計局社經分類（UK's National Statistics Socio-Economic Classification/ NSSEC）方案。

55 原註：「較高階」與「較低階」這兩個詞彙並非我們自己的價值判斷，而是根據英國國家統計局社經分類的結果。

56 原註：這是在諮詢過約翰．戈德索普與其他社會學家後所發展出來的概念，很大一部分根基於社會學普遍使用的主流階級構想，在艾瑞克森（Erikson）、戈德索普與波托卡雷羅（Portocarero）一九七九年基礎性論文中，普遍稱為 EGP 階級圖式。

57 原註：一如班克斯 (2017，p 89) 所述：「一份文化業的工作不僅僅代表一個現實的機會，它同時也提供了一個確保社會地位與社會認同的機會，以及參與到能夠創造社會與政治生活的共同環境中。」而文化與創意產業所感知到的光芒，在近代的社會學文獻中，也有非常廣泛地討論與批評（Friedman et al , 2016; Oakley et al , 2017; O'Brien et al , 2017; Campbell et al , 2018）。

58 原註：如 Mills (1999); Pareto et al (2014); and Davis (2018)。

59 原註：Heath (1981)。

60 原註：我們對於菁英職業的定義，在方法論說明中有更詳盡的說明。

61 原註：我們的分析結果，這個分析結果與布科迪（Erzsébet Bukodi）和其他人發表（二〇一五）的發現相符，儘管兩種分析方式對於階級出身與目標配置有些不同。更多詳細內容，請參考勝算比（Odds Ratios）的附註部分，網址為 https://www.classceiling.org/appendix。

62 原註：概括而言，這些模式與美國採用的模式類似，一如切蒂（Raj Chetty）與其他人的著作所呈現的結果（2014a）。不同國家之間以不同量測方式進行的社會流動性分析比較，請參考 Blanden（2013）。

63 皮耶·布迪厄（Pierre Bourdieu）：一九三〇～二〇〇二，法國社會學大師，長期主編《社會科學研究學報》（*Actes de la recherche en sciences sociales, ARSS*），奠定在法國社會學研究主導地位，後開辦「以行動為由」出版社（Liber-Raison d'agir），專門出版社會科學宣傳小冊，畢生不斷透過學術論辨及社會參與投身世界，主要著作包括《區判：品味判斷的社會批判》（*La distinction: la critique social du judgment, Les Editions de Minuit*）、《學術人》（*Homo Academicus*）、《藝術的法則》（*Les règles de l'art-genèse et structure du champ littéraire*）、《防火牆》（*Contre-feux: Propos pour servir à la résistance contre l'invasion néo-libérale*）等。

64 原註：對布迪厄（Bourdieu, 1986, p 241）而言，資本「是累積的勞動力（不論以其物質形式或其『合併』、具象形式），當這個勞動力以不公開，亦即獨佔性的基礎，由代理人或一群代理人挪用時，就可以透過物化勞動或活勞動的方式，讓這些勞動力佔用社會能源」。

65 原註：Bourdieu (1977, p 94, 1984, pp 437, 466-8)，更一般性的資料，請詳 Jenkins (2002, pp 74-5)。

66 原註：Bourdieu (1984, p 291)。

67 安娜特·勞若（Annette Lareau）：任教於賓州大學的社會學教授。

68 原註：Lareau (2011)。

69 原註：Devine (2004); Reay (2017)。

70 原註：McCrory Calarco (2018); Reay (2017)。

71 原註：Carter (2007); Reeves et al (2017); Ingram (2018)。

72 原註：Reay et al (2009); Jack (2014, 2016); Armstrong and Hamilton (2015); Abrahams (2017)。

73 原註：Bennett et al (2009); Lizardo and Skiles (2012); Friedman (2014); Jarness (2015)。

74 原註：布迪厄認為這樣的改變，是透過他稱為慣習（habitus）的「即興對應」（improvisation）而成。但與其批評相反的是，他確實也認知到根據新經驗以及透過意識、刻意的自我塑造或教育方面的努力，慣習的個人性格結構也會受制於改變。儘管如此，他還是認為這種改變的本質為漸進且基本上受限於通常作為慣習鷹架的童年性格（Bourdieu, 2000）。換言之，主要性格都具「持久性；這樣的性格往往都具延續性，而且可以自行複製，卻非永久」（Bourdieu, 2005, p 45）。

75 原註：Kuhn (2002, p 98)。

76 原註：當然，「階級天花板」本身就很容易受到實質的批評以及理論性的改進與完善。我們面對的一個憂患，是這個隱喻很可能會產生誤導，讓大家以為明顯的性別不平等僅存在於女性職業發展過程中的上游階段。伊格利（Alice H. Eagly）與卡利（Linda L. Carli）（2007）提出迷宮這個隱喻，來比喻女性在職業生涯一開始就明顯會遭遇到的各種可預見或無法預見的障礙。

77 原註：Collins (1993, 1997); Kanter (1993); Weyer (2007); Gorman and Kmec (2009); Wingfield (2009, 2010); Woodson (2015); Brown et al (2016)。

78 原註：Ruderman et al (1996)。

79 原註：Reeves et al (2017)。

80 原註：關於交織性的基礎深刻看法是，當我們只想到歧視或壓迫的單一面向時，我們就疏漏了特定的不平等對所有遭遇不平等者所帶來的各種影響。金柏蕾・克倫肖 (1991) 的研討會論文就提到這一點，並連帶提及制止家庭暴力的努力，但這份報告令非裔與移民女性極為失望，因為那些努力全都是根據白人女性的經驗以及需求而制訂。自此之後，許多研究都證明了交織方法可以如何增進我們對於不平等的瞭解（請參見 Collins, 1986; Steinbugler et al , 2006; Choo and Ferree, 2010; Dubrow, 2015; Collins and Bilge, 2016; McMillan Cottom, 2016; Ferree, 2018）。

81 史黛芙・勞勒（Steph Lawler）：英國約克大學社會學副教授。

82 原註：Lawler (1999, p 12)。

83 比佛莉・史蓋格斯（Beverley Skeggs）：英國社會學家，也被公認為全球最重要的女性主義社會學家之一。目前為英國蘭卡斯特大學的特聘教授。

84 貝爾・虎克斯（bell hooks）：為葛洛莉亞・華金斯（Gloria Jean Watkins）的筆名。華金斯一九五二年生，美國作家、教授、女性主義者與社會活動活躍分子。筆名來自於她的曾祖母（Bell Blair Hooks），為顯區別，以英文小寫表示。

85 卡爾汪特・波帕爾（Kalwant Bhopal）：伯明罕大學種族與教育研究中心主任以及教育和社會正義系教授。

86 琳西・韓利（Lynsey Hanley）：英國的自由作家，不時為《衛報》、《新政治家》（*the New Statesman*）、觀察家報（*The Observer*）、《泰晤士報》文學副刊撰寫論文。著有《房產：關係親密的一段歷史》（*Estates: an Intimate History*）。

87 原註：hooks (Bell Hooks), in Tokarczyk and Fay (1993); Hey (1997); Skeggs (1997); Hanley (2017); Bhopal (2018); Reay (2017)。更多此類型的著作，請參考 Dews and Law (1995) 以及 van Galen and van Dempsey (2009)。

88 原註：有些研究已經推翻了這樣的焦點，而是改為關注向上流動男性的特定經驗。這類的研究強調出身勞工階級背景的男性，在對抗家庭所培養出來的個性，以及在教育與工作環境裡，要臻至成功所必須鍛造出來的個性衝突中，所必須產生的重要的情緒、智力與互動努力（Reay, 2002; Ingram, 2011）。

89 原註：Skeggs (1997)。

90 原註：現在也有愈來愈多研究少數民族社會流動性的文獻。此處提及的研究文獻聚焦於民族文化的紐帶如何實際作用在抑制（或打擊）社會流動性（Srinivansan, 1995; Bourdieu, 1987b）。舉例來說，尼可菈・羅洛克（Nicola Rollock）就描述向上流動的非裔加勒比海人民如何經常為了得到白人主導的中產階級接納，而被迫放棄與他們「黑人」有關連性的自身標記（Rollock, 2014）。除此之外，也出現了研究英國社會沒有流動性的中產少數民族主體的特異與複雜性的文獻（Wallace, 2017; Meghji, 2017; Maylor and Williams, 2011）。

91 羅倫・瑞衛拉（Lauren Rivera）：美國西北大學管理學院社會學教授，教授管理與組織相關學科。

92 原註：Rivera (2015)。

93 路薏絲・艾胥黎（Louise Ashley）：目前任教於倫敦大學皇家哈洛威學院，研究人力資源管理與組織研究。

94 原註：Ashley and Empson (2013); Ashley et al (2015)。

95 原註：瞭解包括瑞典（Hällsten, 2013）、挪威（Hansen, 2001; Flemmen, 2009）與美國（Torche, 2011）等這些英國以外地區有許多異於此情況的特例，是很重要的事情。美國許多很早期的研究也發現了類似的狀況。舉例來說，詹克斯（Charles Alexander Jencks）與其他人的文獻（1972, pp 318-50）推測社經出身對於三十至五十四歲美國男性的當下薪資直接影響的數值大概是百分之八；除此之外，菲佛（Jeffrey Pfeffer）的著作（1977）也表示，同一所商學院的畢業生，階級對於薪資的影響金額，每年高達數千元美金。

96 原註：在英國，學生的成績不是以學業成績平均點數（GPA）計算，完成大學教育的學生是以「學業成就等級」來表示——「一等榮譽」是學生可以達到的最好成績，也可以視為美國成績中的A。

97 原註：Rivera (2015); Ashley et al (2015); Ashley and Empson (2017)。

98 原註：我們在方法論說明中，為每一個研究的企業案例，都提供了研究設計的詳細解說。

99 原註：每一位訪問者所傳承到的經濟與文化資本詳細內容，都涵蓋在方法論說明的表格 A.1a-1d 中。

100 原註：一百七十五位受訪者的每一次訪談結束後，我們都概述了最主要的調查結果，並詢問受訪者，對於我們所找出來的階級薪資差異效應，他們覺得應該如何解釋。

101 原註：譬如 Battle and Rotter (1963); Judge and Bono (2001)。

102 原註：與這個議題相關的一個明顯例證，是英國全黨派議會團體（APPG）針對社會流動議題所提出的《關於社會流動的七個重要真相》（*7 Key Truths About Social Mobility*, 2012）。在這份報告中，每個人的個性與恢復力，都以決定社會流動性的「主要因素」來呈現（APPG, 2012, pp 4, 6）。若想進一步瞭解更普遍性的「個性」政策議題批評，請參考 Allen and Bull (2018) 以及 Spohrer et al (2018)。

第一章

走馬

社會流動性早已成為現代核心政治議題之一，而橫跨整個西方世界，這個議題更是一整個世代的政治領袖首選的修辭武器新寵兒。[1]慷慨激昂的演說簡直多到族繁不及備載。「美國夢已死」是二〇一六年美國總統競選期間，唐納・川普不斷宣揚的事情，「但我會再把這個夢找回來」。[2]法國的艾曼紐・馬克宏也做過類似的承諾。[3]但在英國，流動性問題卻是明晃晃地佔據了舞台的中心。泰瑞莎・梅伊在她就職首相後首次的下議院演說中宣布，「我們不會捍衛少數幸運者的優勢；我們會盡一切力量，不問出身，幫助所有人發揮所長。」[4]

各國處理社會流動的風向標，一如我們在前言中所提，往往都是通達高端職場的管道——亦即誰得到了菁英工作，以及這個過程與當事人階級背景之間的關連。這種狀況部分要歸因於政治人物在他們日常生活中所看到的社會層面，經常都狹隘有限。然而這個狀況卻也同時反映出了政治人物的慣性思維：菁英職業這個提供高薪資所得、高社會地位，而且具有相當程度決定權的職業終點，是所有人都應該奮力爭取的目標。[5]話說回來，如果受到高度讚揚的競技場，在大家眼中其實是個根本走不進去，或者是遭人操控，特別偏袒特權階級的地方，那麼這樣的政治論述立基，明顯就會遭到相當程度的破壞。

但是長久以來，在大家的觀念裡，英國許多地位崇高的工作，譬如法律、醫學以及新聞業，確實就是這樣：這些職業在傳統上一直都是頑固的菁英主義，至今依然如此。就像艾倫・米爾本因為抗議而辭去社會流動委員會主席之前寫道：「我們國家目前最迫切需要優先制定的政策，是開放英國的頂級社會。」他認為英國「依然——打從心底——還是個菁英主義的國家」。[6]

儘管圍繞著「公平管道」的熱血政治修辭俯拾皆是，事實卻是我們對於這個議題的瞭解，其實遠遠落後於實際現況。這是因為市場調查在傳統上一直習慣於在頂多數千名回覆者的資訊中，尋找社會流動性的蹤跡。若只是要掌握出身與所謂的「大型社會階級」之間的整體性關係，這樣的規模綽綽有餘。但是若要瞭解流動性更細微的模式——誰當了醫生、會計師或執行長——以及這些人之間的差異——就需要遠遠大於這個規模的數據。

幸好勞動力調查這個英國最大的就業人口調查，在二〇一四年首次納入了階級出身的相關問題。問卷中的關鍵問題是回覆者十四歲的時候，家庭主要收入來源的父親或母親的工作相關資訊（下頁圖1.1中，我們呈現了如何利用這個資訊來辨識三種廣義的階級出身類別）。我們立即專注於這份新資料的數據，並開始進行分析。本章中，我們一共彙整了三年的分析。具體來說，我們所匯集分析的勞動力調查資料期間為二〇一三年七月至二〇一六年七月，這項資料讓我們得以一窺英國近十萬八千名個人[7]，以及超過一萬八千名高端職場工作者的代表樣本數。這樣大量的資料數據，讓我們得以接觸前所未見的細節。

我們首先把高端工作視為一個整體，再分成十九種具體的菁英職業，分析這些高端工作的開放程度。接下來的焦點，是教育程度的模式可否解釋階級不平等現象，再檢視階級與其他包括種族、族群、性別與失能程度在內的特權和弱勢座標軸之間的關係。

特權複製

在英國，起跑點在前的人，是最可能成功的一群人。如我們前言所述，流進菁英工作的最大一股支流，就是那些出身中高階背景的人。

圖1.2重中擁有高端工作者當中，約有**半數**的父母都有類似的高社會地位工作，而出身自勞工階級

專業與管理階級出身

1. 較高階管理與專業職業：執行長、教授、工程師、股票經紀人、醫生、軍官
2. 較低階管理與專業職業：教師、護士、記者、店經理、資訊科技顧問

中產階級出身

3. 中階職業：會計、秘書、助教
4. 自營者：水管工、木匠、理髮師、計程車司機
5. 較低階監督與技術職業：廚師、電工、客服人員

勞工階級出身

6. 半例行性職業：營業與零售助理、護理人員、庭園設計者
7. 例行性職業：服務生、清潔人員、卡車或巴士司機
8. 從未工作或長期失業者

圖1.1　三種階級出身的類別

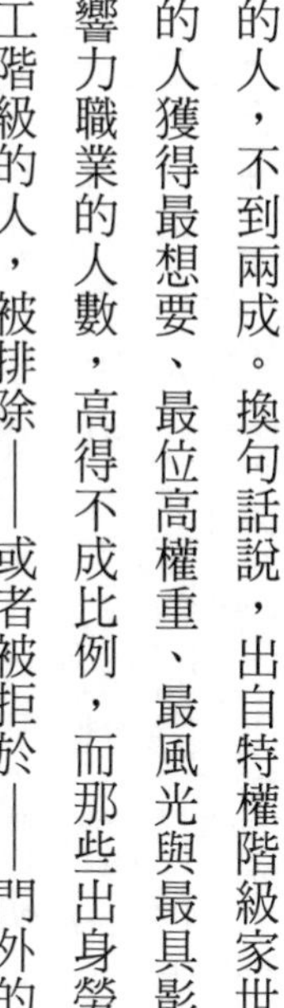

的人，不到兩成。換句話說，出自特權階級家世的人獲得最想要、最位高權重、最風光與最具影響力職業的人數，高得不成比例，而那些出身勞工階級的人，被排除——或者被拒於——門外的狀況，則是稀鬆平常。

這種普遍性的模式其實已經相當穩固。[8]英國當然不是特立獨行。幾乎所有高所得國家，都可能看到一條階級出身與階級終點之間的類似連接線。[9]儘管這些跨國模式在某個程度上可能出現差異，但一定程度的基點卻不變；如果每個人真的擁有完全平等的成功機會，那麼階級再製的程度應該要比現實的情況少得多。不過綜觀**不同的**菁英職業，社會流動性的比例究竟變化到什麼樣的程度，知道的人就不多了。因此，我們接著要專注的工作，就是比較這些不同的職場。

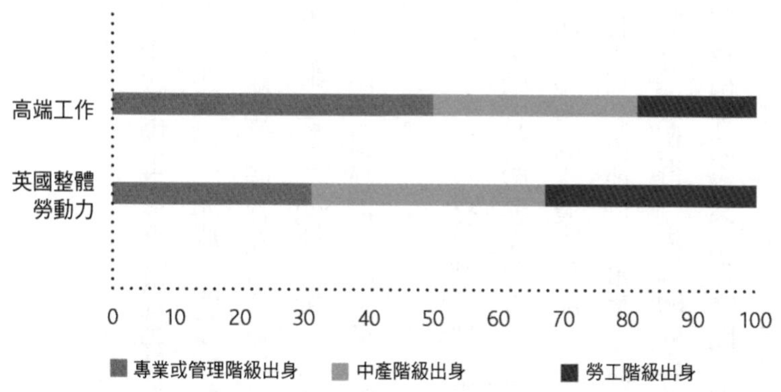

圖1.2　特權階級支配英國菁英職業狀況

備註：圖為每個階級出身的人數佔英國總勞動力及高端工作的比例。
資料出處：勞動力調查

菁英職業的分布

圖1.3呈現的是那些在十九類不同的高端領域或菁英工作職場工作者的出身背景。[10]最上方是那些出身特權背景人數最多的職業，而階級出身最多元或最「開放」的領域位於圖的底部。綜觀這些專業領域，可以看出幾個重點。第一，這些職場之間存在著實質而且有意義的差異。儘管大家會習慣性地將這些職業歸類為連貫的一個整體，亦即一個「大型的社會階級」，但戴上了這樣的鏡片去觀察分析，會有一些誤解，因為這種籠統的歸類，遮掩了不同高社會地位職業的排他性，其實存在著巨大差異的事實。

從這些數據中，可以窺探到一些顯著的差異。第一，我們可以看到管理與專業職業之間，有個很重要的區別。不論是私人企業或公家組織，高階管理職務在位者（合計佔所有高端工作者四分之一）來自相對多元化的階級背景，然而大多數的專業工作職，排他性卻明顯較高。這或許可以反映出專業職在英國歷史上一直享有較高社會地位的事實，而這樣的情況很大一部分是因為在大家的感覺裡，這類的工作招聘的都是值得「更高的社會地位」的、「更有文化」的人。[11]然而圖1.3卻同時也指出了傳統與技術性的專業工作之間，有一道清楚的分界線。舉例來說，傳統的——或者說「紳士的」[12]——醫療、法律、建築與新聞專業領

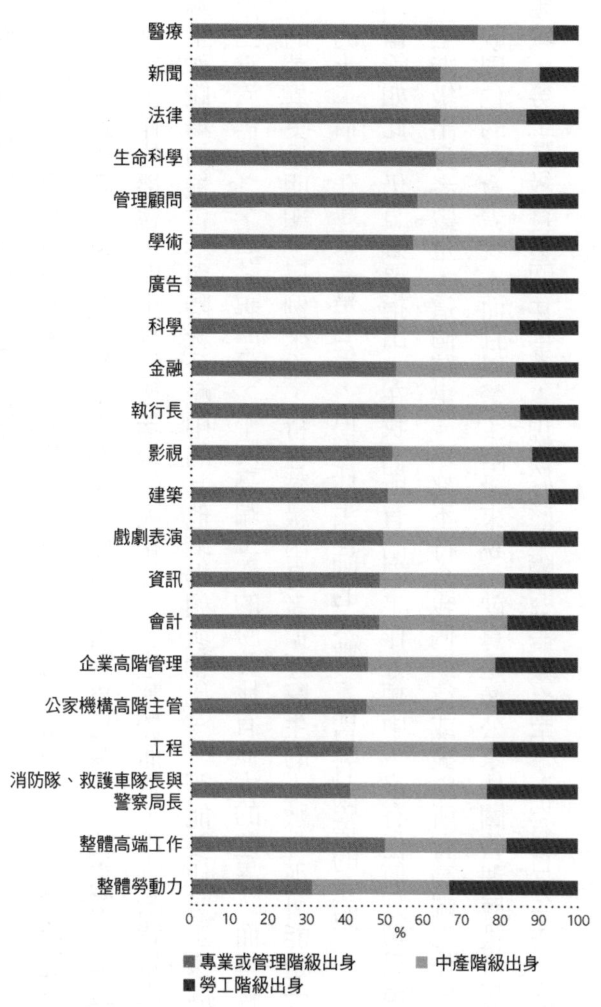

圖1.3　某些菁英職業的封閉性較其他職業高出許多

備註：圖為每個菁英職業（以及整體高端工作與英國總勞動力）中，出自各個階級背景群組的比例。

資料出處：勞動力調查

域中，出身特權階級者的比例特別高。相反的，諸如工程師、資訊相關工作等技術專業領域，向上流動比例卻高於平均值（僅指高端工作者）。

這些模式也反映在我們所謂的「勝算比」（OR值）當中——在這種情況下，根據不同階級出身而進入我們每一項高端工作的相對機會。若勝算比為一，代表勞工階級背景的人，得到高端工作的機會，與出身特權階級的人相等。但是整體而言，中高階背景出身者，進入高端工作職場的機會（與階級分配中的其他職場領域相比），可能要比勞工家庭背景之人，高出三點六倍。[13]不過話說回來，不同高端工作的勝算比有極大的差異，而傳統與技術職場之間的差異更是明顯。舉例來說，特權階級出身者擔任醫生的人數，很可能是勞工家庭出身之人的十二倍，在建築業是七倍，但擔任工程師的人數，卻只有兩倍的差距。

儘管如此，仍有必要指出，在我們所有高端工作分類中，沒有任何分類呈現出具代表性的勞工階級出身者數量，這個結果一點都不符合我們期待或冀望所有高端工作招聘對每個人都一視同仁的社會表現。而且以勞工階級來說，就算是像公家機關管理層級這類最「開放」的領域，勞工階級背景的在位者，相較於該區隔的整體勞動力，仍有百分之三十的落差。

微階級複製

這些職場中出現的某些排他性原因，是社會學家所稱的「微階級再製」[14]，指的是孩子直接步上了與父母相同職業的傾向。下頁圖1.4顯示父親或母親也從事相同職業的人，亦即「微穩定」，在每一個菁英領域都出現了代表人數超出比例的現象，唯一的例外是管理顧問業。但是醫療、法律與影視，這個現象卻真的非常突出。父母從醫而自己也從醫的人，要比那些父母從事其他工作的人多出令人吃驚的二十四倍之多。同樣的，律師後代，從事律師工作的人數，也較其他人多出十七倍，至於影視行業工作者的孩子，進入影視圈的可能性，要比一般人高出十二倍。這種非常特殊的複製情況，造成的原因很複雜。然而這個領域的大多數研究都傾向於強調父母將特殊形式的知識傳遞給孩子的能力，並給予孩子一些指引，讓他們知道有關自己工作的價值（亦即所謂的「遊戲規則」，一如本書幾位受訪者所用的詞彙），同時也提供了孩子非常有價值的專業人際關係，甚至直接利用可以給予自己孩子特殊優勢的機會（譬如透過安排實習或初階工作）。[15]

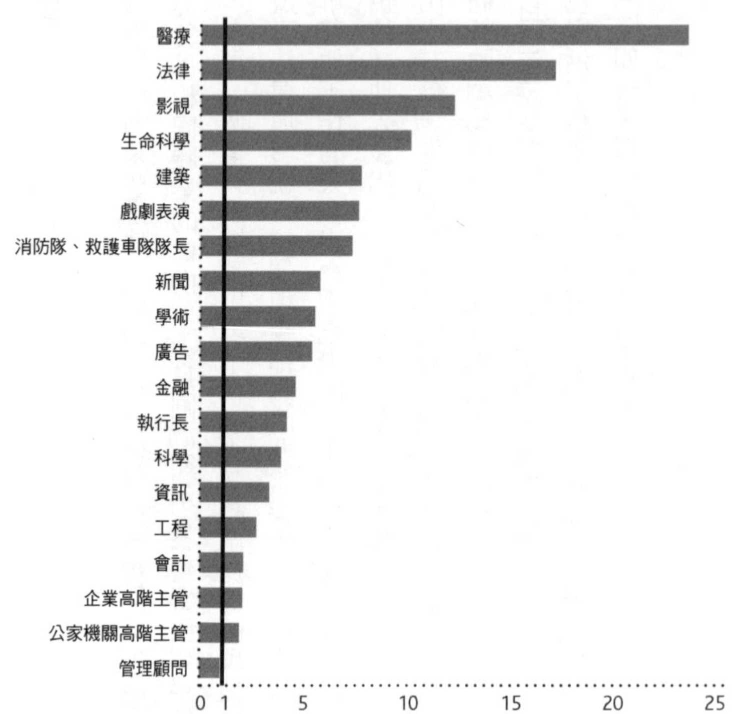

圖1.4　微階級複製的狀況

備註：圖為比較（相對於其他職業的）特定職業工作者的父母也在相同職業與父母未從事相同行業的勝算比。

資料出處：勞動力調查

導致階級複製的原因：教育扮演的角色

我們要如何說明這種出現在高端工作管道的嚴重人口失衡現象？嗯，用教育程度模式來解釋這樣的不平等，是許多人偏好的方式。勞工階級出身者在教育體系中表現較差，是一種已經根深蒂固的大眾認知。架構出這種認知的原因複雜，許多人也有非常廣泛的探討。[16]這個看法之所以重要，是因為教育文憑在獲得許多菁英職業時，確實是關鍵，因此教育程度的不平等或許對於解釋頂級勞動力市場的不公平結果，可能具有很重要的意義。畢竟，諸如醫療、法律與建築等許多菁英職業的進入管道，確實取決於高水準的教育程度。

教育的確是一個複製階級優勢與劣勢的方式。舉例來說，下頁圖1.5就呈現出一個人是否取得大學文憑，階級依然扮演了很重要的角色。出身專業與管理背景家庭的人，有一半拿到大學或大學以上的文憑，但來自中產階級家庭的人卻不及百分之三十，至於父母從事勞工職業的人，拿到第一張文憑的人只有八分之一。一如之前所說，學位的要求，對於許多高端工作而言，都是必要或至少有所幫助的條件，這種階級與教育之間的堅固連結，也因此成了大家比較容易待在與自己父母相同階級位置的原因。

不過這只是事情的一個面向。在教育的每一個階段，相較於父母是勞工階級的人，那些

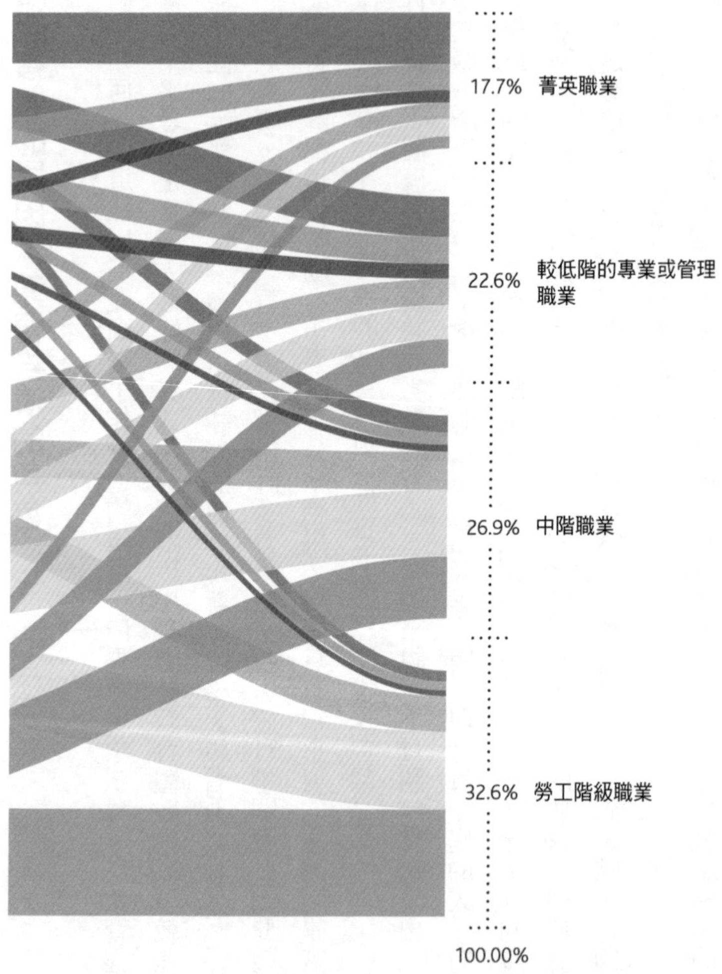
17.7% 菁英職業
22.6% 較低階的專業或管理職業
26.9% 中階職業
32.6% 勞工階級職業
100.00%

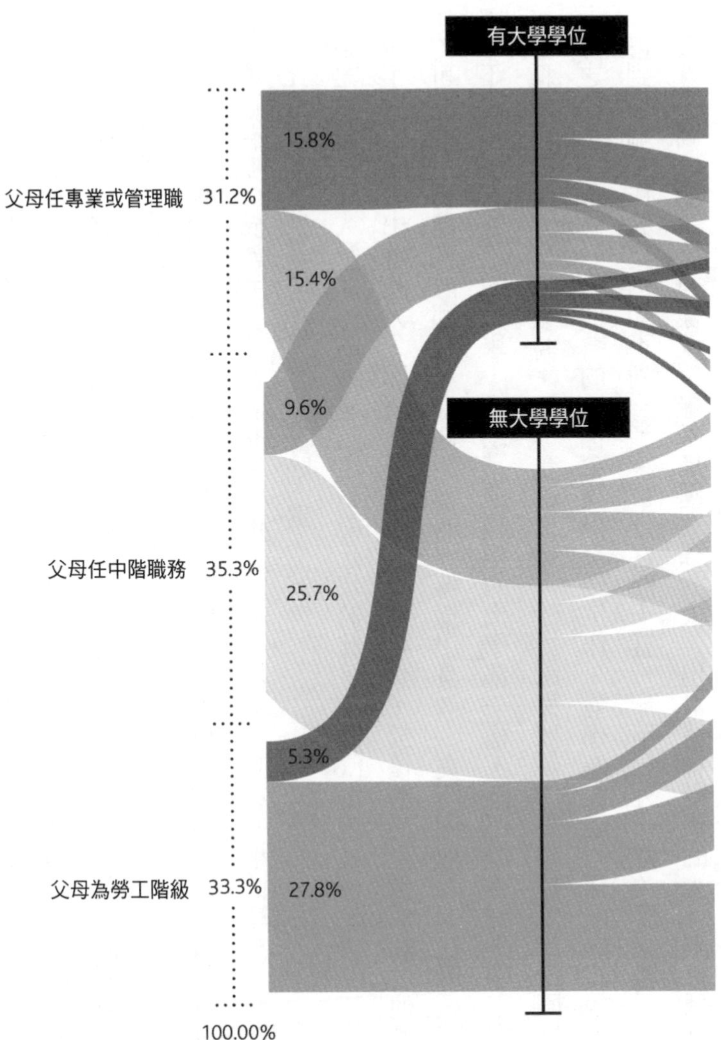

圖1.5　在取得學位這件事情上，階級很重要

專業與管理工作家世出身的人找到高端工作的機會依然更高。沒有文憑的特權階級者，得到一份高端工作的機率，要比沒有文憑的勞工階級家庭出身的人，高出兩倍。再說，**取得**了學位的勞工階級出身者，成為高端工作在任者的機會也只有百分之二十七，但類似教育條件的專業家庭出身者，機會卻高達百分之三十九。

走筆至此，你理所當然可能要問，難道不是跟**哪所**學校的文憑更有關嗎？還有跟他們的成績也有關係吧？或許那些出身特權背景的人，就剛好念了比較有名的學校，而且在學校的表現也比較好。這些當然是重要的考慮因素。[17]

但是這種「任人唯才」的故事，也只能止步於此了。圖1.6很清楚地說明了為什麼。這個圖顯示了勞工階級出身的人，即使進了頂級大學、拿到了最優秀的學業成績，他們得到高端工作的可能性，**仍然**低於那些（條件相當的）特權出身者。更明確地說，在每一階的成績範圍內，不論是極有聲望的大學，抑或其他類型的大學都一樣，誰可以得到高端工作，始終存在著一種階級梯度。舉例來說，羅素集團大學[18]一等榮譽成績的特權背景出身回覆者，有接近三分之二（百分之六十四）的比例會獲得高端工作，但學業表現同樣優異的勞工階級背景者，得到高端工作的比例卻不到一半（百分之四十五）。用另外一個角度來看，結果甚至更令人震驚。圖1.6顯示，同樣就讀羅素集團大學的人，出身特權階級的人，就算只拿到三等學業成績，他們進入高端工作職場的可能性，仍高於那些出身勞工階級但成績優異的人。

即使堅定不移的英國菁英制度篤信者，也必然會因為這樣的發現而倍感挫敗。就算他們證明在職業管道開放不平等這件事上，教育確實扮演了一個重要的角色，但這個事實卻洗刷不掉階級背景帶來的影響。因此不論一代又一代的政治人物與政策制訂者懷抱著什麼樣的期待與堅定信念，在當下的英國，教育程度絕非那個「了不起的均衡器」。

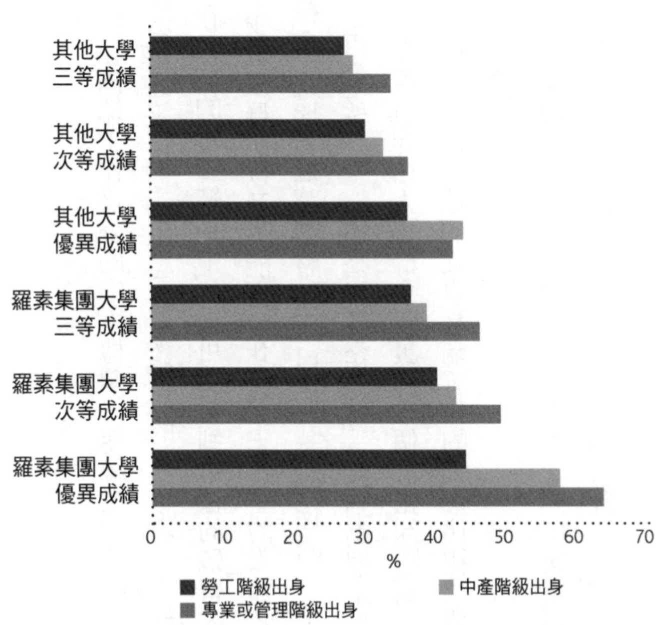

圖1.6　即使勞工階級出身的學生表現優於特權階級，得到高端工作的可能性仍較低

備註：圖為進入菁英工作職場者，不同大學型態、成績與階級出身的混合因素呈現比例。

資料出處：勞動力調查

階級之外的排他性

當然，階級絕非大家被排除在高端工作之外的唯一機制。傳統上，英國的高端工作不僅保留給特權階級，而且還是保留給通常以「紳士」形象體現的特定人士：異性戀、四肢健全、得天獨厚的白種男性。[19] 在我們的研究結果中，仍可能看到這樣的殘留因素。綜觀我們的所有研究領域，女性、許多少數族群，以及失能者[20]在高端工作中的人數，都嚴重低於標準。失能者找到高端工作的機會，僅接近英國整體人口統計可能性的一半（百分之四十七），女性的人數比標準值低了百分之三十。黑人與少數族群[21] [22] 找到高端工作的機會，儘管與整體勞動力的機會相當，但是把所有非白人族群全包裹為一個群組卻隱藏了其中的重要變化——以黑人、孟加拉、巴基斯坦人為例，他們從事高端工作的人數比標準值低了百分之四十[23]，也因此我們把重點放在這些族群身上。

然而不同菁英行業之間，再次顯現出明顯不同程度的不平等。圖1.7與下頁圖1.8顯示英國每個高端工作領域的黑人、巴基斯坦或孟加拉人、其他少數種族族群（圖1.7）以及女性（圖1.8）的人數比例。[24]

值得注意的是，開放給勞工階級出身者的管道，並不一定代表包容其他弱勢團體。儘管

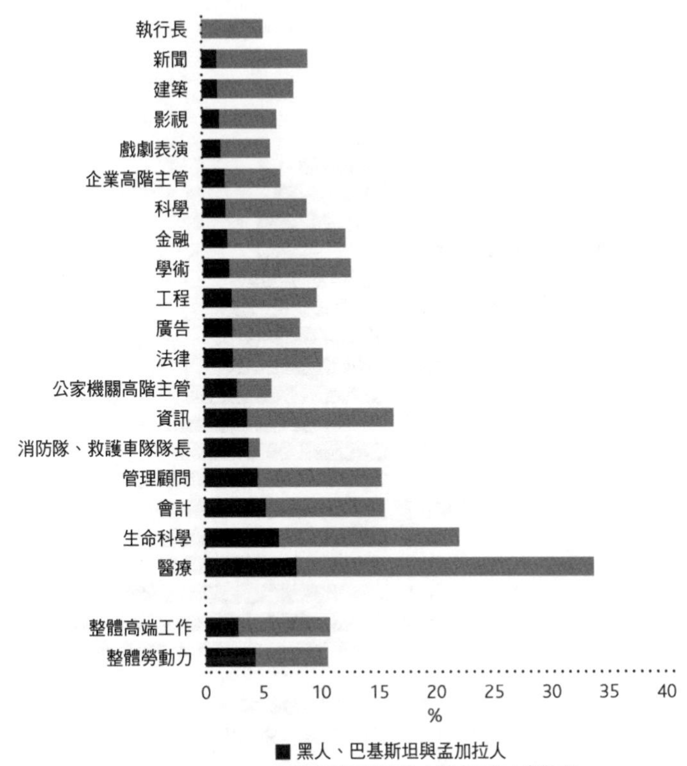

圖1.7　許多種族族群在眾多高端領域都缺乏代表性人數

備註：圖為每個菁英工作職場代表性人數不足的種族族群（黑人、巴基斯坦人或孟加拉人）及其他沒有代表性人數不足問題的種族族群（中國人、其他亞洲人、印度人、不同種族族群通婚的後代或多種族族群、其他種族）的比例。

資料出處：勞動力調查

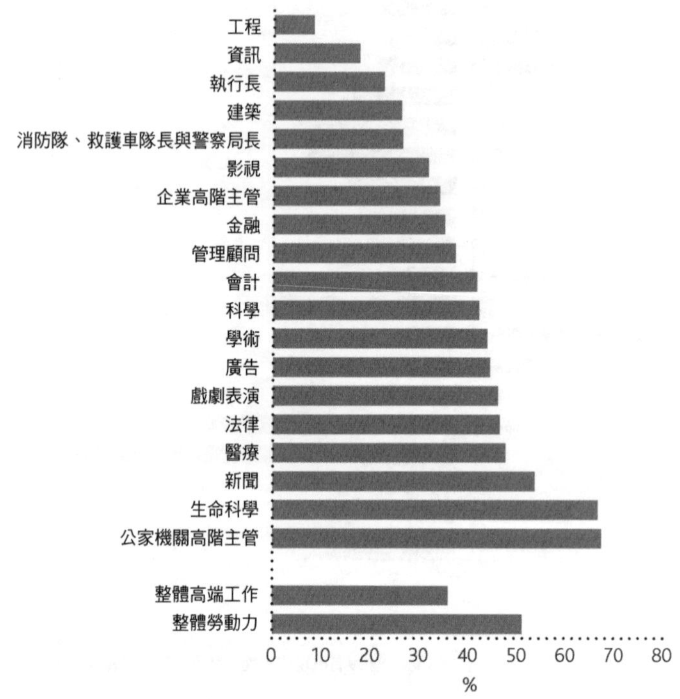

圖1.8　女性在許多高端領域同樣缺乏代表性人數

備註：圖為每一個菁英工作職場的女性比例。
資料出處：勞動力調查

醫療與其他生命科學（牙醫、製藥、心理學與獸醫）是階級最封閉的項目，然而相較於大多數的其他高端職業，這些職業對於女性、黑人、巴基斯坦與孟加拉人的開放程度卻相當明顯。反觀警察、消防隊、救護車服務以及工程高階職務這些在階級出身部分開放程度異常高的職業，卻不成比例地都是白人男性——特別是工程，女性佔比不到十分之一。不過也有些各方面都很封閉的領域——執行長與影視業，不論是勞工階級出身者，還是少數種族族群與女性的代表性人數，都敬陪末座；更令人驚訝的是，根據我們的數據，兩百一十六位執行長當中，沒有任何黑人、巴基斯坦或孟加拉人。[25]

階級、種族與性別的交織性

圖1.7與1.8所顯示的結果令人驚訝，但從許多角度來看，在呈現職場「多元化」的面向時，這樣的結果其實具誤導性，甚至根本就是在幫倒忙。這是因為這些不平等的結果沒有與獨立運作的人口統計特徵進行連結。舉例而言，在進入高端工作職場的管道上，種族族群得到的不平等對待，部分原因很可能是處於劣勢的種族族群，很可能同時也是來自於勞工階級背景的事實，而這兩種因素的結合，就形成了交織性的障礙或排他性。[26]

我們在此檢視的是階級出身與其他不平等座標軸的交織對比。雖然女性很可能在各階級背景群組中出現，[27]但是一個人所屬的種族族群與失能狀態，與自身的階級出身的關係更為重要。階級與失能的關係相當直接——相較於特權階級出身的人，勞工階級出身者通報失能的比例可能更高（整體人口統計中的比例是百分之十與百分之十八；高端職場的比例是百分之六與百分之九）。

從族群來看，分析呈現的面向又更複雜。印度、中國、不同種族通婚的後代、多種族族群或其他種族族群背景出身的人，父母從事專業或管理工作的比例，要比英國白人高，但黑人、巴基斯坦與孟加拉人，出身特權階級的比例卻比白人低得多。這就讓人難以釐清這些群組之所以在高端工作職場代表性人數不足的原因，究竟是出於種族族群、階級背景，抑或兩個因素的融合。

圖1.9提供了階級與種族族群背景混合後所從事高端工作者的比例。我們可以從這個圖中看到幾個重要趨勢。第一，在每一個種族群組中，出身特權階級的人更可能獲得高端工作，而來自勞工階級家庭的人，在高端工作職場工作的可能性最低。

然而，我們也可以看到處於劣勢的階級與種族族群重疊與交織的狀況。另一方面，出身專業背景的印度人與中國人，事實上要比同樣家世的英國白人更容易找到高端工作（主要是因為他們進大學的比例要高於他們的英國同儕；請參見方法論說明圖A.3）。相反的，相較於相同家世的英國白人，英國黑人、英國巴基斯坦與孟加拉裔，最後落腳在高端工作職場的人

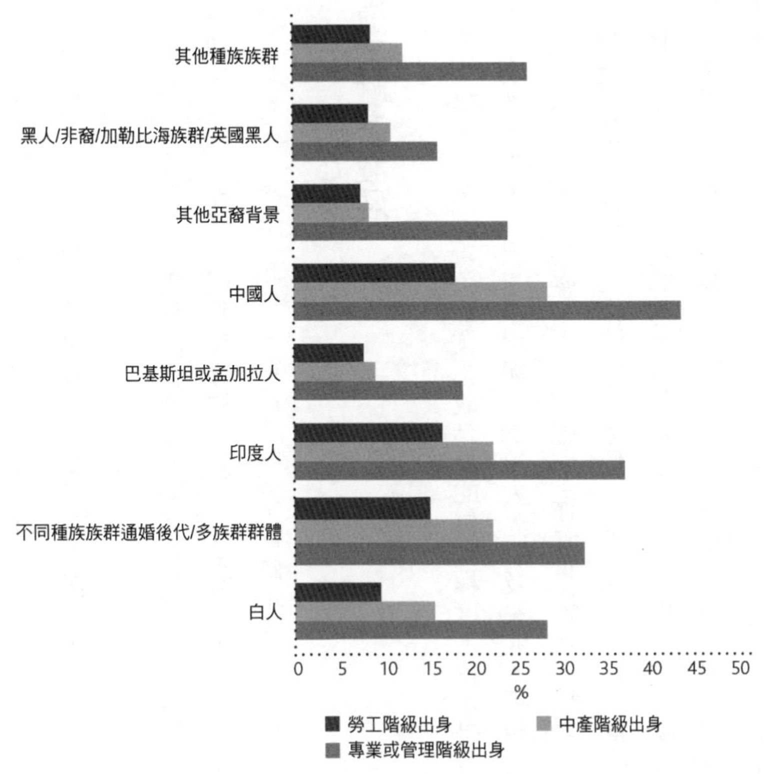

圖1.9　在任何種族族群中，特權階級都更容易進入高端職業領域

備註：圖為每個種族族群混合階級出身者在英國菁英職業中的比例。

數卻要少得多——其中勞工階級出身的英國白人有百分之十會得到高社會地位的工作，但出身勞工階級的孟加拉人，卻只有百分之五會有體面的工作（儘管他們上大學的比例遠遠高於同樣背景的白人）。

綜觀所有的資料，我們可以看到階級障礙普遍存在於所有的種族族群，但在不同的群組卻有不一樣的運作方式。即使我們將英國的黑人、巴基斯坦與孟加拉人與其他來自類似階級出身以及／或類似教育水準的人相比，他們在高端工作職場的代表性人數仍然不足。

從入行管道到職涯發展

我們在本章中呈現了英國菁英職業組成結構的偏斜程度。特別是我們的結果顯示了勞工階級出身的人、女性、黑人、巴基斯坦與孟加拉人，以及失能的那些人，全都有嚴重代表性人數不足的問題。或者，換一種說法，這些高端工作其實依然是特權階級者的堡壘。

然而將社會流動議題降級為工作管道的這個一維層面，存在著風險。特別是大家都假設一個人的職涯軌跡，在進入職場的那一刻就結束了，但在現實中，就算許多勞工家庭出身的人，或許可以獲得進入菁英工作職場的門票，卻不見得可以像那些出身特權階級的人一樣，獲得相同高度的成就。下一章裡，我們會把焦點從工作管道移轉到工作發展。具體來說，我們會應用女性主義學者已發展完成且成效卓著的「玻璃天花板」概念，檢視英國是否有一片正在發揮效用的「階級天花板」。

1 原註：之所以如此受到歡迎的原因相當明顯。一如我們在前言中所解釋過的，大家普遍相信——特別是在英、美政治圈——高比例的社會流動可以弭平高度不平等的問題；首先，截斷一個家庭內世代之間的資源連結，接著，再針對所有殘留的不平等狀況，灌輸約翰．戈德索普所謂的「任人唯才制度的正當性」（Breen and Goldthorpe, 2003; Goldthorpe and Jackson, 2007）。就這種「公平競爭」導致不平等，但機會平等的想法，讓政府可以解除他們介入處理的義務。從這個角度來看，流動性就成了一個公平與公正的社會、一個完全給予個人不受阻礙發揮潛力機會的社會主要指標。然而，根據 Wilkinson and Pickett (2018, p 177) 的論據，全球趨勢呈現出所得不平等愈高的國家，社會流動性往往愈低。

2 原註：Time (2016)。

3 原註：Barbière (2016)。

4 原註：Taylor (2016)。

5 原註：關於這種社會流動性的廣泛批評，請參見論點迥異的《利特勒報告》(Littler, 2017) 與 Reay (2017)。

6 原註：Milburn (2015)。

7 原註：這段期間的勞動力調查，其實收集的個人資料更多，但並非所有人都回答了階級出身的問題。

8 原註：Breen (2005); Bukodi et al (2015)。

9 原註：一般而言，經濟合作暨發展組織當中，美、英兩國是社會流動性（階級出身與職涯最終目標之間的最強連結）最低的國家之二，北歐國家則屬於社會流動性最高的國家群組。不平等程度較高，而教育系統投資較低的國家，一般都容易有較低的社會流動性（Blanden, 2013；另請參見 Corak, 2004; Breen and Jonsson, 2005; Beller

and Hout, 2006; Chetty et al , 2014a）。

10 原註：所有的這些職業分組都屬於我們「高端工作」組，不過並非每個歸類於我們分組中的高端工作都是這類職業的代表——少數職業與其他職業的性質並不相符，但因為數量實在太少，無法自成一個組別。舉例來說，這種情況的員工，在我們的樣本中，僅七十五人，而我們其他的高端工作分類，也沒有真正適合將他們歸類的群組。根據全國社會經濟分級統計第一類（英國頂階類別，請詳前言圖 0.1），大約兩千人可以進行分類，但沒有明確對應的職業。我們在描述我們所謂的高端工作時，將這些人視為一個整體，但他們不在我們所描述的十九種個別職業領域範圍中。各個階級出身群組的回覆人數，以及詳細的個別職業，均於本書方法論說明中說明，請詳網頁 www.classceiling.org/appendix。

11 原註：許多資本主義國家在十九世紀都發展出了一致化的服務階級，然而英國當時卻只興起了一種國家支持的專業階級。當管理行業於二十世紀初開始出現時，僅得到了附屬於服務階級內的一個次階地位，缺少文化資本，而且高度依賴資本家雇主。這個歷史延續下來的情況導致在二十世紀英國繼續分隔這兩種行業，讓專業階級得以享有更大的工作安全感與文化資本（Savage et al , 1992, 2015b）。

12 原註：Miles and Savage (2012)。

13 原註：這個數字之所以與前言所提報的六倍半有所出入，是因為我們在這裡做的是高端工作的終點與其他終點的比較，而在前言中，我們比較的是專業管理階層的終點與勞工階級者的終點。

14 原註：Weeden and Grusky (2005); Weeden et al (2007)。

15 原註：Weeden and Grusky (2005); Jonsson et al (2009)。

16 原註：Breen and Jonsson (2005); Hout (2012); Reay (2017)。

17 原註：由於取得勞動力調查不同季別的數據有所差異，因此此處的論述是根據二〇一四年七月至二〇一六年七月勞動力調查的十一萬三千兩百三十四位回覆者進行分析，其中一萬八千六百四十七人從事高端工作。在討論就讀的大學種類時，回覆者為七萬三千九百〇一人，其中一萬兩千三百七十七人從事高端工作，而我們在此分析中所掌握的年份，僅有二〇一四與二〇一五年。

18 原註：羅素集團（the Russell Group）包括了英國普遍認為最有名望且競爭最激烈的二十四所研究大學；在某些程度上，與美國的「長春藤」大學類似。成員包括牛津、劍橋、倫敦政經學院以及愛丁堡大學。

19 原註：Stanworth and Giddens (1974); Scott (1991)。

20 原註：勞動力調查中，根據回覆者自行回答是否出現長期性的問題，會實質上讓他們的日常活動受限，或影響他們可能可以從事的工作種類或工作時間，而列入身心殘障者，均納於此處所指的失能者範疇中。

21 原註：美國人說「有色人種」，但在英國，大多會說黑人與少數民族，不然就是使用其他的詞彙，有時候也會用 BME（Black and minority ethnic groups）這個縮寫代表。書中使用的詞彙不盡統一。

22 原註：在勞動力調查的英國整體紀錄中，共有九種種族族群；由於從事高端工作者鮮少有人來自於某種種族與某種族群的交集，而且根據種族與族群個別呈現的分析結果，也顯露出相當程度的類似狀況，因此我們在此將巴基斯坦人與孟加拉人歸於同一類別。

23 原註：換言之，出身這個群組並從事高端工作的人，僅佔整體勞力結構中從事相同工作者的百分之六十。

24 原註：我們無法一一針對不平等的許多其他參考座標進行表述；我們所涵蓋的勞動力調查數據在同性關係者方面的資料非常有限，而且根本沒有任何資料認定男同性戀、女同性戀、雙性戀者、變性者，或其他所有性取向、性別認同與性別表現的相關數據。

25 原註：這些結果與最近強調英國大規模高階專業領域裡，資深決策者中黑人與少數民族族群代表性人數不足的研究結果如出一轍（Li and Heath, 2016; Bhopal, 2018; EHRC, 2016）。

26 原註：在第十章中，我們納入了範圍更廣的交織重要性相關討論。

27 原註：謹此提醒，英國的勞動力約有百分之三十三來自勞工家庭、三十五來自中產階級家庭，而約有百分之三十一出自特權家庭；不論是男性或女性成人，都是這樣的比例。

第二章

上任

英國國家廣播公司年度報告的發行，一般來說是件相當平靜的事情。這就是一份兩百頁的文件，內含企業各個層面的治理與財務資訊，要說這是份完全掀不起任何漣漪的報告，一點都不為過。然而事情在二〇一七年卻變得非常不一樣。致力於公開所有年薪六百萬以上員工姓名的這份報告，首次揭開了「畢畢」（the Beeb）[1]內部令人震驚的玻璃天花板。具體而言，這份資料顯示了三分之二以上的高薪所得者，以及公司最高薪資的七位高階主管，全都是男性。這份資料同時也詳細提供了擁有類似經驗、相同名氣與地位的主播之間，赤裸裸的性別薪資差異。體育主播蓋瑞·林尼克（Gary Lineker）與克萊兒·鮑定（Claire Balding）就是一個極顯眼的例子。兩位主播都是英國廣播公司非常資深而且備受喜愛的名人，但鮑定二〇一七年的收入卻只有林尼克七千萬年薪的十分之一。[2]

這份報告發表之後，無數英國廣播公司內、外的名人，全都站隊譴責英國廣播公司將性別歧視正常化的文化。[3]四面楚歌的英國廣播公司執行長東尼·赫爾（Tony Hall）快速採取行動，批准了一次對員工薪資的立即稽核[4]，承諾在二〇二〇年前終止這種性別薪資差異，後來還同意砍減六位高薪男性主播的薪資。[5]

這件醜聞有幾個重要性。第一，也是最重要的是，這件事赤裸裸地揭露了英國上層社會性別不平等的規模。然而同時，這件事卻也昭顯了性別薪資差異被加速提上了公眾優先議題的重要進展。經過了數十年的動員以及無數高調的研究後，大家終於要用有意義且務實的態度去處理因為性別（以及，在較小範圍中，因為種族）所造成的薪資差異了。東尼．赫爾的對應，儘管並沒有如許多人預期的那樣大規模撥亂反正，卻依然明確地反映了這樣的改變趨勢。在過去，針對這類的醜聞，資深高階主管或許還會試著提出異議，或至少試著扭轉趨勢，但赫爾的對應態度卻相當明確——他承認英國廣播公司出現了嚴重的問題，並且需要立即對策。

在本書的框架中，英國廣播公司的年報也是很重要的一環。這份報告首次詳細提出了英國廣播公司員工階級背景的資料。然而令人詫異的是，媒體卻幾乎對這些資料完全視而不見。唯一的例外是天空電視的路易斯．古道爾（Lewis Goodall），他注意到了這些被忽略的數據。根據他的計算與分析，相較於英國整體高所得收入者當中，有百分之七的人畢業於私立學校，英國廣播公司高薪所得者出身於私立教育體系的人，高達百分之四十五。[6]這個差距表示英國廣播公司在階級方面的代表性人數，實際上要比性別或種族更加不足。

我們的重點並不在於讓這些不同類型的劣勢彼此競爭。這樣做不但適得其反，而且還會模糊了人口統計上薪資差異本質的交織性與重疊性。但同時，這個案例卻也呈現出存在於這些不同類型的不平等情況中**相對審查**（relative scrutiny）令人震驚的差異。現在性別薪資差異問題已適得其所地成為頭條新聞之一。但提到社會階級，卻明顯缺乏平等的對待。政治與政策焦點，就如我們在第一章所探討的內容，仍停留在進入職業的管道問題上。眾人隱晦假設的是一個可以容納大家進入菁英工作職場的多元化錄取方式，一旦可以確保管道，那麼社會階級效應就會自然消散。然而，就我們所知，這樣的主張毫無根據。確實，就像英國廣播公司這個例子一樣，就算出身勞工階級的人可以確保進入備受敬重的職場內，卻不必然能和家世較為優渥者一樣，取得相同的資源，也因此不見得可以跟這些出身較好的人達到相同的成功高度。我們在本章會首次針對這個問題進行系統性的詰問。[7]

階級的薪資差異

在第一章裡，我們證明了高社會地位的不同工作，具有差異極大的社會開放性。現在我們將這一點擴大，看看一旦**進入**菁英工作職場，不同階級出身者的日常又是如何。要瞭解這一點，我們先來看看大家的薪資所得。薪資顯然是一項證明自己實力的重要成功證明。不僅如此，薪資還常常代表了其他型態的成功，譬如一個人在他所屬的組織內，地位有多高、他所服務的企業地位與聲望，以及雇主對於這個人的重視度。

我們的研究結果令人相當震驚。這些結果證明，就算那些出身劣勢環境的人真的「走馬」，他們的「上任」也是充滿掙扎。更具體地來說，圖2.1顯示任職菁英職業的勞工階級背景者，年薪平均要比出身特權的同僚短少近六千四百英磅。換言之，當下的英國存在著嚴重

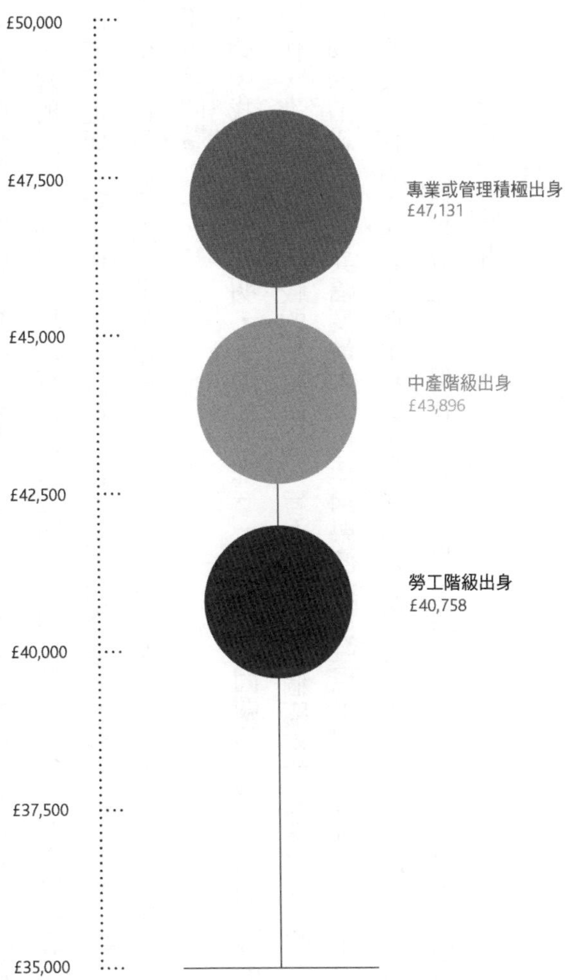

圖2.1　階級薪資差異

備註：圖為每個階級出身在高端工作職場的預估平均年薪。
資料出處：勞動力調查

的「階級薪資差異」現象；即使同工[8]，出身中高階級者的收入，也要比出身勞工階級的人多出百分之十六。

如果我們針對階級出身進行更深入的分析，會發現這類的差異態勢甚至更加嚴重。出身最弱勢家庭的人，亦即父母均沒有任何收入的人，相較於那些父母從事如醫療、法律與工程等較高階管理與專業工作的人，每年（在菁英工作職場）的薪資相差一萬英磅以上。[9]我們認為這樣的薪資差異指出了英國菁英工作職場一個令人憂心，而且之前一直沒有人注意到的階級不平等問題。

在此，我們應該要敘明，英國並非唯一一個有這種問題的國家。我們最近與法國和澳洲同僚合作，進行了工作比較的追蹤研究，旨在瞭解這兩個國家的高端工作狀況。[10]結果揭露儘管英國的階級薪資差異幅度最大，但法國與澳洲也發現了相同的狀況。以法國為例，出身特權的高端工作者，年薪要比出身勞工階級的人高出約五千歐元，約百分之十四的差距。澳洲的差異較小，大概百分之八，但在統計上仍具重要的意義。其他的分析也指出美國、瑞典與挪威，都有類似的狀況。[11]

階級薪資差異的比例

掌握這種階級薪資差異重要性的其中一種方式，就是與其他勞動力市場的不平等狀況進行比較。下頁圖2.2特別指出了階級薪資差異的幅度——至少在最極端的例子中——與性別與種族族群薪資差異一樣，或更高。在菁英工作職場中，男性年薪比女性年薪平均高出一萬英磅，如巴基斯坦或英國黑人這類特定的種族群組，薪資差異也非常明顯。[12]從事高端工作的失能者，一年平均也是比非失能者少賺四千英磅。

我們並無意暗示薪資面的階級不平等，要比其他型態的不平等問題更急迫。之所以把階級薪資差異放到這個比較架構中，是想要重申我們對於工作職場「多元性」的瞭解與現實之間，當下存在著多麼大的鴻溝，特別是從處理這類其他型態的弊害角度來看政治投注的關注度與組織化資源時。

雪上加霜

將階級薪資差異與性別與種族族群薪資差異進行比較，也代表著如第一章中的解釋，女

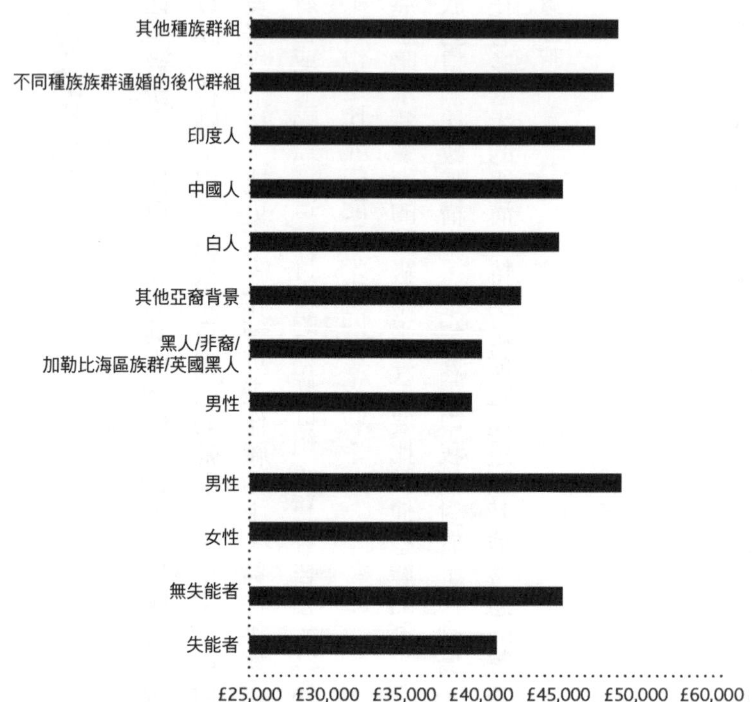

圖2.2　菁英職業的性別、種族與失能者薪資差異

備註：圖為從事高端工作者，根據種族族群、性別與失能狀況分別所預估的平均年收入。
資料出處：勞動力調查

性與男性、各種不同種族與族群、不同階級背景等等這些個別因素，全都具備各自獨立運作的能力。每一個人都是多重複雜的社會特徵加上構成個人身分之各種交織特性的加總結果。因此，重要的問題就在於，在高端工作中，劣勢或優勢的**交織**型態如何運作？

首先，我們來看看性別。圖2.3告訴我們，整體而言，女性不僅收入低於男性，**出身勞工階級的女性更是處於雙重劣勢之下**——她們年收入平均比出身特權階級的女性少七千五百英磅，而出身特權階級的女性又比出身特權階級的男性少了一萬一千五百英磅。這表示出身最具優勢的男性與家世背景最不利的女性之間，薪資差異達到了令人瞠目的百分之六十。

特別令人感到震驚的是，如果我們把階級與性別薪資差異加在一起，這個薪資差異幅度，較前一

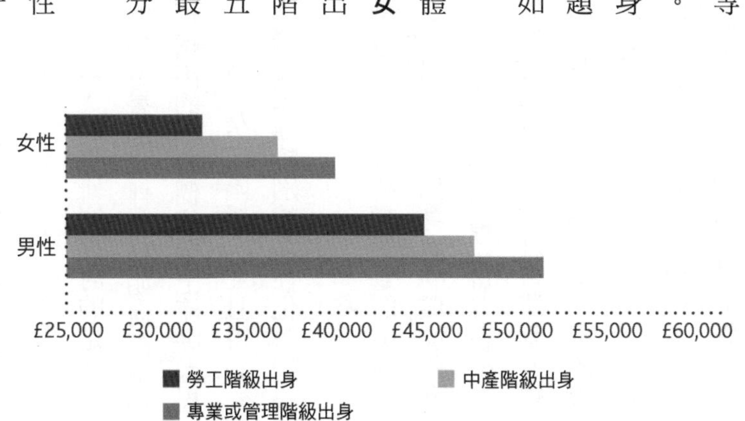

圖2.3　女性收入面臨雙重劣勢

備註：圖為每個階級出身的男性與女性平均年收入預估值。
資料出處：勞動力調查

年增加了兩千英磅。[13]這表示出身勞工階級的背景，**加上**身為女性的關連懲罰，不僅僅是加疊，更是加乘的效果。[14]這也就是說，特定人口統計的「交織因素」，會**互相作用**，成為個人的弊害。這個結果與一個大規模的量化研究結果一致，該項研究探討的是女性向上流動之路，通常特別艱辛。[15]這項研究不僅著重說明勞工階級背景的女性，是如何被特別標記為英國文化中的「其他類型」[16]，還會像史黛芙．勞勤曾經指出的，她們的向上流動過程，通常帶著另外一種特別的磨難。長久以來，這群女性想要「逃離」勞工階級，並且得到一個「令人敬重」的中產階級地位與身分的渴望，一直被大眾視為是某種特別的女性化嫉妒心態——也因此被病態化為一種矯情的信號。[17]

當然這並不代表勞工階級出身女性的收入，絕對不會高於特權背景的男性，抑或她們自身的階級與性別，永遠都會是她們收入的決定因素。只不過她們身處的環境確實意味著極有可能面對各種類型的歧視或劣勢，以致她們進入菁英工作職場的過程會異常艱困。

我們另外也看到了同時身為失能者與少數種族族群的個人，在社會流動的經驗中，同樣面臨到雙重劣勢。[18]當我們把重點放在族群分析的圖 2.4 時，有幾個值得一提的現象。第一，在我們每一個種族族群分類群組內，存在著階級薪資差異。事實上，出自勞工階級背景的中國人、巴基斯坦人與孟加拉人，以及不同種族族群通婚背景的人，在他們各自族群內的階級薪資差異幅度，要比白人大得多。第二，許多人似乎因為他們同時具備族群與階級背景因

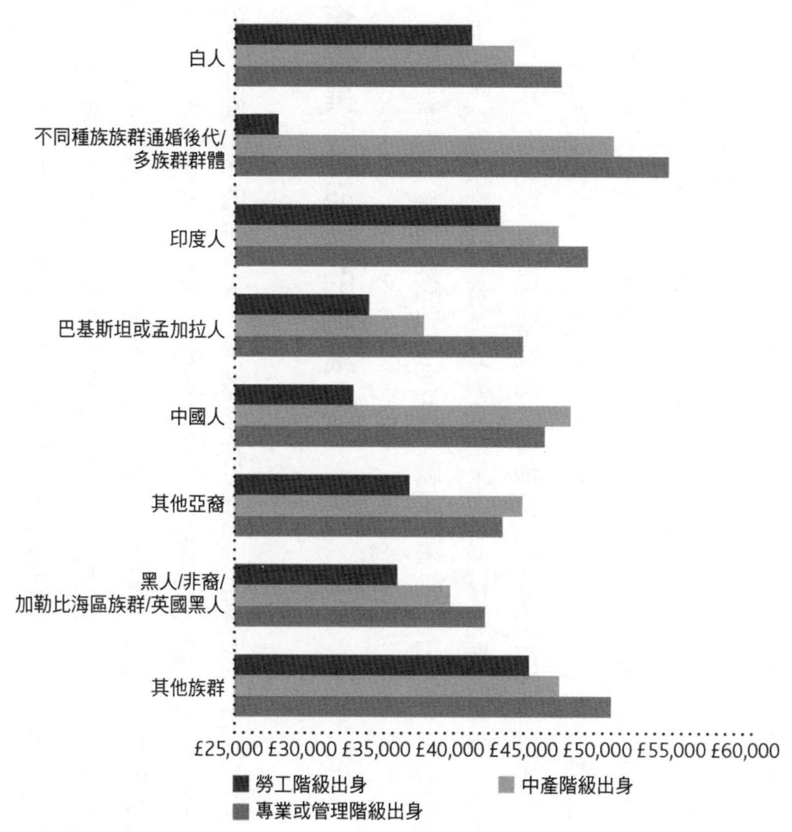

圖2.4　許多少數種族族群收入也面臨雙重劣勢

備註：圖為每個階級出身與種族族群群組預估平均年收入。
資料出處：勞動力調查

素，而處於更不利的狀況。舉例來說，出身勞工階級背景的英國黑人，平均要比出身特權階級的英國黑人同僚少六千英磅，而與出身特權的白人相比，差異更是超過一萬一千英磅。[19]

當然，許多人都是多重不利因素的群組成員，我們在菁英工作的職場中，還發現了**三重劣勢**，其中又以勞工階級出身的有色女性的狀況最顯著。舉例來說，勞工階級出身的英國黑人女性，從事高端工作的年收入，平均要比特權階級出身的白人男性少兩萬英磅。

階級薪資差異特別明顯的職業

在上一個章節中，我們瞭解到通往菁英職業的管道，因各人從事的菁英行業而存在著非常大的差別。圖2.5顯示階級薪資差異的級距，也有同樣明顯的變化。出現最大薪資差異的領域有兩個。首先，我們可以看到傳統高社會地位的醫療與法律專業工作，不但具有高度的社會排他性，在升遷過程中，似乎也偏好特權階級出身的人。這樣的情況最明顯的或許要屬醫療相關領域，不過大家都期待在國家健康服務署（National Health Service/NHS）整體的訓練與薪資標準化努力下，這種不公平的薪資狀態能夠被有效遏止。

圖2.5另外還指出菁英職場的商業領域也存在著巨大的薪資差異。舉例來說，服務於金融界的特權階級出身者，平均年薪要比出身勞工家世的同僚高出一萬七千五百英磅。

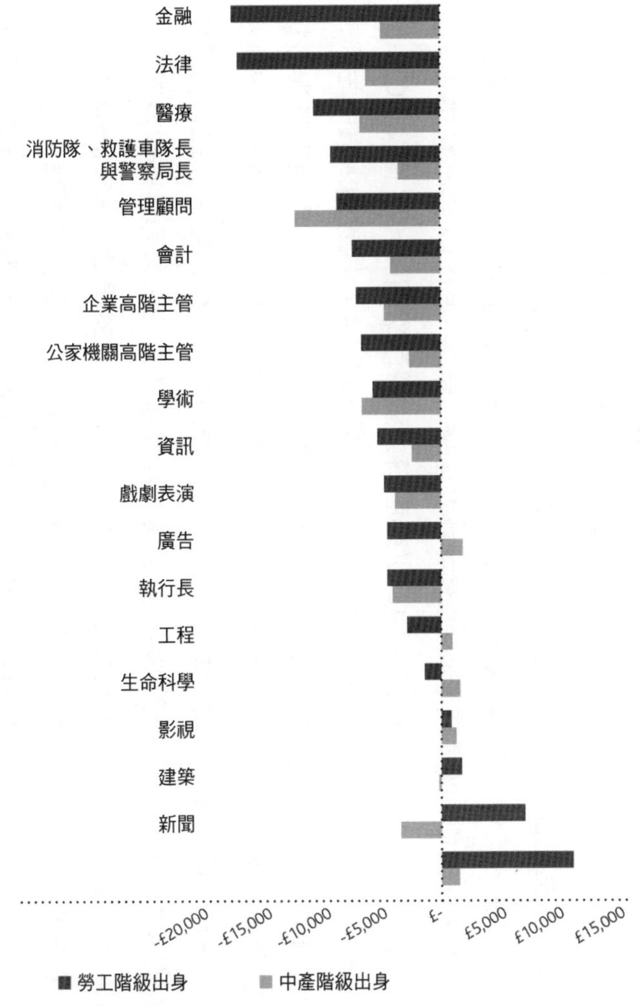

圖2.5　階級薪資差異在法律、金融、醫療業最明顯

備註：圖為十九類菁英職業群組中，向上流動者（勞工階級與中產階級出身）與專業管理階級出身者之間的階級薪資差異。不論單一或兩種向上流動群組在以下職業的平均薪資差異均具統計顯著性，p值<0.05：金融、法律、醫療、消防隊/救護車隊長與警察局長、管理顧問、會計、企業高階主管、公家機關高階主管以及資訊。

資料出處：勞動力調查

不過，另外值得注意的是，有些高端工作並不存在階級薪資差異。[20] 以工程領域為例，不論是從進入這個職場的管道**還是**升遷狀況來看，都相對開放。

圖2.5所概略呈現出來的差異，也為會計、建築、表演與電視這四種我們選擇在本書中聚焦的行業提供了一些脈絡。儘管第四章與方法論說明中，會比較詳細地討論我們之所以選擇那些研究個案的動機，但值得先在此一提的是，我們的選擇其實源於想要釐清圖2.5所呈現模式的基本渴望，換言之，階級出身為什麼在某些菁英行業的重要性，似乎要比其他菁英行業更重要。我們可以看到會計行業的階級薪資差異非常大。我們也看到某些戲劇表演的行業，薪資差異很明顯。雖然戲劇表演在勞動力調查的所有分類中，佔比都過小，無法進一步拆解，但根據英國廣播公司大英階級調查（BBC Great British Class Survey）這個橫跨二〇一一年至二〇一三年的大型網路研究調查所涵蓋的演員（也是我們研究個案裡的其中一種職業）大樣本平均家庭收入分析，這個行業同樣存在著巨大的階級薪資差異。出身專業或管理階層背景的演員，享有比其他演員高出七千至兩萬一千英磅的平均（家庭）年收入。[21]

話說回來，我們其他個案研究的分析模式，結果與前述情況很不一樣。以農業領域為例，工作管道的排他性很強，但一旦「入了行」，社會流動性在晉升過程中，就似乎不會造成任何影響。同樣的，一般被描繪為排他產業的影視業，階級薪資的狀況，事實上根本微不足道（至少以全國標準來看）。

我們已經指出在全英國的菁英職場中，出身勞工階級背景的人會遭遇到嚴重的階級薪資差異。但是這個現象代表了一個更迫切的問題——為什麼會這樣？勞工階級出身的人就算進入了高端工作職場，他們的薪資卻比那些出身特權階級的人要低，針對這樣的狀況，我們可以提出什麼樣的解釋？僅僅只是階級歧視的問題，抑或是在不同出身背景的人之間，存在著不同的「任人唯才」差異，而這樣的差異給了薪資差異更正當的理由？現在我們就把重點轉到為這些問題提供答案的黑盒子上。

1 畢畢（the Beeb）：英國廣播公司的暱稱，也是該公司開發的語音助理名稱。

2 原註：Grierson (2017)。

3 原註：根據二〇一八年六月二十九日的英國國家廣播公司網路新聞，女性明星現在開始要求英國國家廣播公司釐清性別薪資差異的問題了（bbc.com/news/uk-40696402）。

4 原註：英國國家廣播公司媒體中心（BBC Media Centre）(2018)。

5 原註：英國國家廣播公司新聞 (2018)。

6 原註：Goodall (2017)。

7 原註：再一次值得注意的是，這個問題已經在少數其他國家，依其國情進行詰問，包括美國（請參見 Jencks et al, 1972; Pfeffer, 1977; Torche, 2011）、瑞典（Hällsten, 2013）與挪威（Flemmen, 2009）。

8 原註：應該注意的是，因為這個數據源於英國勞動力的一個樣本，因此被視為平均預估值。也就是說，每一個群組中的許多人總收入，很大一部分都落在這個預估值附近。所謂的「預估值」，表示我們無法百分之百確認這些數字完全正確，但對於實際的金額在所有人口中落在一定的範圍之內，我們有九成五的把握；在本書中，一般而言，我們只有在預估平均值之間存在著p值< 0.05水準的統計顯著差異時，才會提出薪資差異。

9 原註：在早期的文獻中（Laurison and Friedman, 2016），我們用這些因素來比較那些出身勞工階級背景的人以及全國社會經濟分級統計第一類，或者那些被我們納入以「高端工作」為終點的同一群人，但文化工作者不在這個比較範疇內。

10 原註：Falcon (nd); Roberts and Arunachalam (nd)。

11 原註：美國部分，請參見 Jencks et al (1972), Pfeffer (1977) 和 Torche (2011)；瑞典部分，請參見 Hällsten (2013)；挪威部分，請參見 Flemmen (2009) 和 Hansen (2001)；北歐部分，請參見 Hansen (2001)、Flemmen (2009)、Hällsten (2013)；法國部分，請參見 Falcon (nd)。

12 原註：英國性別薪資差異的規模與模式，在 Olsen（2010）與 Olsen et al（2018）中有更廣泛的探討，而英國族群的薪資差異，則是在 Longhi et al（2013）以及 Longhi and Brynin 中有更深入的研究（2017）。

13 原註：請記得高端工作的性別薪資差異平均大概是一年一萬英磅，而階級薪資差異（出身特權背景與勞工階級背景者之間）約為一年六千四百英磅。不過勞工階級出身的女性薪資，每年卻比特權階級出身的男性少約一萬八千九百英磅。

14 原註：Woodhams et al (2015)。

15 原註：Skeggs (1997); Hanley (2017); Reay (2017)。

16 原註：這個研究高度強調大家習慣將勞工階級家庭出身的女性病態化，認為她們是非常不適任的母親（Walkerdine, 1990）、性行為過度（Skeggs, 1997; Tyler, 2008）不然就是顯露錯誤型態或不當地展現女人味（Lawler, 2005）。

17 原註：Lawler (1999)。

18 原註：儘管不是那麼明顯，但在我們深入探究失能狀況、階級出身與收入的交織資訊時，同樣出現了類似的模式：從事高端工作的失能者，在每一個階級出身群組中，收入都較少，而同樣都是失能者或都不是失能者的情況下，勞工階級背景的人收入要比出自特權家庭的人少。

19 原註：即使我們剔除第三章中引進的控制項目，這些收入上的差異，依然頑強地持續出現；請參見方法論說明圖 A.7。

20 原註：在大家認為由特權階級掌控的領域，這一點相當令人驚訝。以新聞業為例，最近的研究發現百分之四十三的新聞專欄作家都是出自私立教育體系（Milburn, 2014）。不過這可能是小量樣本數刻意操弄的結果，也可能是確實不存在階級出身的薪資差異。

21 原註：Friedman et al (2016)。

第三章

階級薪資差異的真相

「智商有列入控制因素嗎？」這是社會流動委員會在二〇一七年發表我們第一階段的階級薪資差異研究時，自由派時事評論員托比．楊格（Toby Young）透過推特傳給我們的問題。這是一個可預見性很高的反應。楊格曾經廣泛地寫過認知能力與生活質量之間關係的文章，也從未掩飾過他認為智商既是社會優勢中具較高重要性的一項，也易於世代傳遞的想法。[1] 聞弦音知雅意，楊格推的問題其實悖離了我們截至目前為止所發現的特定疑慮。楊格似乎在暗示，沒錯，階級薪資差異或許確實存在，但這種狀況很可能是完全合理的智力差異所造成。楊格不見得是唯一抱持這種看法的人。[2] 美國政治科學家查爾斯．莫瑞（Charles Murray）早先就不斷地提出智商與種族關連性的相似論點，[3] 更在最近撰著了《分歧》（Coming apart）一書，將美國白人勞工階級的辛苦，歸罪於他們較為低下的認知能力。回到英國，前外交部長鮑里斯．強生（Boris Johnson）也曾發表過類似的言論，認為經濟不平等是「就算不提心靈價值，也是天賦能力已經差人好幾等者」[4]「不可避免」的副產品。

這些觀點看起來或許有點偏激。當然，與社會流動性、智力及遺傳相關的實證性研究，必然引來高度爭議。[5] 然而本章一開始，我們就要直奔這類具挑釁性質的議題，以便提出一個更廣義的論點。儘管第二章所揭露的階級薪資差異令人驚訝，但是不去貿然驟下結論，說這種情況完全是階級偏見與歧視所致，非常重要。事實上，許多讀者在閱讀第二章的時候，對於階級薪資差異這個議題，或許會構建出屬於自己的解釋；說不定單純只是從平均值而言，勞工階級出身的人就是要比那些出身特權背景的人年輕，因此他們在職場上，走得沒有那些特權背景者遠？說不定出身特權者教育程度較高，因此較高的薪資所得其實是源於他們較為優越的學經歷？又說不定那些出身特權者就是工作得比旁人認真，或在工作上的表現較為亮眼？

這一章，我們要與抱持這類懷疑想法的讀者進行一次直接的對話。儘管我們也許無法量測像智商這樣的東西——或者其實是不希望去量測[6]——然而是否可以透過教育程度、工作經驗、培訓程度，或者工作表現等等這些我們通常視為「優秀能力」的其他差距，來合理解釋階級薪資差異，應該是說得過去的質疑。前述的那些條件，其實都是值得仔細推敲的一些似是而非的機制。不過話說回來，造成階級薪資差異的某些驅動因子，或許就不是那麼無辜或正當了：或許出身特權的人就是比較有辦法鎖定目標，掌握難以捉摸的工作機會，或者享有管道優勢，跨入最受敬重的職場、進入薪資最優渥的企業？

在這一章，我們要從解開造成階級薪資差異的這些潛在驅動因子因此開始。我們採用被稱為統計迴歸分析與拆解的技術[7]，調整或「控制」四組要素。第一，我們從族群、性別、年齡、失能狀況以及國籍等角度，檢視人口統計差異。第二，我們研究教育程度所帶來的影響。第三，我們將可能被視為「任人唯才」的一些其他驅動原因集合起來，譬如工作時數的總和以及經驗與培訓的程度。最後，我們把重點從「優秀能力」的方向移開，轉而檢視一些階級出身可能影響職業決定的較棘手因素，譬如國內的工作地點、職業類別，以及服務的企業種類。

本章會證明存在於特權出身、中產階級出身，以及勞工階級出身者之間的某些差異，如何「解釋」部分我們在前一章中所看到的薪資差異狀況。也就是說，當我們將那些可能不同薪資所得的影響因素納入考慮後，階級出身所造成的薪資差異確實變小了。不過關鍵在於即使把勞動力調查中所有可能相關的量測項目都納入考慮，源於階級出身而產生的薪資差異依然相當明顯。

真的是因為年齡較大或白人、男性較多，導致特權出身者的高薪嗎？

我們首先著手分析的是人口統計。如之前所述，關於階級薪資差異的解釋，相當合理的其中一個理由就是特權出身者單純就是平均年齡較大。這個說法當然與廣泛流傳在英國高社會地位職業圈的政策說詞相符。這些職場在眾人眼中，通常給人一種在歷史上就一直是菁英領導領域，以及隨著時間的推進，這些領域正在緩慢而謹慎開放的感覺。[8]從數據上來看，從事我們歸類為菁英職業的人，往往是年齡愈大，薪資愈高（平均每一年年資就多出約四百一十四英磅）。如果從事高端工作的特權出身者，確實較勞工階級出身者年長，那麼他們較高的薪資所得，可以簡單地歸因於較為出眾的經驗上。然而我們的資料卻悖離這樣的說法。我們發現從事高端工作的勞工階層出身者年齡，平均而言，其實要比他們特權出身的同僚還要大——準確來說，大出四歲。[9]

這種狀況並不是因為出身勞工階級的人不知道什麼原因就是活得比較長（我們僅針對二十三至六十九歲的人進行研究分析）。相反地，這更像是英國勞動力架構與時俱變的結果。從二十世紀初開始，勞工階級的工作就一直在穩定減少，但「頂端的空間」（專業與管理職的數量）卻有相當顯著的增加。[10]這表示如果你出生在五十年前，父母從事勞工階級工作的可能性，要比你出生在二十五年前要高。

我們也可以將其他重要的人口統計特質考慮進來。舉例來說，那些出身特權背景並從事高端工作的人，薪資之所以高人一等的事實，是否可能因為他們是英國白人男性之故？我們在前一章中注意到了能力、性別、種族與族群的不平等，通常會與那些因階級出身而帶來的不平等因素交織與重疊。具體來說，我們已揭露了女性、失能者和出身勞工階級的特定族群，在薪資上所面對到的獨有雙重以及三重劣勢。我們還可以把重點放在大家的出生地之上：移民到英國的人，或出生在英格蘭、威爾斯、蘇格蘭或北愛爾蘭的人。[11]

下頁圖3.1是我們將人口統計因素納入後，所呈現出薪資差異受到影響的規模。本質上，我們所呈現的是如果勞工階級與特權階級的人同樣都是白人、出生於英格蘭、年齡相同，其他條件也一樣時，薪資差異會是什麼樣的情況。令人詫異的是，我們看到階級薪資差異確實出現明顯增加的情況。勞工階級出身者，相較於性別、種族族群、年齡、出生地等條件都相同的特權階級出身的同儕，年薪資所得平均約少八千三百英磅。

很大程度上，年齡與階級出身兩者之間的關係，驅動了這種差異的增加，而我們在一開始的階級薪資差異報告中，並未發現這樣的情況。換言之，若沒有控制年齡的因素，那些從事高端工作的勞工階級出身者，相對薪資所得會比他們實際的收入高，因為我們沒有把他們較大的平均年齡因素納入考慮，所以忽略了這群人其實花費了更多時間去累積經驗與收入。換一種解釋方式，也就是說，當我們比較同年

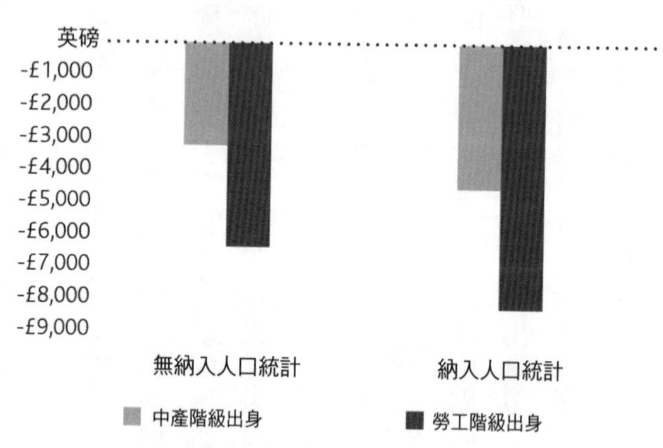

圖3.1　納入人口統計項目後，階級薪資差異甚至更大

備註：圖為向上流動與專業管理階級出身者之間的階級薪資差異預估，分無控制組，以及進行人口統計控制值的迴歸模式組。控制因素包括種族族群、出生地、年齡、性別與失能狀況。兩個組別的階級出身薪資差異都具統計顯著性，p值<0.05。
資料出處：勞動力調查

齡的群組時，我們會看到更大的階級薪資差異。

教育真的是「偉大的等化器」嗎？

有鑑於此，人口統計上的差異絕對無法解釋階級薪資差異的現象。但「優秀能力」，或者鮑里斯．強生所提到的「天賦能力」差異，又該怎麼說？對許多人而言，特別是身處英國政治右派與中間派的人，這個解釋是他們在對應這類不平等狀況時的萬用機制。以那些為了想終結性別薪資差異而發起各種運動的人為例，他們用了數十年的時間，努力消除女性表現較差、較不積極、條件較差的迷思。[12]重要的是，我們為這本書所訪問過的許多位高權重者，在被問及階級薪資差異的議題時，也都直覺反應地以任人唯才的解釋回應。當然，這樣的解釋之所以如此孚眾望，理由並不難懂。這些說法為現況與個人職涯進展，都提供了正當性。透過這樣的解釋，階級不平等可以被視為高度競爭的勞動力市場中，雖然不幸卻終究還是公平的結果。

「優秀能力」概念中，使用度最廣、共識度最高的一項，大概非教育程度莫屬。長久以來，大眾始終迷戀於教育的「偉大等化器」功效，認為教育是可以弭平深植於階級出身體系中不平等的最強大制度性工具。[13]從這個觀點來看，教育體制以及授予教育文憑的重要功能之一，就是依照個人在大家眼中的智力、能力，或甚至智商，把每一個人歸類到勞動力市場中各種不同的軌道上。在某種程度上，教育確實一直具備著這樣的作用。舉例來說，一九八〇年代由社會學家麥克．豪特[14]所進行的一次美國經典研究，發現階級背景與職場成功之間的緊密關連性，幾乎在大家取得大學文憑之後，就完全消跡滅蹤。這麼看來，高等教育的確身具打擊以階級為基礎的不平等之責（儘管這種情況僅適用於那些有能力進入大學之人）。根據這樣的假設，我們接著來探討一下當教育因素被納入評估項目時，教育是否真的可以消弭階級薪資的差異。

一如前一章所概述，那些進入高端工作的劣勢背景出身者，教育程度相較於出身特權的同儕，明顯較低。教育程度較高的人，起薪也較高；從事高端工作者，不論背景，若沒有大學文憑，比大學畢業的同儕相比，年薪至少降低九千三百五十英磅。把這些發現全串在一起，我們可以清楚看到教育程度的階級差異，在帶動階級薪資差異這件事情上，扮演了一個很重要的角色。

然而，當我們細看階級出身、教育程度與薪資所得之間的關係時，還有另外一項因素值得注意。在每一個教育程度層級，根據階級出身，依然存在著薪資高低差異。換種方式來解釋，也就是說出身勞工階級的人，即使與他們出身特權的同儕擁有相同的教育水準，他們賺得也比較少。[15]這一點很重要，因為這個狀況說明了教育，甚至高等教育，都不是偉大的等化器；即使那些出身勞工階級的人，取得了最高等的教育文憑，明顯的階級薪資差異依然執拗地穩立如山。

我們還可以以更詳細的量測檢視教育這項「優秀能力」。舉例來說，大家往往會暗示某人在高端職場的「上任」，其實與教育程度的關係，並不是那麼大（不過大學文憑對大多數職業而言，確實是必要條件），大家更重視的是當事人所就讀的大學類型，在眾人眼中的「質量」，以及當事人入學後的學術表現。[16]在高端職場工作的專業或管理背景出身者，幾乎有一半都是就讀競爭極激烈的羅素集團大學[17]，出身勞工背景者，進入羅素集團大學就讀的人數，僅四分之一強。這一點很重要，因為進入這樣的大學就讀，代表著重要的起薪優勢——一年差異約四千英磅（牛津或劍橋學生，比其他人還要多拿七千英磅）。這一點，可以用來進一步辯述「唯才是用」是薪資差異的成因；出身特權階級者更有可能取得進入更具聲望大學的資格，因此他們較高的平均薪資，只不過是反映這群人更優秀的能力或才華。

但是，針對這樣的假設，我們的研究結果再次既肯定又否定。下頁圖3.2顯示即使出身劣勢背景的人真的進入了英國最神聖的大學就讀，他們的起薪，也與那些出身特權背景的人不同。[18]舉例來說，同為牛津大學的畢業生，出身特權背景的人，一年大概會比那些出身較劣勢背景的同儕多賺五千英磅。這個結果與最近的研究結果不謀而合。最近的研究證明出自私校體制的牛津畢業生，最後落腳在英國社會菁英職場最頂級職務的人數，很可能是其他學校體制出身的牛津畢業生的兩倍。[19] 這兩點的發現都在清楚闡述了遵循特定菁英路徑，所能帶來的明顯優勢累積。菁英大學，換言之，並非一視同仁，而出身特定背景（亦即特權階級與菁英名校）的入學者，顯然也更能在入學後，將機會資本化。我們只要想一想菁英背景、菁英名校以及諸如腳燈社（the Footlights）[20]、劍橋使徒（the Cambridge Apostles）[21] 以及布靈頓俱樂部（The Bullingdon Club）[22] 這些牛津劍橋的各類重要社團，就可以瞭解這類菁英通路的運作。[23]

這些發現大概也可以代表另一種針對「偉大的等化器」論述的全然反駁。即使像牛津與劍橋這類譽為菁英掛帥的終極汰選教育機構，也不見得可以將階級背景的優勢完全洗滌乾淨。事實上，在許多情況下，這些

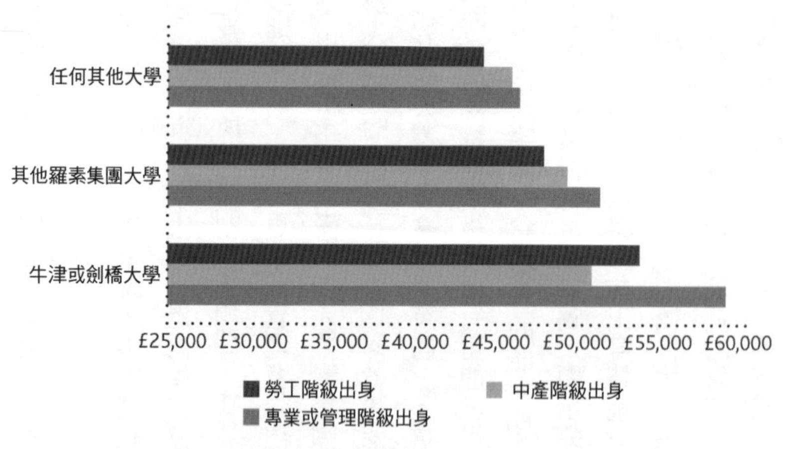

圖3.2　勞工階級出身者即使進入頂尖大學，薪資也較低

備註：圖為混和階級出身與就學的大學型態後，每一個群組的平均年薪預估。
資料出處：勞動力調查

學校還會強調與膨脹這些優勢。

我們甚至可以更深入。我們有數據可以呈現問卷回覆者的大學求學表現；這個分級制被稱為學業成就等級[24]，與美國的學業成績平均點數（grade point average/GPA）類似。作為一種學術成就的衡量方式，學業成就等級甚至可以看成是能力或「優秀能力」的一種更精緻量測。學業成就等級較高的人，薪資較高——優等比次等成績的人，一年差異大概為兩千英磅。

但這裡出現了兩個重要的現象。首先，出身勞工階級的人取得大學學位、進入最知名學府的機會，本來就比較低，所以大家在學校的表現到底有多好，基本上無關緊要。再說，不同階級出身的人將學業成就轉變為薪資的能力，也存在著非常重要的差別。明顯地，在學業表現優等的人當中——亦即獲得了神聖的一等榮譽學位者——往往都是那些出身特權者獲利更多——他們平均要比那些同樣獲得了一等榮譽但屬於希望向上流動的一群人，每年高出七千英磅的收入。[25]

這樣的因素當中的每一項——不論是出身勞工階級的人拿到大學學歷的可能性較低、就讀馳名全球大學的機會較低，甚至即使擠近了頂尖大學，拿到了最高的成績，薪資所得仍然可能較低等等——從社會學的角度來看，都是明顯不證自明的情況。不過我們這一章的主要目的，是要正式評量這些因素在解釋階級薪資差異時的重要性。

圖3.3中，我們一口氣把所有這些教育控制因子[26]全部納入，可以看到薪資階級差異降低

了將近一半。[27]這樣的降幅當然非常明顯。然而這樣的狀況卻也透露了一個持續存在的重要現實；我們模型所分析出來的結果是，不論從我們評估的哪一個教育程度層面來看，都和出身特權者擁有相同水準的勞工階級出身者，收入依然與特權出身者存在著實質的差異。

難道努力、技能與能力都不算數嗎？

除了教育程度，「優秀能力」或者生產力當然還有其他指標。我們現在來看看我們可以從勞動力調查資料中取用的三個指標：工作努力（以每週工作時數表現）、技能（以工作相關的培訓程

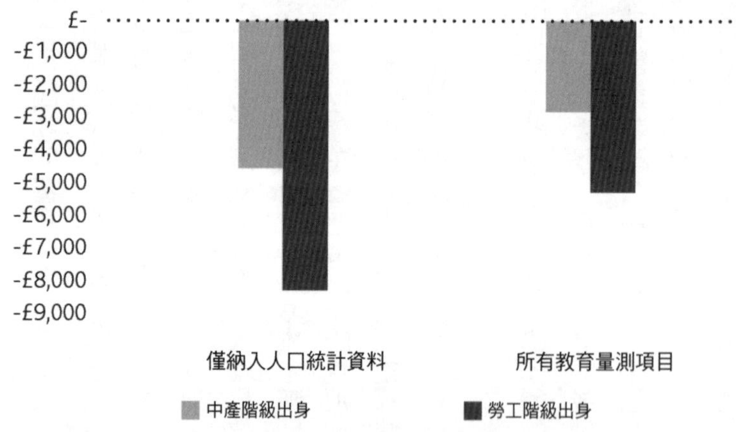

圖3.3　階級薪資差異有一半的原因源於教育程度差異

備註：圖為向上流動與出身專業管理背景者之間的階級薪資差異預估，分僅人口統計資料組，以及進行人口統計與教育程度控制值的迴歸模式組：控制條件包括最高學歷，以及那些取得大學或大學以上學歷者，學業成就等級與就讀的大學。兩個組別的階級出身薪資差異都具統計顯著性，p 值 <0.05。

資料出處：勞動力調查

度表現）、經驗（以目前的工作年資，以及過去可能讓當事人無法工作的任何健康問題呈現）。所有的這些「優秀能力」構面都與較高的薪資有關。[28]不過值得注意的是，我們發現這些因素全都沒有因為階級出身而有實質的變化。那些出身特權階級者，一週工作時間大概會多出半個小時、最近的培訓活動很可能也稍微多一點點，但是經驗值卻稍低。也就是說，如圖3.4所顯示，許多傳統被視為「優秀能力」的標示項目，對於解釋階級薪資差異這個議題，基本上毫無助益。

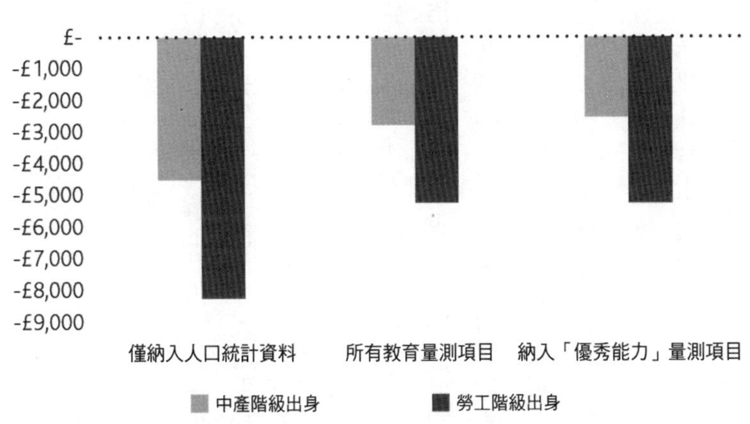

圖3.4　「優秀能力」項目的評量對階級薪資差異影響很小

備註：圖為向上流動與出身專業管理背景者之間的階級薪資差異預估，分僅人口統計資料組、人口統計與教育程度控制組，以及包括了人口統計、教育與其他「優秀能力」項目的量測：控制條件包括工作時數、當前的工作年資、最近的培訓以及過去的健康問題（當作可能離開勞動力市場時間的一個指標）。所有組別的階級出身薪資差異都具統計顯著性，p值<0.05。

資料出處：勞動力調查

迪克·惠廷頓[29]（反）效應

截至目前為止，我們已經證明了不論是高端工作者在人口統計上的組成，抑或一系列「唯才是用」的評量項目，都無法清楚解釋階級薪資差異的狀況。但是很多時候，這些項目因素不論是透過「合理化」、「公平的」或「天生的」過程，亦或是更強而有力的性別或族群不平等程序，都可能被視為薪資差異正當化的原因，或變成為薪資差異化開脫的理由。我們現在需要轉移焦點，開始思考階級出身是如何更直接地塑造大家的職涯軌跡。在這個段落裡，我們特別感興趣的是檢視社會學家所稱為「職業分類」的過程，這是指一個人的背景如何影響他們在勞動力市場中**具體**的最後落腳處。舉例來說，他們在這個國家的哪個地區工作、他們從事的具體職業是什麼，以及他們落腳的公司型態（指的是企業規模、產業、公家機關或私人機構等）。這些分類結果不一定全然「無辜」；這些結果也並非是個人自由與刻意的「選擇」。階級出身以及隨著階級出身背景所衍生的資源，對於一個人可以選擇的職涯道路塑造，極為重要。

首先，我們來看看大家的工作地點——亦即工作的地理區域。之所以分析這一點，原因在於決定高端工作薪資的最大因素之一，就是一個人在英國生活與工作的地方。以倫敦中區的菁英職業為例，年薪平均要比英國其他地方高出一萬六千英磅或百分之三十六。

不同地區的社會組成結構，特別是階級出身，也會呈現出巨大的差異。倫敦在這個方面再度鶴立雞群。那些在首都倫敦從事高端工作的人，可能出身特權背景的比例非常高。[30]這種現象的主要成因是國內人口遷移的模式：百分之五十六遷居到倫敦的國內人口，都來自專業或管理階層背景（相較於百分之三十六的英國平均人口遷移比例）。[31]這些發現表示地理分類效應其實是階級薪資差異的一個關鍵驅動成因，我們甚至可以稱之為「迪克・惠廷頓反效應」（reverse Dick Whittington effect），因為與這則十四世紀的知名民間傳說完全相反的是，現在湧至倫敦追求財富的人，不再是像故事主人翁一樣的窮苦民眾，而是那些出身特權的人，他們更有機會與能力搬到倫敦，並善加利用首都各種高報酬的工作機會。透過這樣的方式，下頁圖3.5顯示大家工作的地區，大概可以解釋百分之二十三的薪資差異情況。

找到適才適所之處

但是大家並非僅被歸類到不同的工作區域；他們同時還會被分類到不同的企業、領域與產業，從事不同的工作。讓我們來輪流一一檢視這些分類結果。

第一，如我們在前兩章所顯示的內容，不同菁英職場的階級構成差異極大。像醫療、法律與金融業，皆是特權階級者主導，但其他如工程與資訊的領域，在社會開放性的程度較高。這些模式也明顯反映在我們十九項菁英職業的薪資率上，排他性愈高的菁英職業，薪資愈高。舉例來說，在我們的樣本中，醫師平均薪資是五萬五千英磅，相比之下，工程師的平均薪資為四萬兩千英磅。

第二，服務於企業的人，薪資會因為企業規模而有極為顯著的差異。這一點很重要，因為一般來說，在大多數的領域裡，企業愈大，名氣愈響，對於人才的招聘也就愈加挑剔。在這類企業工作的人，因此薪資所得也較高——平均而言，在（員工人數超過五百人的）大企業從事高端工作者的薪資，每年要比

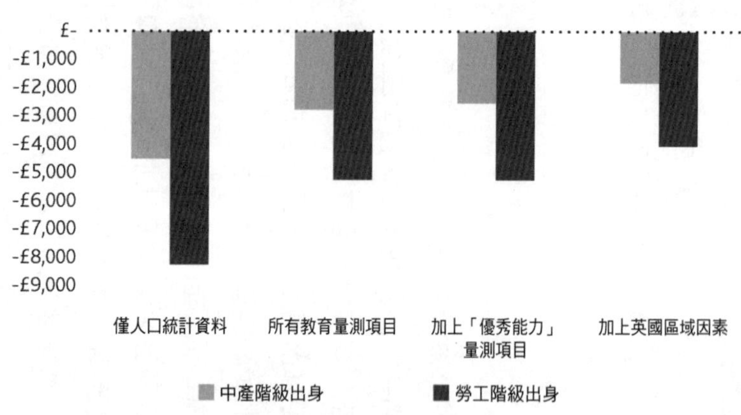

圖3.5　區域性的薪資差異對於階級薪資差異也有一定影響

備註：圖為向上流動者與出身專業管理背景者之間的階級薪資差異預估，分僅人口統計資料組、人口統計與教育程度控制組、人口統計與教育再加上其他「優秀能力」項目的量測組，以及包括了前述所有控制項目，額外加上回覆者在英國工作地區的群組。所有組別的階級出身薪資差異都具統計顯著性，p值<0.05。

資料出處：勞動力調查

那些（員工人數少於二十五人的）小企業的薪資多出一萬四千英磅以上。另外，值得注意的是出身勞工階級的人，在最大型企業的代表性人數不足，但在最小型企業的工作人數卻比例過高。

最後，不論是選擇私人企業抑或公家機關**領域**，大家通常在工作選擇上，都會做出明確且具政治依據性的決定。這一點從薪資的角度來看，就有觀察到很明顯的差異，因為私人機構的薪水一般都比公家機關高出許多。另外一個造成階級薪資差異的可能驅動因子，可能是那些出身勞工階級的人，通常比較容易歸類到公家機關的高端工作，而非私人企業的高端職務。不過真實的情況剛好相反；出身特權階級者在公家機關服務的人數，其實要比出身勞工階級者稍高。[32]

這些分類結果在階級薪資差異上有很重要的影響。如下頁圖3.6所顯示，當我們把一個人服務的企業規模、產業、領域以及特定的菁英職業[33]都納入控制項目中後，薪資所得差異會進一步縮小。具體來說，一個人服務的特定菁英職業可以解釋百分之十八的階級薪資差異狀況，他們所服務的企業可以再多說明百分之九的差異源由。

說清楚沒解釋的部分

這些分析揭露了階級薪資差異的三個關鍵驅動因子。第一，出身特權階級的人擁有更高與更受人敬重的學歷；第二，他們更可能住在倫敦以及／或為了工作搬到倫敦；第三，他們較容易被歸類到特定的職業與較大規模的企業內。重要的是，所有這些因子都與較高的薪資有關。

總歸而言，本章所檢視的驅動成因，如圖3.7所示，可以解釋百分之四十七的階級薪資差異狀況。[34]因此，這些分析結果在階

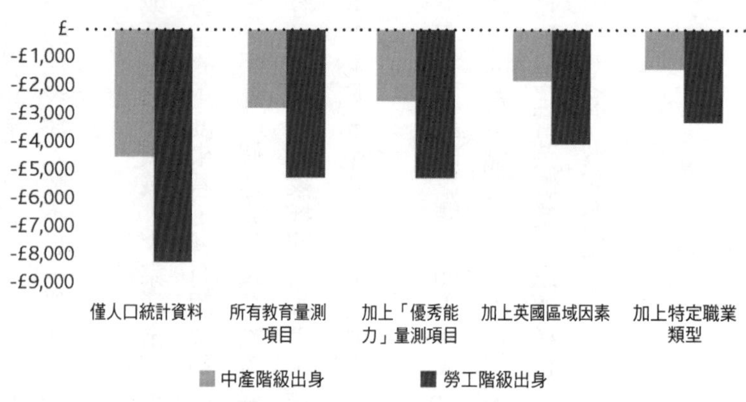

圖3.6　特權階級也歸類在較高薪資職業與較大型企業中

備註：圖為向上流動者與出身專業管理背景者之間的階級薪資差異預估，分僅人口統計資料組、人口統計與教育程度控制組、人口統計與教育再加上其他「優秀能力」項目的量測組、前述所有控制項目加地區組，以及涵蓋了前述所有控制項目再加上回覆者工作的特定職業類型。職業類型以英國全國社會經濟分級統計作為分類標準，判定回覆者所服務的機構屬於公家機關或私人企業，以及從事的產業別。在這個最後的模型中，出身中產階級背景與勞工階級背景兩者間造成的階級薪資差異，僅具p值<0.01的統計顯著性，但在勞工階級出身與專業管理背景出身兩個組別之間成的階級薪資差異，卻仍具統計顯著性，p值<0.05。

資料出處：勞動力調查

級出身如何建構英國菁英職場的職涯軌跡上，提供了非常寶貴且深刻的見解。[35]但是對於階級薪資差異的狀況，這些分析依然留下了一半以上未解釋的比例。在某種程度上，這個問題或許是在反應我們數據的侷限性——譬如調查中並沒有詢問回覆者的私校教育狀況或出生地，而這兩個因素都與階級背景以及薪資所得有關。話說回來，工作面向實在太多，即使是大規模的調查研究也無法面面俱到——譬如企業內部的等級制度與

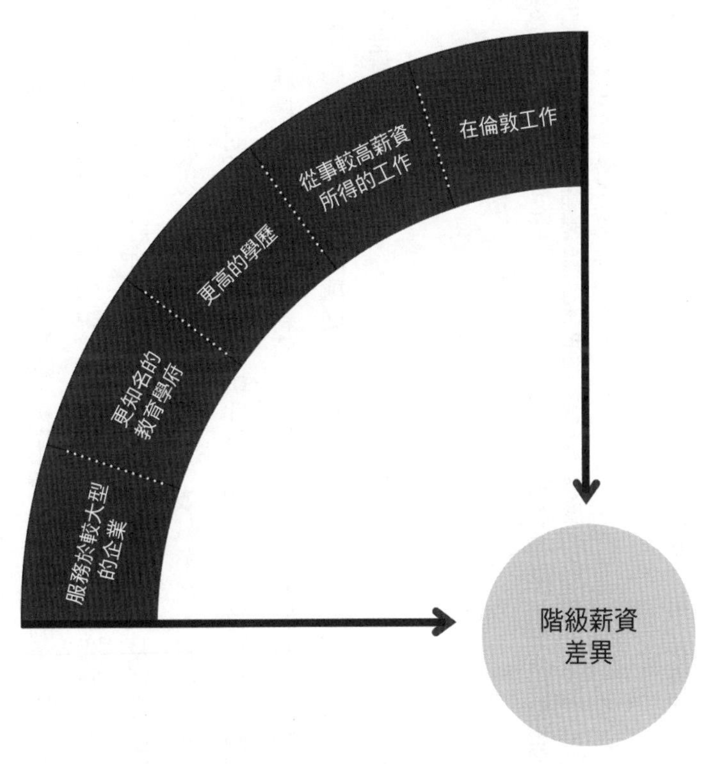

圖3.7　階級薪資差異驅動因子——特權階級的優勢為何？

分配、職場文化與大家的職涯發展等等。因此，在進一步解釋那些「尚未解釋的」部分時，我們需要改變策略，實際走到現場，進入菁英職場，檢視那些從事菁英工作者的工作生活。

下一章中，我們就開始執行這樣的計畫。具體來說，我們會介紹我們的研究個案——一家全國性的電視廣播公司、一家大型的跨國會計師事務所、一家建設公司，以及好幾位自己開設公司的演員。每一個個案研究，我們都從收集與分析該企業（或職業）內的社會構建成分開始。這個部分，一如我們將繼續探討的內容，將透露出非常多的訊息。特別是這個初步的研究工作，具體指出了許多菁英職場，並未將階級薪資差異的情況，看成是同工同酬的問題，而是將之定位為社會流動進入聲望較低的部門或從事低職能工作的水平偏析，以及／或進入較低階層或從事較低職務的**垂直**偏析。

---

1 原註：Belam (2018)。

2 原註：在英國社會學中，彼得·桑烏德斯（Peter Saunders）一再主張社會流動性與教育程度和智商的緊密關係，遠勝於階級位置。但是布林（Breen）與戈德塞洛普卻對這樣的發現抱持質疑的態度。

3 原註：這個論點已完全由 Fischer and Voss (1996) 揭穿為不可信。

4 原註：Johnson (2013)。

5 原註：有關本議題更周延的討論，請參見 Plomin and Deary (2015) 以及 Belsky et al (2018)。另外值得在此強調的是教育心理學家里昂·芬恩斯坦（Leon Feinstein, 2003）的研究。芬恩斯坦在研究孩童發展的長期趨勢時，證明早在兩歲的稚齡，孩童在教育測驗上就會出現重要的學習差異，隨著年齡的增長，這些最初的差異會根據孩童的階級背景，出現劇烈的變化。換言之，不論他們早期的表現如何，父母從事專業工作的孩子（相較於那些來自較貧困家庭的孩子）比較容易更快速地在後來教育階段的測驗分數上有所進步。這表示雖然孩童間存在著遺傳差異，但高度社會階級化的模式會進一步將這樣的差異深遠地放大，而高度社會階級化的模式正是孩童「發展教育系統所推崇與重視的思考方式」的關鍵 (Atkinson, 2015, p 120)。

6 原註：我們依循著 Flynn (2012)、Atkinson (2015) 以及 Wilkinson and Pickett (2018) 的論據，主張如智商等智力量測方式，在許多層面上都是社會化所賦予的社會背書，與遺傳無關，因此不可以脫離階級背景進行解析。

7 原註：這些方式得以讓我們檢驗不同背景的人當中，這些工作相關的特性差異，是否真的可以解釋我們在高端工作領域所觀察到的薪資差異。更具體地來說，迴歸模型預估「應變數」的增加（或減少），有多少是歸因於研究人員設定於模型內的個別潛在因素。如果兩個變數都與應變數的增加有關，而且互相牽動，那麼當我們將兩個變數都納入分析時，通常會觀察到兩個變數各自較小的自變作用。這種狀況一般都被視為附加變數的「控制變數」。更完整的說明，請參見方法論說明圖 A.1。

8 原註：英國內閣辦公室（2009）。

9 原註：出身勞工階級而從事高端工作者的平均年齡為四十七點九歲，出身專業職場背景的人為四十三點七歲。

10 原註：Payne (2017)。

11 原註：從事高端工作的移民，平均薪資較其他群組高；以出生在英國的移民後代來看，在英格蘭出生者的薪資一般稍微高於平均值。然而最令人咋舌的地方，或許是北愛爾蘭出生者之間的巨大階級薪資差異：在北愛爾蘭出生的移民年薪，相較於相同族群、相同性別與相同年齡但出身特權背景的人低一萬六千英磅。

12 原註：請參考 Budig and England (2001), Blau and Kahn (2007) and England (2010) 的例子。

13 原註：請參考 Jefferson (1817) and Mill (1859) 的例子。

14 原註：Hout (1984)。

15 原註：這個結果的更多詳細內容，請參考方法論說明圖 A.5 與 A.6。

16 原註：Wakeling and Savage (2015)。

17 原註：這是一個大學集團，包括牛津與劍橋，在許多方面都與美國的「長春藤」大學類似。

18 原註：在得到類似結果的研究中，Britton et al (2016) 發現出身社會劣勢背景的英國大學畢業生所經歷的求職結果，包括雇用率與薪資，都比出身中產階級家庭的同儕要糟很多，甚至就算是畢業於相同大學、取得相同學位也一樣。我們在此處的著眼點並非學位，而是那些擁有學位後就能夠賺較多薪資的人。另外 Wakeling and Laurison (2017) 發現擁有英國大學學歷的人當中，社會分層的現象加劇中。

19 原註：Reeves et al (2017)。

20 腳燈社（the Footlights）：一八八三年由劍橋大學學生成立的業餘劇團，全名為劍橋大學腳燈戲劇社（Cambridge University Footlights Dramatic Club），由劍橋學生經營，不但在英國國內演出，也出國演出。

21 劍橋使徒（the Cambridge Apostles）：劍橋大學學生喬治．湯姆林森（George Tomlinson）在一八二〇年成立的一個知識討論社團，最初的創辦成員有十二人，而耶穌有十二使徒，因此取名劍橋使徒。成員大多為劍橋大學生，也有少數研究生，女性到一九七〇年代才獲准加入。又稱為劍橋座談會（Conversazione Society）。創辦任湯姆林森後來成為英國國教在直布羅陀的第一任主教。

22 布靈頓俱樂部（The Bullingdon Club）：牛津大學一個學生晚宴團體，只對富有的男性學生開放，最廣為人知的是其入會資格的嚴苛、奢華的宴會、昂貴的制服與會費等。最初是板球與賽馬的運動社團，後來社團晚宴慢慢成為主要的社團活動。英國前首相卡麥隆（David Cameron）與現任首相強生，都曾是布靈頓俱樂部成員。

23 原註：美國類似的管道，請參見 Domhoff (2002)。

24 英國學士學位的學業成就等級表現共分五等，一等榮譽（First-class honours）為前百分之十五最優秀的學生，一般平均都要在七十分以上；二等一級榮譽（Upper second-class honours）大概是平均六十分，也是大多數羅素集團大學研究所的最低標準；二等二級榮譽（Lower second-class honours）平均約為五十分，英國大多數大學的研究所最低標準；三等榮譽（Third-class honours）平均四十五分；無榮譽（Ordinary degree）僅代表及格可畢業。三等榮譽的成績，基本上進不了研究所。

25 原註：Crawford et al (2017) 之前在英國教育體制中也發現類似的作用。他們發現在最貧窮與最不貧窮家庭出身的（七歲）孩子之間，不論最初的測驗表現差異如何，隨著年齡的增長，兩個群組的差異會出現顯著的深化。

26 原註：方法論說明檢附了一張表，上有此處以及其他研究使用的迴歸分析中，所有確切的控制方式。

27 原註：在此處以及本章內容中，每當我們提到一組特定的因素「解釋」薪資差異的某個部分時，我們利用的都是一種被稱為布萊恩德——奧沙卡拆解法（Blinder-Oaxaca decomposition）的隱晦手法。如果勞工階級出身者的那些測量結果，與出身特權階級的人相似，那麼這樣的分析方式可以讓我們明確指出差異擴大或縮小了多少。利用這樣的方式，我們可以說如果階級出身群組之間不存在人口統計差異，那麼階級出身的薪資差異大概擴大百分之四十四，若不存在教育差異，則差異大概增加百分之四十八。

28 原註：在高端工作職場上，一週加班一個小時，可換算成一年增加約九百六十四英磅、每增加一年工作經驗可以換算成三百一十二英磅、前一季參加過培訓活動的，大概可以多拿兩千零八十英磅；過去曾有過嚴重健康問題的人，相較於那些運氣較好的人，一年會少領一千七百二十英磅。然而所有的這些因素其實不盡然與薪資差異有絕對的因果關係；很可能（之後我們會討論）那些近期曾有過工作相關培訓的人，大多都是醫生與律師，而他們的高所得不一定是因為那些培訓，更重要的是因為他們工作的專業性。

29 迪克．惠廷頓（Dick Whittington）：一三五四？～一四二三，英國非常富有的商人與政治人物，也是英國民間故事「迪克．惠廷頓與貓」（Dick Whittington and His Cat）的靈感來源。惠廷頓曾任三屆倫敦市長、國會議員。他曾贊助／舉薦過好幾件公共建設案，包括當時倫敦貧民區的排水系統、設立醫院裡的未婚媽媽病房等。根據他生前的決定，他的遺產成立了理查．惠廷頓爵士慈善基金，至今依然在幫助需要幫助的人。民間故事「迪克．惠廷頓與貓」，故事描述出身貧窮的惠廷頓，把自己的貓賣到鼠患猖獗的國度而發財。故事中還提到惠廷頓有天晚上本來要離開倫敦，卻聽到了倫敦麗勒波教堂（St Mary-le-Bow Church）的鐘聲，好像在叫他回倫敦，並跟他說有天他會成為倫敦的市長。但除了惠廷頓後來真的當了市長外，其他均與事實不符（他是地主之子）或無法證明（沒有證據證明他曾賣了自己的貓，或甚至證明他曾養過貓），他與這個故事是如何連結在一起的，已不可考。這則故事的主要寓意在於善行與善心終會帶來巨大好運。

30 原註：這些數據都公布在網路附錄上，網址 www.classceiling.org/appendix

31 原註：Friedman and Macmillan (2017)。

32 原註：大多類型的職業都橫跨許多不同產業。英國政府將各產業粗分為九大類：銀行與金融；公共行政；教育與健康；交通與通訊；能源與水；配銷、飯店與餐廳；農、林與漁業；製造；建築；外加其他服務業。除了兩種產業（能源與水以及公共領域），其他所有產業中，從事高端工作的勞工階級背景人數，與平均薪資之間，都存在著逆向關係。換言之，勞工階級出身者愈集中的產業，薪資愈低。

33 原註：包括非常具體的職業分類以及他們的工作在全國社會經濟分級統計中的類別。

34 原註：一如我們在註釋27所說明的內容，我們所量測出來的有些變數，會使得差異擴大，其他則是會讓差異變小。因此前文中我們所提報的每個模型「解釋比例」，加總起來並不等於我們完整模型中可以解釋的百分之四十七。有關我們所使用的布萊恩德——奧沙卡拆解法模型更多的說明，請詳網路附錄。

35 原註：根據這些分析，我們無法正式指出這些因素中每一個都會造成階級出身的薪資差異，就像當我們獨立說明因果關係時，社會學家也只會非常謹慎地提出因果主張，調查研究通常不太可能提出斷言式的聲明。

第四章

走進菁英企業內部

「聽到了嗎？」六號電視台的資深經理戴夫（Dave）在帶著我們穿過這家電視廣播公司的辦公室，走向訪談室途中這麼問。這一路上，我們觀察到每一個部門的布局完全相同。在這裡，沒有績效表現或年資深淺的空間劃分，每一層樓的辦公桌都是繞著一排位於中心位置的亮色「討論」室擺放。這樣的布置給人一種包容的感覺，但同時，也像我們向戴夫所提及的，要記住自己在哪一個單位工作，想必是件相當不易的事情。他會意地笑了笑。「聽到了嗎？」他又問了一次，這一次他還配上了手貼在耳後，傾聽三樓動靜的手勢：「你一定得聽一聽，才會知道自己在第幾樓。你得從大家說話的腔調來判斷。優雅吧？沒錯，這就是委託製作部。」

截至目前為止，我們已在書中揭露了出身特權階級者進入類似六號電視台這類企業的人數，不僅不成比例地高，而且一旦進入後，薪資也會明顯增加。更令人擔心的是，如同我們在前一個章節中所探討過的，即使我們把擴大解釋的「唯才是用」相關因素，全部都納入考量，這種階級薪資差異依然屹立不搖地堅守陣地。

但是這樣的薪資差異現象很可能代表著兩種完全不一樣的問題。舉例來說，這個問題可能代表那些出身勞工階級的人，在**同工**的情況下（亦即在同一家公司、同一個單位，從事相同等級的工作），得到的**酬勞較低**。[1]然而，同樣地，這個問題也可能代表戴夫評論中所暗指的那種職場**隔離**現象——亦即出身勞工階級的人，因為他們在六號電視台中，比較不容易進入像委託製作部這種最受敬重（以及高薪資所得）的部門，所以平均薪資本來就比較低。更有甚者，或許更重要的是，這種隔離很可能具**垂直性**；也就是說就算出身勞工階級的人，進入了最具聲望企業中最受敬重的領域，他們要爬到頂端職位，依然困難重重。

要對這兩種不同說法作出裁判，表示我們必須跳脫全國性調查數據的桎梏。勞動力調查這類大型數據集支持的調查，是一種非常強大的分析工具，但也有嚴重的侷限性。具體而言，大調查缺乏瞭解**企業內部**這類隔離模式所必須具備的細分程度。要掌握這些不同的層面，我們在本章中主張需要實際進入菁英企業的內部，瞭解職涯發展在日常生活中的運作情況。我們在本書的其他章節，也都身體力行了這樣的作法。我們的資料來自三家（匿名）企業的個案研究——一家全國性的電視廣播公司「六號電視台」、一家大型的跨國會計師事務所「透納・克拉克會計師事務所」、一家建設公司「庫柏斯建築師事務所」[2]，外加檢視自己當老闆的演員。

我們不會聲稱這些研究具備**所有**菁英職業以及**所有**菁英組織的絕對代表性（我們會在方法論說明中，詳細討論我們對於選擇案例的優點與限制）。在此，我們僅僅只是強調選擇這些個案的動機，最主要是想針對稍早在第二章與第三章中概述的結果，提出合理化的解釋。階級薪資差異，如我們之前所述，在會計與表演業非常明顯。但我們在建築與影視圈中，卻找不到薪資差異的證明。因此，這些選擇反映出了我們的冀望，希望能探索出什麼樣的動力，既可以促進卻也可以阻礙階級薪資差異發展。

這一章中，我們會介紹我們研究個案。瞭解這些組織的本質——他們是什麼樣子、結構如何，以及員工組成內容——是本章接下來要闡述的重點。

這些組織化的X光本身就具備了極高的揭露性。它們證明了在階級薪資差異這件事上，目前為止最嚴重的問題並非同工不同酬。我們發現，最嚴重的問題其實是社會流動性太常遭遇到**階級天花板**——出身劣勢的人進入最高薪資所得單位的可能性較低，以及甚至更嚴重的是，他們鮮少晉升至組織結構的頂端。

六號電視台

六號電視台在彰顯自己的身分時，給人的視覺衝擊一點都不低調。座落在北倫敦一個本應安靜與保守角落的地點，這家公司偌大的總部，建造時就目標明確，整棟建物異常高調地外突，完全主宰了周遭的建築環境。這棟包覆在粉灰色鋁材與玻璃之內的建築物，是個充滿了怪異趣味與未來性的創作。以獨特L型呈現的總部建築，透過兩座「衛星塔」框住的曲線連結空間，巧妙處理了身處的街角位置。中間的入口，也是整棟建築設計最戲劇化的部分。階梯式的斜坡將街道導引至一座通往吸睛釉彩凹牆的玻璃橋上。訪客就是在這兒被帶入一個大聲吵雜而且永遠忙碌的接待區。

換句話說，這絕非你日常看到的辦公區——抽象與奇特的設計，發揮了即時的視覺符號效用。來訪的人會同時想到這家公司的品牌意涵——前衛、自信、酷——以及，很重要地，這家公司的**菁英特質**。六號電視台是英國主要電視廣播公司之一，也是為數不多的「廣播公司出版商」之一。所謂的廣播公司出版商，是指這家公司購買由獨立製作公司（indies）[3]所製作的電視節目。這也表示該頻道所觸及的範圍，遠不止公司所聘僱的核心勞動力，這家公司每年都會委託好幾百家其他的獨立製作公司製作節目。

這家頻道商也是英國五大電視節目製作商之一，透過多個平台播放，每天觸及成百上千萬的觀眾。在接待區，好幾個巨大的螢幕正放映著這家頻道公司多個平台正在播出的節目，提醒著所有訪客這家公司是英國最大的節目製作商之一。

六號電視台約一千名[4]的員工中，大多數都在倫敦總部工作（僅百分之五在首都以外）。企業職場的多元性，在兩個方面的表現比廣義的影視產業要好——性別與族群。這家公司的黑人與少數族群員工人數是全國平均值的兩倍，女性更是絕對**多數**。[5]

然而一旦進行階級背景的分析時，這個模式就出現了一百八十度的反轉。下頁圖4.1顯示相較於廣義的產業層面，這家公司的社會排他性明顯較高。六號電視台出身特權背景的員工佔絕對多數（百分之六十七），而成長於勞工階級家庭的員工，卻不到一成（百分之九）。

若將階級出身的狀況置於比較的框架中，我們也可以把六號電視台與另外兩個分析來源作比較——一個是六號電視台的競爭對手英國廣播公司，另一個則是承製六號電視台大多數電視節目的獨立製作業（由獨立製作公司所組成）。[6] 六號電視台的社會排他性比英國廣播公司還高。英國廣播公司員工中，出身勞工階級背景者是六號電視台的兩倍多（百分之二十七）超過兩倍，而出身專業與管理階層背景的員工也比六號電視台少（百分之六十一）。但是六號電視台人員的階級出身組成，卻與「獨立製作」業雷同，有百分之六十五的成員都出身於中高階背景。

六號電視台的員工是由六個主要部門招聘，每個部門各佔據辦公大樓一個樓層：委託製作部；行銷與溝通部；法務與商務部；營業、數位與交易部；技術與策略部；人資、財務與地產部。[7] 部門

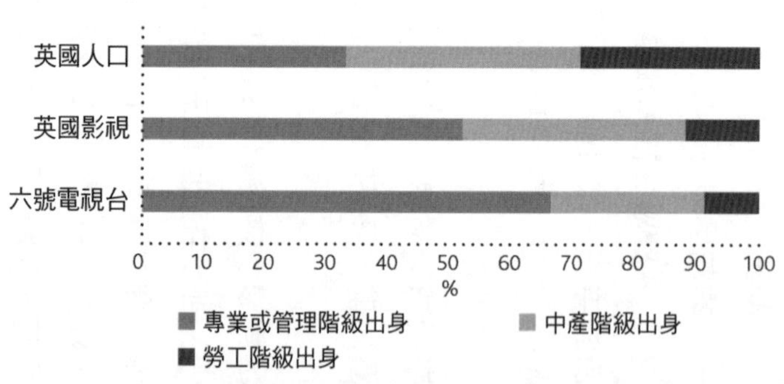

圖4.1　六號電視台的全國性社會排他性要比全國影視業更嚴重

備註：圖為各階級出身者在英國勞動力、英國影視與六號電視台的人員比例。
前兩個群組資料出處：勞動力調查
六號電視台資料出處：六號電視台調查

規模各異（從七十五人到一百五十人不等），但如上述所提，乍看之下，每個單位的布置大概都長得一樣。只不過，我們很快就發現了整個辦公室的環境，其實並不如表面看起來的那麼平等。戴夫口中具有「優雅」腔調的委託製作部，目前是公司內最具聲望、最有權力的部門。這個單位不但人數最多，而且截至目前為止，公司頂端主管的人數佔比，也是這個部門最多——四十位執行主管與部門負責人當中，超過四分之一都在委託製作部。委託製作部的權力也部分反映出了這家公司身為「廣播公司出版商」的委外製作職權。換言之，這個單位不但負責電視台的創意走向，同時，藉由他們所委託製作的節目，也負責了獨立製作業界很大一個比例的工作人員就業情況。

一如戴夫所指，委託製作部明顯也是目前電視台內社會排他性最高的單位。如下頁圖4.2所展現的，相較於人資、財務與地產部的百分之二十二，在這個單位工作的員工中，百分之七十九都來自專業與經理階層背景。

儘管給人平等的空間錯覺，這家公司的階級其實相當分明。員工依據公司結構被劃分為六種薪資等級，從「助理」[8]到「執行主管／部門負責人」。助理的平均年薪大概在兩千英磅左右，而頻道執行主管一年則是可以賺到十萬英磅以上。檢視下頁圖4.3中不同薪資等級的社會組成結構統計，我們可以看到一道非常鮮明的階級天花板。那些出身中產階級以及特別是勞工階級背景的人，往往都處於低階或中階的管理階層，位居上級職位者，僅百分之二點

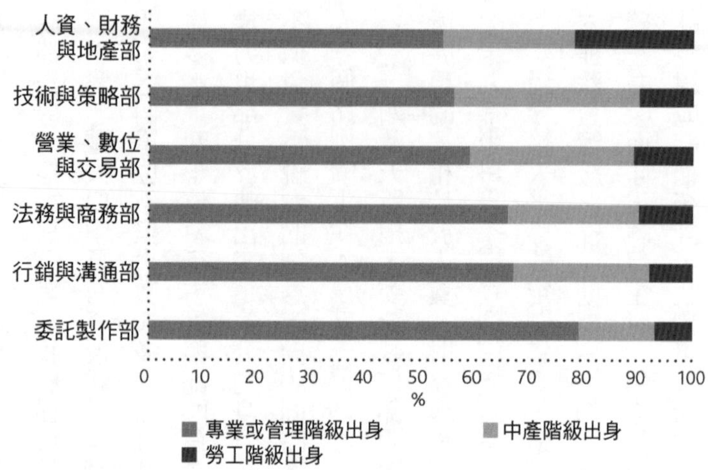

圖4.2　委託製作部是六號電視台「最優雅」的部門

備註：圖為各階級出身者在六號電視台的人員比例。
資料出處：六號電視台調查

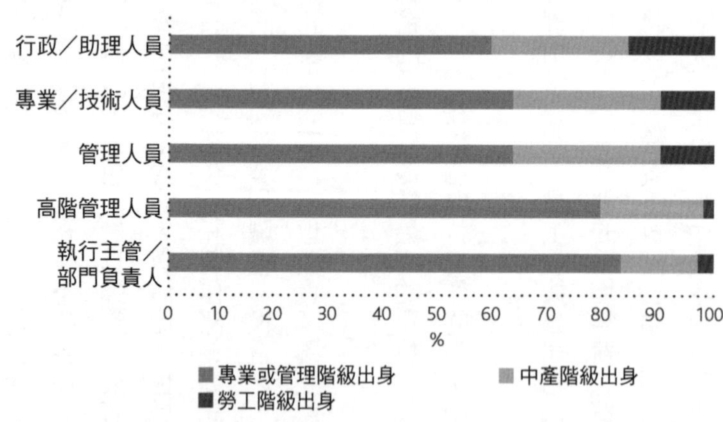

圖4.3　六號電視台的階級天花板

備註：各階級出身者在六號電視台的人員比例。
資料出處：六號電視台調查

五來自勞工階級背景。

相較之下，可以看到出身特權者主導了高層。儘管經理人當中，出身特權背景的人佔了百分之六十三，但經理人以上的階級——資深經理人——比例卻大幅躍升至百分之七十九。在這一點上，值得與英國廣播公司再進行一次比較，因為令人大感意外的是英國廣播公司明顯沒有天花板效應。出身特權的英國廣播公司資深主管，僅部分高出整個組織的平均值——百分之六十三出自專業與經理階層背景，百分之二十三來自勞工階級背景。

六號電視台的晉升程序，依不同部門而各異，不過根據許多資淺員工訪談時所顯露的委屈，透過職等晉升的狀況非常罕見。取而代之的是資深主管往往從外部招聘，而且都是在其他職場有相當經驗並展現專業成就的人。這種情況在委託製作單位特別明顯。六號電視台不論資淺還是資深的委託製作人，通常都是從獨立製作公司或其他廣播公司招募而來，而且一般都是執行製作人、系列節目製作人、創意總監，或部門負責人這類擁有長期且傑出表現經歷的人（更多的內容，請參見第六章）。因此推論，六號電視台的階級天花板很可能與部門隔離有關。**令人驚訝的是，九成的資深委託製作人都來自於中高階背景，而出身勞工階級者，一個都沒有。**

統而言之，出身特權者在六號電視台的人數比例過高，是很明確的事情。而出身勞工階層背景的人幾乎無法爬到資深經理職位的現象，也讓組織中的階級天花板很鮮明。值得注意的是，負責決定這家電視廣播公司節目型態的委託製作部門高階職場上，這道階級天花板特別厚實。[9]

透納．克拉克會計師事務所

菁英企業的空間，以各種不同的型態與規模，呈現出千奇百怪的面貌。如果說六號電視台的聲望信號，是透過建築物的吸睛與抽象來傳送，那麼我們的第二個個案研究——跨國會計師事務所透納．克拉克會計師事務所——就是以一種明顯較內斂的型態表達。進入這家事務所相當嚴肅的倫敦辦公室之後，訪客看不到螢幕，甚至看不到顏色。取而代之的是異常的安靜。櫃臺人員壓低了聲音說話，員工全穿著能夠體現專業態度的正式工作服裝，一臉忙碌與嚴肅地進進出出。這裡的美學原則是潔淨、空敞。辦公室內有許多開放、整潔的空間。但是這兒也一樣存在著重要的菁英訊號——進入事務所後，我們並沒有被引導至樓上的會議室中，而是被帶到一間半隱藏式的非正式接待區，那兒滿是令人感到舒適的家具（但根據我們的經驗，這些家具應該總是處於乏人問津狀態），還有一位盡責的負責人員，提供來客各種顯然是無限暢用的免費飲料與零食。

透納．克拉克是全球最大的會計師事務所之一，服務範圍橫跨一百三十個國家，聘僱員工高達數萬人，年營收千億以上。我們的研究焦點放在這家事務所員工也達好幾千人的英國分部。[10]這家事務所的辦公室遍布全國，但一如許多大型的會計師事務所一樣，駐在倫敦中區的資深主管特別多——百分之四十的資深主管都在倫敦各個辦公室中工作。這家事務所有百分之十六的黑人與少數族群、百分之四十八的女性——均稍稍高於全國會計師事務所的平均值。

我們以中學教育作為透納．克拉克員工階級背景的分類標準的替代方案。[11]雖然這個比較項目不如父母職業精準，卻也與階級背景有非常緊密的關係。[12]圖4.4區分出了三個主要的學校教育型態：獨立或私立中學、國立菁英中學，以及國立普通中學。相較於英國全部人口中，百分之七出自私立教育體系，透納．克拉克出自私立教育體系的員工幾乎達百分之二十一，這個比例明顯非常高。另外一家不論在規模或聲望上，都是透納．克拉克競爭對手，而且也是世界數一數二的畢馬威聯合會計師事務所

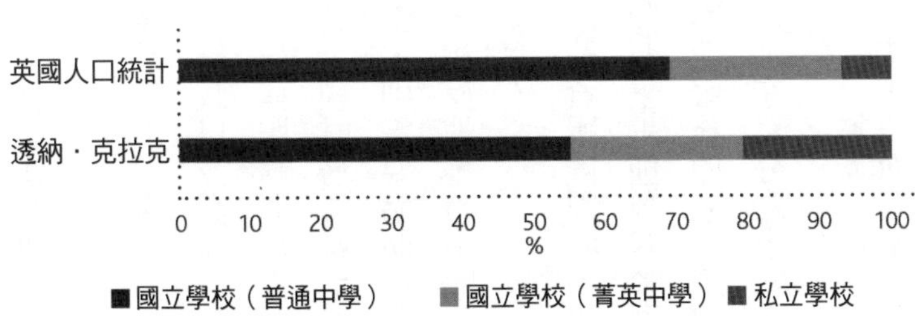

圖4.4　接受私校教育者在透納．克拉克會計師事務所的人數較多

備註：圖為英國總人口統計以及透納．克拉克會計師事務員工就讀中學的學校型態比例。
資料出處：
英國總人口統計：教育部
透納．克拉克會計師事務所：該事務所內部資料

（KPMG）[13]，值得在此一併進行比較。相較之下，透納．克拉克的結果稍微佳，因為畢馬威的私校體系員工稍微高了一點（百分之二十三）。[14]

透納．克拉克會計師事務所的事業，分為三種明確的服務業務：稅務、稽核與諮詢顧問（還有一個規模較小的「支援」部門，納入了產地產、資訊、行政以及其他等等的功能）。在稽核與稅務單位工作的人，要為客戶提供實質的服務，而且這些服務通常需要仰賴高度的技術專業：稽核人員需要鉅細靡遺地評估各企業的帳目，確認這些財務資料是否真實、是否合理地反映出企業財務各相關層面，而在稅務單位工作的員工，則需要協助企業行號完成複雜的退稅程序以及確保一切符合國內與國際相關稅法的規定。相反地，諮詢顧問合約需要的則是透納．克拉克員工提供建議，而不是切身執行客戶的實質工作。[15]

在透納．克拉克的業務中，諮詢顧問工作是最具威望的高薪資所得領域，佔事務所內資深主管比例也最高（百分之三十七的合夥人與百分之四十四的董事都屬於諮詢顧問業務單位）。一如圖4.5所顯示，諮詢顧問領域的排他性明顯也高過其他服務領域：諮詢顧問單位的人有百分之二十八出身私校體制，其他三個單位的私校生比例則在百分之十六至百分之二十之間。

就像六號電視台一樣，透納．克拉克辦公室也沒有因職位或年資而有不同的空間分界規劃。如稽核合夥人凱西所提供的資訊，傳統上來說，辦公區的隔間——以及會計師事務所普遍的情況——其實彰顯著強烈的菁英主義。「成為合夥人，」她說，也代表著擁有自己的辦公室，以及面對各種隨之而來的政治議題，包括誰用哪間辦公室、在哪一層樓、有幾扇窗子等等。「現在，」她說：「情況非常不一樣了；辦公桌是所有人共享，任何人——連合夥人也不例外——都沒有固定的工作地方。」

不過話說回來，這種空間平等主義的組織，其實遮掩了一個階級制度非常分明的職場架構。事務所的晉升分成八個等級，從實習生「助理」（薪水大概是兩萬五千英磅一年），一路到「合夥人」（年薪十五萬至五十萬英磅）。前三階或前四階的職等晉升，一般而言都相當直接了當，主要是靠工作所必備的經驗與訓練累積而來。[16]中階管理層的升遷以及跨升到合夥人範疇的晉升，競爭則是激烈得多，不確定度也高。只有很少數的人才能完整經歷這個職涯軌跡——

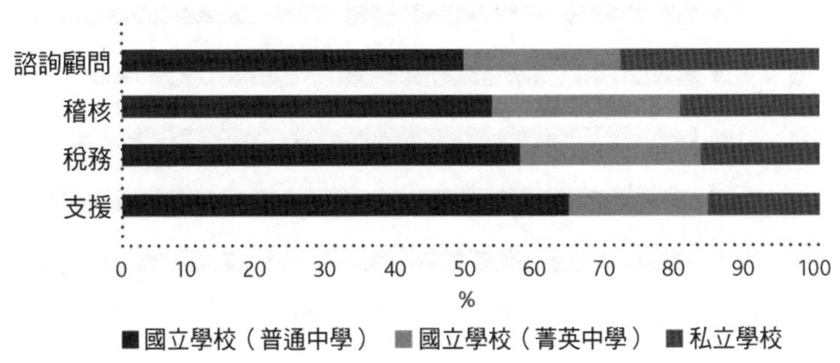

圖4.5　諮詢顧問職是透納・克拉克會計師事務最具排他性的領域

備註：圖為透納・克拉克會計師事務所各單位員工就讀中學的學校型態比例。
資料出處：透納・克拉克會計師事務所內部資料

根據資深合夥人柯林的說法，比例僅百分之三到四。[17]

圖4.6指出透納・克拉克會計師事務所內也存在著一道階級天花板。助理當中僅百分之十七是私校教育出身，但私校教育出身的合夥人比例卻增長了近乎一倍，達到了百分之三十。那些出身（教育）特權背景者，換言之，攀爬到這個行業頂峰的可能性更高。

關於透納・克拉克會計師事務所的人員組成，我們還觀察到兩個值得一提的重點。首先，事務所內有一種非常清楚的「倫敦效應」，與我們第三章的發現，有強烈的呼應。在每一個職等區間內，駐紮在倫敦辦公室的人，出身特權教育者的比例要比其他高出很多。這樣

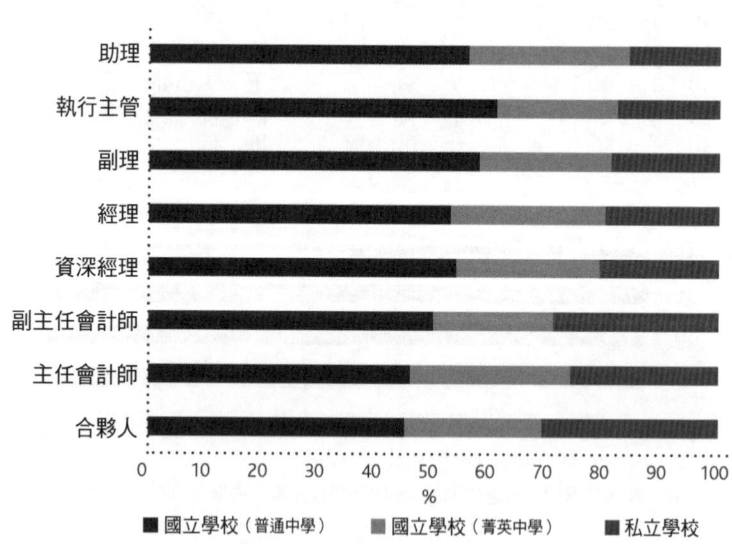

圖4.6　透納・克拉克會計師事務的階級天花板

備註：透納・克拉克會計師事務所各組織層級員工就讀中學的學校型態比例
資料出處：透納・克拉克會計師事務所內部資料

的區別在合夥人群組中尤其鮮明——在倫敦工作的合夥人，有百分之三十五都是出自私校教育體制，而在其他地區工作的合夥人，私校出身者僅佔百分之二十二。

最後，就像六號電視台一樣，這些部門、職務（以及地理）範疇如何彼此連結，也是值得注意的事情。舉例來說，當我們在分析透納．克拉克最高薪資所得的員工群組時——亦即那些在倫敦的諮詢顧問合夥人——我們在這個群組中看到截至目前為止，特權階級出身者最大的佔比，在這個群組中，足足有百分之四十二的人是出身私校體制——這是私校教育出身者在英國整體佔比的六倍。

統而言之，在透納．克拉克會計師事務所中，出身特權階級背景的人（至少以就學的學校而言）顯然佔多數。由於特權階級背景者以人數優勢主導合夥人層級——特別是諮詢顧問領域與倫敦地區獲利最豐、聲望最高的職位——因此這個組織內也存在著天花板效應。

庫柏斯建築師事務所

相較於我們其他的研究個案，建築公司庫柏斯建築師事務所以平易近人四個字勝出。倫敦中區一條安靜小道上，有棟現代的建築物，而這家建築師事務所的主要工作室，就偏安在這棟建築物的兩個樓層中。辦公室採開放式空間，格調優雅，但一點都不讓人感到畏怯，反而覺得溫暖。一張巨大的長方形木桌佔據了一樓的主導位置，桌子上擺放著各種設計雜誌以及這家事務所對於建築界未來的「宣言」。爭奪著牆面位置的各種詳盡而具技術性的圖紙，來自於事務所目前正在進行中的建案，呈現出更多未來城市景觀的想像視野。然而這一切的布置卻讓這間工作室顯得整齊俐落。

事務所的辦公室是個人來人往的忙碌空間。工地現場的員工隨時會突然現身與客戶碰面以及參與建案會議，而初級建築師都是一起在辦公室內吃中飯。事務所定期召開研討會討論最近的城市設計議題。合夥人坐在建築助理身邊：表面上看不到任何階級分層。員工的裝扮全都遵循著鮮明的建築界「制服」習性，具現代感，但同時也呈現出專業性：稍微正式的職業服飾，帶有濃厚潮味的眼鏡，甚至怪異卻不引人注意的刺青或身上穿的洞，完全沒有過分誇張的突兀與荒誕。

庫柏斯建築師事務所大約在四十年前由三位創建合夥人成立，事務所的三項重要服務範疇——商業、技術與設計——由三位創建者一人負責一項。隨著時間的推演，事務所的業務斷斷續續地成長，卻有一定的組織性，他們在接到重要建案時，會進行人員聘僱，但在經濟衰退期間，也會祭出人員裁撤政策。以建築公司而言，這家事務的規模相對較大，雇用了大約一百名員工，絕大多數人的工作駐地都在倫敦。[18]

這家事務所原則上以防護、教育、衛生保健、交通與住宅發展的建案為主。近幾年的經營非常成功，一些高調的機場航站與公車總站建案，讓他們在業界取得了領導的地位，員工人數也快速膨脹。然而作為一家以「使命必達」為高度專注焦點的公司，既缺乏成為福斯特聯合建築師事務所（Fosters）[19]這類「明星建築師」領軍的文化聲望，標榜著設計導向的精品工作室這種專業標誌也稍嫌不足。

庫柏斯雇用了許多建築師助理，但他們其實都已滿足了建築師所有的專業條件。這是家非常年輕的公司，平均年齡約在三十歲，而英國全國的建築師事務所工作人員平均年齡高達四十六歲。庫柏斯也是家非常國際化的事務所，員工中有將近一半（百分之四十三）的成長環境都是在英國以外的國家。在某些方面，這家事務所在性別與種族族群多元化的比例，要比較廣義的建築界高。女性員工在庫柏斯整體員工比例上佔了百分之四十一（全國建築業平均為百分之二十六），來自少數種族族群的員工有百分之二十（全國建築業平均為百分之九[20]）。**然而令人側目的是事務所十五位合夥人當中，僅一位是少數族群，而且沒有女性**。

從階級背景來看，菁英階級出身者的佔比，明顯高於英國建築業平均值。[21]下頁圖4.7顯示絕對多數的員工（百分之七十四）出身中產階級專業或管理階級，僅百分之六是勞工階級出身。

綜觀庫柏斯建築師事務所大部分的歷史，組織的分層階級一直相當鬆散，然而在過去幾年，這家事務所刻意強化了一些形式上的作法，並落實執行了員工管理的流程與系統。庫柏斯現在有十五位合夥人，還有初級合夥人、建築師、合格建築師與建築助理。相較於我們其他的研究個案，這些職務階級之間的薪資所得差異較小——建築助理的薪資約在兩萬五至四萬英磅之間，而合夥人則在六萬以上。

除了在人員分配比例上偏向特權階級出身者，庫柏斯並沒有證據顯示階級天花板的存在——這一點與廣義的建築專業領域非常相似。的確，如果硬要簡述庫柏斯的狀況，那麼說這家事務所與階級天花板的狀況完全相反，可能更精準。如圖4.8所呈現，大約半數的合夥人出身中產階級或勞工階級背景，而最資淺的建築助理中，中產階級或勞工階級出身的人稍微比四分之一多一些。

礙於庫柏斯建築師事務所的勞動力規模，我們無法再將這些發現以建案團隊或領域為焦點，繼續進行細部分析。但值得重申的是，與我們其他研究個案相

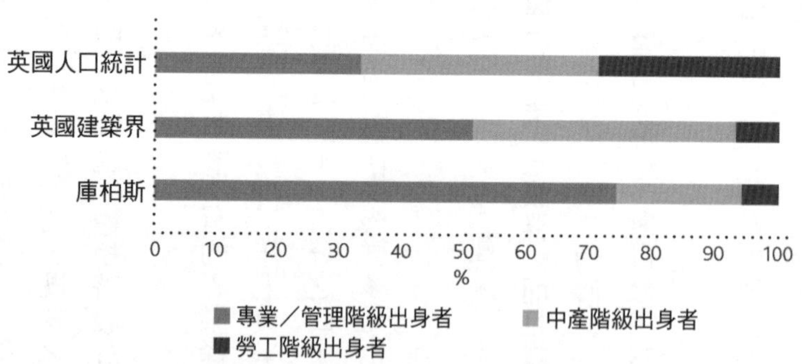

圖4.7　庫柏斯建築師事務所出身特權的員工比例罕見地高

備註：圖為英國整體勞動力、英國建築界，以及庫柏斯人員的階級背景比例。
資料出處：
前兩個群組：勞動力調查
庫柏斯資料出處：庫柏斯建築師事務所調查

比，這家建築師事務所並沒有社會流動的天花板。

演員

讀者會注意到我們最後的研究個案並不是一家公司或組織。我們接著要檢視的是戲劇表演業這一整個產業。這麼做的原因在於演員鮮少為公司員工，他們絕大多數都是自雇人士，因此研究這個領域的主要動機，其實就是想要填補我們分析中的這個空白部分。聚焦於戲劇表演的研究還有其他合理的原因。舉例來說，一長串備受注意的演員，最近都表達了他們對於社會流動性，以及對演員大衛．莫瑞瑟（David Morrissey）[22]稱之為緩慢的「勞工階級出身演員的經濟切除手術」之關切。除此之外，戲劇表演也可以說是意義重大的一個行業，因為演員扮演了呈現出社會真實面的角色，而這些真實面的呈現，又可以反過建

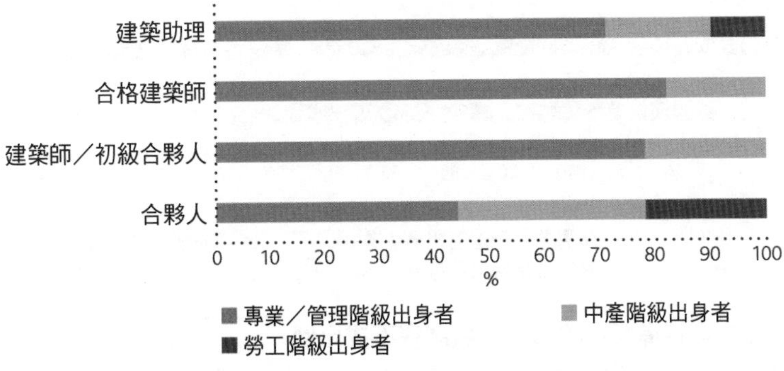

	專業／管理階級出身者	中產階級出身者	勞工階級出身者
建築助理			
合格建築師			
建築師／初級合夥人			
合夥人			

圖4.8　庫柏斯建築師事務所沒有階級天花板

備註：庫柏斯每個組織階級內人員的階級背景比例。

資料出處：庫柏斯建築師事務所調查

構與複製大家對於階級（以及種族、性別、失能等等）議題的強大「常識」性理解。

廣義而言，英國演員在種族與族群比例上，與英國人口結構類似，而且男性人數稍多。然而出身特權階級背景的人數卻明顯過高。如圖4.9所顯示，百分之七十三的演員都出身於專業或管理階級背景的家庭，父母曾做過半例行與例行工作的演員，僅有一成。[23]

戲劇表演領域也存在著非常明確的階級薪資差異。出身專業或管理階層背景的演員平均享有的年度（家庭）收入，約比其他演員多出七千到兩萬一千英鎊。[24]就算我們把就讀的學校類型、教育程度、地理位置與年齡等這些第三章曾探討過的許多變數全都納入考慮，薪資差異的現象依然具體而明顯。[25]

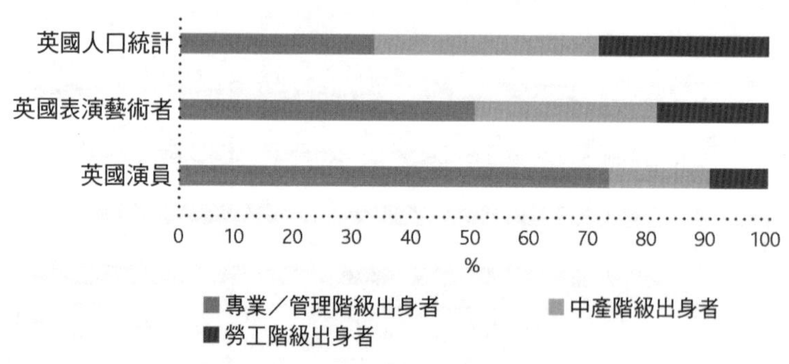

圖4.9　具特權背景的演員人數高得不成比例

備註：英國整體勞動力、英國表演藝術界，以及演員的階級背景比例。
資料出處：
前兩個群組：勞動力調查
演員資料出處：大英階級調查（GBCS）

從階級薪資差異到階級天花板

剖析這些研究個案企業的過程中，我們揭露了有關階級背景如何影響特定組織環境中職涯發展的一些重要且深刻的看法。那些出身勞工階級背景的人，不僅被歸類到聲望較低的專業以及／或工作地點，他們往往還需要奮力掙扎與爭取，才可能爬到中階管理以上的職務，而且在企業組織高層的代表性人數明顯過低。但是話說回來，庫柏斯建築師事務所的例子卻證明這樣的結果放諸四海，並非皆準；在某些環境裡，社會流動主動地打破了階級天花板。

這些水平與垂直的濾化效果可以更妥切地解釋我們在第二、三章所介紹的階級薪資差異。一如下頁圖4.10所呈現的狀況，許多薪資差異的驅動因子——包括我們在第三章介紹過的那些——都可能在企業組織中出現。舉例來說，一流的學歷可以幫助特權階級者在規模最大、薪資最優渥的倫敦律師事務所工作，一旦進了門，這些耀眼的學歷還可以幫助他們進入事務所裡薪資所得最高的部門、得到薪資所得最高的職位。但是第三章所勾勒的驅動因子，顯然無法充分解釋清楚我們在本章所揭露的階級天花板效應，也就是說階級出身很可能在其他方面也產生影響。那麼接下來，我們就必須跨出統計學，細審個人職涯發展的切身經歷。大家對自己的職涯發展，有什麼樣的理解？社會流動者是否比較不容易獲益於導師或援助者

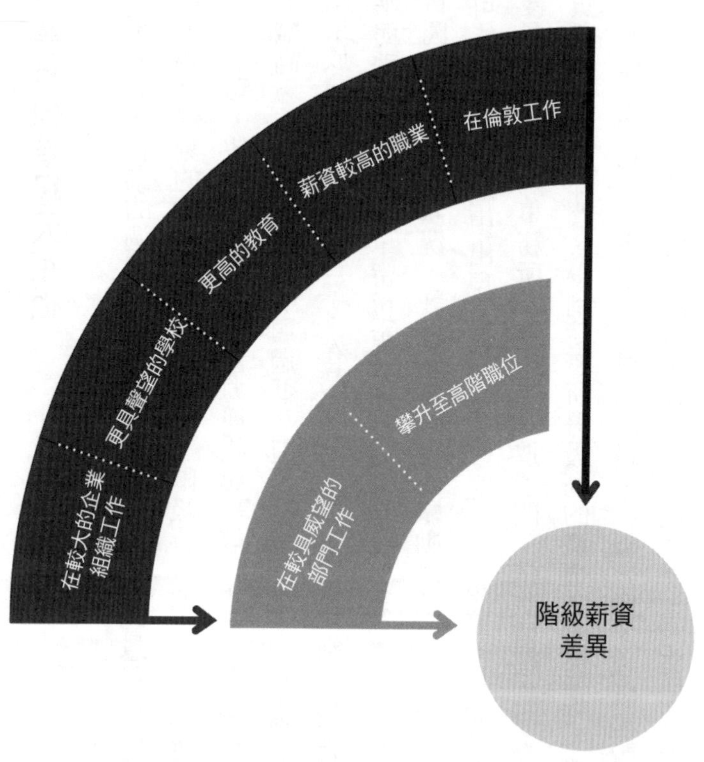

圖4.10　階級薪資差異的驅動因子——特權階級有什麼優勢？

備註：這張圖將第三章所辨識出來的驅動因子與本章所釐清的驅動因子全放在一起。

所提供的協助？這一群人是否比較不願意要求調漲薪資？腔調、發音與自我表現這些階級背景的具象標誌，是否會被不公平地視為才華或能力的標誌？

接下來的章節裡，我們要從四個研究個案中不同階級背景者的一百七十五場大規模訪問計畫中，汲取資料，精確回答以上的那些問題。

1　原註：依法，這個原則被稱為「同工同酬」原則，在英國，這是規範訂於《二〇一〇年平等法》（*Equality Act 2010*）中，不論性別、族群或其他受法律保護的特質（階級背景明顯不在保護範圍內）。

2　原註：這些組織全都是使用了假名卻實際存在的企業，他們同意我們在不透露他們企業身分的條件下，對他們公司進行訪問與研究。

3　獨立製作公司：indies 這個字源於「獨立的」（independent）這個詞彙，最早是指獨立於商業化主流唱片公司之外的獨立唱片製作公司，後來亦廣泛使用於影視節目的獨立製作公司。

4　原註：揭露實際員工人數將會有效地揭露企業的實際身分。

5　原註：然而女性僅佔資深員工／主管的百分之四十五（相較於整體就業狀況的百分之五十九），而領導階層中的黑人與少數民族員工，僅有百分之十（相較於整體就業狀望的百分之二十）。

6　原註：為了更廣泛地瞭解與六號電視台有緊密合作關係的獨立電視製作領域，我們針對那些在小型獨立製作公司工作的人也進行了一次完全相同的追蹤調查。這項研究的對象是電影電視製片人聯盟（the Producers Alliance for Cinema and Television/PACT）以及代表英國獨立電視公司商業利益的同業公會成員。回覆率達百分之七十五（共一千三百七十三位回覆者）。

7　原註：部分這些單位的一些員工職務，並不符合我們設定的「菁英職業」。然而我們認為儘管如此，比較理想的作法，依然是將全公司納入研究，因為幾乎所有六號電視台的員工，從某個角度來說，都想要成為電視節目創作的一分子。

8 原註：仔細的讀者會注意到助理其實並不屬於我們在第一章至第三章所分析過的「菁英職業」設定範疇。然而當我們把關注力從國家級的調查資料轉向我們自己的研究個案時，職業的關注焦點也變成了以整個企業為檢視重點。六號電視台的助理目標通常都設定在成為公司較高階層的一分子，所以儘管他們尚未居於「高位」，卻是更有威望的主管來源人才庫成員。有關本書中定性與定量分析切合方式的更詳細討論，請參見方法論附註。

9 原註：在當前的英國電視界，特別是從所謂的「窮情影像」（Poverty Porn，譯註：以弱勢者、貧困者悲慘的影像來激起消費者的同情心，以達到廣告目的）以及窮情影像帶來的潛在「認知論效果」（Jensen, 2014; De Benedictis et al，2017）層面來看，有關以汙名化與過分簡化的方式呈現勞工階級社群的相關節目製作爭議中，這些發現特別醒目。這個文獻特別關注到如果這個領域的管理成員偏好特權階級，就可能對正在製作的媒體型態產生重要（且不利的）影響——也是我們的發現所證實的懷疑。

10 原註：我們不能提出精確的數字，因為這會揭露研究個案的企業身分。

11 原註：我們無法收集到透納．克拉克會計師事務所員工的父母職業原始資料。因為這家公司不願意收集新的資料，所以我們必須仰賴公司已經收集到的既有「社經背景」資料。具體而言，我們以員工就讀的學校型態作為階級背景的最佳取代項目。

12 Dearden et al (2011); Green et al (2011, 2016)。

13 KPMG台灣所的名稱為安侯建業聯合會計師事務所。原為Peat Marwick Mitchell & Co.（PMI）加盟事務所，一九八七年PMI與KMG全球合併並定名為KPMG，而安侯亦與KMG的台灣會員組織協和會計師事務所合併，定名為安侯協和會計師事務所。

14 原註：KPMG (2016)。

15 原註：舉例來說，一家有財務問題的公司，可能會尋求透納．克拉克會計師事務所的諮詢顧問協助，要求提供詳細的可能解決方案、預估與結果。這樣的建議協助可能是一次性的收費，而委託的公司最後也許會選擇採用或棄用這些建議，也可能與透納．克拉克維繫（或斷絕）中期或長期諮詢關係。
16 原註：這樣的情況在稽查與稅務領域尤其常見，晉升取決於通過一系列通過率非常低的技術考試。相反的，諮詢顧問一般都不需要特別的資格。
17 原註：同樣地，像六號電視台一樣，許多合夥人都是經過橫向招募而進入，特別是「全球四大會計師事務所」。
18 原註：在英國以外工作的員工為數不多，執行的是這家公司的全球拓展計畫。
19 完整英文名稱為 Foster and Partners，由諾曼．福斯特（Norman Robert Foster）領軍的建築師事務所，一九六七成立，為英國最大的建築師事務所，香港滙豐銀行總部、香港國際機場，倫敦斯坦斯特德機場（Stansted Airport）新航站均為其代表著作，其中斯坦斯特德機場新航站更被視為新科技建築的里程碑建築。諾曼．福斯特是英國知名建築師與設計師，一九九〇年獲封下階爵士（Knight Bachelor），一九九九年獲封爵士。曾獲史特靈獎（Stirling Prize）、歐盟現代建築獎（European Union Prize for Contemporary Architecture）等多個獎項。
20 原註：年齡、性別與族群的全國性比較出自建築師註冊委員（Architects Registration Board，簡稱 ARB；2017）。
21 原註：這個狀況，部分可歸因於倫敦以及大型組織效應，這兩個因素都與較具特權背景出身的專業人員有關。
22 大衛．莫瑞瑟（David Morrissey）：一九六四～，英國演員、導演與製片，曾參與電影《理性與感性》（Sense and Sensibility）、《絕對陰謀》（State of Play），以及影集《陰屍路》（The Walking Dead）第三季到第五季的演出。
23 原註：此處的資料與數據源於大英階級調查（the Great British Class Survey，簡稱 GBCS），因為勞動力調查樣本規模太小。有關數據更詳細的內容，請參見方法論說明與 Friedman et al (2016)。
24 原註：提請大家注意的是這些平均的所得數字在實質上都比英國預估的表演收入高。這種情況同時反映出更普遍性的大英階級調查樣本偏向經濟表現成功者（Savage et al, 2013, 2015a）以及調查以家庭而非個人收入為計算的事實。因此，我們在使用這個資料與數據來進行英國人口中的演員推斷時，必須特別謹慎。儘管如此，我們沒有理由質疑回覆調查者在他們的屬性當中，相較於未回覆者，存在著不同的關係集合——換言之，我們的研究結果都是主要是來自於勞工階級背景出身的演員，而他們的薪資要比出身專業或經營階層背景的同僚低；這樣的推測與假設儘管相當牽強，但理論上確實可能。

25 原註：更詳細的英國表演界階級薪資差異探討，請參見 Friedman et al (2016)。

第五章

父母銀行

我們訪問奈森的地點，是倫敦最饒負盛名的西區劇院其中一家。他在這家劇院廣受好評的大手筆秋劇中擔任主角。這還只是他傑出戲劇事業中新近收入囊袋的一個榮譽。現年四十五、六歲的奈森，履歷上滿是舞台與螢幕上備受讚譽的角色。他曾為皇家莎士比亞劇團（Royal Shakespeare Company）擔綱，也曾出現在好萊塢的賣座大片當中，他還是英國電影學院獎（BAFTA）[1]電視轉播的前排貴賓。他最近出現在一份全國性報紙的文化版面上，被盛譽為罕見的驚世天才。他本人卻是非常謙虛。任何的功成名就，他對我們這麼說，歸根究底都「只是努力、努力，再努力」以及「做出好的決定」。特別重要的是，他補充地說，拒絕接演任何自己存疑的戲：「任何工作都不值得你犧牲自己。」他這麼告訴我們。

同樣也是四十多歲演員的吉姆與奈森完全不同。訪問完奈森數週之後，我們在另一間倫敦的頂級戲院裡訪問吉姆。但是吉姆並沒有參與這家戲院的戲劇演出。事實上，他根本沒有工作，而且大概已經有半年沒有參與任何演出工作了。但是吉姆的履歷也一樣令人驚艷。二、三十歲的時候，他一直都有參與電視與劇場戲劇的演出，幾年前還曾接演過一齣電視連續劇中一個相當突出的角色。不過四年後，劇組砍掉了他的角色，之後的這段期間，他一直在努力地重新調適。

「我只能去爭取愈來愈不重要的角色，錢也賺愈來愈少，」他這麼說，並解釋他最近決定要放棄這個職業：「氣數已盡的徵兆已經很明顯了。可是我還是覺得很難過，因為……因為這有點像在說我失敗了。」

吉姆的經歷並非罕見的特例。大家普遍都認為戲劇表演是最不穩定，也是最具競爭性的職業之一。[2]若依照表面價值來比較奈森與吉姆的工作歷程，那麼許多人或許會判定奈森就是一個比較有才華的演員。不然就是他可能比較努力，或做了比較睿智的決定。

這些判斷或許具一定程度的真實性，但這種依照常理作出的判斷，卻也反映出了一個事實，那就是大家在試著為領先者作出合理化解釋時，「菁英制度」常常會成為我們最常使用的解說工具。[3]一如我們在前言中所述，「優秀能力」的內涵與定義，存在著太多的模糊不清之處。[4]但在日常生活中，大家仍習慣把任人唯賢的菁英制度推出來，為奈森與吉姆所經歷的不同結果，作出具正當性的解釋；才能外加努力的說法，也總是會在最後勝出。而菁英制度的主要原則，往往由學者藉著「人力資本」的概念而變得形式化。一般認為人力資本的估算，是一個人的信用、經驗與訓練的總計，在很多人眼中，特別是從經濟學的角度來看，人力資本就是一個人生產力的高低，以及，理所當然地，一個人薪資潛力的關鍵決定因素。[5]

然而關於人力資本論述的最大問題之一，是這樣的說法意味著大家都活在一個真空的環境中，工作生活與外在的影響完全隔離，而每個人的職涯發展也都單純地僅受到個人的技術、「優秀能力」以及行為所左右。換言之，這樣的論述代表我們活在一個唯才是用的個人主義時代，一個人的成功與失敗，全都只是個人的責任。[6]

這種說法受到了我們實地調查結果的挑戰。舉例來說，當我們深思奈森與吉姆的經歷，並完整標繪出兩人在戲劇職涯的發展路線後，出現了另外一條故事主軸。以奈森為例。父母都是文化界成功專業人士的奈森，就讀的是倫敦非常昂貴的私立學校。大學畢業後，他申請了好幾所戲劇學校都遭到拒絕。但是因為他鐵了心要走戲劇事業，於是搬回倫敦老家，開始接演任何他可以找到的戲劇角色——「無償工作或只求溫飽。」奈森告訴我們，最初的那幾年，真的是決定他未來最重要的一段時間，那幾年他拼了命地工作以及決定與「最有潛力與前途的導演們」合作，都讓他後來收割了相當豐厚的股利。

當然，奈森努力工作的**能力**，亦即他專注於（通常都是無償的）戲劇演出，以及他作出睿智決策的**能力**，也就是他可以拒絕（即使是支薪的）工作，全都高度依賴他父母的財政支援。他的父母有能力將他隔離在戲劇勞動市場那令人心灰意冷的不穩定環境之外，提供他免費以及地點優秀的居住環境，而且還負擔他實質的生活費用。

我們可以解讀吉姆另外一種不同的職涯發展軌跡。吉姆的父親是名小貨車司機，母親在當地的酒吧工作。吉姆違背了他父母的建議，在搬到倫敦之前，以超齡的成年學生身分，進入了一所位於新堡（Newcastle）的戲劇學校就讀。接下來的十五年間，他雖然一直努力試著打造出成功的事業（「我的表現絕對比大多數人都好。」），但是他也說錢一直是個令他焦慮不安的問題。在他接到一個長期的連續劇演出機會時，他面臨到的是困難的抉擇。一方面，連續劇代表的是「第一個可以真正確保財務安全的機會」，他可以有一段「終於去做些跟銀行貸款這種正常事」的時間。然而另外一方面，這個機會也代表要為一個他其實並不喜歡，而且也並不「尊重」的節目工作。

最終，財務方面的迫切需求贏得了勝利，吉姆接受了那個角色。但隨之而來的是製作團隊和他針對如何詮釋他的角色（「一個強硬、勞工階級非常鮮明，但同時又是個同性戀的角色。」），產生了爭執。對吉姆而言，這個角色代表著長期以來始終存在的角色定型問題的延續。勞工階級一直被定型為膚淺、遭諷刺化的角色——被刻畫成「毒販、吸毒者，或暴力怪胎」。他解釋：

> 這部勞工階級的戲，製作人全是中產階級出身的人，有些故事情節實在荒謬透頂。你跟他們說：「我的角色要這樣做、這樣說。」但是他們根本不以為意。我記得他們告訴我，要我別對這些事情太認真：「只要走到攝影機前面，說出那些他媽的台詞就好了。」對吉姆而言，這些挫折感代表的是一個難解的枷鎖。

政治上，他與自己扮演的角色產生矛盾，但同時他又有工作的基本需求，「支付帳單」侷限了他拒絕工作的能力——或甚至侷限了他對自己的角色提出部分反對或保留意見的能力。吉姆告訴我們：「你必須乖乖遵守他們的遊戲規則。我發現你根本不能表達任何意見，不然就會有一頂找麻煩、難搞的大帽子扣在頭上，然後大家就把你當成了風險。」

與吉姆的訪談過程中，他明顯對於加諸在自己演藝事業上的種種桎梏，感到非常憤怒，但同時在應付這些桎梏時，他又流露出深切的無力感，這兩種情緒的流露，都讓我們感到驚訝。這個故事裡，處處都出現了錢的影子。如奈森一樣，金錢從根本上就決定了吉姆職涯中有機會可以選擇的行動路線。然而與奈森不一樣的是，金錢對吉姆來說並不是一個推動力量。相反的，金錢促使吉姆選擇了一連串最終對自己職涯發展有害的決定，而且最後也迫使他毅然決然地離開了這個行業。

我們要鄭重重申，這兩個故事的呈現，絕非為了破壞奈森的成功，也無意暗示他不是一個才華橫溢的演員。我們的目標就只是想單純地強調，奈森與吉姆如何理解以及運用各自的「才華」去套利的能力，與他們可以處置的經濟資本之間，存在著非常緊密的關係。的確，在所有個案研究中，我們發現了強而有力的證據，證明那些在菁英職場晉升最快、爬升最高的人，往往都得到了他人重要的協助。換言之，「人力資本」的累積，特別是在個人事業發展的初期，與能夠利用「父母銀行」資源，有高度緊密的關係。

一如我們在本章中所討論的內容，這種財務上的保護，在不確定又不穩定的菁英勞動市場上，特別重要。因此我們把主要的關注焦點放在戲劇表演與電視圈的研究個案上。我們相信這樣的過程應該也適用於許多其他自雇性質的菁英專業——諸如顧問、訴訟律師、小說作家、記者、藝術家，甚至一些學者。[7]在這些領域，一張經濟的緩衝墊往往可以決定職涯中可能出現的行動路線——譬如可以專攻的工作型態、工作地點，以及風險承擔與具創意的自我表達方式這類事情的應對作法。[8]尤其是對特權階級背景出身的人而言，透過繼承或他人贈予方式取得的基金，常常都能成為事業開創初期的關鍵潤滑劑，可以用來購買自由選擇的權利，讓他們在更有前途的事業軌道上，得心應手地駕馭前行，專心發展有價值的人脈、拒絕剝削性的聘僱，或掌握有風險的機會——所有的這些過程，長遠來看，都將成為這一群人向前推進的助力。

我們認為這類資源之所以如此強大的一個理由，是因為這些資源大多不會出現在眾人的視野中；大多數的既得利益者對於這類的事情都三緘其口（即使在好友之間也經常如此），不然就是積極地淡化處理。這種狀況有部分是出於當事人的刻意為之，部分則是因為更廣泛的集體努力，因為大家都想淡化個人的特權階級出身，或強調自己的「普通」。[9]然而我們的訪談卻顯示，更普遍的狀況是人力資本根本就是在大家毫無知覺的情況下運作，因為沒有人看到這群出身特權者，是如何因為其他人的資源保護，而被扶持壯大。

家族財富

英國的文化與創意產業（通常稱為文創產業）的標誌，就是高度不穩定，已是大家完全認同的一件事。[10]曾有一份廣泛的研究記錄了整個文創產業中，低薪、無薪，以及極度競爭的狀況，是如何普遍地存在。[11]這種不安全感，在我們個案研究的戲劇表演產業中，顯露得尤其深刻。戲劇這一行，長期都是執「零工經濟」的牛耳。[12]不確定、精疲力竭以及焦慮是所有演員在接受我們訪談時的主導情緒——不分年齡、性別、種族族群或階級出身。這個情況的最佳詮釋，或許就是當我們詢問受訪者「在戲劇表演這個職業領域裡，成功的定義是什麼？」時。我們以為演員們對於這個問題的看法應該有很大的分歧，然而相反地，他們的回答卻一致地令人吃驚。成功，受訪者一再地告訴我們，等於「工作」。如約翰所說，「這大概是全世界最不容易的職業之一……如果你可以養活自己，就是成功。」在這種普遍存在的不確定中，成就的關鍵，在於擁有工作，以及持續工作的能力上。

儘管演員都要面對一連串的類似挑戰，然而大家勇往直前的立足點卻不盡相同。特別是我們的訪談揭露一些演員可以取用自己收入之外的經濟資源，進而形成了厚實的職業優勢。在這裡，我們明確地認知到，那些「背後」有金援的人，在戲劇表演的路上，可以走得輕鬆一些。這種取用家族財富或要求家族提供金援的能力，以各種不同的方式塑造出演員的職場經歷。首先，這個資源提供了隔離作用，讓勞動力市場的不穩定不會影響到當事人。對於奈森而言，這種隔離的作用，在他試著自我發展的事業初期特別重要，除了最成功的演員，這種隔離效用對其他所有演員都更具備長久的必要性。父母的支持非常關鍵，特別是這樣的支持可以讓當事人在接演戲劇表演的空檔期間，不必因為維持生計而去找其他的工作。雙親都是醫生的安迪解釋他之所以具備演員的身分，完全是因為阮囊羞澀的時候，大力依賴「向母親求救」的能力。「這不是什麼值得炫耀的事情，」他解釋，「但是我實在無法想像如果沒有母親，我要怎麼度過那段時期。我真的做不到。」對安迪以及許多出身特權背景的演員來說，這種安全網的重要性，並不僅僅是維持存活的經濟力，更是快速反應戲劇表演這個勞動力市場需求的能力，他們可以為接演的角色做足準備、立即參與試鏡，也不會因為其他的工作而感到疲倦或過勞。他說：

> 就像你接到一通明天試鏡的電話，對方還跟你說他們要「背台詞」的那種試鏡，於是你就必須把試鏡前的每一秒都花在劇本上。我如果沒有外援，根本不可能做到。

儘管家族奧援通常都是個有些敏感的議題，但大多數具備這類奧援條件的演員都承認自己的好運。這樣的認知往往出現在他們與出身比較弱勢的同僚非自覺性地比較之時。以湯米為例，他來自一個非常富有的家庭，曾在菁英公學就讀。他說一開始，大概是二十五、六歲的時候，撐過一段無業遊民的時期後，就脫離了戲劇界。不過在他花了很長一段時間旅行後，最近又重回這個職場——他承認這是他絕大多數的同儕所負擔不起的奢侈：

> 我現在三十歲，而且確確實實又重新回來試試水溫，因為我在倫敦中區有棟公寓。我還有另外一棟收租的公寓。我有錢、有資產、有資本。這簡直就是無可救藥地不公平。我朋友住在一棟皮博迪（Peabody）住宅中[13]，每天都為了尋找各式各樣的工作奔波。他是劍橋畢業生，不過，你知道，他要賣地圖、口香糖，還要洗車。有時候他必須拒絕演出的工作，因為薪水不夠付房租。如果我現在就這麼一飛沖天地成功了，實在很不公平。非常非常非常不公平。

安迪與湯米的經歷抓住了經濟資本提供安全感的大部分精髓——他們可以在沒有或很少的戲劇表演工作期間，繼續生活，可以擁有庇護以及地點優秀的住所，更可以在機會來臨的時候，盡可能維持競爭力。

從這個角度來看，經濟安全網非常薄弱或根本不存在的演員，對比的狀況就異常引人注意了。對於這些沒有後援的受訪者而言，經濟不安全是一種長期性的問題。以雷為例，他來自北英格蘭的一個勞工家庭。畢業展讓他有了一個很不錯的經紀人。他和其他演員一樣，很早就搬到了倫敦。一開始的九個月，他的演出工作不斷，但現在，在失業了幾個月後，他突然陷入了財務「困境」。不但沒有金援提供的奢侈，還要面對「高到無法想像」的租金，於是雷被迫接下了一個不是戲劇表演的全職工作。但是這樣的安排，他解釋，卻讓他陷入了一個難以解決的束縛當中。他知道「令人疲憊的」非戲劇工作會出現「連鎖反應」，但他需要生活啊。他總結地說，自己的困境存在著「一大堆剪不斷理更亂的混亂因子——我覺得自己正在玩沒有降落傘的高空跳傘」。

有錢就是老子：演員角色定型問題的因應

經濟保護在特權階級出身者的許多事業發展過程中，都提供了實質的優勢。然而這樣的優勢並不僅僅顯現在薪資能力或職位晉升上。在戲劇表演界，演員如何培養出面對諸如角色定型這種勞動力市場有害影響的反應能力時，財務支援往往扮演了更重要的角色。我們特別感興趣的是出身不同階級背景的女性與少數種族族群演員，如何處置角色定型的常態框架問題。

在此值得一提的是所有的演員，至少在某個程度上，都有「角色定型」的狀況——也就是說，大家鼓勵他們去試鏡爭取的角色，以及他們想要爭取的角色，特別在年齡、性別、族群、地區以及階級等層面上，其實都遵循著一套反映出他們真實生活中人口特質的社會「類型」。大多數人都承認，在接演一大串已經經過明確定義的角色時，其實角色定型為他們帶來的是明確的裨益。但是大家也都普遍認為，戲劇表演的勞動力市場中，某些「類型」所收穫的回報要比其他類型更豐碩，其中又以白人、男性、中產階級背景出身的演員收穫最佳。[14]一如其他人所提[15]，業界明顯供給過剩的白人、男性、中產階級的**角色人物**，讓這類背景出身的演員較容易成為獲益的一方。更有甚者，一般來說，這類角色有較寬廣的發揮空間、較複雜的個性，以及較多元化的面向，而隨之而來的，就是戲劇界更核心的地位以及更高的薪資所得。

相反地，偏離了這些支配性「類型」演員口中所描述的角色定型，卻成了一種讓人非常苦惱的過程。這種狀況的主要原因有兩個。第一，從戲劇表演這個勞動力市場來說，這些演員可以選擇的角色範疇要比前述的角色小很多，而且被設想為他們「類型」的角色，通常是次要的角色，薪酬也不太好。再說，這些演員對於自己被選定去扮演的角色**本質**，往往會表露出憤怒與沮喪的情緒，因為他們覺得這樣的角色設定不是諷刺化的呈現，就是是政治退步的表現。舉例來說，莉莉是名華裔英國人，她敘述自己扮演過無數次「無禮的」亞洲人角色，被設定的形象就是「因為別人不知道偶——不——會——說——英——文而顯得滑稽——這時你就會想著『拜託，又來了。』」相似的狀況也發生在出身勞工階層的德瑞克身上，他說：「警察局應該發給我退休金，我演過太多次條子了。」

然而，我們覺得特別有趣的是不同的「其他」演員如何因應他們自己的角色定型束縛。儘管大多數人都表現出特定的認命態度，卻仍有重要的少數人積極努力地抗拒或拒絕這樣的角色定型。就此，我們非常驚訝地發現在演員背後投入的家庭經濟資源，往往能夠幫助他們建立起抗拒的能力。為了闡述這個情況，我們深究了三位出身不同階級背景的女性演員經歷。第一位女演員茉莉是白人，她的父親是一位證券經紀人，母親是位教育管理者。茉莉生長在倫敦一個富裕的區域，在進入倫敦最知名的一所戲劇學校之前，她受的都是私校教育。戲劇學校畢業後，茉莉花了三年的時間當全職演員——參加試鏡，然後通常會被選進劇組扮演她口中「一個接一個的那種中產階級養尊處優的女孩角色」。這些角色往往都是主要角色，卻總是圍繞著一套狹隘而重複的女性特質而轉：

> 那些角色都是有些被動、具特定功能的漂亮女性人物，不斷被有趣、複雜、好笑的男人追著跑——這種情況實在令人沮喪。

茉莉決定「挑戰」這種「鴿子洞般的窠臼」，於是她著手編寫自己的劇本。她搬回了父母在倫敦的家，靠著雙親的財務支援生活，花了一年脫離戲劇表演，專注創作（以及演出）她自己的劇本。那是一齣有關女性性慾的女子獨角戲。她解釋了當初那麼做的想法：

我只是在想，如果你坐在一間戲院裡，然後有個女性角色就這麼走上台說**那件事**，你該會愛死這樣的場景吧。就是那種女性角色與自身的抵觸，以及因為自相矛盾而驚喜的需要……所以這絕對是一種實驗劇，而且台詞永遠都是——『可以說嗎？』，然後答案永遠都是『可以——可以，我們一定要說出來。』這類內容的確是出自一種憤怒，一種，嗯，像是我們來做點不一樣的事情、我們來改變大家對於女性想法的憤怒。

因此，茉莉的戲劇是一種直接的嘗試，一方面批判自己受到束縛的女性角色定型，另一方面則是創作出了一個直接攪亂中產階級女性傳統呈現方式的女主角。她的作品受到了強烈的批評，卻也收穫了廣大的歡迎與成功。這個成就接著又讓茉莉接到了創作一齣黃金檔電視劇集的委託機會，並親自參與演出。茉莉雖然表示她依然偶爾會去參加外部戲劇工作的試鏡，但她現在對於角色更「挑剔」了，而且劇本創作讓她對自己所扮演的人物，擁有更多的「掌控性」與「自主性」：

當你演出某個大家真的都會注意傾聽的角色時，我實在愛死了那種力量感。你所感覺到的東西，是有意義、重要，而且是可以改變事物的東西……這些話聽起來好像笨蛋說的哦（大笑）。但那正是當演員之所以令人瘋狂的原因——大家都聽你說話，他們花錢來聽你說話，他們想要被影響。所以沒錯，一旦對上了調——就是你做什麼，他們都買單的那種構想——就會產生巨大的吸引力。再也不用碰那種（角色定型的）快——看——我——正——穿——著——漂——亮——的——洋——裝——繞——著——湖——邊——跑——的——東——西——了。

很明顯地，茉莉找到了她在戲劇勞動力市場的定位，在這個位置上，她可以強而有力地拒絕讓自己被角色定型的狹隘。這樣的局面無疑是許多勞心勞力的過程，與一份業界同儕廣泛認可的寫作天賦所帶來的結果。但是，在這個過程中，我們最感興趣的部分，其實是茉莉如何掌控她自己的事業去表達政治立場，以及運用自己的寫作天分去「套利」。這其中最重要的因素，是茉莉在過渡期間所能夠仰賴的家庭經濟資源，這份資源不但支付了她全部的生活費用，也完全負擔了她創作劇首演的相關費用。

茉莉與米雅之間的對比極顯著。在蘇格蘭長大的米雅，父親是位電工，母親是全職家庭主婦。她就讀的是威爾斯的戲劇學校，在學的時候，就因為參與電影演出，建立起了斷斷續續的演藝事業，但她在財務方面相當成功。然而米雅說她全部的事業都是在扮演一種非常單一的角色。她說自己一開始是在一部大手筆的電影中飾演一位吸食海洛因成癮的母親：

在那之後，我就一直、一直接到勞工階級的受害者角色。這麼說吧，如果我演的是《唐頓莊園》（Downton Abbey），那我的角色絕對是奴僕（大笑）。我發誓，我在螢幕上落胎了十五次；被家暴的妻子、毒蟲，不然就是因為人品惡劣或輕忽而失去了孩子的女人。

米雅的角色定型重點在於她扮演的都是明顯具階級與性別意義的角色。她也和茉莉一樣，對於一再扮演被動的女性角色感到惱怒。身為一名帶有「濃重蘇格蘭腔」的女性，不同劇組提供給她的勞工階級角色，侷限性甚至更大。的確，她對於勞工階級的女性不是與犯罪角色連結在一起，就是和受害者角融而為一的呈現方式，感到特別氣憤，這些角色全都是「某些假高尚的男作者一貫憑空幻想出來的東西」。米雅也和茉莉一樣，在事業開始之初，採取過積極的行為拒絕這種已經被定型了的角色。但她描述，無數次為爭取其他更有變化的角色試鏡，全都無功而返。這些經驗，她總結地說，讓她覺得唯一可行的反抗方式，就是拒絕人家送上門的工作，以及開始改變選角官們對她的印象這個緩慢的過程。然而與茉莉不一樣的是，依賴外界的財務支援，卻是不存在於米雅生活中的選項：

我希望自己可以更勇敢一點，直接說出「我再也不要這麼做了」，或「除非你讓我用類似這樣的方式演出，不然我就不接這個角色」。但是太多時候你的條件根本就不允許你可以像自己希望的那樣勇敢——尤其是你還試著要要在倫敦生活下去。當下，我其實並沒有太多其他的選擇等著我去挑，你知道我的意思吧……

最後，我們來看看黛博拉的情況。五十歲的她，出身中產階級家庭（父親是行政人員，母親是零售助理）。黛博拉在進入蘇格蘭的戲劇學校就讀前，曾在北英格蘭有過十到十五年的工作經驗。她提到自己總是脫離不開英格蘭中部口音、性別與混血兒的角色定型，這樣的形象定型，不但定義了她戲劇表演事業的特性，最終也限制了她戲劇表演事業的發展：

我是名黑人性格演員，老實說，我們在市場上真的沒有太多的機會。我演過數不清次數的護士。我演護士的次數，大概比聖喬治醫院（St George's Hospital）裡真正護士的人數還要多。

在她三十到四十歲期間，決定要採取更積極的作法拒絕已經定型的角色工作；

所以啊，沒錯，我開始覺得那些事情很無聊，如果我能說的台詞只有「醫生馬上就會看到你了」，我才不要接……我只是覺得那種故事發展，完全沒有反映出我身為一名女性混血兒的真實生活。

黛博拉和茱莉一樣，她堅信主動迎上挑戰的最佳方式，就是創作。不過儘管身為劇作家的她，一開始獲得了一些成功，但她也表示自己一直在撞「一堆的磚牆」。她描述了一個重要的轉折點：

黛博拉：（倫敦一間主要的劇場工作室）請我寫了一齣戲，但是他們後來甚至連試都不要試，他們編劇經理給我的理由是另外一名黑人演員，一名男演員，也寫了一齣類似主題的戲。可是那是一齣五旬節的歌舞劇啊！我寫的是一個典型中產階級的男子跟一個勞工階級的黑人女孩，以及他們之間的關係，我想這樣的題材對方可能太難接受，不過，一齣聖靈降臨教派音樂劇[16]……

山姆：……會不會那就是「我們」預期聽到的黑人故事……

黛博拉：就是這樣。這是我身為創作者所一再遭遇的情況，你看到那些委託製作工作的人，然後你就會更近距離地聞到他們身上白人菁英的味道。你跟他們說，我希望能寫一齣對於自己是誰存有疑慮的中產階級混血女子的故事，可是接到委託合約的劇本，永遠都是那種發生在國宅的社會問題劇、非洲戰爭的故事，不然就是美國黑人的歷史。

對黛博拉而言，拒絕角色定型，就是拒絕自己戲劇事業中始終處於主導地位的種族化諷刺與性別化的角色。但是與茉莉不一樣的是，她的計畫與行動一直都相當失敗，而且，黛博拉認為，這些堅持事實上對她的事業帶來了負面的打擊效果。近年來，她說工作全都「乾涸」了，她現在幾乎全職性地在一家超級市場裡打工：

我的潛力無法完全發揮，確實讓我覺得很挫敗。大都看不到我的能力。除此之外——你知道——我也沒有某些特定階級可以賦予給你的那種自信。我就是沒有……我寧願待在角落裡哼哼唧唧，也不願高攀上某人，然後跟對方說「我有一個非常棒的想法」。這樣的個性，讓我無法逼著自己繼續往前走。

我們之所以把米雅、黛博拉與茉莉的經歷並放在一起，就是要強調勞工階級，特別是女性以及／或出身黑人與少數族群的演員所經常必須面對的職業束縛。儘管他們常常對於自己被要求呈現的性別化、種族化或階級化的角色表示異議，但是因為可以接到的角色來源有限，再加上需要工作的財務迫切性，他們拒絕這類工作的能力被大幅削弱。反觀代表另外一種典範的茉莉，她的例子說明了一個經濟緩衝墊可以如何壯大演員的膽識，讓他們能勇於挑戰角色定型的各種框架。當然，我們並不能肯定若茉莉沒有經濟支持，她就不會去挑戰她的角色定型問題，或無法成功扭轉她所面對的情況。但我們可以肯定的是，若沒有經濟支持，茉莉的旅程會艱辛非常多。

管漏現象：分類、分隔、停滯

我們希望強調一個更廣泛論點，那就是綜觀從事各菁英職業，不同出身背景者**之間**的物質不平等差異，對於每個人可以選擇的行動路線，具有極深遠的影響。在戲劇表演業，生而帶來的物質條件經常以一種相當殘酷的方式呈現——關係到誰可以日復一日地以演員身分，在真實生活中存活下來——但是在我們另外一個研究個案的電視圈中，經濟優勢卻以一種比較不容易被察覺的型態存在（雖然同樣重要）。

要瞭解這個情況，記得第四章中我們在六號電視台所發現的明顯階級天花板（圖4.3），是很重要的事。這面階級天花板在委託製作部門中最顯眼，而委託製作部又緊緊掌控了六號電視台頻道播放節目的創意方向。在這個部門裡，百分之九十的資深員工都出身中高階背景，一個勞工階級出身的員工都沒有。

為了解釋這個特殊的發現，我們的訪談啟發了我們應該先瞭解電視台「創意路線」，以及誰可以一路走在這條創意路線上的必要性。創意路線一般都始於「基本行政業務」[17]工作，然後工作人員再慢慢晉升到製作或研究員的職務，接著，對那些成功的人來說，就成了系列節目製作人或導演。重要的是，只有沿著這條創意路線（沿途通常都是短期或零星的工作）累積了多年經歷的人，才能接觸到適合的「人才庫」，並被六號電視台這類的企業考慮賦予委託製作人的工作。

幾乎所有的受訪者都敘述了他們初期的野心，全是以這條創意路線為中心——大家都做著拍攝、導演或製作電視節目的大夢。然而我們卻非常驚訝地發現，儘管所有人的初始方向都相同，但大量的向上流動受訪者，後來即使不是刻意選擇**不要**再走這條「創意」的道路，也會在自己的事業早期或中期，離開這條路線。

大家的職涯發展軌跡開始發散，特別是當大家正式進入了勞動力市場之後。許多勞工階級出身的人，在他們開始瞭解這個工作所帶來的巨大經濟不穩定性後，就很快地重新調整了他們的期待，偏離創意路線。更具體地來說，不論是一連串無償或微薄薪資的基本入門行政工作前景，還是有如敲詐勒索般高昂的倫敦居住費用的煩惱，都是大家屢屢提及的決策關鍵因素，讓他們更堅定地下定決心放棄創意路線，改而追求這個產業裡其他較「穩定」的職務。

凱特是六號電視台的一位溝通經理，來自勞工階級的單親家庭，她記得自己在大學時代，一直夢想著製作電視節目，然而即使以優異成績畢業於一所羅素集團的大學，她依然覺得那樣的夢想「遙不可及」的解釋是：

> 我現在不願意改變了，我熱愛我的工作，而且這份工作也很合適我。但是如果你問我原本想不想走上那條（創意）路——如果那時覺得自己能力所及的感覺可以更強一點——那麼，答案是肯定的，我絕對會走上那條路。那是我夢想的工作。

其他從一開始就走上創意路線的人，通常在「獨立製作」的領域都有相當順遂的發展，但進了六號電視台後，卻都得兼任一些其他的工作或降等負責一些經濟上更有保障的職位。以哈娜為例，她是名英國黑人，來自英格蘭北部的一個相當貧窮的中產階級底層家庭。二十多歲時，她踏入了一個非常有發展前景的節目製作職場——累積了一系列高調的「閃亮地板」娛樂節目[18]名聲。但是她也描述了自己的成就，如何在這個自由職業者勞動市場的無情與不穩定環境中，遭到「毫不留情」的脆弱感夾攻。沒有外在的財務支援，她說，「你就會一直思考著要接些可以賺錢的工作，但這樣根本就不可能管理好自己的事業。」十年後，哈娜看到了六號電視台的一則人力資源職位招聘廣告，決定轉換跑道。只不過這樣的職務平調，其實是一個心不甘情不願的決定。哈娜很清楚這份新工作幾乎沒有晉升的空間，也知道自己的事業接下來將會停滯不前：「這絕對是條死路；一旦做了這個決定，大家就會把你當成人資單位的人，忘記你曾經成就的一切。」

這種管漏現象成為出身特權階級背景者的優勢，也是大家都公開承認的事。就像出身專業／管理階層背景的資深委託製作經理戴夫所說：

> 如果你倒下去時，後面沒有人接著，只要三個月沒工作，你就完蛋了。如果你跟我一樣來自這種相對富裕的家庭，瞭解稅務系統的那套陰謀詭計，而且在一開始的階段，就算所有的事情都跟你對幹，但不管出什麼事，老爸老媽一定會幫你善後，事情就會變得非常不一樣。我的意思是我……我的意思是我的運氣非常好。

因此，幾乎所有的受訪者都有一個共識，那就是電視台的創意路線結構，其實就是壓倒性地獨厚那些出身背景有優勢之人。愛麗斯的話，或許最能有效且清晰地總結這樣的情況。愛麗斯出身於英格蘭西南部鄉間的一個勞工階級家庭。她和哈娜一樣，心不甘情不願地放棄了創意路線，而且在同意減薪的前提下，接受了六號電視台一份全職的基層編劇工作（她在這個職位上已經待了六年了）。在討論某次委託製作部門資深同僚的會議時，她說明了那些出身特權階級者如何啟動他們累積優勢[19]的過程，而這些累積優勢往往讓當事人自己與其他人誤認為才華：

就好像他們全都是天縱奇才似的，其實根本不是這樣。不過……他們也算是英才的原因是，你知道，他們都有機會得到更多更多的經驗，然後在每個專案中都學到更多的東西。所以沒錯，一開始，他們或許跟我站在同一個起跑位置，但是他們現在所在的位置，比我可能爬到的最高位置，大概還高了一百萬倍，因為他們擁有所有的經驗，他們有別人提供的機會，而且他們有奮力一試的自信……回頭看看我自己，一開始我覺得自己無所不能，但事實上我現在都不知道自己還有沒有力氣去朝那個方向前進了。

這種職業分類的過程就是電視界階級天花板的一種關鍵驅動因子。這個過程表示能夠真正接觸到適合「人才庫」的向上流動者少之又少，遑論被六號電視台這樣的企業考慮給予資深創意的相關職位了。這些向上流動者的創意天分往往都無法發揮，因為他們就算是心不甘情不願，也會自己選擇離開這條路，改換到這個產業中穩定性較高的工作職場。[20]

淡化特權？

在本章中，我們已經讓大家瞭解到有些出身特權的人，其實很清楚他們自己的經濟優勢，也承認這樣的優勢在推進他們的職涯發展過程中所扮演的角色。但是我們還是要強調，這樣的認知其實相當罕見。大家往往會在生活的某些層面承認這樣的優勢，但其他時候又會忽略這種優勢。就像本章一開始奈森的表現，出身中高階級背景的人，常常都會從「功績」的角度，來描述自己以及周遭人的職涯發展，並把這些功績看做是天分以及，更重要的，努力的結果。[21]特別是相較於向上流動的受訪者，這群具背景優勢的人更是常常將自己的工作看成是「任人唯才」的結果，而且和戴夫不同的是，這些人幾乎從不質疑自己成功的合理性。更有甚者，當這些受訪者真的觸及特權優勢話題時，他們的回應與交流就會變得相當尷尬。[22]我們可以很明顯地看到他們流露出的不安，避免眼神的接觸，以及說話時的磕磕絆絆。

父母的錢這個議題，特別令他們緊張。我們注意到即使那些認知到「父母銀行」功效的人，也常常透過抽象化、一般化的方式來處理這個議題，而且絕不會提及具體金額。六號電視台的初級委託製作人彼得表示，父母能夠在他試著打入製作領域的時候「幫忙」，他覺得自己「很幸運」。同樣的，演員艾莉在論及父母提供資金給她買了一棟倫敦的公寓時，「支持」與「捐助」是她不斷使用的兩個詞彙，但在我們請教她牽涉的實際金額時，她說她「希望選擇不回答」。[23]我們的受訪者常常會暢所欲言地談論微薄工資或甚至無償工作的財務現實，也會提到沒有工作的時期，但出身特權背景的受訪者對於這種時期的描述，卻往往搪塞而過，更聚焦在工作本身。

這樣的情況或許有部分要歸因於當事人根本就沒有注意到自己的經濟優勢。研究顯示優勢群組的人，常常會對自己的優勢出現錯誤的認知，因為他們都是與身邊的人做比較，而他們身邊的人往往都和他們有著相似的條件。因此這些具經濟優勢背景的人就會認為自己很「正常」、很「一般」，或者很「普通」。[24]再說，像電視或戲劇表演這類不穩定與不安定的職場世界，父母的資助常常就只是提供一張安全網，因此這些受訪者並未領悟到自己特別幸運或富裕，或許也不是什麼令人吃驚的事情了。

儘管如此，我們還是認為至少有部分具經濟優勢背景的人，很可能確實認知到了自己的經濟優勢，也思考過這個狀況，但要**談論**這個議題，卻依然覺得不自在——特別是談論的對象還是一位心懷疑問的社會學家！這種不自在的出現，是因為獲利於非自己賺取的財富，與任人唯賢的菁英制度所緊緊依附的主流準則之間，存在著相當明顯的緊張關係。父母銀行可以說是直接擊中了一個人成功的道德正當性核心。社會學家瑞秋・雪門（Rachel Sherman）稱這種狀況為「富裕的焦慮」。[25]和雪門一樣，我們也看到了特權背景出身者，往往非常努力地想要淡化自己的特權優勢，或將之正當化，特別是在我們直接提問有關父母銀行的議題時。這種淡化取向以三種方式呈現。

第一種是當事人配上了特別的故事，解釋家族財富的來源，作為優勢背景的正當化工具，這一點頗讓我們感到耐人尋味。這種呈現方式通常代表當事人會從向上流動的角度來敘述自己的背景——奇怪的是，他們的解釋基礎並不是他們自己的出身，而是他們的父母或甚至祖父母一輩的出身。派翠莎是六號電視台的一位執行主管，受的是私校體系教育。她的母親是老師，父親是一家大型製造公司的總經理。但是派翠莎在描述出身時，卻說自己是「勞工階級」。[26]她沒有談自己的童年，但對她父母如何從西威爾斯的貧窮勞工階級家庭背景，一路向上發展的事業軌跡卻言無不盡。整場訪談過程中，她一再從她父母的角度來敘述她自己的背景，在她的眼中，她的身分與她父母的身分緊密連結在一起。這樣的表現既是淡化她的特權出身，也是在表明她父母的錢（以及透過暗示，父母給她的私校教育金、公寓頭期款，以及幫助她在「電視業立足」的餽贈）都具唯才是用的正當性。

其他人淡化特權背景的方式，是掌控對話的方向，禍水東引，把話題往獲得**更多**財務援助的同僚身上帶。這是將餽贈行為視為家常便飯的正常化處理方式，同時也是藉由其他背景更具優勢的人，畫出道德底線。六號電視台的初級委託製作人丹尼爾是兩位老師的兒子。他剛進電視圈時，職務是低階服務人員，他的父母在那段時間提供了他長達兩年的廣泛經濟支援，而且他住在哥哥的倫敦公寓中，完全不用支付房租。然而丹尼爾卻非常自豪於自己從二十五、六歲就開始「完全地自給自足」。他告訴我們：

> 我當然感覺得到自己與電視台大多數的其他人分屬不太一樣的類別。所以我特別討厭大家看著你時，心裡可能想著好吧，你出身中產階級的背景確實挺特權，並認為「當然啦，你怎麼可能表現不好」的感覺。但我的表現確實優異，在某種程度上，我父母一開始，的確在房租跟一些其他的東西上幫了我的忙，但是……但是我在電視台有一堆好朋友，他們，嗯，你知道，都從父母那兒得到一大筆買房基金，甚至有些人連電話費都還是他們父母出的！所以我只能繼續撐在那邊……我不是因為背景……就是這樣了……我他媽的真的工作得超級努力。

最後，某些受訪者會移轉對話的方向，避談金錢，取而代之地聚焦於因為父母的介入而帶來的限制，以及他們因此而面臨綁手縛腳的境況。許多人藉由這樣的呈現來表示父母在財務方面的贈與和支持，是他們別無選擇的事情，而金錢其實，套句演員傑克的話，就是這樣「砸向他們」，或者又像六號電視台的行銷經理露絲所說，都是他們父母「執意如此」。從這個角度來看，拒絕財務支援就是不孝，或者會造成人際問題。這群人的說法其實並不是要抹消自己的特權事實，他們常常藉此表達的是一種比較服從、認命的態勢。「我是說我也可以說我不接受，」六號電視台編劇凱特這麼說：「可是那也無法改變任何事。」

當然，要把思考與談論特權背景這兩件事分開，很難。[27]我們不可能知道像派翠莎和丹尼爾這樣的員工，之所以想淡化他們特權背景的舉動，是出於策略性考量，抑或純粹無心（我們懷疑是兩者的結合）。但不論如何，我們都要強調這種淡化的行為，對於階級薪資差異具有重要的意義。這種行為代表了父母銀行在職場生活中的真正價值，其實絕大多數的時間都無人提及，也因此這樣的資源對於個人職涯發展軌跡的扭曲影響，一直都躲在大眾目光之外。

金錢在庫柏斯建築師事務所中的作用較小

我們已經見識到父母銀行對於菁英職場上不同階級出身者的職涯發展軌跡，所能產生的各種影響。但是，我們還是要在此重申，這樣的影響會因為不同的行業而出現相當大的差異。讀者會注意到我們另外兩個研究個案——透納．克拉克會計師事務所以及庫柏斯建築師事務所——到目前為止，都還沒有成為本章的主角。這並不是因為在瞭解會計師與建築師專業的過程中，父母銀行一點都不重要。舉例來說，想要瞭解進入建築師界所可能遇到的障礙層面，經濟資本很可能扮演了關鍵角色。當然，庫柏斯建築師事務所裡的許多員工也都提到了在建築師界開創事業所涉及的高經濟成本與風險，以及這個行業如何偏好那些出身富有的人。在此最值得一提的是，漫長的七年建築師養成教育相關學雜費與生活支出，外加材料以及實地調查的額外費用，誰能說經濟資本不重要。[28]

同樣地，我們的受訪者也表示父母銀行在地理分類效應上，扮演了重要的角色，一如我們我們在會計師事務所看到的情況——不論是廣義的會計行業或透納．克拉克會計師事務所——出身特權背景的人都會被篩選到倫敦工作（薪資較高）。舉例來說，透納．克拉克在倫敦區以外地區工作的實習審計員，有百分之十三出於私校教育體系，而在倫敦工作的審計員中，出身私校教育的則有百分之二十五——將近非倫敦區比例的兩倍。我們的受訪者也指出這個現象並非「個人選擇」的單純問題。舉例來說，許多透納．克拉克的實習人員解釋他們「選擇」去倫敦以外的區域工作，大多是因為擔心生活費用——尤其是住房的相關支出。[29]

在庫柏斯建築師事務所與透納．克拉克會計師事務所內，這些事業開展的層面當然也很重要。但是我們同時也要強調，家庭財富的力量，在這兩個組織中相對要小很多，對於職涯發展的影響，牽引力也極低。這是因為建築業，以及特別是會計業都代表著相當穩定且牢靠的職業，常常提供終身的全職工作，收入也都在平均值以上。簡單地說，一旦進入這兩個行業，大多數的執業者——不論出身背景——都可以自在地追求事業發展，不需要奧援資助。這一點與戲劇表演和電視業——以及其他許多不穩定的菁英行業——是強烈的對比。那些不穩定職場通常提供的是自由工作與暫時性的職務，而且薪水微薄、競爭激烈，父母銀行從根本上調和了當事人在事業發展初期的長期不穩定窘況，對某些人伸出了一隻無形的手，但這也讓其他人，往往在不知不覺當中，身陷不公平的劣勢當中。

奧援的手不見得都是從背後或下方伸出，也不一定是以財務支援或照顧的型態出現。舉例來說，在許多菁英領域中，特別是像會計師與建築師這類較傳統的行業，援手更可能是從上方，而非下方伸出。而且這樣的支持往往會以社交，而非經濟的型態出現——換言之，就是一種非正式的舉薦行為。一如我們將在下個章節中所探討的內容，這種舉薦式的流動，常常都是希望能爬到事業頂峰者的一個先決條件。

1　原註：英國版的美國艾美獎。

2　原註：Dean (2005); Friedman et al (2016); Beswick (2018)。

3　原註：《利特勒報告》(2017)。

4 原註：米吉斯（Mijs, 2016）已強而有力地證明，綜觀歷史，不僅大家認定的「任人唯賢」特質會一再改變，就連各個時期用來證明任人唯賢的機會，也很容易受到非菁英主義的因素擺布，而且任何一種菁英定義，必然是偏好某些群組、讓某些人取得優勢。他認為任人唯賢的菁英制度理想，就是透過這樣的方式，成為一個永遠也無法履行的承諾。

5 原註：Becker (1962); Coleman (1988); Groot and Oosterbeek (1994); Piketty (2014)。

6 原註：《利特勒報告》(2017)。

7 原註：舉例來說，訴訟律師不僅要支付昂貴（一萬二至一萬八英磅不等）的研究所訓練課程，還要在倫敦四所律師學院（Inns of Court）的其中一所進行最後階段的訓練——稱為「實習律師」——跟在資深的訴訟律師身邊實習。實習期間，他們通常只有非常微薄的薪資（年薪大概一萬二英磅），經常需要仰賴外部的金援才能生活（Freer, 2018）。

8 原註：經濟援助當然不是大家決定要承擔哪些風險的唯一決定因素，甚至不是與階級相關議題中唯一值得冒險的事情；舉例來說，即使當下沒有實際的經濟來源，但在經濟無憂的環境中成長，很可能會助長當事人培養出更願意承擔風險的觀點或慣習。

9 原註：Savage et al (2015a); Jarness and Friedman (2017)。

10 原註：Hesmondhalgh and Baker (2011); Allen et al (2013); Banks et al (2013); Banks (2017)。

11 原註：摘要內容，請參見 Oakley and O'Brien (2015)。

12 原註：Watson (2017)。

13 皮博迪住宅主要是英國具社會福利色彩的住宅。一八六二年美國銀行家喬治・皮博迪（George Peabody）捐款十五萬英鎊成立皮博迪捐款基金（the Peabody Donation Fund，後來更名為皮博迪信託 The Peabody Trust），希望減輕（倫敦）這個大城市的窮人狀況與需求問題，皮博迪過世前，將基金裡的捐款提高至五十萬英鎊。現在的皮博迪集團與政府合作，建造與管理示範住宅，提供低收入家庭、失能者以及有固定收入的年邁者居住處所。

14 原註：Friedman and O'Brien (2017) and Saha (2017a, b) 將這樣的論點進一步拓展，去更廣泛地檢視英國文化產

業所給予黑人與少數民族勞動人力有限的創意工作機會。

15 原註：Ahmed (2016)。

16 聖靈降臨教派（Pentecostalism）是二十世紀初在美國開始的一支基督教支派，篤信聖經上的每字每句全是真理。聖靈降臨教派音樂劇在塑造這個教派的禮拜趨勢時，扮演了很重要的角色。

17 原註：在電視製作計畫中，服務人員（runner）是指大部分工作都屬於基本行政業務的新進人員。

18 原註：這個詞彙專指在昂貴電視攝影棚內進行現場錄製的高成本節目，燈光炫麗。

19 原註：有關將累積優勢視為一種概念的更詳盡討論，請參見 DiPrete and Eirich (2006)。

20 原註：雖然我們無法從我們的資料數據中直接看出這一點，但配對同儕計畫（Paired Peers project，Bathmaker et al , 2018）顯示這個現象常具有空間性範圍，由於勞工階級出身的畢業生無力負擔居住在首都的生活費用，因此會被篩選去倫敦以外的區域，負責較沒有晉升機會的工作。

21 原註：他們偶爾會談到「運氣」這兩個字，不過這兩個字似乎主要是用來移轉特權話題的一種方式。

22 原註：如賽爾（Sayer，2009, p 200）所提到的，在英國，討論階級問題「通常都很尷尬，而且防禦與迴避心很強，大家面對這個問題時，就好像……在討論他們是否配得上自己的階級地位，或者在與別人相比時，自己感覺比較差勁或比較優秀」。

23 原註：在這一點上，演員與六號電視台的向上社會流動狀況比較很明顯。

24 原註：朵林（Dorling，2014）曾寫過最頂端百分之一人口中的最低階，當他們仰視這百分之一人口中的最高階時，感覺自己「貧窮」（另請參見 Savage et al , 2001; Hecht, 2017）。

25 原註：Sherman (2017)。

26 原註：這種情況並不特殊。在英國，百分之六十的人口自我認知為勞工階級，雖然其中僅三分之一人口的工作符合社會學家分類的勞工階級工作條件。更有甚者，百分之四十七專業與管理階層人口也自我認知為勞工階級（Evans and Mellon, 2018）。像美國等其他國家，模式卻完全相反——大家通常自我認知為中產階級，就算他們從事的是勞工階級的工作（Hout, 2008）。

27 原註：Jerolmack and Khan (2014)。

28 原註：這也和庫柏斯建築師事務所內，有很高比例的海外建築師，均出身特權階級背景，而且他們也都提到自己冒險搬到倫敦的決定，與足以讓他們壯膽的經濟資本重要性有關。

29 原註：這種情況與足以存活的經濟力不見得有直接關連；在技術上，大多數人都承認就算以實習生的薪水，住在倫敦，還是可以在負擔得起。但同時，許多人也解釋，沒有家族金援支付公寓或房子的頭期款，在倫敦打拼爭取更好的前途或養家餬口，是完全不可能的事情。

第六章

援手的助力

一九六〇年，美國先驅社會學家勞夫・透納（Ralph H. Turner）在《美國社會學評論》期刊上發表了一篇具先見之明的論文。[1]論文中，他介紹了「舉薦性流動」與「競爭性流動」的概念。在競爭性流動中，成功是一場公開賽的獎項，所有選手唯有都站在相同的立足點，競爭的裁決才會公平。這種方式得來的勝利，必然是獲勝者用努力換來的結果，然而這種競爭最令人滿意的結果，是拿到勝利的人不見得是最聰明的選手，也不一定是受過最高教育的競爭者，而是最值得拿到冠軍的人。打敗兔子的那隻烏龜，透納這麼寫道，也是在這樣的環境框架下，才能夠出現且受人讚揚。反觀舉薦性流動體制，當事人之所以攀至頂峰，大部分的原因是因為他們是獲選之人，是因為那些已經身居資深要位者，選擇了他們，並一路精心策劃地帶領入他們進入菁英世界之內。因此，候選人的向上晉升與否，端賴已具備身分地位的菁英裁判們裁定候選人是否具備了他們想看到的特質，或他們重視的「優秀能力」。就像透納所述，這種型態的「向上流動就像進入了一個私人俱樂部，每一名候選人都必須要有一位或多位的會員舉薦」。[2]

在透納的眼中，英國是舉薦性流動的標準範例。[3]他的論文召喚出了一個過時的老校友人脈情境，在其中，菁英職位的任命全都依賴一套「校友間的母校情誼」關係運作，彼此互相「拉線」。這些成員間的關係，完全奠基於共有的「公」學[4]經歷，以及牛津劍橋就學和私人會員俱樂部的經驗之上。但是許多人都認為在過去六十年間，這個老校友人脈網已大幅減弱。的確，很多人都辯稱因為中等與高等教育的普及、地主貴族的式微、社會流動性絕對比例的提高，以及第二波女性主義的成就等等反抗力量，使得這類封閉的菁英圈，從根本上受到了侵蝕。[5]

這並不是說大家認為現在這個年代，你認識誰並不重要；研究顯示菁英職場的人脈網力量浩大綿延。[6]但是近幾十年來，這樣的網脈已經趨向於集中在「弱連結」（weak ties）這個社會學家馬克・格蘭諾維特（Mark Granovetter）[7]所廣為人知的詞彙上。[8]弱連結強調的是與許多人鍾鍊出一種非正式工作連結關係的重要性，以及成為一個優異的「網脈使用者」，特別是與那些位居要職者之間的關係建立和維繫。研究證明，這樣的弱連結也是「社會資本」的來源之一，在增強個人就業機會與建立個人信譽兩方面，都是助力。[9]

這種奠基於有些短暫又膚淺關係的網脈連結模式，當然是我們訪談的主題。但受訪者卻往往以一種有些抽象的方式描述，就像當我們詢問大家領先他人的必要條件是什麼時，受訪者總是會在各種放諸四海皆可用的一般性原因當中，挑一個丟出來一樣。相較之下，若受訪者真的說出他們職涯發展中，或與職涯發展有關的一些內容較豐富、生動的故事時，我們反而會非常驚訝地發現其中更強大的社會關係重要性。就像我們在本章中探討的內容，這些社交關係以一種非常類似透納最初設想的方式運作——身處高位者扮演舉薦者的角色，選定處於事業發展初期的被舉薦者之後，積極為他們向上攀爬的職涯軌跡搭建鷹架。當然，舉薦關係的運作因職業差異之故，在重要層面也存在著相當多的不同型態。在某些時候，舉薦者會把被舉薦者提升到一條加速前進的職業路徑上；有些時候，舉薦者則是為了確保「他們所偏愛之人」的優勢，而不動聲色地規避聘僱或升遷原則。不論以哪種方式運作，在本章中，我們都認為並辯述，這種舉薦性流動的描述，與瞭解英國誰會攀至頂峰的問題，有高度關連性。

不過話說回來，當代的舉薦關係與那些老校友人脈粗糙模具所打印出來的隱晦過程不同。我們所提到的舉薦關係，一如解釋，往往都是正常化的作法。這並不是說舉薦關係已是固定的通用名稱（儘管在某些領域中，確實會使用舉薦關係這個詞彙）。相反的，我們發現這種關係，往往都會包裹著譬如「人才地圖」或辨識「伙伴特質」這類符合目的模糊但用詞時髦特質的術語外衣。儘管舉薦體制例行性地以人才物色等中立型態呈現，但我們發現這樣的體制鮮少建立在工作表現的基礎上，反而總是在文化親和力的基座上鍛造而成，至少在一開始是如此。[10] 這也是說，在不經意的情況下，許多菁英工作的重要晉升機會，不僅僅依靠能力，還要仰賴根基於階級文化相似性的「鏡像反映」版「優秀能力」。[11]

踏上合夥人之路：經驗的累積

「人才地圖」這一個古怪的企業話術詞彙，幾乎是每一位透納．克拉克會計師事務所合夥人訪談過程重點。當我們詢問這個詞彙究竟是什麼意思時，顧問合夥人馬克解釋這與「尋找未來的合夥人」有關。然而儘管「繪製地圖」意味著某種形式化系統，人才地圖實際上卻要隨性得多。我們得知，事務所鼓勵合夥人[12]尋找並舉薦「有前途」的基層員工。但是這個過程在所有正式的事務所作業中，既未明述，也沒有規範。透納．克拉克不但賦予合夥人權利，讓他們可以以自己的方式「物色」有才華的基層會計師，而且還鼓勵他們「一路帶著這些好苗子」，走向合夥人之路。

這樣的作法其實一點都不新奇。事實上，舉薦關係在合夥人自己的職涯發展軌跡中，一直都是個至關重要的議題。特別是那些出身特權背景者，舉薦人在他們的職涯旅途中，是重中之重。這樣的關係不僅帶來了指導、支援與建議的助力，往往在職涯發展軌跡的推進或護駕上，也扮演了非常重要的角色——譬如分配特定型態的工作、移轉特定的客戶或操控工作環境等，而這些安排的結果，都能提供晉升所必要具備的**經驗**。詹姆斯是出身專業／管理階級家庭的一位稅務合夥人，他告訴了我們一個重要的例子：

> 那個傢伙，馬丁，那時候他是合夥人，他說「我覺得你對這個挺在行的，試試這個、試試那個，這一個也試一試」，然後給了我一大堆的機會。我記得他曾經跟我說過類似這樣的話，「你還沒準備好，不過我會告訴你我打算怎麼做，我們來看看能不能找到一個

可以在這個位置上做兩、三年的人，也許待過大事務所，屆臨強制退休的年齡，但是可以進來跟我們簽工作合約，這樣的話，你可以從他那兒學到很多東西，目的在於，不需要給予任何承諾，就帶你走過這三年的時間……」

這個故事的重點在於像馬丁這類的舉薦人，是如何隻手改變了一個人的職涯，把詹姆斯擺到了一條加速前進的路上——這通常指的都是「合夥人之路」。透納．克拉克會計師事務所藉由允許合夥人介入、影響或「玩弄」晉升決定的作法，為這類的舉薦關係提供了一道方便之門。許多受訪者都告訴我們，這種情況其實是業界相當標準的作法——一個「公開的祕密」，套用稽核合夥人珍的話——其中還牽扯到了合夥人為了確保那些他們想要晉升的對象——他們「喜歡的人」，根據稅務合夥人凱倫的說法——可以獲得晉升，而規避或漠視「客觀的」績效指標或評鑑。

重要的是，當大家提供我們舉薦人所引介的機會相關資訊時，他們幾乎全是又回到技術或能力的角度切入——有人「發現了才華」或「相信我」。不過我們特別有興趣的地方在於這些關係一開始的建立方式。什麼樣的因素可以把日常例行的工作關係，轉變為值得建立舉薦關係的結合？結果我們發現這樣的關係鮮少決定於工作本身。相反地，這樣的關係一開始幾乎全都建立在一種文化連結或文化親和力上——譬如共同的休閒活動、相似的品味，以及同一個頻率的幽默感。讓我們重新回到之前提到的詹姆斯與他的舉薦人馬丁身上：

我認為我們之間有一種不僅僅是工作關係的連結。因為年齡上的差異，若說我們是朋友，可能有些牽強。不過那是一種扶持的力量，絕對不只「我們可以從對方身上壓榨出什麼東西？」的關係。另外我想還有些其他有助於這種關係發展的東西。所以，從行銷面來說，有點像是從滑雪之旅開始的，我們一起去滑了兩、三次的雪。所以有一種連結……你跟某人一起出去一個禮拜，你們的關係就會比較緊密，這種關係已經超越了工作的關係。

找出這類知識與興趣上的共同點，聽起來並沒有什麼特別逾矩或啟人疑竇之處。事實上，研究證明兩個人會面的第一件事，往往都是尋找共通點。找到的類似之處，會成為強大的情感黏著劑，促進信任與安心，進而連結個人。[13]然而長久以來，學術研究也在階級背景與這類的文化品味、嫌惡、興趣與生活型態之間，建立起了一個清楚的關係結構。[14]的確，舉薦人通常也承認這些關係的根基其實是「同質性」——有點像是互相吸引之類——的一個過程。[15]舉例來說，一位特權階級出身的顧問合夥人，確認「喝酒」是他與新近一位獲得舉薦者之間關係的重要潤滑劑：

> 有個我一路指導上來的傢伙，聖誕節時，晉升成了合夥人，他簡直就是我的翻版。要他跟我一起出去、建議他該怎麼做，一點都不困難。對我來說，把這行的竅門都傳授給他，是很簡單的事情。喝酒方面，他顯然是個專業，所以也不困難。

喬是位稅務合夥人，同樣出身中高階級家庭，他更進一步地直接承認同質性與他自願提供舉薦之間的連結性：

> 真是滑稽；我想我覺得表現得最好的人，應該是跟我最像的人……相同的幽默感、相同的工作方式。可是話說回來，這樣的結果，或許是我施力的結果，因為是我把他們帶上了相同的路徑。

即使承認這些相似性，大多數的人仍一心一意地想與所有可能引發刻意獨厚某人的質疑拉開距離。受訪者口中的舉薦關係，大部分都是自發或有組織的過程。然而，我們還是要辯述，這類舉薦關係的同質鏈在非刻意情況下的普遍存在，確保了透納・克拉克會計師事務所內許多晉升機會，**不僅僅**只看能力表現。一如社會學家羅倫・瑞衛拉[16]的想法：「文化相似性不僅是偏愛的源頭，也是我們評估『優秀能力』的根本基礎。的確，不論有意或無意，把關者在評鑑他人以及分配有價值的報酬時，都很可能將文化相似性納入決定考量。」

透納・克拉克會計師事務所中那些向上流動的員工，特別是女性以及／或少數種族族群，對於邁向合夥人之途，有相當不一樣的描述。如本書方法論說明中的圖 A.1b 所示[17]，這群人「被晉升為合夥人」時，通常年齡都較大，而且爬到合夥人職位前，平均在每一個職等的服務年資也明顯較長。尤其是這些受訪者在描述經驗累積時，往往更著重於個人化的一面——「建立屬於自己的道路」（出身勞工階層的羅拉）、展現「不證自明的專業」（中產階級出身的雷蒙），或不斷地「達標」（出身勞工階層的傑斯）。很明顯地，舉薦人鮮少把注意力放在這些對象身上。[18] 這並不是說這些受訪者不瞭解舉薦性流動的價值，只不過，舉薦性流動通常都是一種獨厚出身特權者，特別是男性的機制，就像接下來的描述：

> 他們看起來就是正確的選擇、可以勝任愉快，而且他們有自信，所以你真的會看到有些聰明靈光的年輕人走進來，自信滿滿，然後年齡大一點的傢伙，就會把這些年輕人納入他們的羽翼之下，一路帶著他們去參加報告會或者其他的一些事情，這些其實都是在製造機會。這些事情就是在製造讓他們發光的機會。（出身勞工家庭的諮詢顧問事業員工馬丁納）

我知道自己無法跟那些人競爭。我永遠也沒有那樣的競爭條件。所以我覺得我必須要拼命地更努力工作……才能抵達我想要去的地方。因為我沒有辦法把父親當成交換籌碼去認識某某某，也不可能跟誰誰誰當同學。這些都不可能發生在我身上。（中產階級家庭出身的顧問單位員工貝芙）

就是因為這樣，舉薦人在透納・克拉克會計師事務所中扮演了一個特別重要的角色。他們不但能夠以舖設出「合夥人道路」的方式分配工作，還可以在進入合夥人圈子的機會來臨時，扮演某些人的關鍵資深支持者。就算這樣的關係全都無一例外地是以真心找出人才並給予報酬為前提，卻也是極主觀，而且往往反映出以文化相似性為基礎所打造出來的強大個人關係。[19]

「電視圈其實還活在中古世紀」：六號電視台的舉薦關係與外聘

想在電視圈闖出一番事業，社會人脈所能發揮的力量，證據多到族繁不及備載。[20]大家看待這件事的重點，通常聚焦於諷刺一個膚淺而不完整的產業，認為在這樣的環境裡，借用格蘭諾維特的說法，「弱連結」扮演了一個特別重要的角色。我們的研究有部分支持這個論點，其中又以六號電視台員工所敘述的事業初期情況最為明顯。六號電視台的環境存在著一種範圍很廣的非正式人脈關係，明顯可以透過工作經驗或隨性的口耳相傳推薦，而增加「踏入這個圈子」的機會。但是當我們探討晉升至高階職位時，更緊密的連結關係就變得重要許多。當然，緊密關係戶在少數的幾個重要時刻，出力推一把，往往會對高階主管的事業，產生推進的關鍵影響。以六號電視台的資深委託製作經理馬克為例，他在本書的前言中就曾解釋過：「電視圈其實還活在中古世紀；你只要投了誠，就會有罩著你的保護者。我的意思是，我可以向你細數我整個職涯軌跡中的舉薦歷程。」

就像透納．克拉克會計師事務所一樣，舉薦關係幾乎全都架構在階級文化匹配性的過程上——共同的休閒娛樂、相同的品味與幽默感。大多數電視台工作的隨性氣氛，往往會促進這樣的發酵過程，特別是短期但張力很高的製作計畫。蘇菲與瑞秋這兩位委託製作人就回想起了在這種環境下的舉薦關係濫觴時點：

> 這個節目需要我們到澳洲與紐西蘭待上十天，然後，嗯，你知道，我們就開始聊天，然後他就聊到了他對政治的興趣……（委託製作部的瑞秋，出身專業／管理階級家庭）

> 從跑腿的行政人員到研究員是很大的一步，我記得我剛晉升到這個職位幾個月後，我跟

珍說：「妳怎麼知道我會表現得這麼優秀？」（大笑）而她說：「我不知道妳會這麼優秀；我只知道一起共事的時候，我們都很開心。」所以我想在這個產業裡，大家對於社交、對於工作以外的開心，應該是有所期待的……我的意思是我的外科醫生朋友就不會打算把所有的時間花在他喜歡的人身上，但在這個產業裡，大家對這樣的事情，會有期待。（委託製作部的蘇菲，出身專業／管理階級家庭）

我們所引用的這些話都說明，舉薦人對於六號電視台內幾乎所有的委託製作人以及高階主管的職涯發展軌跡，都非常重要。同樣的，就像透納．克拉克會計師事務所一樣，舉薦關係有很大一部分是以文化親和力為前提。不過兩個產業間還是有些重要的差異，一如蘇菲的闡述：電視台臨時性但高強度的工作本質，加上「開心」與社交性的整體氛圍，都使得電視圈存在著一種相當獨特的舉薦特性。

再說，舉薦人協助舉薦對象的方式，在兩個企業中也有明顯的差異。不像透納．克拉克會計師事務所的舉薦人，大多數都是「一路領進門」地帶著基層員工往上走，六號電視台的委託製作人幾乎全是外聘。他們是「橫向聘用」。但是讀者應該還記得六號電視台的天花板效應壓倒性地幾乎全集中在委託製作部，其中有九成的資深員工都出身於專業或管理階層背景。若考慮最適任的人才庫裡可以勝任委託製作人職務的候選人——「獨立製作公司」的高階主管——差距更是明顯，因為這個人才庫裡出身勞工階級背景者，要比委託製作部高出三倍。[21]

我們該如何解釋這種情況？有一種說法是委託製作單位在聘僱過程中，往往會在非刻意的狀況下，把高階職務給社經背景較高的人。這個結果當然不是任何有意的歧視——我們在六號電視台完全沒有發現任何公開的證據，證明有階級勢利行為的存在。這樣的情況也不能簡化成經常在面試場合碰到的那種「隱性偏見」。我們認為舉薦關係，或至少緊密的個人關係，是關鍵。

委託製作部高階人員的招募過程不拘小節到令人側目的地步。這個程序通常包括了委託製作人拿出一張短短的名單，名單上屈指可數的可能競爭者來源包括委託製作人自己的關係戶、他的產業知識，或者獵人頭公司建議的電視台「管理人才」。電視台接著試探這些候選人的意願，一般都是採用一起喝杯咖啡或喝杯小酒的非正式型態進行。偶爾，這樣的試探之後，會安排正式的面試，不過更普遍的情況是電視台直接與目標對象接觸，並提供工作機會。耐人尋味的是，一般負責監督聘僱業務的人力資源單位，完全被排除在這樣的聘僱過程之外。資深的委託製作人幾乎擁有完全的自主性。

這樣的作法並非毫無道理。事實上，之所以讓面試者面對這樣的聘僱程序，有三個理由可以解釋其正當性：第一，委託製作節目的工作，對於當事人的財務與信譽面，有極高的風險性[22]；第二，節目製作的相關工作通常具高時效性，也因此資深人力的聘僱決定要快；第三，委託製作人的工作具高度協同性，所以招募者認為候選人所具備的人際關係技巧、能否與團隊相處等特質，非常重要。也因此大多數的人都會辯稱，降低所有這些風險的方法之一，就是像委託製作人羅傑所說的，找值得信賴的對象、找可以「託付重任，而且使命必達」的人。[23]

然而如委託製作人麥可所承認的，這樣的聘僱程序會產生一種副產品，「可靠度與好感度全混到了一起」，於是大家非刻意地把自己當成了聘僱的標準。舉薦關係的顯性表達程度，也因此在這些討論中，要比透納．克拉克會計師事務所低很多。不過大多數的委託製作人也確實承認，他們所招聘的人往往都與自己有比較緊密的產業連結——不是跟自己有關係，就是跟聘僱程序直接相關的其他人有關係。出身專業／管理階層家庭的委託製作人詹姆斯就針對這樣的情況說過：

我跟其他人一樣有罪……部分原因是當你已經這麼做了好幾年，很多事情都可能出錯，於是你就想要豎起一道磚牆，把所有無法掌控的東西全擋在牆外；而令人安心的感覺，有部分來自於跟信譽卓著的公司合作、跟與你志同道合的人合作，你知道，就是那種有相同的背景、類似的興趣……老實說，我覺得大多數時候，都是又要競爭，又要跟人手牽手一起合作，所以有點像是惡性循環。

因此，不論是在透納．克拉克會計師事務所還是六號電視台，在獲得最有價值且薪酬最高的職務過程中，舉薦關係扮演了非常關鍵的角色。在六號電視台裡，舉薦關係之所以重要的第一個因素是聘僱程序的不按常規——尤其是委託製作單位——這個狀況讓個人的人脈在人才甄選決策上，具絕對重要性；第二，有鑑於電視圈工作特有的風險狀況與不穩定屬性，大家對於忠誠與可靠度的要求愈來愈高。但是這些聘僱條件在與「任人唯才」或履歷等資料上各種可量測的能力牽扯上部分關連的同時，也對舉薦人因「可靠度」而照著自己形象去攬聘人才的傾向，提供了一定的合理性與重要性。

扭轉的局面：庫柏斯建築師事務所的舉薦關係

截至目前為止，我們所討論的內容都指出舉薦關係很容易就獨厚出身特權者的狀況。不過很重要的是我們必須要認知到，沒有任何理由指稱舉薦關係一定是這個樣子。勞夫．透納最初提出的舉薦性流動模型，是以一個簡單的概念為出發點，那個概念就是位高權重者都是依照自己想要在他人身上看到特質，或他們視為「優勢」的特徵，來對向上流動者放行。對透納而言，這樣的過程**確實可以**為那些已具特權的人帶來特別的待遇，但也有人辯稱透納之所以如此推斷，是因為他假設大多數的在位菁英本身都是優勢背景出身者。如果菁英工作或菁英職場的情況，並非如此呢？

現在我們該把焦點轉到建築師事務所庫柏斯了。舉薦關係在建築界的歷史悠久，透過特別的一對一「師徒關係」推進職涯發展，一直都是這個行業的運作模式。[24]這種舉薦關係的鏈結，在今天依然普遍可見，而且因為大多數事務所都是小規模經營，建築師的第一份工作通常直接跟在一位資深建築師身邊[25]，這樣的情況也有助於維繫舉薦關係的存在。在庫柏斯建築師事務所的員工口中，舉薦關係是他們職涯發展的一個重要議題。一對一關係的普遍化，以及有時候，他們所付出的情感深度，都讓我們大開眼界。

在此要提醒各位讀者的是，庫柏斯的合夥人，幾乎有半數來自中產或勞工階級家庭。根據舉薦人以及被舉薦人雙方面的說法，在庫柏斯運行的各種舉薦相關故事，與透納．克拉克會計師事務所和六號電視台迥異。儘管這些關係往往仍是立足於階級文化相似性的同質連結之上，卻也經常會為那些出身背景比較沒有優勢者（而非較有優勢者）帶來好處。有時候這樣的關係源於非常不明顯的歸類方式，譬如相同的地緣認同（「他也是北方人」）或閒暇時的嗜好，都會帶來連結。不過某些個案的敘述，似乎都是遵循著高階主管在基層員工身上看到了自己的特質，因此提供了具體的協助與支持這類相當刻意的舉薦關係模式。

為了說明這個情況，我們特別探討了蓋瑞與阿敏的關係。蓋瑞是合夥人之一，出身於約克夏郡的一個勞工階級家庭。他非常熱衷於階級這個議題，對於媒體所刻畫的勞工階級人民，以及社會階級所加諸在他家人身上的限制，都透露出明顯的憤怒情緒。被蓋瑞稱為「左右手」的阿敏，現在已經是事務所裡的合夥人了，他也是出身勞工階級。儘管兩人有著非常明顯的差異——阿敏是來自格拉斯哥的巴基斯坦裔英國人，而蓋瑞是出身鄉間的英國白人——但兩人都是生長在經濟拮据的環境中，也都是歷經萬難才進入建築界。蓋瑞是阿敏事業的舉薦人，並且套用阿敏自己的話，蓋瑞真的就是「一路把他領進了門」。阿敏在勉強完成了大學教育後，就進入了庫柏斯。十五年左右的時間過去了，他依然沒有正式取得建築師資格。[26]蓋瑞不斷提供各種工作機會給阿敏，徹底漠視他檯面上的限制，一開始是一般性的辦公室工作，後來又丟給他專案管理，最終將他晉升為肩負商業策略這類特殊工作的合夥人。

雖然這些具體的工作機會非常重要，但更關鍵的重點是從這個關係中所產生出來的其他東西，包括蓋瑞在情感與心理層面所給予阿敏的支持、幫助他克服不安全感，以及扶持他擺脫壓力帶來的掙扎。阿敏描述自己與蓋瑞都是「性格內向的人」，他侃侃談著需要以蓋瑞為榜樣，強迫自己變得更外向。他也解釋蓋瑞如何鼓勵自己完成建築師訓練，以及在他掙扎著去瞭解學習課程中抽象的美學層面議題時，蓋瑞如何介入並給予協助：

> 我寫論文的時候，蓋瑞給了我天下最優秀的指導。他介紹我走入了藝術的世界。藝術跟建築就這麼融合在了一起。對我來說，所有的一切都是前所未見，我們還一起去逛畫廊。那趟旅程實在太棒了，旅程結束的時候，我對藝術也有了欣賞的能力。

在本書較廣泛辯述的架構下，我們可能比較容易對這類的舉薦關係產生較多的同理心。蓋瑞的行為，就是安奈特．拉若所稱的「文化導引」[27]，他一方面協助阿敏在菁英職業中航行，一方面試著利用自己的力量，獨力促進社會流動。[28]

但是也請大家不要把這種舉薦關係所引伸出來的關係意涵浪漫化或過分推敲，這是很重要的事情。畢竟這類的關係奠基於同質性，依然封存在文化共通性的「本質」或「組織化」層面當中。相對於每個成功被納入資深舉薦人羽翼之下並受到培育的被舉薦人，同時也會有一些比較沒有那麼幸運的人，必須靠著自己的力量，努力地一步步往前走。

的確，對於一對一連結最清晰的闡述，往往出現在沒有這種連結的時候。在庫柏斯建築師事務所中，這一點特別凸顯於我們所訪談的女性員工之間。大家普遍承認，在討論到**玻璃天花板**時，建築師是最糟糕的行業。[29]儘管在性別數量的呈現上，庫柏斯建築師事務所已經算是業界的優等生了，但事實上與建築界普遍的情況，並沒有太大的差距。庫柏斯的執業合夥人當中，沒有任何女性。再說，雖然女性員工在敘述自己的職涯經歷時，也普遍會出現導師關係與舉薦關係的各種故事，但一般都只會出現在剛進入這個行業的較年輕建築師當中，而且尚未出現實質獲益的紀錄。

莎拉提供了一個重要的個案。莎拉的直接背景是中產階級（受過私立教育、父親曾晉升為工程師），但這樣的特權背景並沒有幫她在職涯道路上與資深的主管們建立起關係。她所自述的職涯發展，完全是自動自發的過程，而且她還解釋自己二十年的建築師生涯中，從來沒有任何導師，也沒有得到過前輩任何有意義的支持。相反地，她口中的建築業，特別是在她初入行的那個時候，根本就是個「以自己為中心的男孩俱樂部」。

儘管如此，莎拉依然走出了一個非常成功的事業軌跡。她在二、三十歲的時候，工作得非常努力，就是為了要在建築業的多個領域發展出足以證明自己的專業——不畏艱辛（她還要兼差，扶養一個年幼的孩子）——六年前，她成了一家知名建築師事務所的合夥人。然而最後，這個成功——儘管耀眼——卻很短暫。她最近因為一位蠻橫男性合夥人的不道德行為而「選擇」離開那家事務所，接受庫柏斯建築師事務所一個降等的職務。[30]

我們從莎拉的故事裡看到了沒有支持力量與舉薦關係的晉升，是多麼脆弱。就算她努力地證明自己、建立了自己的專業，甚至工作成績都可說是超過預期，但這樣的成功卻因為缺乏資深（且大多數都是男性）同僚的個人支持所架設出來的安全性，而一直處於不堪一擊的狀態。

在我們對於舉薦關係以及階級天花板的論述中，庫柏斯的例子提供了細微卻重要的差異。這個研究個案說明了舉薦性流動並不盡然專屬於階級特權。但是儘管如此，舉薦關係大部分依然是種奠基於同質性前提的過程，也因此是一個以許多不同的人口特質為中心而形成的關係。以庫柏斯建築師事務所為例，舉薦關係中明顯的輸家，不一定是那些出身勞工階級背景的人，而是女性——不論出身任何背景的女性。[31]

人脈與不平等

大量的學術與政策文獻都聚焦於事業成功者的人脈之力。因此，很多有興趣處理組織性不平等問題的人，一方面將注意力投注在如何強化劣勢群組的弱連結人脈關係上，另一方面則是試著將特權出身者所利用的人脈關係多元化。「我們只需要抽換黑名單就好了。」英國推動多元化且深具影響力的社會運動者黛博拉・威廉斯（Deborah Williams）如此辯稱。

這樣的目標顯然值得稱讚，但我們的研究則認為身居高位者人脈不對等的問題，很可能源於更緊密連結的模組結構。在本章中，我們已經證明了各種型態的舉薦關係如何成為快速通行的職涯發展動力，常常能提供一種「走後門」的職涯發展軌跡，既不透明，也難以究責。當然，舉薦關係並不一定能保證成功，但這樣的關係卻提供了重要的優勢。

舉薦人所仲介的機會幾乎清一色地都在「慧眼識英雄」或「報酬潛力」的「優秀能力」基礎上被合理化。但是我們也證明了這樣的援手，普遍根植於文化親和力與文化匹配性上的狀況。我們無意指稱舉薦人所說的人才物色，全是虛偽之言。問題在於文化相似性往往只是我們所謂「優秀能力」與才能的核心基礎之一。這並不僅僅代表個別舉薦人與被舉薦者之間共有的特定文化相似性，也常常與更廣泛的行為準則有關，特別是主導了菁英職場的行為準則。在下一章中，我們將透過不同的研究個案產業，來探討這些行為準則的運作方式。我們認為這些準則往往都支配著大家認為某些人是否「適合」特定工作的直覺。

---

1 原註：Turner (1960)。

2 原註：儘管競爭性流動隨後與「美國夢」的概念有了連結，但是透納（Turner；1960, p 856）擁護競爭性流動的力道顯然並不見得大過舉薦性流動。對於競爭性流動的價值，透納的看法是出了名的矛盾，舉例來說：「競爭規範代表一個具備了智能程度普通的人，透過常識、技藝、具風險性的計畫、勇氣與成功的風險承擔等各層面的運用，而臻至成功，這要比一個最聰明或受過最好教育者的成功，更令人激賞。」(Turner, 1960, p 856)。

3 原註：不過 Whitely et al (1991) 後來在美國也發現了類似的效應。

4 原註：英國的「公」學是私校中最傑出與最具盛名的學校；由國家經營的學校（美國人稱為公立學校）稱為「國立學校」。

5 原註：Heath (1981); Savage and Williams (2008)。

6 原註：Lin (1999); Burt (2000); Watts (2004)。

7 馬克·格蘭諾維特（Mark Granovetter）：一九四三～，於史丹佛任教的美國社會學家，以社會網路理論以及經濟社會學的研究著稱。

8 原註：Granovetter (1973)。

9 原註：Lee (2011)。

10 原註：這個發現反映出一種新興的社會學著作，其內容展現的是形成人際網脈時的品味有多重要 (Edelman and Vaisey, 2014)，尤其是高度密切的關係 (Lizardo, 2006) 以及早期的關係 (Lewis and Kaufman, 2018)。

11 原註：社會學家稱這種動能為「同質性」，或者人類喜歡與自己類似者的傾向，不論是種族認同、性別以及／或階級背景 (McPherson, 2001)。

12 原註：儘管不是正式的要求，但我們訪談過的合夥人都表達出一種感覺，那就是事務所的成功，有很大一部分有賴於作出精明的決定，判斷該晉升誰為合夥人。

13 原註：DiMaggio and Mohr (1985); Gigone and Hastie (1993); Mouw (2003); Vaisey and Lizardo (2010); Griffiths and Lambert (2011); Lambert and Griffiths (2018)。

14 原註：Bourdieu (1984); DiMaggio (1987); Bennett et al (2009)。

15 原註：Rivera (2012) 為這個概念作了闡述。更一般性的內容，請參考 McPherson et al (2001)。

16 原註：Rivera (2012, p 1018)。

17 原註：方法論說明中的表 A.1a-1d 透露出令人驚訝的情況。透納·克拉克會計師中向上流動的合夥人不但平均年齡較長，職業發展也不像出身特權階級背景的同僚那樣會出現「加速」的軌跡。

18 原註：因此，社會流動員工的一個重要議題，是許多人稱之為「可見度」的這個東西，是這些員工被託付的工作，與其他資深守門員的工作，並不在同一個平台上的現實。如珍妮（勞工階級出身）這位實習生的解釋：「資深前輩的認可絕對必要。如果你在同一個專案的時間很長，你的可見度就很低。你需要在各個經理人面前刷臉。所有人都知道這個道理。」

19 原註：Casciaro and Lobo (2008) 的研究也支持這些發現，他們的研究發現在瞭解員工與特定同事合作的決定過程中，喜歡對方要比認為對方很有能力更重要。

20 原註：Lee (2011); Grugulis and Stoyanova (2012)。

21 原註：在我們接下來對那些服務於獨立電視節目製作領域（「獨立製作公司」）的員工調查中，我們發現百分之二十八的執行主管都來自勞工階級或中產階級背景（相對於六號電視台託製作部門的百分之十）。

22 原註：根據「新制度理論」（neo-institutional theory）思維的社會學派說法，這個不確定的議題是賦予了文化商品製作特質的核心關注焦點，因此文化組織內的大多數行動，都是致力於試圖緩減以及因應這個關注點。(DiMaggio and Powell, 1983; Bielby and Bielby, 1994; Godard and Mears, 2009)。

23 原註：這一點與 Pfeffer and Leblebici (1973) 在製造公司領域所發現的狀況類似。

24 原註：Stevens (1999)。

25 原註：對於執業的建築師來說，花些時間在建築學校授課，並非什麼罕見的情況，他們在學校通常都會試著挑選「最好的」學生到自己的建築師事務所工作。

26 原註：「建築師」是一個受到保護的專業頭銜。建築師註冊委員始終維持著一個規定，那就是只有已成功完成建築教育三個階段檢驗測試的人，才有資格進行建築師登記。在英國，完成這三個階段的檢驗，至少要花七年的時間——五年的大學教育，兩年的專業實習。

27 原註：Lareau (2015)。

28 原註：社會流動這個詞彙當然從來不曾從蓋瑞口中吐出。的確，他覺得建築業在一九八〇年代的改革後，已經名符其實地成了一門菁英行業。然而，他對於地方學校所執行的對外探討的工作，在當代社會流動論述中備受好評的情況，也深感驕傲。

29 原註：De Graft-Johnson et al (2005); Britton et al (2016)。

30 原註：最近的研究顯示這樣的過程在許多菁英勞動力市場都是司空見慣的事情。研究發現女性普遍面臨「承諾懲罰」的狀況，因為一般都認定女性較無法提供全職工作以及專注於事業的承諾 (Budig and England, 2001; Correll et al , 2007)。顯然，這樣的承諾懲罰常常都會消耗掉自身因階級而出現的優勢，而這些都是擁有相同特權階級背景出身的男性，在工作經驗上不會遭遇到的狀況 (Rivera and Tilcsik, 2016)。

31 原註：同樣值得注意的是，舉例來說，庫柏斯建築師事務所中沒有任何出身勞工階級的女性員工，所以在這樣的環境中工作，可能會面臨雙重劣勢。

第七章

職場氛圍的融入

「她就是很會促銷自己啊……毫無……完全看不出來她在促銷自己，你知道我的意思嗎？」高階儲備人才評審小組成員與主審官賽門低聲交換著他們的共識。他們正在討論的是蘇菲與馬丁這兩位面試者的相對優勢。兩人在爭取電視台內最具聲望的在職計畫機會。這個為期一年的計畫，專門培育電視圈的「明日之星」專業人員，不但提供支援、專人指導，也協助建立人脈關係，目的就是要把這些菁英送進高層的世界。「而馬丁，」馬克繼續他之前的看法：「……真的令我印象深刻，絕對的印象深刻。只不過讓人有些不安，對吧？我不確定這樣的安排對我們是否合適……」

根據書面資料，蘇菲與馬丁的資歷與條件非常相近，兩人都在事業初期就大放異彩。蘇菲是英國白人女性，接受的是私校教育，中高階級背景出身[1]，已經以一名紀錄片製作人的身分，交出了一連串有聲有色的優秀成績。馬丁是英國黑人，來自勞工階級家庭，是位多次獲獎的編劇。蘇菲與馬丁兩人都有資格進入培訓計畫，評審成員對於這一點沒有任何歧異，但在職計畫只有一個空缺。

這時已是高階儲備人才評審計畫緊鑼密鼓的最後兩天觀察面試期了。經過之前篩選，數百位申請者已縮減為四十位左右的入圍候選人，其中大多數決賽入選者的履歷——儘管展現出各種不同的專業與知識——很難讓人從其中的經歷與成就上去分辨高低。也因此，面試成了絕對關鍵。

經過長時間的討論後，蘇菲勝出。「總而言之，我覺得她應該比較適合。」賽門這麼總結了評審小組的討論內容，沒有額外對於他所謂的「適合」是什麼意思多加說明，但要聽出弦外之音，一點都不難。蘇菲一進入面試室，就展現出了收穫好感的一面，她妙語如珠地提到這棟建築給人迷宮般的感覺，讓她想到了九〇年代廣受歡迎的競賽性節目。當下面試室內的氣氛立即出現改變。已在面試環境中緊繃了好幾個小時的評審小組成員，放鬆的情緒明白可見。就在這樣的逗趣交流持續進行間，蘇菲與評審小組成員交換了彼此對於其他沒沒無名的競賽性節目的看法。蘇菲的面試顯然非常成功。她對於制式問題的回答，不但態度自信，口齒伶俐，也呈現出了她的多學。然而最觸動人心的，卻是她與評審小組最初兩分鐘互動所留下的持續影響。蘇菲在那兩分鐘內所展現的隨性風度與幽默感，立即與評審小組打造出了一種情感的能量，進而讓整場面試定調在友善與同理心的氣氛中。

馬丁的面試經歷與蘇菲迥異。他穿著西裝應試，在看到自己是唯一穿著如此正式的面試者之後，馬丁從一開始就顯得侷促不安。他和蘇菲一樣都試著與評審小組談笑，但他的笑話卻是個百分之百的敗筆。儘管他力爭上游的過程讓評審小組動容，但這股決心似乎同時也成了馬丁面試中的絆腳石。他的表達激動而誠懇。他的風格，根據其中一位評審成員的說法，「有點氣勢凌人」。「他只是比較認真而已。」另一位評審成員如此斷言。

在社會科學的調查中，「適合」這類語意不明的模糊概念，從來都不是重點。這樣的評論也不會出現在官方的聘僱資料或任何人員的工作執掌中。然而，就如我們的例子所展現出來的情況，這類的概念在瞭解勞動力市場上為什麼有些人的事業發展與晉升要比其他人快速，卻是極大的助力。事實上，我們還要在本章中主張這些概念其實就是造成英國階級薪資差異的一個關鍵驅動因素。

在我們檢視的所有職業中，精準掌握行為準則，都是「上任」的關鍵。這是發出信號說明自己是領先眾人的「正確類型」、說明自己適合這個工作職務的一種重要方式，而這樣的信號，也會得到高階決策者應給的回報。不過重要的是，我們發現這些準則與工作產生交集的時刻，往往是當事人即將得到菁英工作之時，與檢測當事人能力、表現或智慧的可靠方式，沒有太大的關連。相反的，我們認為這些行為準則經常代表具比喻性質的「玻璃鞋」，讓職場成為一個對某些人來說就是天生適合的如魚得水之處，但對其他人卻是侷促不安的場所。特別是這些準則常常成為那些出身勞工階級者的文化障礙，讓他們總是需要努力掙扎著去適應與迎合。

玻璃鞋

大多數人都承認不同的職業擁有不同的身分特質——學者看起來就是和銀行家不同；試

鏡時大家可以接受的行為，在董事會上卻不見得合宜。現在比較要緊的問題是為什麼會有這些行為準則？這些準則從何而來？以及，對我們特別重要的問題是，這些準則是否不公平地獨惠某些人？在此先介紹一下「玻璃鞋」的概念，對探討這個問題會有所助益。「玻璃鞋」是建立在「玻璃屋頂」的相關深刻見解基礎之上，進而發展出來的一個隱喻。由美國學者凱倫・阿許克萊夫特（Karen Ashcraft）[2]建立的玻璃鞋隱喻，指的是特定職業似乎擁有某些與實際工作並無太大關係的傳承特質，而這些特質會造就出一種讓某些人自然而然地如魚得水，卻令其他人就算不是完全無法忍受，也是如坐針氈的環境。[3]就像灰姑娘的玻璃鞋，大家對於許多菁英職業的集體瞭解，都來自於當時被視為「天生」就更合適這些工作的特定人物所呈現出來的形象，不論這些人的能力、技術或才幹，是不是真的特別優秀。玻璃鞋的大小，對於王妃人選來說，究竟為什麼如此重要？灰姑娘纖足的功能，其實就只在於高呼著她是最佳的候選人，因為王妃這份工作根本就是專門**為她**所量身打造的。相反的，透過灰姑娘的「醜姊姊」角色，玻璃鞋隱喻同時也凸顯了若工作文化並非為當事人而生，那麼當事人要融入，或者說假裝融入工作環境的艱難之處。因此不同職業的特定「玻璃鞋」，說穿了，其實就是該職業的歷史、過去往往都是什麼樣的人從事這類的工作，以及這些人認為這份職業應該表現出來的「正確」方式，應該如何隨著時間而牢牢地生根，甚至制度化。[4]

玻璃鞋概念的價值，近幾十年來在許多行業都已經發展成一種不再強調理性與自制，反而崇尚在工作場合的自我表達、「個人特質」與真性情的管理指南。[5] 就像彼得．佛萊明（Peter Fleming）[6] 的解釋，當今的員工面對的是一種「做自己」的管理政策，「允許員工做自己，是假設可以因此獲致更高的工作動機與生產水準。」[7] 但是針對這種「常理」的口號，玻璃鞋卻提出了一個相當實用的矯正概念，證明某些真實身分的表達方式，可以比其他人更容易獲得報酬。在職場上，不見得每個人都可以做自己。

當然，玻璃鞋的重要性在於透過形塑誰覺得自己「適合」或「不適合」一個特定職業的同時，也發揮出誰可以一馬當先的實質影響。根據布迪厄理論所衍生出來的想法，妮可拉．英格蘭（Nicola Ingram）[8] 與金．艾倫（Kim Allen）[9] 認為玻璃鞋是一套「社會魔術」，藉由這套魔術，某些人所具備的結構性特權，可以提供一種與職場所重視的特質完全一致的文化對稱性，讓這些人展現出「天生」「如魚得水」的自在，而他們所擁有的傳承或客觀技能，其實與這些技能所發展出來的社會世界毫無關連。[10]

阿許克萊夫特的研究大多都在探討美國的職業認同，往往獨厚白人男性的過程。不過最近管理學者路薏絲．艾胥黎透過她的開創性研究，把玻璃鞋的概念介紹給了英國的群眾。艾胥黎已經開始證明這個概念如何也能應用在階級背景上。在仔細研究大家進入投資銀行業的就業管道後，她表示不論有志進入銀行工作者是否適合這個行業，特定的服飾準則仍維持著非常強大的信號力量。想要在銀行業大展宏圖的人，需要「看起來得體」——換言之就是套上對的西裝、打對的領帶，甚至穿上對的皮鞋（顯然應該是黑色，而非咖啡色）——聘僱主管也承認得體的穿著，通常是他們在畢業生面試或實習生招聘時，很重要的判斷依據。同樣的，就算求職者本身專業技能超強，也可能因為特定行為、談話方式或穿搭基礎的不適合而被拒門外。

艾胥黎顯示這些「文化能力」的要素，其實全都根植於中產階級的社會化層面中，而且特權的白人家庭環境中反覆灌輸這些要素的狀況最為明顯。結果不屬於這類白人中產階級「標準」之人，就必須「努力投注特別多的精力去解開這些相當複雜的準則，並在其間謹慎前行，而這樣的付出，很可能會損及他們表現出最佳實力的能力。」[11]艾胥黎的研究之所以關鍵，就是因為這個研究凸顯出了身分認知等相關議題如何會讓人猛一看覺得膚淺，甚至覺得都是很容易就適應的事情，其實在複製階級不平等的過程之中，扮演了非常重要的角色。

艾胥黎從著手開始研究到揭露「玻璃鞋」在制訂英國菁英職場社會魔術的方式，當然始終條理分明。但是她的研究僅限於就業管道——那些拼了命要「走馬」的人。本章中，我們將論述玻璃鞋概念在瞭解誰可以「上任」的過程中，至少與「走馬」分析中一樣重要。「適合」的觀念在進入職場或（如畢業生面試）聘僱的具體時刻，效力儘管明顯不同凡響，但我們認為這個觀念在建構職場更一般性的運作時，一樣也是無孔不入的存在。而且正是日常的辦公室互動、向客戶簡報、試鏡或自我推銷的宣傳會這類場合，「玻璃鞋」的力量——適合或不適合你身處的職場主流形象——才顯現得最清楚。本章主要就是在關注這些場合的探索。在這個過程中，我們揭露了我們研究個案行業中的「玻璃鞋」樣貌——輪廓、界限，以及最重要的，對於那些來自不同階級背景者的事業影響。

你是「當合夥人的料」嗎？

在透納．克拉克會計師事務所裡，有一句話幾乎囊括了所有上任相關的對話重點：「當合夥人的料」。這一句聖語往往出現在會計師職涯剛開始的時候，通常都是最初的五、六年間，而且一般而言，只要有了這句話護身，中階各級主管的歷練都會很快就完成通關。

那些被認定擁有「當合夥人的料」之人，幾乎等於打了包票可以一路登上高位。但這樣的過程不禁讓人想提出一個明顯的問題——「當合夥人的料」是什麼樣子？如何辨識與評估這個料？針對這個問題，許多目前在位的透納．克拉克合夥人提出的解釋是一開始要先針對當會計師的必要能力，以及能走得更遠並爬到高層的必要能力，作出區別。這種區別，通常聚焦在那些可以超越技術層面、超脫會計師所必備的「實事求是」計算與算數能力（譬如會計標準的知識以及複雜的稅法內容）之人的身上。儘管這些實實在在的技能在事業初期很重要，但隨著當事人的步步高昇，這類技能的重要性就排在了定義較模糊的必要「軟」實力——責任感、可靠度，以及魅力——之後了。[12]一如出身專業／管理階級家庭的稽核合夥人柯林所提出的解釋：

一開始都是技術性的東西，你在技術方面的表現必須非常優秀，基本上就是要能穩住合夥人的大後方。但接下來就到了一個時點，實際上你所知道的所有技術性東西，變得不那麼重要……然後又會到達另一個時點，關於管理職，你下一步必須往哪兒走的關鍵點……

技術層面的下一步，根據我們的瞭解，通常取決於當事人的自我表現與溝通風格，就像稅務合夥人馬修所說的「看起來與聽起來得體」，又如諮詢實習生蕾貝卡口中的「表現出很有能力的形象」（馬修與蕾貝卡均出身於專業／管理階級）。這一串的特質常常被統稱為「精明幹練」的整體感覺。我們覺得在瞭解了會計師行業的「玻璃鞋」狀況後，精明幹練的概念，實在是一針見血。第一，這個概念涵蓋了對一個人說話腔調與談吐風格的特定期待，尤其是符合標準英語的期待。[13]就像出身中高階級背景的諮詢顧問合夥人羅伯特告訴我們的：

語言與發音是個很強大的區分器，或許也是極少數可以讓我抓狂的事情之一……當我聽到別人用不正確的文法或碰到類似的事情，明顯可以讓你瞭解一些東西，而沒有經過修飾的地方方言……

精明幹練也和外表、服飾與「禮儀」有關。透納．克拉克會計師事務所與大多數大型公司企業一樣，也有明確的「現代專業」服飾準則。這套指南建議了「『穿出日常工作的專業、穿出公司品牌』的指導方針」。但這樣的內容當然是極度模糊不清的建議，對於女性的挑戰性尤其大，因為大家對於女性服飾的期待不但隱晦，還會以更仔細的標準去審視。最近升任合夥人的貝芙（出身中產階級）描述多年來她總覺得職場男性前輩對她工作的表現，都是以她的衣著「適當性」來評價，這讓她倍感掙扎：

曾經我還會去 Jigsaw 或瑞斯（Reiss）這些高階品牌服飾店買套裝，試著……我不知道。不過我已經擺脫那些亂七八糟的東西了。我現在的態度就是，我就是這個樣子。

不過更重要的是，精明幹練攸關一種特別的溝通風格。我們的發現與羅倫．瑞衛拉（曾撰寫過美國專業服務企業中「精明幹練」的力量相關論文）的研究高度吻合。她在回憶自己的畢業面試後寫下：「精明幹練的組成要素，包括讓面試官輕鬆的同時，也讓自己看上去很輕鬆。主導談話的方向，但嚴格遵守對談與輪流說話的規範；展現興奮的態度，但控制在合宜的範圍內；看起來自信但不自大。」[14]這個層面的精明幹練——互動的平衡、含蓄與一派輕鬆——也是在透納・克拉克會計師事務所成功的要件。事實上，我們認為這類具擴散性的溝通風格，對於升遷的影響，可能要比求職時的影響還要大。當然，這樣的風格似乎也是日常的辦公室生活、會議間平順的互動、考評、滿足客戶需求，以及人脈相關事件的成功核心。很明顯地，那些最能清楚且條理分明解釋精明幹練重要性的人，往往也是自覺不夠精明幹練的人。菲利普是出身勞工階級的諮詢顧問合夥人，他說：

> 但是在一個會議場合中，有些人就是自然而然地知道什麼時候該宣傳自己的想法……就像，你需要受過訓練才知道怎麼去貢獻一己之力。然後我發現自己這方面的表現非常糟糕。如果我有什麼東西可以表現出自己其實對這個很在行就好了。但是如果我真的必須跟同事坐在一個十到十二個人圍起來的會議桌上——有點像是什麼時候該下注、什麼時候該把個人的小故事丟出來，說給大家聽？擁有更優雅成長環境的人，在這種情況下無疑是可以更自在說話的人，說話時也會使用比較恰當的字彙。說的話不見得要與主題相關，重點其實在於陳述的過程跟你如何談話與互動，那種言語暗示，以及你如何呈現自己。

精明幹練無法濃縮成截至目前為止我們所討論過的任何一個單一領域。相反的，如菲利普所述，精明幹練更像是一個整體，是其他人直覺就會辨識出來的東西，是一種，如稽核合夥人馬丁（出身專業／管理階層家世）所說的，「就是會向外擴散」的能力。他解釋自己常常讓基層人員主持有重要客戶參加的會議，藉此「測試」大家精明幹練的程度：「如果你帶某人出去吃午餐，他們跟與自己的相處狀況……他們會分享嗎？有自信嗎？感覺自在嗎？我要的是本身就有些閃耀特質的人，是會主動參與、精明幹練，而且能夠和其他人建立融洽關係的人。」

因此，具備精明幹練的特質，是「提拔某人進入」合夥人圈子的先決條件。這個特質是「適合」的一個關鍵面向。然而大多數人也承認這樣的特質不能（而且確實無法）以任何正式或透明的方式評定。相反地，如詹姆斯這位專業／管理階級家庭出身的諮詢顧問合夥人私下所透露的內容，大家通常會以一種不明說的方式，而且往往是在非正式的場合去進行這種特質的評估：

> 有點像是……你可以和他一起去喝杯小酒嗎？或者和她，看狀況。事實上，我覺得這種評估的方式很有趣，是一種……如果我們打算提拔某人，但又還沒有完全決定時的一種判斷捷徑。其中有一種捷徑會告訴你，「你可以跟他們一起喝杯啤酒，可是只喝得下一

半」（大笑）。那大概就是你的容忍上限！所以其實就是一種一堆其他事情的判斷捷徑。

精明幹練在成為合夥人的路上也許至關重要，但這又和階級背景有什麼關係？許多人以為這類社交技巧是某些人天生就具備的特質，某些人就是沒有這樣的慧根。[15]但是有些社會學家對這樣的論點表達了強烈的異議。舉例來說，瑞衛拉就強而有力地辯稱，舉例來說，職場上精明幹練的自我表現特點，可以追溯到一個人的特權成長環境。[16]這一點在我們的數據中也很明確。透納．克拉克會計師事務所出身勞工階級的所有面試者，幾乎都描述了期待精明幹練員工的職場，讓他們的適應之路倍感艱辛，或感覺低人一等。[17]許多受訪者還特別提起了事務所明白鼓勵大家「在工作中展現真實的自我」與他們經驗中必須管理或隱藏自己與其他人差異處的矛盾。更有甚者，許多人相信這種自覺的不足，在重要的工作場合，對自己非常不利。[18]以下是兩位出身勞工階級背景的合夥人經歷。

雷蒙最近升任了合夥人，但四十五歲的他，年紀比合夥人平均年齡大了十歲——而且這是他第二次的申請。第一次，就在他的申請遭到駁回後，一位資深合夥人私下告訴他，大家覺得他「就是不太像一位合夥人」。這位同事給了他一些服飾方面的建議：

> 我還記得他說，「穿著不要太隨便，就是別這麼做，雷。如果你想要輕鬆一點，可以把

領帶拿掉，這樣有助於別人對你的看法」……還有什麼呢？噢，因為你總是拿著筆電跟袋子，我們都有拿到背包。「雷，把你的背包丟掉，你需要一個正式的公事包。」他這麼說。

相反的，保羅第一次申請時就成功獲准升任合夥人。他解釋自己因為是被別人「一路領進門」，所以大家都「注意」到他不夠精明幹練。為了努力糾正這樣的缺失，他說，合夥人群體決定讓他找位外部的「形象指導」：

我確信這樣的指導費一定是天價。我總是開玩笑說自己感覺有點像鱷魚先生（Crocodile Dundee），總是在說，「我敢打賭我離開之後，（指導教練）會清查我有沒有順手摸走什麼東西！」你要知道，我是世界上其中一家最大規模會計師事務所的合夥人，但你還是不禁會懷疑……這件事只有我在大笑，還是裡面有什麼更深的意義？

當然，呈現出精明幹練的氣質不見得是每位特權階級出身者「天生」的條件，而且一如我們之前所提出的解釋，這樣的特質通常還參雜了重要的性別與種族要素。[19]但是此處的重點是對於那些勞工階級出身者而言，想要呈現出精明幹練的表象，往往都被證明特別難以掌握。他們一開始就處於明顯劣勢，常常因為違反導職場的行為準則而犯了「錯」，因此更常處於持續焦躁的不安狀態。

我們可以從歷史的角度去試著瞭解「玻璃鞋」的根源所在。當然，會計師業這個歷史較為悠久的行業中，比較可能找出精明幹練概念的出處。精明幹練與「紳士」這種低調而有文化的人物存在著特殊的淵源。紳士風度——一套完整的紳士風度組成要素包括了得體的舉止、價值與娛樂——與權貴出身背景密不可分，而在十九世紀與二十世紀初，掌握紳士風度是英國金融界晉升的關鍵，其中又以倫敦市最明顯。[20]紳士風度是向雇主展現應聘者菁英地位的重要方式，也是一種速寫式的稟性呈現，而這些表現更是與已經通過認證儀式的紳士雇主溝通的方式，讓雇主們覺得，套用萊特・米爾斯（C. Wright Mills）[21]所寫下的話，「這當然就是我們自己人」。[22]就這樣，類似的把關者繼續透過自己非正式的人脈網絡，把優勢提供給勞動力市場裡的「老校友」們。

當然，許多這種紳士基調的協調運作，都已經被現代的潮流沖刷乾淨，特別是那些與貴族舉止有關的部分。[23]以一九八〇與一九九〇年代為例，好幾位評論者都認為倫敦市的「美國化」，導致了這個城市的刻意轉變，更偏向任人唯才的聘僱程序，並規避這個行業中傳統「貴族血統」的形象，進而形成了一個歷史學家大衛・基納斯頓（David Kynaston）[24]所稱的「新的無階級城市」。[25]但是將倫敦市清楚劃分為新、舊實在過於簡略。[26]儘管現在對於具體的學歷以及／或技術能力的重視，似乎有升高的趨勢，但是頂層職場的成功——就如我們已經勾勒出來的景況——依然與那些不是那麼透明的相關特質存在著密不可分的連結。在這樣的脈絡框架中，把精明幹練看成獨特的紳士風度重塑——巧妙地結合了謙虛、低調卻職業化的穿著，以及一份具象化的輕鬆——也說得過去。

在此需要補充說明的是，在透納．克拉克會計師事務所董事會上，展現出精明幹練的特質固然重要，但對於諮詢顧問單位工作的人來說，精明幹練的特質更重要。關鍵原因有二：第一，諮詢顧問單位與稅務以及稽核單位不同，工作者不需要通過相同的技能測驗（通過這些測驗的人數比例通常都很低）；第二，自我表現與印象管理對於諮詢顧問單位的人之所以特別重要，是因為客戶缺乏其他型態的可靠資訊去評估自己所獲得的服務品質。這種「知識模糊性」[27]（相對於可以透過更直接方式評估的技能）可能會產生很重要的影響。就像艾胥黎的論述[28]，這類的不確定，造成大家對於培養出有能力、對自己專業有自信的形象，益發重視。也因此，精明幹練就成了展現能力的一種關鍵武器與有效替代品。一如出身中產階級家庭的稽核合夥人尼爾所說：

什麼是顧問？什麼是專業顧問？就是可以談輪自己曾經處在相同情況或做過相同事情的人。全都是天馬行空、雲山霧罩的東西，所以非常適合那些舌燦蓮花的人，而且還不一定要有深度……深刻的了解與技術知識作為後盾。在稽核部門，這些你全都躲不掉，因為大家期待的是你立刻就成為一個絕對的技能專家。

於是得體形象的呈現，作為一項說服他人的利器，在這種精明幹練的標誌儼然成為高品質建議服務信號的環境中，效果很不錯，至少部分效果不錯。[29]這種情況也證明了「玻璃鞋」進一步且更重要的運作層面。在菁英職場上，不僅**知識**重要，你是**誰**、你**如何**自我呈現也同樣重要。而這些要點的結合，就變成了**別人眼中**的你具備了什麼知識，非常重要。像諮詢顧問界這些領域，知識，以及知識帶來的表現，都非常難以評定，因此形象、修辭與精準掌握行為準則，就成了特別的加分項目。[30]

精心設計過的隨性

對某些人而言，將精明幹練具象呈現，要比其他人容易，但至少在會計師界，行為準則往往相對正式，遑論還明確訂定了職場對於大家衣著、外表與行為的期待重點。[31]其他職場的標準通常就比較不是那麼透明了。

在六號電視台的工作環境中，精明幹練當道的狀況不是那麼嚴重。確實，許多受訪者都告訴我們他們之所以選擇六號電視台，正是因為這裡對於服飾與外表**沒有**正式的期待。而且大多數人都強調六號電視台獨樹一幟的隨性，許多資深高位者還率先提倡這種隨性，並將之視為電台開放的一個獨特表徵，就像執行主管莉吉所說的，這是個「歡迎所有人」的地方，或如行銷部門負責人奈吉所說的，在這裡「你可以做你想要做的那種人」。我們一開始觀察這裡的工作環境時，的確如此。這裡與透納・克拉克會計師事務所的天差地遠，一目瞭然。在六號電視台裡，看不到任何人穿西裝。取而代之的是漁夫帽、夏威夷花襯衫、馬丁鞋、超大號的眼鏡、連身衣、尖頭靴，以及休閒服。

但是這種「時髦的」隨性卻並非許多人以為的社會平等器；恰好相反的是，這樣的隨性扮演的是一種細膩的、複雜的，而且是高度「心照不宣」的準則。我們稱之為**精心設計過的隨性**。就像精明幹練一樣，這種隨性有著許多面向。第一，攸關服飾。這裡的服飾並非傳統的制服型態，而是——就像以下三位受訪者所描述的——涉及到**風格**的一種更含糊服飾裝扮：

> 有次一個來自其他電台的人跟我說：「噢，你其實可以判斷出什麼時候離六號電視來愈來愈近。」我問對方：「什麼意思啊？」她的回答有點像是：「噢，就是看大家的穿著就知道了。」所以，絕對有一種六號電視台的穿著方式存在，那是一種特定型態的創

意……就像要注意球鞋（指了指她的腳）；的確是球鞋，不過是智能球鞋，這就是非常六號電視台了。（瑪莎，委託製作部，出身專業／管理階級背景）

就好像，你可以穿著T恤跟牛仔褲出現，不過你必須要讓大家知道你這樣的搭配其實是一種風格，不是因為懶散……我沒辦法馬上告訴你怎麼回事，但我看到就會知道。（彼得，行銷與溝通部，出身專業／管理階層背景）

有一點，像是，試著要去融入這個群體當中。我的意思是，我不知道我幹嘛要穿成這樣。這是種制服，不是嗎？就像是，其實跟穿套裝一樣，你在倫敦工作……我想這應該是我自己的品味，可是同時我也想試著展現流行，不想在裝扮方式相同的一群人當中，看起來像個怪異又顯眼的土包子。（馬克，委託製作部，出身專業／管理階層背景）

精心設計過的隨性因此無法降等為一種特定的服飾，因為這其實更是一種態度、一種**穿著方式**、一種無法定義的風格，可以讓這些個人——全出身於中高階級背景——一「看到」就知道。但是精心設計過的隨性所影響的範圍，絕對不止服飾。這樣的隨性還需要一種自我表現的特別認知模式——包括幽默、說話的方式，以及非言語的溝通。這一點可以從大家因應訪談態度上清楚看到，六號電視台受訪者的表現方式與我們其他研究個案的職業有非常明顯的差異。他們在受訪的時候會口出穢言、開玩笑、把腳放到桌子或沙發上，而結束訪問時以擁抱代替握手的人數，更是超乎我們的想像。這也表示，精心設計過的隨性意味著人與人之間某種程度的熟稔度，與一般專業職場的人際關係沒有什麼關係。這樣的準則看起來也許相對膚淺，但是像資深委託製作人瑞秋（專業／管理階級家世）一樣的許多人很快就強調，善於展露這種隨性，在這個行業，代表著一份真正的資產：

……聊天的能力真的非常重要，而且沒錯，要帶點幽默，讓談話變得開心。還要呈現出特定的輕描淡寫態度，但其實這都讓人感到很疲憊，因為你是在演戲。你就是在演戲。看起來很開放，其實一切都相當謹慎，而且不像……一切其實都是技巧。

我們認為精心設計過的隨性構成了電視圈玻璃鞋的一個核心要素。就像精明幹練一樣，這種隨性的重要性與電視節目製作一脈相承的知識模糊性有直接關連。這樣的情況很明顯，舉例來說，在我們詢問受訪者「做一名六號電視台的優秀委託製作人，需要什麼條件？」時，我們收穫了各式各樣不同的回覆。這些回答大多含糊不清或漫無邊際，而且對於必要的核心能力幾乎沒有共識。這樣的發散情況，在我們討論訓練、專業與適任資格時特別明顯，尤其是影視相關學歷的勢利心態。「如果我在某人的履歷上看到這些東西，老實說，可能會讓我對這個人敬而遠之。」委託製作人喬許（專業／管理階級背景出身）這麼承認。「這是一種交易，不是專業。你無法『學會』如何在電視圈裡表現優異。」

確實，六號電視台執行主管與委託製作人所面對的重要挑戰之一，就是極難預測新節目能否成功，因為這個行業大多數的最終「產品」（亦即紀錄片、系列影集、情境喜劇）必須要在觀眾實際觀賞前製作完成。電視台之所以聘僱像委託製作人這類的關鍵員工，就是要他們透過評估節目的潛在價值與發展性，來決定未來的發展應選擇、推銷什麼樣的提案，（終極目標）降低節目推出後的不確定性。[32]在缺乏具體或可靠知識的情況下，許多執行主管都承認委託製作人如何呈現他們想法、如何包裝他們自己，也就變得特別重要。精準掌握精心設計過的隨性，與這樣的自我包裝需求密不可分。和電台一位資深創意執行主管凱莉開誠布公的討論過程中，她闡述了這樣的論點：

這裡絕對是個瘋狂的工作環境，因為每天你都得從懸崖上跳下去二十次。話說回來，我可能會決定做一個關於果凍歷史的節目——但我其實完全不曉得這個節目會不會賣！我是說，我可能看過數據，而團隊在深刻瞭解後，也可能覺得行得通。但是實際上真正火的東西，通常是大家最不看好的東西。所以我們要做的事情，風險度極高，想要對抗這樣的狀況，你可以採取幾個方案來降低風險……其中一個就是跟某些人合作……嗯……嗯，我很難交往的人，往往都是極內向的人，或者是連話都說不清楚、完全無法流暢表達想法的人……我確信有時候與不同社會背景的人一起工作，會激發出很不錯的結果。我的意思是，從我一個牛津出身的人來說，這樣的想法或許不是太吸引人，不過還是有捷徑……或者對我來說，與那些同樣背景出來的人談話當然會更輕鬆，因為我們很瞭解彼此。

這段話俐落地闡述了在這個不確定、高時間敏感度、高壓的決策環境中，精心設計過的隨性這類看似無害的行為準則共通性，事實上的確可以成為溝通的關鍵潤滑劑，並且助長互相瞭解的感覺。凱莉的坦率反應也透露了精心設計過的隨性其實就跟精明幹練的外表一樣，都會以重要的方式進行分類。凱莉並不是唯一一個這麼想的人。舉例來說，許多人都描述自己如何注意到那些出身勞工階級的人非常難以消化這樣的準則，而這樣的情況又如何對他們在重要工作場合都產生不利的影響。委託製作人詹姆斯（專業／管理積極背景出身）就說：

有一種並非白紙黑字的準則，不論你是否有意識地遵從這套準則，你都應該有所認識。舉例來說，如果有人進來宣傳自己的想法，但這個人不是依照特定的方式陳述，那你就有點……你的本能反應、你的直覺就是否定，因為那不是……我不知道，就不是正確的語言表達，或者說，你知道，不是由某個知道整體運作狀況的人在陳述……又或者是陳述者根本不瞭解這個遊戲的規則，所以你就有點……你會相信那些懂得遊戲規則的人。所以我絕對會舉手承認自己屬於這一個陣營。

這段描述內容說明了受訪者如何經常性地陷於精準解釋社會流動是**如何**以及**為什麼**會跟精心設計過的隨性互相糾纏的困境。他們拼了命地想解決文化脫節的本能感覺——這類人就是無法「理解遊戲規則」或「說相同的語言」的感覺。

這樣的隔閡感以兩種方式呈現。出身勞工階級與中產階級的人雖然同病相憐地都覺得難以解釋，卻也常常描述是一種被排擠在外，或自己不論在社交或文化面都遭到排擠的普遍感受。有兩位受訪者這樣描述他們的經歷：

那種背出身景的人就是有種東西，有時候會有點……一種嘲弄的方式或有時候讓我有點……在會議上……像自己人才懂得小笑話……或像一種他們彼此都很熟悉的小圈圈。

（凱特，行銷與溝通部，勞工階級出身）

我常常在走進會議室的時候就想「我在這裡就是個冒牌貨」。就好像他們彼此都很熟……我知道其實不是這樣，但感覺卻完全不是這麼一回事……我實在受不了那些會議。就好像他們全都是霍格華茲的學生似的……是我根本進不去的這種優雅小圈子。

（克萊兒，策略部門，中產階級出身）

重要的是，這些經歷並未指向一個特別明確以及有條理的障礙。相反的，這些受訪者證實了存在於電視台內的一種微妙卻又非常強大的氣氛，讓人感覺格格不入。而且當大家在執行這種行為準則時，就會給人留下一種像是熟稔的印象——一如許多受訪者所陳述的那種大家「都彼此認識」的感覺（即使事實並非如此）。

與這些經歷不可分割的的，是一種潛在的焦慮感，隨時擔心著沒有妥當表現出精心設計過的隨性、不知道何時才是在會議中飆髒話的正確時機、不曉得該如何安排正確的笑話類型，或何時把腳抬到桌子上的犯「錯」焦慮。許多受訪者都解釋這些失誤如何導致他們在高階主管眼中變成了太「冒進」或「氣勢凌人」。就像編劇助理奇亞藍（勞工階級出身）的描述：「矛盾的是我拼了老命才進了那扇門，結果拼老命竟成了我的累贅！」[33]

在我們訪談的對象中，對於誤解六號電視台隨性特質所造成的風險，感觸最深的莫過於勞工階級背景**以及**少數種族族群員工了。[34]在這個環境中，大家都強烈感覺到膚色會增加階級文化差異的可見度。「因為我的皮膚是棕色的，你知道，所以大家比較容易瞭解我，」印度裔的英國人賈維德半開玩笑地回憶他在電視台工作的第一年：「我穿的鞋真的很糟糕，我知道（大笑），不過我如果是個白人，就算我穿的鞋很糟糕……或許大家也要多花一點時間才會注意到。」其他像瑪麗（英國黑人）等其他人，則是從「暴露」、因種族族群差異所強調的腔調與詞彙選用而帶來的不安全感這個角度切入：「語言的表現方式、他們為自己的論點據理力爭的方式，都有些特殊，但是因為我常常是現場唯一的黑人，所以我一開口，整個大會議室裡的人，都習慣把身體微微前傾。」[35]不過對於這類種族與階級交織的情況，或許最好的闡述，來自於一位前委託製作人的經歷，他是個英國黑人，出身勞工階級，幾年前已經離開這家電台。多位受訪者在受訪過程中都曾提到過這個人，從他們口中，躍然出現了一位風格、行為、隨性模式都與六號電視台有些格格不入的前員工：

他總是穿著運動服裝、反戴著一頂棒球帽晃來晃去……每個人都覺得他非常酷。真心這麼覺得。可是他只撐了大概半年……就好像他說的是另外一種語言，就是找不到融入的方式，但問題不在於大家不願意接納他。我們真的都想把他留在這裡，大家都真心希望看到他能鴻圖大展。可是最後還是他走他的陽關道，我們繼續全都走向獨木橋，我們真的找不到彼此的交織點。我不知道這種情況有什麼樣的解決方式……因為我不可能因為

要讓人上車，就把火車停下來，你知道我的意思嗎？（莉吉，執行主管，專業／管理階層背景出身）

若把精心設計過的隨性視為社會流動的障礙，那麼莉吉的最後這句話就透露了因應這類問題的高困難度。就像莉吉所敘述的內容，即使六號電視台內有許多人都可能已經意識到了這樣的準則，與智慧或能力關係不大，或根本沒有關係，但是在廣義的電視圈內，這樣的準則依然是主流趨勢，也因此阻礙了「停下這列火車」的意願與承諾。[36]

聚集「務實」建築師的庫柏斯建築師事務所

在此，請大家回憶一下，建築界不像我們研究過的其他行業，幾乎找不到階級天花板的證據——不論是整個英國抑或是庫柏斯這個我們個案研究的建築師事務所。大家應該都還記得庫柏斯有一半的合夥人，其實都是出身勞工階級或中產階級背景。我們來思考一下這種驚人差異的原因。

其中一個線索可能藏在技術知識與技能當中。儘管高度模稜兩可的美學知識，在建築師這一行非常重要，然而這些美學基礎卻必須與更高技術層面的建築設計、結構與可行的計畫並駕齊驅。很明顯，這些更實際的技術對於庫柏斯建築師事務所而言，特別重要。這家事務所的商業重心（主要為大型防衛與交通計畫）確保了他們在技術層面擁有高能力的名望。套句資深合夥人保羅（專業／管理階級家世）的話，庫柏斯建築師事務所終究是一家由「務實的建築師」所打造起來的事務所：

> 沒錯，我們非常有創意；沒錯，我們都是建築師。但是我們實事求是。我們也要解決實際的問題。我們不僅僅會做夢。[37]

嫻熟掌握這些技術層面的能力，與這家事務所（以及更廣泛的建築業）所強調的「完美主義」、對細節的高度關注，或者，就像懷抱大志的建築助理馬丁所說的「就算沒有人要求，我們也要花更多的時間去把事情做好」的理念相連。

庫柏斯建築師事務所與透納．克拉克會計師事務所的對比非常明顯。在我們所描述的會計師行業裡，技術知識可以帶你爬升到的層級，明顯存在極限，但在庫柏斯，專業能力卻是所有職位的關鍵基礎。在創建庫柏斯這家事務所時，三位創辦合夥人各自負責的三大業務主軸中，技術專業就是其中之一（另外兩大支柱為商務與設計）。很明顯地，技術合夥人可以說是這家事務所營運過程中，一直最受擁戴的人物，而且還被其中一位創辦人稱為「超級細節王」。

這家事務所新進員工對於高深的技術能力貨幣，或者我們所稱的技術資本[38]，有最詳細的披露。伊蓮娜雀躍地談著她想要開發一種特別的「譜寫工具」來輔助「複雜的幾何模型製作」，而馬丁也解釋自己的宏願是要成為一名「超迴路運輸」的專家。兩人都說事務所的合夥人主動鼓勵他們發展這類的技術專業，並建議讓他們去找到自己的「利基」或精通某個「專業領域」。在被問及他們的標竿人物是誰，以及為什麼的時候，出身中產階級的建築助理康納同樣興致勃勃地把技術專業放在了第一位：

有時候我和一些樓上的（合夥人）一起做案子時，你會不自覺地退後幾步，然後就「哇！」等我到他們這個年齡，大概再十年吧。我希望到時候也有這樣的功力……光是他們腦子裡記得的東西、這些建築物怎麼蓋才行得通、所有一切事情的繁複細節——我就在想：「他們是怎麼做到的？」

技術專業對於社會流動為什麼重要？我們認為相較於電視節目的委託製作或財務顧問最重視的能力，技術知識明顯更加透明、可以透過學習去獲得、更有價值，而且比較不太可能藉由特權的背景而傳承下去。[39]事實上，專業知識甚至可能成為打擊精明幹練與精心設計過的隨性這類階級行為準則發展的利器。舉例來說，庫柏斯建築師事務所的員工在講述精通建築技能、投入時間與努力，以及最終發展出可以示人的專業過程時，往往都是非常直截了當。沒有人提到任何隱晦不明的行為準則。

當然，技術上的實際知識並不僅限於知識的應用。[40]一如康納的評論，知識還扮演了一個高度象徵性的角色，意味著智慧與權威性的專業。然而技術知識較無形的這一面，依然與特權背景沒有明顯的關連。當我們詢問受訪者是什麼機緣讓他們對建築產生了最初的興趣時，許多庫柏斯員工的回憶都是如何把東西拼到一起的實際興趣，或者孩童時代在發現建築結構複雜性後，所帶來的驚奇。這類技術知識的象徵性要素，換言之，看起來並不具備特別的社會排他性。

這裡還有另外一個需要思考的問題。透納．克拉克會計師事務所的客戶對於他們所諮詢的領域，幾乎不具備任何詳細的知識，但庫柏斯建築師事務所的客戶則截然相反。一般而言，庫柏斯的客戶自己也是執業建築師或工程師，往往具備相同的知識底蘊，因此處在一個可以公正評估事務所表現的強勢地位。從這個角度來看，取巧式地展現精明幹練或隨性，實際上，很可能會適得其反。經驗豐富的建築師伊門簡潔地總結：「（客戶）可以洞燭其奸。」

有證據證明在這個行業裡，透露出自己的勞工階級背景，甚至可以算是一種優勢，特別是「在工地現場」。許多人描述自己奮力逃避「寶貝建築師」的諷刺。出身專業／管理階級背景的合夥人保羅承認他在踏足新的建築工地前，會刻意弄髒自己幾乎很少配戴的照明防護設備。建築助理馬丁也描述他會很驕傲地開口展現自己的一口北方[41]腔：「說實話，我覺得這個腔調讓我具備了一定的優勢。」他這麼說。

很明顯地，庫柏斯建築師事務所玻璃鞋的技術層面，讓大家覺得這個組織的社會開放性，要比我們個案研究的其他企業高。然而不要過度誇大這個值得慶賀的說法，因為這家事務所整體的人員組成依然嚴重偏向特權階級，而廣義的建築師界也是如此（請參見第二章）。[42]

再說，階級天花板很可能也存在於這個行業中其他非我們研究個案的事務所當中，特別是那些以設計掛帥[43]的更知名事務所。[44]

除此之外，讀者應該還記得庫柏斯建築師事務所那面明顯厚實的**玻璃屋頂**：事務所十五位合夥人中，沒有任何女性。更廣泛的建築業也呼應著這樣的不平等，女性在這個行業所需要面對著一連串的問題——包括巨大的性別階級薪資差異[45]——都有理有據。[46]也因此，庫柏斯建築師事務所內的玻璃鞋限制其實更屬於性別，而非階級取向。[47]具體來說，受訪者都異口同聲地表示，在庫柏斯的成功要素就是努力工作，這一點或許還反映出了建築作為一種職志（而非職業）[48]的歷史神話。此處所謂的努力工作，存在著一種特定公式，指的是大家所展現的忠誠奉獻之心而非事業心，是一種崇高的「職志」軌跡，這個過程必然緩慢，而且是根植在從建案開始到竣工的一種強烈且毫無間斷的承諾。我們將這種具特色的努力稱之為「堅忍的勤勉」。

然而我們也很清楚看到大家對於這種堅忍勤勉的重視，是如何地獨厚男性。男性員工投入長時間以及全時間的工作很簡單，但是這種堅忍的勤勉，對許多女性而言卻是掙扎，因為她們要與家人協調家庭責任的分擔。以蘇菲為例，她來自一個中高階級的家庭，生產後只休息了一小段時間，最近返回職場。她說如果想保住自己專案建築師的位子，這些都是必要的過程。寶拉出身中產階級背景，是位建築師，她沮喪地補充：

> 現在有孩子的（女）同事很少了，你可以看到她們只能做兼職的工作，所以甚至連升等的嘗試都放棄了。

因此，階級標誌在玻璃鞋的這個概念裡，大多不存在。但是我們還是要指出很重要的一點，因為對堅忍的勤勉這種準則的重視，在庫柏斯建築師事務所的職涯發展，只需要展現可學習的商業技巧或技術力這樣的說法，並不成立。換句話說，打破階級天花板不是只有字面上的意思。

難以捉摸的「優秀能力」

在思考薪資差異這個問題時，不論是出於性別、種族，抑或任何其他理所當然的其他分類，大多數人認定的關鍵成因往往是歧視——那麼在勞動力市場上，是否真的有人正在遭受歧視性的對待呢？大家常常會從相當個人化的角度來看待這個問題，認為是把關者刻意或無意地獎賞某些人，而非其他人。這一章把這個問題變得更複雜。馬丁是否遭到了高階儲備人才評審小組組員的歧視對待嗎？也許。但我們在本章中所試著解釋的是，馬丁的命運其實應該說是被評審小組成員的那些誰才是對的人、適合的人，誰才是他們覺得的「我們的人」的「直覺」而決定了。但同時我們也說明了適合的概念，常常都具「特定領域」的限制，而行為準則也不盡然放諸所有行業皆準。

只不過綜觀所有我們研究的行業，我們也找到了很多證據證明這類準則一般來說都會**被誤認為**是「優秀能力」的「客觀」技能、才幹以及才智的標示。[49]或許有人會辯稱說我們所探討過的部分這些準則，與工作表現有關，但其實絕大部分都無關。舉例來說，對服飾、說話腔調、品味與禮節等方面的期待，被視為才能或智力的強大評量器，顯然完全站不住腳。

最重要的是我們還看到了一個誰比較「適合」，誰就可以領先的清楚模式。我們的資料與數據一而再地顯示特權階級出身的人，最能自在地接納、精通與玩弄主流的行為準則，也是這些特權階級出身的人，套用透納・克拉克會計師事務所的口號，最能「在工作中展現真實的自我」。這是因為這群人常常都能給人一種印象，讓大家覺得這類的準則「天生」就刻記在他們骨子裡、他們根本不需要學就會知道。就像灰姑娘的玻璃鞋，我們認為這些準則的根基，其實就是許多菁英職業都是以出身特權階級出身者自己的形象來呈現的集體印象，因此可以神奇地讓他們能夠看起來都「自然而然地」就適合這些工作、有能力勝任這些工作。這樣的狀況或許還稱不上歧視，但絕對構成了不公平。

1　原註：高階儲備人才（Future Leaders）的評審小組成員都相當熱衷於推動社會流動，因此都會在應試者面試之前就收集他們就學的學校以及父母的職業資料等。

2　凱倫・阿許克萊夫特（Karen Ashcraft）：目前任教於美國科羅拉多大學的組織溝通學者與教授，研究領域為社會正義與組織研究、職場與組織架構中的主體性，包括多元性、混合型組織、性別與權力。

3　原註：Ashcraft (2013)。

4　原註：諾伯特・艾里亞斯（Norbert Elias）的經典著作《文明的進程》（The civilizing process，2000），在指向主要行為準則的任意性，以及這些行為準則如何在時間的演進中經時性地改變，都有非常建設性的見解。如他所提：「許多行為與情緒的準則，都是以無法與我們的意識、我們的超我分割的成分，強加在我們身上，這些準則均為權勢團體對渴望得到權力與地位的殘留物質，除了強化他們得到權力的機會與地位的優越之外，沒有任何其他的功能。」(2000, p 523)。

5 原註：Boltanski and Chiapello (2007); de Keere (2014)。

6 彼得・佛萊明（Peter Fleming）：一九〇七～一九七一，英國冒險家、記者、軍人與旅遊作家。

7 原註：Fleming (2009)。

8 妮可拉・英格蘭（Nicola Ingram）：目前任教於英國蘭卡斯特大學的講師，教授教育與社會正義。

9 金・艾倫（Kim Allen）：目前任教於里茲大學副教授，研究領域為社會不平等、年輕人與教育、年輕人的過渡過程與階級不平等等。

10 原註：Ingram and Allen (2018)。另請參閱 Bourdieu (1990b, p 119)，以及更普遍的論述，如 Lawler and Payne (2017, p 214) 所提：「一開始，社會魔術就施展魔力蒙蔽製造出這樣東西的社會關係，選出某些視為天生就具備了差異能力的人，而這些差異的能力也賦予了這些人價值。」

11 原註：請各別參閱 Ashley (2010); Ashley and Empson (2013, 2016); and Ashley et al (2015)。

12 原註：這個論點與 Spence and Carter's (2014) 對於「全球四大會計師事務所」合夥人貢獻價值的研究結果不謀而合。

13 原註：所謂的「標準英語」（Received Pronunciation，簡稱 RP）——通俗的說法又稱為女王英語（Queen's English）或英國國家廣播公司英語（BBC English）——泛指英國中高階層，特別是英國東南部的標準英語發音與腔調。更多的內容，請參見第八章。

14 原註：Rivera (2015, p 172)。

15 原註：Lexmond and Reeves (2009, p 54) 曾提到，舉例來說，「個性能力——理論應用、自律，以及同理心——對於生活機會有重大的貢獻」。

16 原註：Rivera (2015)。瑞維拉以及其他如艾胥利和其他人（Ashley et al, 2015; Ashley and Empson, 2017），都大量汲取布迪厄具象的文化資本概念。

17 原註：我們會在第九章更深入地探討向上流動經驗的這個議題以及其他更情緒層面的議題。

18 原註：這也是勞工階級出身的實習生一個重要題材。光鮮的外表作為實習工作的一種隱諱要素，而且其重要性遠超過工作執掌。就像雅絲敏所提到的：「你根本承擔不起總是埋頭苦幹的後果。我當然要試著引起別人的注意……這種社交方面的事情，不論在（透納・克拉克會計師事務所）內部還是外部都會帶來非常不一樣的結果。每個人都期待自己的言行舉止符合某種特定的模式……你完全不能鬆懈。」

19 原註：請參考 Puwar (2004) 對於英國菁英職業「身體規範」研究的更多相關內容。

20 原註：請參見 Honey (1977) and Scott (1991)。倫敦市是圍繞著倫敦市中心這個金融活動集中地的區域，倫敦市中心類似紐約華爾街的概念。

21 萊特・米爾斯（C. Wright Mills）：一九一六～一九六二，美國社會學家，一九四六年起，一直任教於哥倫比亞大學，著作包括正式引進菁英這個詞彙，並在書中描述美國政治、軍事與經濟菁英階級聯盟的《權力菁英》（The Power Elite）、《白領：美國中產階級》（White Collar: The American Middle Classe），以及《社會學的想像》（The Sociological Imagination）等。

22 原註：Mills (1999)。

23 原註：Thrift and Williams (2014)。

24 大衛・基納斯頓（David Kynaston）：一九五一～，鑽研英國社會史的英國歷史學家。

25 原註：Kynaston (2012)。

26 原註：McDowell (1997)。

27 原註：Ashley and Empson (2013)。

28 原註：另請參見 Anderson-Gough et al (1998) 與 Alvesson (2001) 有關「技術行為光譜」（technical-behavioural spectrum）的論述。

29 原註：Moore et al (2016, p 86)。

30 原註：Pfeffer (1977)。

31 原註：透納・克拉克會計師事務所，一如許多其他的企業，公開頒布員工的適切「服飾要點」，甚至提供像晚宴禮儀等指導。

32 原註：這種對於什麼樣的產品會在文化產製業成功的不確定感，是文化產製研究一個受到高度討論的主題，特別是在那些採用「新制度」（neo-institutional）理論方式的人，如 Escarpit and Pick (1971), Hirsch (1972, 2000), Coser et al (1982), Bielby and Bielby (1994), Faulkner and Anderson (1987), Gitlin (2000) and Peterson and Anand (2004)。

33 原註：這樣的經歷也影響了我們在第五章所討論過的那種「分類」程序。舉例來說，許多出身勞工階級家庭的六號電視台員工，一直與創意部門無緣的原因，除了財務穩定性外，還有發展路線、事業軌跡這類眾人口中較透明或比較與行為準則無關的因素。以（出身勞工階級家庭的）艾卡為例，她在六號電視台的法務與法遵單位工作。她說她之所以選擇自己稱之為「廣電業較技術面」的專業，是因為這些領域的核心能力比較明確，「八卦性」與「人脈」似乎也比電視圈的其他層面要低得多，她說這兩件事情「她發現自己都很難應付」。

34 原註：諸如 Rollock et al (2011)、Rollock (2015) 以及 Wallace (2016) 等其他著作中，都曾探討過英國黑人社群所擁有的文化資本議題，通常都因為主導的白人把關者以自己刻板的階級假設來設想黑人，因此這些文化資本在教育環境以及職場上，常常遭到誤解與抹煞。

35 原註：這類反應——如身體前傾這種可以被詮釋為單純專注傾聽的身體動作——若僅保留給特定的人或特定群體的會員，只有他們可以做出這類的反應時，這些行為就可以被詮釋為一種「微歧視」的表現。這類型的互動在表面上沒有呈現出公然的歧視或敵視，卻會讓對方知道自己的差異，並有格格不入的感覺（Basford et al, 2014）。

36 原註：社會學家馬利克・馬修（Maliq Matthew）的一篇推文中有句話精準捕捉住了這樣的過程：「立意良善的人常常讓沒有惡意，卻把惡意展現十足的系統恆久留存。」

37 原註：保羅進一步解釋他刻意從提供更多技術類學位的大學招募較年輕的建築師。這類技術性教育包括了「學習建築物的螺絲與螺帽」，而不是僅僅專注於設計和理論。

38 原註：我們會在第十章以更深入的內容解釋我們是如何從布迪厄 (2005) 的這個概念上，勾勒並建立起我們的技術資本概念，以及他的概念是如何幫助我們瞭解不同職場與企業階級之限的重要差異。

39 原註：我們會在第十章更深入地探討技術資本的傳承性。

40 原註：請參見 Rivera (2016)。

41 原註：英國的區域性腔調通常都被視為勞工階級出身的標誌，而且在一般人眼中，都是被稱為標準英文（Received Pronunciation，簡稱 RP）的廣義中高階英文腔調的反面教材。我們會在第八章中針對腔調進行更深入的討論。

42 原註：建築相關的大學教育排他性角色，雖不在本書討論範圍之內，卻與這個方面有關。史蒂芬斯（Stevens: 1999）提供了相當吸引人的論述，談論教育在延續社會優勢這件事情中所扮演的角色，特別是建築學院如何錯認特權為才華。

43 原註：在建築界，「設計掛帥」的工作概念相當重要。我們訪談過的建築師，一般而言，對於特定的工作是否為「設計掛帥」，都有相當強烈的想法，但是對於圈外的研究人員來說，定義規範其實並不見得完全明確。身為「設計掛帥」機構，就是要提供一種專業的標誌，而且幾乎總是與精品的小型工作室以及具創新、劃時代性與商業導向不是那麼明顯的實際應用有關。

44 原註：這是一部分曾在其他這類事務所服務過的庫柏斯建築師事務所員工的假設性想法。舉例來說，即使在庫柏斯，大家也普遍覺得那些在知名商業發展領域工作的人，同樣需要洗鍊的社交技巧。

45 原註：建築界的女性所經歷過的性別薪資差異，開始的時間要比許多其他職場更早，差異也更大。(Britton et al, 2016)。

46 原註：這些包括了主持工作室與評圖過程中的男性優勢、具侷限性與偏見的男女能力刻板印象，還有在工地與工作中遭遇的粗暴性別歧視 (Graft-Johnson et al , 2005; Fowler and Wilson, 2012)。

47 原註：舉例來說，庫柏斯建築師事務所內技術資本的展現，一如我們將在第十章中深入探討的內容，在重要的地方都被性別化了。

48 原註：請參見 Cuff (1992) and Fowler and Wilson (2004)。

49 原註：布迪厄稱這些實際職場與組織領域奉行不倦，且大家都認為理所當然、毫不質疑的強勢規定或準則為「信念」（doxa：1990b）的型態。

第八章

上位者視野

六號電視台有一個會議之王。「創意大會」是創意總監這位會議的創造者所取的名字，從許多角度來看，這個會議已是電台裡**關鍵的**決策會議。每週一次的創意大會，目的在於檢視已經向電台提報過的節目企畫案，或電台已經試播過的節目，並討論、辯論各提案的相對優勢。這個會議的主角是資深委託製作群，但來自電台各單位的基層員工，也會受邀成為會議的流動與會團體，而且這個會議鼓勵這些員工發表意見。根據創意總監的說法，這麼做的目的就是要開啟一個「不同觀點與想法的碰撞」。她解釋：「會議的重點在於透過各種背景、不同類型的人，尋找共同的智慧與創意，而非同一個人的不同版本。」

創意大會背後的想法當然值得讚揚。這樣的想法代表了一種打破藩籬、呈現不同聲音的真誠嘗試——特別是那些來自不同階級背景的人。但是我們的訪問卻透露，在很多方面，這個想法都戲劇性地適得其反。創意大會不但無法瓦解現有的等級制度，反而成了一口已經塗滿了油膏的坩堝、一場角鬥士的衝突，而電視節目的討論，則常常變成了資深委託製作人向執行團隊強調他們文化實力的媒介。在這個會議上，所謂的成功就是展現出一種特別高雅的感性，讓參與者拼了命地去想出正統的文化參考資料，或以一種甚至更晦澀難懂與情感充沛的方式，展現出對美的欣賞。「有點像是一場賣弄的遊戲，」資深委託製作人瑞秋（專業／管理階層背景）這麼說：

我實在有點，怎麼……討論測謊器的節目，為什麼要扯到《人鼠之間》（*Of Mice and Men*）[1]？在六號電視台，你不需要瞭解偉大的美國小說作品也可以做出節目。

對於那些出身勞工背景的人來說，創意大會是一個發自內心的提醒，提醒著他們自己在六號電視台所面對的限制，以及這是一場他們大多數人都覺得難以理解與疏離的菁英文化表現盛會。委託製作人比爾總結了許多人的心情。他說這類的會議總是會勾起最尖銳的差異感：「總是會有這種我環顧周遭，然後感覺，『我不是他們這一國的人』。就像上一場會議，我記得有兩位委託製作人突然開始用古典文學引經據典……我想那應該是希臘文吧……接著又出現了一些拉丁文，而我就像個……我實在不是，這實在不是我的圈子（gaff）！」[2]

我們察覺到六號電視台的高層設定了好幾層明顯的障礙，也許並不令人訝異。一如第四章中所概述的內容，電台裡有非常鮮明的階級天花板，那些出身勞工階級的員工鮮少有人可以爬到組織高階。透納·克拉克會計師事務所內也附和著這道階級天花板，一道類似的無形屏障，隔開了中產管理階層與神聖的合夥人群組。這些情況不可能是獨立個案。沒錯，第二、三章所勾勒出來的全國階級薪資差異——在很多時候——都很可能是由類似的「高階」效應所造成，而這些階級背景的垂直偏析，則是會在大家接近董事會階級或高階主管職位時，變得愈來愈尖銳。

在本章中，我們會特別聚焦點於這道**天花板**的驅動成因。許多已經討論過的驅動機制都與這道天花板有關。行為準則（第七章）、家庭的經濟緩衝墊（第五章）都是例子，而且兩者都具使某些人有能力爬上高位，以及使某些人無法進階的累積效應。同樣的，舉薦關係（第六章）在讓人抵達神奇魔力圈[3]的過程中，也扮演了至關重要的角色，特別是晉升至合夥人職位通常需要依賴其他人「一路領進門」的企業環境。

但是我們的實地調查卻發現許多菁英職場的高階也存在著明顯不利於勞工階級出身者的**組織文化**。由於聘僱過程沒有受到檯面上與明確的規定[4]約束，再加上大量可以隨時上任的候選人供過於求，因此在通往高位的過程中，往往就高度依賴候選人發送出他們與既有管理文化很熟悉的「**信號**」，然後等著已在菁英高位的決策者給予肯定與報酬。

我們將在本章聚焦高階管理階層文化的兩個關鍵面向。首先，我們會探討普遍存在於高層管理環境**內部**的文化規範。我們特別著重於六號電視台委託製作單位的賣弄學問文化，以及戲劇表演領域對於不同階級說話腔調的期待，我們會向大家說明這些規範如何經常性地扮演「圍牆」的角色，為那些透過社會化或教育而熟練掌握高雅文化者，提供極大的優勢。接著，我們會探討高階管理階層文化的**外顯**層面，瞭解在這些高層管理者的眼中，誰最適合在公眾場合或與客戶相處時代表組織、誰具有必要的「份量」。在此，我們特別研究了透納・克拉克會計師事務所的客戶匹配程序。我們認為這種作法同樣對出身特權者有利，因為現任的合夥人習慣帶著那些他們相信與客戶具文化相似度，也因此客戶會感覺比較親切的基層員工執行業務——合夥人相信這些員工可以本能地找到適合的溝通方式，營造正確的文化、輕鬆的氣氛來取悅客戶，或者擺出正確的態度來處理像稅務這類敏感的業務。

菁英如何封閉上層圈

長久以來，學者們一直都在討論管理高層環境的排他性問題。在絕大部分的這些討論中，最關鍵的問題是菁英職位的聘僱過程對於社會學家所謂的「社會封閉」之形成，有多大程度的影響。[5] 一般所理解的封閉概念，是已經身處菁英高位的人，經常扮演菁英高位守門員的過程，他們限制其他人進入菁英小圈圈的機會，只會對那些他們認為符合資格的人開放通道。至於他們所謂的資格，則往往都是依據於個人的特定特質、稟性或知識這些他們視為菁英氣質的「信號」來判定。[6] 就像萊特．米爾斯對於美國權力菁英的著名發言：「一次又一次地，在高層管理職場的封閉世界裡，我們觀察到了同一個圈子裡的人如何互相選擇。」[7]

這種現象通常被稱為「機會阻隔」，在某種意義上代表了機會基本上以反競爭或非唯才是用的方式分配，換言之，把關者賴以決策的信號，往往與個人表現、工作相關技能或經驗毫不相關。取而代之的是，這些把關者只是雲淡風清地表示，套句萊特．米爾斯的話：「符合那些已經成功者的標準……適合高層管理職位的人就是要舉止像管理高層、看起來像管理高層，並且用管理高層的思維思考。」[8]

在英國的背景環境中，菁英信號，一如之前所探討過的，在傳統上與上流的「紳士」形象有關。「紳士」這種文化身分，有部分僅是因為擁有「正確的」血統、出身「好的家世」而歡呼的一件事。然而藉由英國一種極具聲望的菁英私立學校（令人困惑的是這種學校在英國通常被稱為「公學」[9]）的特殊教育體制，這層文化身分被刻意地反覆灌輸、深植人心。自此，家庭與學校教育結合，創造出了一套獨特的行為、價值與娛樂以及一種獨特的處世方式，儘管這一套獨特的系統無法歸結為任何單一的特定表徵或行為，卻毫無疑問地存在於當下的高層菁英身上，而且可以讓他們辨識出職場上可能雀屏中選的人。[10]

最近的研究發現英國各公學將他們的「老校友」送進菁英職位的非凡功力，至今依然不減。甚至當前九大頂尖公學（統稱為查特豪斯公學〔Clarendon Schools〕）校友進入《名人錄》（*Who's Who*）——一個歷史悠久的英國菁英一覽資料——的比例，要比任何其他學校畢業生高出九十四倍。這群人就算沒有經過哈佛或劍橋大學這類理應「唯才是用」的教育機構洗禮，依然能夠擠進菁英圈的能力，也備受矚目。[11]他們就算不具備最高學歷，仍然可以成為菁英的本事，表示公學這種教育機構依然持續傳襲著可以權充菁英信號的獨特非教育資源。

儘管英國公學的校友可以持續維持優勢，他們在英國職場菁英中只代表了極少的少數——不足一成。換句話說，階級天花板發揮的優勢效用，絕對不僅僅止於超級富有圈。這個結果也呼應了政策分析師理查．瑞夫斯（Richard Reeves）的研究結果，他的研究指向更「平凡」型態的中高階級特權，可以讓生活機會更平順的重要性。[12]瑞夫斯提出了一連串美國中高階級出身者以不平等的方式囤積機會的作法，包括進入菁英大學的家族傳統以及實習名額的檯面下分配。[13]但是這些平凡型態的特權，在這群人之後的生活中如何運作，特別是在他們尋方設法進入高階領域的過程中，發揮了什麼效用，瑞夫斯以及其他學者卻沒有提出任何說明。

社會學家歐瑪．利薩多（Omar Lizardo）對此倒是提出了他的深刻見解，具體來說，他分析了文化與菁英社會封閉過程之間的關係。[14]利薩多應用布迪厄的理論，探視了不同文化品味如何塑造並維繫美國的個人人脈。他特別感興趣的是社會資本的概念——如何動員與高地位者之間的關係，以取得想要的資源，或以本書的內容來說，換取事業發展的一帆風順。利薩多認為流行文化取向可以作為社會橋接的一種資源——提供促進各種社會背景之間弱連結的互動工具。這種文化材料，簡而言之，「提供了最起碼的共同話題養分」。[15]透過比較，利薩多也證明了高雅的品味——特別是那些更具知識導向特質的品味——對於搭建社交橋樑的貢獻不多，但在製造社交障礙的效果卻很顯著。這些更「正統」的品味——往往相當「稀有」，因為只有那些提供得起美學工具去欣賞這種品味的特權成長環境，才能擁有這樣的品味——必然更具排他性，並且很容易就在嚴格侷限的群體中強化彼此的關係，特別是那些身處高階或具有高地位職務的人。因此利薩多提出了一個相當有幫助的解釋，說明了個人的文化身分——一個人喜歡什麼、不喜歡什麼——看起來無害的表現方式，如何能成為一種關鍵的工具，讓出身特權背景者鞏固自己的權力網脈，並封閉菁英職業中的上層圈子。

電視圈的「高雅」文化

我們將重回六號電視台，開始我們對英國階級天花板的探討。讀者應該還記得六號電視台的天花板效應主要出自委託製作部。電視台大多高階管理團隊成員都來自這個單位，而且百分之九十的資深委託製作人均為專業或管理階層背景出身。就像我們在第五章所述，這種情況有部分歸因於勞工階級出身的員工由於缺乏財務資源，無法持續走在電視節目製作的這條鋼絲上，因此早在職涯初期或中期就把創意相關工作排除在計畫之外。另有部分原因是委託製作單位隨心所欲的聘僱作法，透過這樣的過程，上任者通常都與在位的委託製作人有非常緊密的個人關係。我們在此要提出第三個驅動因素，是主導委託製作部門高層世界的高雅文化。

在調查訪談的過程中，不論是否在委託製作部工作的受訪者，大家對於委託製作部文化的分類方式，都讓我們感到很驚訝。儘管這家公司處處可見精心設計過的隨性，但委託製作部還有另外一套更獨特的規範。如果要說委託製作人共有的一個標誌性特點，受訪者告訴我們，那就是對於高雅文化特別的掌握程度與偏愛。這個說法並不是指所有的委託製作人都擁有相同的文化品味，但他們在談論文化時，有一種相同的特別方式、使用同一套語言工具，也特別熱衷於布迪厄所稱的「美學稟性」——也就是說，這種文化消費應該是很難、條件很嚴苛，而且需要知識面的深刻思考。[16]這樣的情況也因此宣告了一種職場上非常獨特的電視節目談論方式，或者套用資深委託製作人琳賽的說法，「能夠以正確的方式來討論，一種有點複雜又文藝的方式」。出身自專業／管理階級家庭的初級委託製作人丹尼爾進一步說明：

> 我們非常高雅……你若是要來這兒工作，大家也期待你必須變得更高雅、必須能夠高雅地思考……這兒存在著那種勢利……如果你丟出了一個稍微平民化一點的建議，你會看到大家嫌惡地地退避三舍。

這種高階管理文化的表達方式——或者如委託製作人馬克更具特色地稱之為一種「單一種植」的文化——在我們之前所概述的創意大會中，無疑展現得最清楚。但是這種文化氛圍所延伸的重要性卻遠遠不止於這一個場合。委託製作在本質上就是一個需要慎思深慮的過程，因此關鍵決定一般都要在多場會議後才會最後簽決——中間的程序包括了提出創意方案、計畫的初步發展、試行，直到製作與放映。受訪者瑞秋的經歷完美地凸顯了這種高雅感性的力量。瑞秋最近才從「獨立製作公司」領域跳槽受聘為資深委託製作人。透過獵人頭公司而得到這個職位的她，並未經過正式的聘僱程序。重要的是她也是來自於她所謂的「不折不扣的中高階級背景家世」（她的父母均為很有成就的專業人士）。對委託製作工作相當陌生的瑞秋，很清楚地領略到了這個部門的文化特殊性：

第一次的大型委託製作會議後，我記得有幾個人寄了電子郵件給我說「天啊，有你加入真是棒透了。你立刻就融入了這個團隊」。就是這樣的感覺。我確實很享受這裡的工作環境，因為我有點像是，在這間會議室裡跟所有這些聰明的人在一起。他們真的都好可愛，真的是一個非常好的環境。我一點都不害怕緊張。不過那是因為我跟他們說一樣的話。我知道他們提到的參考內容是什麼。而且我自信滿滿地說：「你知道嗎，我甚至沒有注意到這部戲滿是陳腔濫調。我就只是跟著哭。」然後他們全都放聲大笑，不過一點都沒關係。你知道我的意思嗎？因為我覺得我不需要去證明什麼。但其他人可能會覺得有必要這麼做。

重要的是認清楚，對於許多我們訪談過的高階主管而言，熟練地掌握這種高雅的審美觀不僅僅是反映與強化一種相對霸道的整體品味，相反地，在很多人眼中，這是一種非常重要的技能，是一種生產能力。這種「知識批評」的文化，就像資深委託製作人傑克（專業／管理階級背景）所說的：「對優秀電視節目的委託製作很重要。」我們無意在此駁斥這樣的論點。作為研究人員，我們不會假裝具備特定行業的經驗，針對高雅稟性作為有形生產力的一種有效技能或資源提出批判。

然而針對這樣的感性，我們想要強調兩點。第一，不論其與技能或生產力的關係如何，根據我們的實地調查，大家所賦予高雅文化的價值，與六號電視台的階級天花板有很緊密的關係。兩者之間的關係，主要顯現在那些出身勞工階級背景員工覺得自己與這種電視節目的討論方式格格不入。對許多人而言，這樣的討論方式就是一種他們毫無歸屬感的高階管理文化縮影。而這樣的無歸屬感往往會在重要的場合，以感覺到畏懼害怕，或自覺無法貢獻己力的形式體現。就以在委託製作部擔任劇本編輯的愛麗斯為例。她在國宅區長大，雙親分別從事清潔工與醫院搬運工的職業。她進六號電視台好幾年了，從剛開始的戲劇助理一路爬到了現在的位置。雖然職位有所晉升，但她表示自己與委託製作部的資深同僚依然有非常強烈的文化距離感。有段重要的對話可以總結這種差異的感覺：

愛麗斯：沒錯，我確實做過幾種不同的委託製作編輯工作。不過一開始我有點覺得，「我的能力永遠也達不到把工作做好的地步」，就是潛意識有點接受了這樣的想法。我覺得自己永遠也不會是那個對的人。

訪問者：為什麼這麼想？

愛麗斯：嗯，我想我應該是覺得有點膽怯。我想在我們單位裡，到了一定程度後，我們都有點害怕被嘲笑，譬如在大型會議上。可是你知道，委託製作的編輯當然永遠都不……他們總是可以想出什麼東西，而且就算所有人都大笑，也沒有關係。可是如果你一個禮拜只打算說一個東西，那這個東西就必須非常優秀。所以你也不能自在地進行腦力激盪。就像有時候我對一個劇本有些想法，可是我無法以他們那種方式清楚表達。無法像他們那樣擁有那些詞彙。

訪問者：什麼意思，是指清楚表達出他們的品味嗎？

愛麗斯：沒錯，很多時候都是品味問題。你需要能夠清楚表達、知道自己的感受、對於現在正在上映的不同影片戲劇有正確的感覺。你需要知道發生了什麼事，你絕對需要跟上現在各個事件的發展進度。所以你需要有譬如很多不同的參考引述點。而且沒錯，你需要看對的東西，應該看那些酷的東西，然後如果某位備受敬重的高官說其實看看這個實境的玩意兒很酷，每個人就會「噢，沒錯，的確很酷」，然後你就可以鬆一口氣地說：「說實話，我自己也很愛這個東西。」

愛麗斯透過敘述勾勒出了一幅生動的畫面，讓我們看到六號電視台所擁有的這種組織層面的高雅美學，以及感覺被擋在門外、不具備察言觀色的眼力、沒有流暢的語言能力，更缺乏何時應該隨「正統」規矩或「酷」起舞的本能理解者，全身流淌的不知所措。我們將這種高雅文化的特別偏好，與階級背景緊密連結在一起。許多讀者理所當然地會質疑為什麼。這麼說吧，我們此處借用了同樣是以布迪厄研究為根基的一個大規模研究，該研究的重點放在偏好正統的「上層」文化，以及配合上層文化而掌握的詞彙與審美模式，是如何緊密地與階級背景連結在一起。[17]兩者之間的關係始於初級社會化的過程，在這個過程裡，中產階級父母會循循善誘地灌輸給孩子諸如「精緻藝術」的知識與經驗等特定的寶貴文化「工具」。舉例來說，這類背景的家庭較可能在家裡討論文化議題，或帶孩子去逛藝術館、藝廊或到劇場看表演。但是他們不僅僅**介紹**孩子認識正統的文化；他們也教導孩子以特定的方式去**看**、去**聽**、去戴上一副獨特的審美眼鏡，以及愛麗斯所說的，去「清楚表達」一種特定的批判性專門詞彙，最終，當他們在談論文化時，就會散發出一種看似與生俱來的自信。所有的這些能力，在學術文獻中，一般統稱為「具象的文化資本」（換言之，這些能力因為就像是個人的內蘊本質，以致看起來幾乎就是一個人的身體特徵[18]）。在我們的分析中，這種具象的文化資本明顯扮演著非常強烈的「信號」功能，可以讓人融入委託製作單位的文化當中。[19]

然而還有一個很重要的第二點。高雅文化不僅會成為出身勞工階級背景者的障礙，我們大多數的受訪者——其中不乏許多出身特權背景階級者——也同樣質疑高雅文化所賦予創意決策過程的額外價值，甚至對此提出異議。話走至此，我們再重新回到稍早在本章出現過的資深委託製作人瑞秋身上。瑞秋對於這種發出高雅信號的狀況就抱持著高度質疑的態度，而且認為這樣的情況事實上往往會把節目相關的對話，帶向偏離「真實的大眾在乎什麼」的方向：

> 你不需要瞭解偉大的美國小說作品，也可以在六號電視台做出節目。你真的、真的不需要。製作電視節目真正需要的東西，是你必須對這個世界感興趣；是現實中真實的大眾在乎什麼，以及你如何將這些他們在乎的事情反映給他們。

瑞秋並非唯一一個這麼想的人。我們訪談過的十四位委託製作人當中，有十位在他們訪談過程中的某個時點，都曾提到職場對於這種高雅文化或討論模式的偏好，大多與製作或委託製作電視節目的有效決策毫無關係。「我們談的是電視……不是黑格爾！」執行主管羅藍大聲地這麼說。許多人都覺得這種共有的美學感性的功用，反而主要在於製造「裝腔作勢」

的效果，就像資深委託製作人凱倫（中產階級出身）所說：

> 關於你怎麼表達某件事情的結構，有點……我覺得大家這麼說話是為了讓其他人聽到後，覺得這些話都是睿智之言，而非必要之語……我覺得有點矯揉做作…… 因此表達事情的方式就帶了一種誇張的抒情語調，這一點是很確定的，你知道有些與會的人可能根本聽不懂說話者所用的詞彙，而這，這就是一種用內斂的方式說「我不確定你們是否有察覺到，但我曾經在劍橋讀過書」，這一點，這一點當然也無所謂，但實在沒有必要用這樣的方式……

這段描述呈現了高雅美學不僅僅承擔了發送菁英「信號」的功能，它同時也是一個（霸道且強大的）標誌，可以讓那些出身特權背景的人彼此相認。如委託製作人戴夫（出身專業／管理階級背景）等其他人，更進一步地認為這種「在知識領域毫無重點的嘩眾取寵」成為豎立於勞工階級背景者面前的一道完全沒有必要的障礙：

> 你必須得用相同的語言說話。我真的、真的覺得，就算你是黑人或失能者，仍有可能是中產階級背景出身，那在這裡也不會有問題。因為這裡沒有種族歧視，他們真的不是種

族歧視。如果你是中產階級出身，不論你的種族是什麼，你都能夠使用同樣的語言。不論你的失能問題在哪裡。但階級是另一件完全不一樣的事情。如果我們講述的故事想要換換口味，我們就需要勞工階級出身者、窮人的參與。你需要找些窮人進入團隊。這確實是我們需要的。但這也是最難的地方，因為他們是最不一樣的「其他人」。

當然，這是個相當複雜的議題——製作電視節目就等同於製作文化，因此討論某人製作的節目計畫為何勝過另一個計畫，以及這個節目與其他節目比較起來如何，對身為電視台的委託製作人而言，明顯都是非常重要的能力。不過各場訪談卻顯示大家有愈來愈強烈的感覺，認為在這樣的創意討論中，應該重視**什麼樣**的文化型態，以及這些討論應該採用什麼樣的**方式**（以及之後高階主管如何評估節目提案），都很明顯而且可以說是不公平地偏向那些出身特權背景者。

用聲調區分階級：標準英語在英國戲劇表演業中的力量

截至目前為止，我們說明了在電視圈高階圈子中，高雅文化與美學的掌握如何成為一種強大的訊號發送工具，儘管這種精緻藝術的文化與這種層級的製作決策過程，根本風馬牛不相關。然而值得認清的事情是，有時候菁英訊號與自己知道什麼或喜歡什麼的關係並不大，反而就只是與自己怎麼說話以及別人聽起來怎麼樣有關。說到這兒，我們就必須回到腔調的議題之上。在英國，語言與腔調一直都與階級劃分脫不了關係。[20]不同勞動階級的區域性腔調，在傳統上與較標準化的標準英語[21]——一般而言，又稱為女王英語或英國廣播公司英語[22]——這種屬於社會中高積極人民的英語[23]，始終處於對立狀態。的確，如我們在第七章所述，不論是透納・克拉克會計師事務所，抑或六號電視台，標準英語都是主流行為準則中的一個重要部分。[24]

不過一般而言，在誰能爬到頂端的過程中，受到腔調，特別是標準英語影響力最大的行業，非戲劇表演莫屬了。這是因為大家普遍認為標準英語被視為傳統戲劇表演發聲的起始點。根據調查回覆者告訴我們的資訊，這個正統化過程始於戲劇學校，套用費瑟（勞工階級出身）的話，「不斷地向你灌輸」標準英語的重要性。標準英語的重要，接著又拓展到了勞動力市場，其中許多高調的工作廣告——尤其是戲院的求才廣告——都會明確提出「自然的標準英語發音者」條件，不然就是在試鏡過程中強烈暗示標準英語的必要性。

當然，這一點為勞工階級出身的演員豎立了一道明顯的障礙，在大家眼中，他們的英語就是缺乏了「自然的」標準英語腔調。艾登操著一口音濃腔重的西北「喬迪」口音[25]，他的職涯過程就遭遇到了標準英語一再以規範性權力之姿，阻礙他事業發展的威力。他說在傳統的劇院中，特別是莎士比亞戲劇演出的劇院，像他這樣帶有區域性腔調的英語，往往只能接演那些專門保留給他們的候補角色，是陪襯，也是挫敗，因為他們扮演的是「盡情嘲弄自己或做出愚蠢又荒謬的舉動來爭取觀眾的小小喜劇角色」。艾登告訴我們，隨著時間的流逝，他愈來愈覺得這種境況讓他倍感羞辱，在職涯過程中，劇組不斷要求他「嘲弄」自己的家世來換取工作，「感覺就像在賣淫」。更有甚者，在試鏡爭取比較重要的角色時，從來沒有人明確地建議過艾登，讓他不要使用喬迪腔，十年的經驗教會了他，「用自己的腔調，其實就是在製造自己的失業」。德瑞克（勞工階級背景）更詳細地說明了相同的論點：

> 他們根本不想聽你滿口的莎士比亞，他們想要的是一個聲調清朗的人。你現在依舊可以聽到「必須是標準英語」或「自然的標準英語」。這不是說你沒有辦法用標準英語說話。大多數的演員都做得到。不是，而是你的腔調必須是要對。沒有為什麼。如果你看到一個操著地區腔調的莎士比亞角色，那永遠都是……像在耍花槍。

不過標準英語的威力明顯不僅偏愛中產階級背景出身的**角色人物**，這樣的制約也跟大家眼中哪種類型的演員可以「演出不受型態拘泥的角色」、可以躲開角色定型有關。在眾人的眼中，演出不受型態拘泥的角色，經常會被視為一個演員是否臻至演藝高峰、才華是否突破了自己身分框架與藩籬的重要標誌。但是我們卻認為這種情況其實也是標準英語體制化在「傳統」戲劇表演訓練中，之所以如此重要的原因所在。由於大家往往認為標準英語是英國演員「中性」的腔調，因此「自然的標準英語」常常被視為一個適當的起點，從這兒開始，演員可以走向超越標準英語的下一步，或者演出不再受到角色拘泥。這一點，可以從詳細瞭解我們戲劇表演界受訪者的履歷資料，看得很清楚。大多數「自然的標準英語發音者」都出身特權階級背景，特別是白人男性，他們是最常持續演出「不受型態拘泥」角色的人。

湯米就是一個很好的例子。他的父親是一家大公司的執行長，母親是位退休舞者。私校教育體系出身的他，曾經在一所頂尖的倫敦戲劇學校就學，四歲就開始在倫敦最高級的西區劇院專業演出，之後展開了一個高度多元化的事業。他在許多不同的舞台上扮演過許多不同的主角，包括皇家莎士比亞劇團、倫敦西區的劇場、黃金時段的電視戲劇、小眾的電視喜劇、藝穗肢體劇場，甚至還演過有幾齣歌劇。這些演出所涵蓋的角色範圍也很廣——從莎士比亞劇本裡國王的任性至交、俄國的同性戀戰俘，到家庭主婦的青少年戀人。同樣出身倫敦的歐利的成績單也同樣多元。雙親都是知名演員的他，在好萊塢與倫敦西區都有相當豐富的工作經驗，曾擔綱演出的主角人物包括中產階級較底層的辦事員、波希米亞國王、施暴的丈夫，以及臭屁的學生。

反觀我們所訪談過勞工階級背景出身演員，他們的履歷卻是完全不一樣的面貌。如方法論附註中的表 A.1d 所呈現的狀況，大多數這類演員的成就都無法與我們訪談過的那些出身較特權的演員相比。而且，一如我們在第五章所探討過的內容，這些演員扮演的角色，常常都侷限在具濃厚諷刺性以及政治思想退化的勞工階級人物。

所以儘管標準英語作為英國戲劇表演「中庸」腔調的架構，看起來或許是個無害的專業要求，但我們的訪談卻指出，隨著時間推移，這個要求已經成了學者妮爾瑪・普瓦（Nirmal Puwar）[26]口中的「身體規範」[27]。身體指的是具體、外顯的呈現，所以身體規範指的是標準英語默許中產階級的聲音、語調與抑揚頓挫，成為更了不起的一種「自然」權力的方式，進而讓戲劇產業中更高比例的更知名角色，都必須臣服於這個權力之下。相反的，勞工階級出身演員的地區腔調，則往往成了得到戲劇工作的文化障礙，而他們也因為被冠上了非我族類，以及，再次套用普瓦的用詞，「太空侵略者」的標籤，而缺乏受到正統認可的「自然的」語言資源。

拍馬屁可以讓你無往不利

階級天花板當然與高端領域裡的主流內在文化規範有密切的關係。但是這些高層領導者對外的表現，也可能會讓特定型態的人獲利。舉例來說，在透納・克拉克會計師事務所裡，儘管許多員工都通過了考試、達成了績效目標，也集滿了「成為合夥人」的必要經驗，但仍然只有特定的少數幾位會讓人「一路領進門」[28]——根據管理合夥人柯林的說法，這個少數是少到（所有參賽者的）百分之三到四。除了在事業初期，如第七章所討論的一樣，要讓上位者看出當事人具備「當合夥人的料」之外，我們被告知，「成為」合夥人的**絕對**關鍵能力，是接到並保住生意的能力。這一點反映出了一九九〇年代之後會計師行業更廣泛的轉變，特別是克里斯・卡特（Chris Carter）與克勞佛・史賓斯（Crawford Spence）[29]所稱的「對商業主義的無情擁抱」以及隨後出現「顧客是王」的思潮。[30]因此在過去雖然有不同的路線可以成為透納・克拉克會計師事務所的合夥人，包括專業發展、技術專業（一般稱為「技術合夥人」）等路徑，現在全都因更高的商業需求而遭到取代。也因此，像透納・克拉克這類的大型跨國事務所，身為收益生產者的合夥人，要負責的工作也愈來愈多，他們永遠都在為販售服務與尋找新客戶而疲於奔命。[31]從根本上來看，這種情況也代表「成為合夥人」與當事人外在的成績表現息息相關，特別是他們與客戶的關係，以及未來建立這類關係的潛力。因此判斷候選人是否「與客戶關係良好」或者有沒有具備「負責前台工作的料」[32]，就成了確保成功通往高層的關鍵——尤其是諮詢顧問業務單位，因為這個單位大部分的工作都需要「面對客戶」。但是需要謹記在心的是在諮詢顧問合夥人中，我們看到了比例過高的出身特權背景者：相對於整個事務所百分之二十四的私校教育出身合夥人，受私校教育的諮詢顧問合夥人高達百分之四十二。我們認為這兩種判斷合夥人的模式，彼此存在一定的關係。

在某個程度上，被視為「與客戶關係良好」與第七章所概述的自我表現類型有關——展現出特定程度的「精明幹練」所可以收穫的紅利。然而當我們更具體地討論到「有份量」的合夥人在別人眼裡、耳裡應該是什麼樣子的時候，大家往往都會補充提到一個外顯的特質。受訪者對於有份量的描述，很多都與精明幹練共通，但前者對於一般性的專業氛圍（嚴肅、衣著整潔、口齒清晰）比較不是那麼強調，更注重的是掌握許多人稱為與客戶相處的一種特定「氣勢」。「重要的是能夠以權威和智慧的態度溝通。」資深顧問合夥人奈吉這麼說。同樣也是顧問合夥人（專業／管理階級出身）的羅傑更詳細地解釋：

份量有點像是令人肅然起敬的能力。他有能力幫我照顧這筆生意，因為這樣的能力就融合在他的個性裡。他要能讓人看起來、感覺起來以及聽起來都像個合夥人。所以，沒錯，你說話的樣子，給人的印象，都會影響你的份量。這種東西靠努力，不太容易得到，更重要是氣勢。

這段話的重點在於羅傑根本上對於份量這個東西的性別概念——他將之視為一種「男性」的能力[33]——而且他也堅持份量其實是一種有些人可以擁有，其他人就是「努力」也無法獲得的複雜能力。[34]

然而成功的客戶關係不僅僅只是投射份量而已。許多受訪者告訴我們，要維持成功客戶關係的祕訣，就是要能夠連結、產生關連——一如稽核合夥人傑森所說的，要能夠快速看懂（客戶）並瞭解他們的需求。這種方式常常都是以特定的商業行話表達，就像顧問合夥人茱蒂說的，譬如「知道如何反映市場」。但是當我們繼續追根究底時，大多數合夥人都會承認有效的「反映」往往決定於合夥人與客戶之間相當直接的「文化匹配」過程。經驗非常豐富的稅務合夥人馬修（專業／管理階級家世）這麼說：

……（客戶關係）不能有衝突，畢竟人都要與其他人有所關連。所以幾乎，我本來打算說雙向道，但事實上我們的客戶是付錢給我們的人，所以事實上，我們更有責任去配合他們的需求、他們的風格。

這種經過精心計算的配合過程，確保了那些想要一路領著某個人進門的合夥人，得以常常在未來合夥人可能需要對應的客戶類型基礎上，篩選有機會雀屏中選的候選人。資深諮詢顧問合夥人珍（專業／管理階級出身）向我們詳細說明她最近一路領進門的幾位合夥人：

如果我注意到某人，並開始思考：「他們是當合夥人的料嗎？」我是否在特定型態或特定群組客戶的框架中思考這件事？也許如此。我們之所以在這兒，是為了經營一家獲利的企業，是要去做我們需要做的事情，好得到我們客戶的信任。所以我們會從應該選誰來因應特定型態客戶的角度，去作出刻意的決策。因為，你要知道，不論對錯，最終，重要的還是企業的最高利益。

在透納．克拉克會計師事務所中，儘管我們在各事業領域都察覺到了客戶匹配的情形，但在諮詢顧問事業單位工作的人，公開承認此事的態度最坦率。當然，在諮詢顧問單位，客戶也特別重要，因為這裡所有的工作幾乎都要面對客戶。不過客戶匹配所得到的額外紅利，在這裡也與顧問工作存在著本質的連結。就像我們在第七章所探討過的內容，諮詢顧問事業的客戶通常都缺乏可靠的資訊來評斷他們所得到的諮詢服務品質；以路薏絲．艾胥黎的話來說，這個行業的「知識模糊性」相當濃郁。[35]之前我們曾解釋過，為了管理這種模糊性，大家會期待諮詢顧問部的員工表現出自己特定的精明幹練與份量。也因此，企業組織為客戶有效地聘僱了具備特定美感經驗的人，因為客戶在建立信賴的過程中，這些特質被視為說服客戶，其中包括做成生意以及保住戰果的不可或缺要素。[36]不過就像精明幹練一樣，這種模糊性同樣需要與客戶培養出緊密的人際關係，才能展現效果。珍詳細說道：

你需要有能力去發展出正式業務以外的關係。因為這不僅僅是贏得大家的信賴，當然這一點是關鍵，但你還必須瞭解這個人。好，就算你可以針對客戶的業務提供諮詢意見，但事實上你還是需要瞭解這個個人，有能力去進行對話、有能力去建立連結的關係，這些都是非常重要的事情。基於我們服務的規模，你無可避免地一定會觸及一些相當私人的東西。

很明顯地，這個匹配過程鮮少明確與受訪者的出身階級連結。一如這段話所述，一般都是以更個人化或心理層面的描述帶過，譬如能夠建立「信任」、相處「融洽」，或「正式業務以外」的關係。儘管如此，這種能與客戶建立情感親密度的能力，仍存在很重要的跡象顯示往往與雙方共有的階級文化背景息息相關。舉例來說，大多人都會承認利用文化來培養緊密關係的重要性，以利薩多的術語來說，就是將文化資本轉換為社會資本。[37]就像接下來這個例子的說明，一種文化相似性與熟悉度有助於當事人本能性地找出並採用最適合的溝通方式、最正確的文化或玩笑氣氛來取悅對方，或者抓對態度處理稅務這類具敏感性的議題：

我們的客戶群基本上絕大多數都是白人、中年、中產階級、接受私校教育的人，所以如果你打算晉升某人為合夥人，他們就是要在這樣的客戶群中釋放出類似的氣質……所以如果是金融或投資銀行，那麼，我很抱歉，但你就是必須融入。所以相似的背景出身當然絕對有幫助，特別是如果你想要融入這種受到信賴的顧問角色。（奈吉，顧問，專業／管理階級背景出身）

大家常常說「他們跟顧客相處得真的很愉快」，有趣的是這句話很可能指的是雙向的感覺。因為許多工作一開始你得跟採購記帳員、櫃臺記帳員這些，你知道，勞工階級的職業來往。如果你用大家印象裡的上層社會口氣跟他們說話，必死無疑。同樣的，如果他們與（高階）客戶相處的非常好，而總裁也喜歡他們，那很可能是因為他們的腔調正確、服飾得體，而且說話使用了正確的詞彙。（班，諮詢顧問部，勞工階級出身）

（客戶）會去找他們可以在同一個頻度對話的人。因為你要知道的會是他們非常非常私密的事情。可能是已經經營了好幾代的家族事業，或甚至，你可能會知道像是遺產稅的這些事情。客戶想要溝通的對象，一定是那種或許可以瞭解他們生活中所碰到各種事情的人。（柯林，稽核部，專業／管理階級出身）

此處的重點在於合夥人雖然不見得知道他們資深客戶的出身背景，卻可以有相當普遍的假設——就像這裡提出的情況——大多數客戶都是來自特權階級背景。再說，這種假設在很大程度上也得到了我們具有全國代表性的數據支持，該數據顯示典型的透納．克拉克會計師事務所客戶背景（以及中大型企業主、金融與銀行界的資深經理人）都高度偏向特權背景出身者。[38]

然而，再一次地，客戶匹配的額外紅利成了那群無法呼應這種文化熟悉感的合夥人或合夥人候選人的限制。換言之，文化成了一堵把他們擋在門外的圍牆。他們因此常常被視為「風險更高」的一群，他們的晉升受到了阻礙，因此，只能在深思熟慮之後，屈就於報酬也豐厚的主任或資深經理等「次佳」職位，但是就是進不了合夥人世界的神奇魔力圈。這樣的情況在社會流動的女性身上最明顯。身為主任的貝絲（中產階級出身）就解釋自己根本無法像特權階級出身的男性同事一樣，「交換」到同樣的文化接觸的方式，也無法在「你的優雅母校」或「你喝酒的那所沉悶會員俱樂部」的基礎上，從事菁英遊戲。和許多客戶相處的時候，她繼續說道：「我必需學會說些會引起他們共鳴的故事。因為他們真的就是不知道我在說什麼。」

更有甚者，即使是透過社會流動，已經晉升為透納．克拉克會計師事務所合夥人，也依然覺得階級——文化的差異，始終是豎立在他們與客戶面對面互動過程中的一道障礙，就像諮詢顧問合夥人保羅（勞工階級出身）的經歷：

那天下午稍晚我要去（和一位重要客戶的名稱）開會。我非常清楚對方見到我時會非常驚訝，因為我根本不在他期待碰面的名單上。他原本要碰面的是一位看起來年齡較長、白頭髮較多，而且一口優雅腔調的人，所以這次的會議會是我的起始點。我也知道自己走進會議室時，起點會比之前那位來自另外一家事務所負責這個案子的傢伙低。這個意思就是說我說出口的東西，必須要比別人隨口呼攏的東西優秀。

幾乎毫無疑慮地，六號電視台的高雅文化、戲劇界的標準英語，以及透納．克拉克會計師事務所的客戶匹配，全都是晉升的階級障礙。前述的每一種情況都代表特權階級出身者如何將文化資本轉換為社會資本，並直接變成助力，幫助他們進入並維持菁英行業中高層地位的方式。然而，更複雜的問題是這些情況是否構成了機會阻隔或社會封閉的問題。在這裡，一個關鍵問題在於這些情況是否把機會帶向了一個反競爭的方向。或者，簡單說，從有效從事這些工作的必要條件這個角度來看，這些情況是否能夠以合理的作法為自己正名？我們要強調的是，在我們的調查回覆者之間，對於這個議題存在著諸多爭議。在現有的高層領導者心中，他們的聘僱決定具清楚的條理，決策的重點就在於誰能成為更成功的合夥人或委託製作人。他們覺得自己對於特定工作的要求，掌握了重要的檯面下資訊，因此他們可以把滿足這些條件的人直接帶到崗位上。但是我們要強調的是，在本章所探討的所有案例中，實在很難看出這些晉升到高層職位所必需具備的條件屬性，與智識、能力或「優秀能力」的可靠量測結果有任何關係。

頂端的空間

最後，讓我們重新回到庫柏斯建築師事務所這家沒有辨識出清晰階級天花板的研究個案上。在之前的章節中，我們曾探討過，因為沒有充滿階級意識的行為準則，或者因為舉薦關係鏈之故，在這個環境中，出身劣勢者往往要比那些出身特權者更具優勢的情況，在這家事務所努力工作換來的結果較為公平。但是我們認為之所以會造成這樣的環境，還有另外一個值得思考的重要驅動因子——高層主管圈的文化。我們特別交叉比較了庫柏斯建築師事務所、六號電視台與透納．克拉克會計師事務所，檢視庫柏斯內部以及外部文化各層面，如何以重要的方式顯現出與其他企業的差異。

當然，以我們實地調查的資料當作一個整體來看，庫柏斯建築師事務所的內部文化明顯與其他研究個案職場有很大的不同。庫柏斯的文化更具包容性、開放性，協同合作程度也更高。這些優點當然是三大研究個案的高層主管都津津樂道的事情。然而這類值得慶賀的辭令一般都在我們與基層員工會談後就遭到戳穿，尤其是這些員工可以在匿名受訪的環境下暢所欲言。但是在庫柏斯，我們親身觀察到的情緒卻與訪談員工所表達的內容相當一致：

周遭的氛圍可能就是我選擇實話實說的原因，說實話，我一點都不覺得畏縮或膽怯，我覺得我們全都在做事，我知道這裡不僅僅產出成果，這兒也是個學習的好地方。（建築助理阿米爾，勞工階級出身）

當建案開間都設定好了，又一批新來的人坐在合夥人身邊，然後計畫合夥人過來確認每個人都在狀況內，然後又跟你談起建案。我感覺非常強烈，從一開始，我就覺得自己屬於進行中這一切。（建築助理丹，專業／管理階級出身）

這是個非常包容的環境，如果你有些想法，管理階層其實真的都會認真傾聽，而且試著去……不是要取悅任何人……但如果你有一個好的想法，他們真的會聽，不論是你計畫的下一步、計畫的源頭，還是隨便的其他什麼東西。（建築助理伊蓮娜，專業／管理階級出身）

這種包容也許有部分是紮根於事務所的規模之上（大多數的員工都直呼不帶姓的名

字），辦公室開闊的設計（合夥人與基層員工比肩坐在一起），以及事務所大多分工合作的工作本質。然而最常被提到一個要素，其實是一個人，蓋瑞。蓋瑞是三位創立事務所的合夥人之一，現在是管理合夥人，他所扮演的角色基本上就是事業背後的驅動力。他是事務所對外的「臉面」，是聘僱的負責人，也是員工每天工作中最常看到的高階主管。因此，在大家的眼中，蓋瑞明顯就是事務所組織文化的定調者。

我們可以假設蓋瑞自己的出身與世界觀如何影響他的管理方式。蓋瑞來自於約克夏郡的一個單親勞工家庭。在鄉間國宅長大的他，通過初中入學前預試（11-plus）後就進入了當地的重點中學就讀。因為家中經濟拮据，他認定自己十六歲後就不會再上學了，到時找份工作補貼家用。他母親非常生氣地否決了他的想法，並做出了犧牲，讓蓋瑞可以繼續學業，進入大學。就這樣，他經歷了一段可以當成經典神話的社會流動旅程，因為戰後專業與管裡階層職位的大規模擴張，蓋瑞身為一名勞工階級出身的「重點學校學生」，也獲得了好處。[39]

蓋瑞在工作場合當然不會流露出自己的政治想法或階級背景[40]，但是與其他和我們交談過的人相比，他對階級議題的看法，確實更深入，一如我們在第六章中所見，對於事務所內一些出身背景較弱勢的男性員工事業發展過程，蓋瑞始終都是根本的助力。

我們要強調的是，在階級天花板的相關議題上，高層主管文化確實扮演了一定的角色，因為他們既是決定誰可以晉升的把關者，又可以透過自己日常的管理風格，展現出組織價值。當這樣的高位者誠心接受來自各種不同社會背景、擁有各種不同才華的人，並且實際體現出「起而行」的複雜度，而非僅僅「做而言」的時候，對於其他人就可以產生有形的衝擊。從社會流動的角度來看，政策干預通常只會聚焦於試著「矯正」個人、試著如何「輕輕推動」那些出身弱勢背景的人，讓他們能夠擁有更大的宏願與抱負。[41]不過仔細關注高層管理文化，就會發現這種缺陷模式的弱點。一如我們在本章所見，一個組織的文化——特別是上層文化——對於員工的不同抱負，是既能推舟也能覆舟的存在。以六號電視台委託製作部的高雅文化為例，製造出了一個讓某些人覺得有如在家般的自在，卻也讓許多人，特別是那些出身自勞工階級背景的人，覺得被排擠以及被剝奪了權利。

反觀庫柏斯建築師事務所，這家企業代表的是一種高階管理文化化為推動力的組織範例，不問出身背景。尤其是蓋瑞，不論他是否刻意而為，都創造出了「頂端的空間」，確保事務所內所有的通道，都不需要員工將自己的所知分類後再精心部署利用。當然，各位讀者不要過度強調這樣的反差或將庫柏斯建築師事務所浪漫化，是很重要的一件事。庫柏斯當然不是對所有的多元化領域都具有包容性，而且顯然並沒有為促進女性員工的晉升平等出力。另外值得注意的是，由於與業界其他建築事務所的普遍作法相比，特別是那些以設計掛帥的菁英事務所，庫柏斯收穫了很大的優勢，因為在大家眼中，部分這類以設計為主的事務所不是要求長時間的工作，就是有暴君般的獨裁主管，以及讓人很不愉快的指責文化。因此我們應該謹慎地把庫柏斯建築師事務所與一般的建築師業重新區分。

然而話說回來，庫柏斯之所以與其他建築師事務所不同的原因，不僅僅是內在的企業文化。客戶關係對庫柏斯來說也是核心重點，重要性幾乎與透納．克拉克會計師事務所沒有差別。不過一如我們在第七章所探討過的，這兩種行業在他們的職業（以及人口）組成結構上，有著非常重要的差異。透納．克拉克會計師事務所合夥人接觸的客戶，絕大部分都是企業主或金融界的高級主管，而通常與庫柏斯建築師事務所建築師互動的，則是更具技術性的客戶，譬如資深工程師與建築業的專業人士，而且通常隸屬於大型的協作團隊。兩家事務所與客戶關係的本質也迥異。在透納．克拉克會計師事務所裡，像情感上的連結與文化熟悉度這種與客戶互動的關鍵因素，幾乎從來未在庫柏斯建築師事務所的員工口中聽過。庫柏斯與客戶之間更屬於功能性的關係，也因此一點都不親密。

我們在第七章已探討過這些類型的差異，以及對於技術技能的重視，可以確保形象以及精明幹練的氣質這些額外的紅利獎勵，在庫柏斯建築師事務所裡的影響力大降。除此之外，我們也認為客戶匹配的行為，具備了一定的影響意涵。庫柏斯承接的這類建案，不僅僅因為協同合作的本質，使得個人匹配的行為根本沒有必要，庫柏斯與客戶兩方的社會組成架構，也對這樣的行為產生反制的效力。我們只需要回頭看看第一章詳細說明的不同菁英行業階級組成架構，就知道庫柏斯的一般客戶，相較於透納．克拉克會計師事務所的一般客戶，階級出身明顯要弱勢得多。像合夥人大衛（中產階級出身）所告訴我們的：

我們沒有那種超級有錢的開發商或羅斯柴爾德爵士（Lord Rothschild）[42]那樣的客戶群。我們大多的客戶不是政府，就是工程學科基礎非常紮實的相關專業人士。從社會型態來看，工程界甚至可能更狹窄，因為全都是藍領工人。

從文化如何發揮連結功能的角度來看，組成結構的差異也很重要。諸如透納．克拉克會計師事務所這類的企業，在高階主管與客戶之間交流的高雅文化，就像利薩多所提到的，其實就像是出身特權者之間所建立起的一張具排他性的緊密網脈。相反的，在庫柏斯建築師事務所裡，客戶關係的基礎，更多是建立在工作的技術內容之上，至於文化品味的互動作用，就算真的有這種東西，也只不過是閒聊與客套對應時的潤滑劑。

鏡像反映的「優秀能力」

本章與前一張所揭露的，都是在菁英職業中直接辨識出「優秀能力」的困難之處。這並不是說我們的研究個案並不重視傳統判定「優秀能力」的各項指標。這些指標的確重要——

當事人無疑需要具備傲人的學歷、累積的相關經驗，以及工作認真等條件，才能繼續往前走。但是除此之外，在所有這些菁英職業中所展現的必要條件，特別是上層階級，還包括了那些需要以特殊方式**啟動**的看似「客觀的優勢」；這些優勢必須以一種位居高位者可以辨識且重視的態度表現出來。這些條件，一如我們所呈現的內容，其實常常都是以「適合」的方式所包裝的優勢，而所謂的適合，說穿了就是反映出從最高層自然流竄而下的組織文化——以透納．克拉克會計師事務所與六號電視台為例，他們的領導者都是超級特權的背景出身，而庫柏斯建築師事務所則是壓倒性的以男性居多。這種狀況常常都和一種由薄紗遮蓋的「優秀能力」之「鏡像」效應有關，鏡像具體呈現出了相對霸道（與高層級）的行為規範、文化偏好及品味的能力，並於之後權充適應性的訊號，發送給高階決策者。

這兩個章節也都觸及了當位高權重者並未認知到當事人所展現的「優秀能力」時，會發生什麼事情，以及當事人再實踐主流的行為準則時，因為不斷犯「錯」而感覺到的焦慮與矛盾雙重感襲。但是截至目前為止，從向上流動者所做的決定以及採取的行動來看，我們對於當事人在感覺到他們的表現並沒有**獲得肯定**之後所發生的事情，幾乎一無所知。最後一個經驗論章節，我們就要來談談這個主題。

1 《人鼠之間》（*Of Mice and Men*）：美國諾貝爾文學獎得主約翰・史坦貝克（John Steinbeck）一九三七年出版的作品，描述兩名居無定所的農場工人於經濟大蕭條期間在加州尋找工作機會的悲劇故事。

2 原註：gaff是英國人對於「房子」或「家」的俗語。

3 原註：這在英國是一個很普遍的措辭，意思是一小群人，通常是位於組織高層的一小撮，具有收受機密資訊或做出重要決定的特權。

4 原註：《二〇一七年社會流動指數》（the Social Mobility Index 2017）指出，當涉及「高階人員聘僱」時，公司組織鮮少會像招募較資淺員工那樣執行相同的人員多元化監控機制，而且通常都是委託人獵人頭公司（譯註：高級人才仲介媒合服務公司）協助，就算招聘條件是多元化人才，這些獵人頭業會進行客戶公司當下員工組成結構的調查，並專注於尋找行為舉止言談都與客戶公司文化相似的候選人。

5 原註：請參見 Parkin (1979), Weber (1992), Tilly (1999) and Weeden (2002)。

6 原註：反過來說，把關者辨識出這些信號，並開通管道，讓當事人進入隔離外人的高階職位世界 (Bol and Weeden, 2015)。

7 原註：Mills (2000, pp 64-7, 278-83)。

8 原註：Mills (2000, p 141)。

9 原註：基於對美國人諱莫高深的歷史原因，英國大多數絕對菁英的私立學校被稱為公學，其他的私立學校被稱為私立學校，而英國人可以免費就讀，並且全部費用由政府資助的學校，被稱為國立學校。

10 原註：Stanworth and Giddens (1974); Scott (1991); Maxwell and Aggleton (2015, 2016)。

11 原註：Reeves et al (2017)。

12 原註：Reeves (2018)。

13 原註：Reeves (2018)。

14 原註：Lizardo (2006)。

15 原註：DiMaggio (1987, p 443), quoted in Lizardo 2006, p 781。

16 原註：Bourdieu (1984)。我們將在第十章針對美學稟性作更進一步的闡述。

17 原註：Bourdieu (1984)。

18 原註：Bourdieu (1977, p 94, 1984, p 437). 更廣泛地來說，布迪厄認為孩童初期若在一種社經環境中浸淫過長時間，會在體內與身體上都留下實實在在的痕跡：腔調、語調的抑揚頓挫、手勢、姿態等。

19 原註：這一點與柯普曼（Sharon Koppman, 2016) 的研究不謀而合，該研究也同樣辨識出一種以美學稟性為主的體系，對於美國廣告界的企業組織文化至關重要，而其中最明顯的就是創意部門。

20 原註：Coupland and Bishop (2007)。更一般性的說明，請連結 http://accentism.org。另外也請參見 Baratta (2018)。

21 原註：「標準英語」（譯註：直譯為被接受的英文 Received Pronunciation）這個詞彙是一八六九年由語言學家艾利斯（A.J. Ellis）所發明，但是用來代表社會菁英人士的腔調，則是要到語音學家瓊斯（Daniel Jones）在第二版的《英國發音辭典》（*English pronouncing dictionary*；1924）當中納入這個詞彙後才開始廣泛使用。「被接受的」這個詞彙定義，傳達了其原有的「公認的」或「被核可的」的意思——就像「公認的智慧」（received wisdom）。針對標準英語這個詞彙，我們可以追溯到十九世紀的英國公學與大學——沒錯，瓊斯一開始就是以「公學英文」（public school pronunciation）這個詞彙來描述當時正興起的那種具社會排他性的腔調。

22 原註：然而標準英語的接受度頂峰，大概是在一九二二年英國國家廣播公司第一任總經理李德爵士（Lord John Reith）將標準英語訂定為播音標準腔調的時候——這就是「英國國家廣播公司英語」的由來。李德相信以標準英文發音腔調說出口的標準英語，會是英國海內外最能讓人聽得懂得英語型態。

23 原註：儘管標準英語常常被視為跨越地理限制，但其與中高階級族群的關連性，在英格蘭南部最明顯。

24 原註：值得注意的是布迪厄將此視為建構重要文化資本的子資本行為，他稱這種子資本為「語言資本」（linguistic capital），是「一個人展現權威、學術與中產階級語言的使用能力」(Bourdieu and Passeron, 1977, pp 108-10)。

25 喬迪（Geordie）為英格蘭東北部泰恩賽德地區（Tyneside area）人民的暱稱，也是當地居民所使用的一種方言，語言學家稱之為「泰恩賽德英語」（Tyneside English）或「紐卡索英語」（Newcastle English）。

26 妮爾瑪・普瓦（Nirmal Puwar）：現任倫敦大學金匠學院社會學資深講師，以及方法實驗室（Methods Lab）的聯合主任。

27 原註：Puwar (2004)。

28 原註：晉升至合夥人一般都被視為達到會計師行業的頂峰成就。在如透納・克拉克會計師事務所這類大型會計師事務所中，合夥人就是公司的共同持有人，可以以「權益合夥人」的身分，分享公司獲利。

29 里斯・卡特（Chris Carter）與克勞佛・史賓斯（Crawford Spence）：卡特目前為愛丁堡大學商學院教授；史賓斯為倫敦大學國王學院的會計系教授。

30 原註：Spence and Carter (2014, p 950). 另請參見 Anderson-Gough et al (1998) and Robson et al (2007)。

31 原註：請參見 Kornberger et al (2010) 以及 Spence and Carter (2014, p 950)。

32 原註：在她的美國華爾街金融民族誌中，凱倫・何 (Karen Zouwen Ho, 2009) 在那些獨厚社會與教育優勢背景者，以及將這些出身優勢的員工，安排在面對客戶的前台位置的企業中，也發現了類似的重點。

33 原註：Wajcman (1998)。

34 原註：我們認為這種莊嚴的概念，就像第七章曾經探討過的洗鍊與其他型態的行為準則，可以相當精確地追溯回具特權地位的出身與教養。

35 原註：Ashley and Empson (2013);；更廣泛的討論，另請參見 Alvesson (2001。

36 原註：Brown and Hesketh (2004, p 157)。

37 原註：值得注意的是六號電視台的資本轉換狀況比較不一樣。透納・克拉克會計師事務所合夥人對於美學稟性、文化方面的知識討論，以及客戶互動等行為的依賴較少，他們把更多的焦點放在妥當的適法文化議題討論或這類活動的規劃上。

38 原註：請參見 Friedman et al (2015); Laurison and Friedman (2016)。

39 原註：蓋瑞讓我們想起了理查・霍加特（Richard H'oggart）的自傳性著作《讀寫何用》（*The uses of literacy*; 2009），那是一個在機會增長的時代，描繪向上社會流動可能性的研討會報告內容。

40 原註：他避開了更容易被專業服務公司接受的現代社會流動性語言，覺得建築現在是一種已經建立了公平競爭制度的領域。

41 原註：請參見 Thaler and Sunstein (2009)。又稱為助推單位（the Nudge Unit）的行為洞察小組（the Behavioural Insights Team）是一個設立於內閣辦公室的組織，將助推理論（nudge theory）應用在包括社會流動在內的許多領域的英國政府政策上。

42 羅斯柴爾德爵士（Nathaniel Charles Jacob Rothschild）：英國著名的富翁，出自德國猶太裔富有的羅斯柴爾德家族，以銀行金融業著稱。

第九章

自我消除

我們正在透納・克拉克會計師事務所倫敦總部的偌大會議室裡和蓋爾斯對談。蓋爾斯是事務所裡最資深的合夥人之一。他接受的是私校教育，父母都是醫生。當時我們已接近訪談尾聲，進入了請教蓋爾針對我們截至目前為止所發現的狀況，有什麼想法的階段。我們向他解釋了根深蒂固存在於英國會計師界的嚴重階級薪資差異、概述了透納・克拉克內部的階級天花板，接著我們又向他說了一遍到目前我們在這本書中所探討過的驅動因子——檯面下的舉薦關係、行為規範與排他性的高層管理文化。蓋爾斯明顯一副沒有被說服的樣子。但是在我們結束訪談時，他深深地吸了一口氣，然後停頓了一會兒，就像內心在掙扎是否要說出他正在想的事情。最後他還是說了出來：

> 我瞭解你們所說的，可是……可是我真的覺得你們漏了一個很重要的東西。也許大家害怕提及，但確實存在著一種因素叫做自我審查。你們要如何釐清剛剛你們一直在對我說東西，跟「我覺得我跟他們不一樣，所以改走其他小路」之間的差異。

對蓋爾斯而言，截至目前為止，我們的問題在於分析結果過度偏向「需求」面而非「供給」面。我們盤詰了各種各樣拖延向上流動的障礙，但忽略了流動本身在階級天花板中的意涵。但是**這些向上流動者們**的行為、決定、抱負是什麼？在蓋爾斯的經驗裡，這個「供給」

面的問題更重要。要晉升到合夥人，他繼續對我們說，當事人必須「真的很想當合夥人」、需要「很自在地堅持自己的權利」、需要應付「激烈的討論」。但向上流動的人，他辯稱「有時候，不是一定會發生，但有時候就是會躲開這些東西。」

不僅蓋爾斯這麼想。在這個研究計畫進行的過程中，我們曾與許多人交換過意見，特別是那些位居高位者（大多都是出自特權階級家世的白人男性），他們對於階級天花板的看法，與蓋爾斯相同。這樣的意見在政治與政策圈同樣也有強烈的迴響。在對應社會流動議題時，進入市場的策略往往都聚焦於「調整」個人、以外力鼓勵那些出身弱勢背景者「提高抱負宏願」、建立他們的信心與自尊。[1] 這類作法的意涵，不論是否刻意如此，都在暗示著向上流動者只有像那些出身特權階級背景者一樣，以相同的方式「挺身而進」[2]，才會得到更公平的結果。若仔細推敲弦外之音，其實也可以說這是階級天花板的正當化說帖——那些出身勞工階級背景的人根本就是因為缺乏同樣的動力、野心與復原力，所以賺得比較少，或無法晉升到高層職位，這一點都不令人驚訝。我們從蓋爾斯對這個問題的觀點中，明確地看到了這一點。

我們也確實找到了一些實證支持階級天花板的「供給面」解釋。特別是，我們找到了證據，證明向上流動者的確無法像那些出身特權者一樣心甘情願地為了領導者的職位而衝鋒陷陣。當然這樣的狀況並不適用於所有的向上流動者，甚至大多數的向上流動者都不是這個樣子。但我們訪談的對象中，確實有相當一部分的少數受訪者——尤其是那些職涯發展跨距很大的向上流動軌跡的人——他們並未依照我們從他們的經歷、表現與技能程度所預期得那樣繼續向前推進。

然而我們還是高度質疑這種偏向於自信心或抱負，在本質上就具階級差異的論點。相反地，我們將在本章論辯向上流動者常常會在菁英職場採取「自我消除」的行為。自我消除這個名詞通常與布迪厄有關，尤其是他對法國教育系統的階級不平等分析。布迪厄認為一個人在童年因環境灌輸而養成的稟性，基本上都是由我們生存環境中充滿階級意識的條件所形成，而這樣的稟性也會藉由個人對自己未來成功機會的看法，而左右他們所採取的行動。根據布迪厄的論述，出身勞工階級背景的孩子將自我價值的負面感覺內化，進而拒絕教育體制，就是這種狀況的一個重要例證。布迪厄認為這樣的學生因為「期待」失敗，因此從教育體制中「自我消除」，而這樣的行為其實是根植於一種「對於自己成功可能性的無意識預估」。[3]因為這樣，出身勞工階級背景的人也就「成為讓可能性變成現實的幫兇」[4]，由於這群人分辨出了什麼是可以做到的，而什麼又是做不到的事情（亦即什麼是「為了我們」，什麼不是）。[5]

因此這裡的重點在於階級背景的確會以相當根本的方式，影響大家的行動以及未來的策略，然而從勞工階級出身者的角度來看，這卻不是構成抱負或野心「欠損」的因素。[6]出身勞工階級背景者在向上流動的過程中，之所以會作出自我消除的盤算，通常是基於一種直覺式的預期，判斷自己將會遭遇到非常真實的「需求面」障礙。更重要的是這樣的預期心理，對於未來可能碰到的事情，又會以一種迫在眼前的焦慮或不安一類的情緒呈現。

雖然布迪厄的自我消除的概念，主要是應用在教育上，但我們認為這個概念用來瞭解那些正在與菁英勞動力市場交涉之人的決定與策略，也同樣重要。向上流動者往往以三種方式自我消除。第一，在某些情況下，他們乾脆地選擇**放棄**具體的進階或晉升機會。第二種，在其他的狀況下，較敏感的風險規避讓他們在職涯途中放慢腳步，或轉往聲望較低的事業路線發展。第三種則是他們成功地進入了最具盛名的高階主管職位，但拒絕按照遊戲規則行事。

因此我們眼中的自我消除，其實是階級天花板的一個重要驅動因子。但是我們也強調這種供給面的機制，並不代表僅僅藉由某些方式矯正抑或透過訓練或輔導，可以「補足」個人的「欠損」。相反地，自我消除與豎立在需求端的各種障礙，存在著錯綜複雜的關連；自我消除其實是一種對本書目前所探討過的許多問題的回應方式，或者也可以說是一種預期的結果。

自我消除這個議題同時也更廣泛地凸顯了與向上流動密不可分的深刻情緒印記。儘管情緒上的衝擊有時候表現不明顯，卻是一種提醒的標記，會讓當事人回想起自己走了多遠的路，或達到了什麼樣的成就，對於我們所訪談的大多數人而言，「成功」是要在心理層面付出相當大的代價才能得到的東西。我們發現向上流動者的旅途，常常都是充滿艱辛、不安，甚至痛苦的歷程。我們堅信瞭解這些情緒上的成本，是很重要的事情。這些付出不僅可能針對為什麼有些人寧願選擇不再奮力上游的內傷[7]，提出合理的解釋，或許還能揭開當前政治迷信對於社會流動所設下的限制。

選擇退出

綜覽我們的研究個案，其中有許多案例都是社會流動的受訪者拒絕、無視或躲避來到眼前的明確機會。這種情況一般都發生在當事人的事業初期，向上流動者刻意選擇不去踏上那些可能會讓他們收穫名或利的事業軌跡。以凱倫和法蘭克為例，他們兩人都曾「躲避」倫敦大學學院與劍橋知名建築學院的申請——以及有利可圖的設計職涯——因為那些都不是「像我」這樣的人該去的地方。同樣的，透納．克拉克會計師事務稽核合夥人雷蒙（中產階級出身）也解釋了他在事業之初，如何「搞砸」了幾個與重要合夥人合作，一起為高姿態客戶服務的機會，因為他「心裡有根刺」。他告訴我們：「我覺得他們非常自大、非常高傲，所以我總是認為『你們又在評斷我了，對吧？』不過回頭想想那些錯過的機會，其實一切都是我的胡思亂想。」[8]

這類遭到冷落的機會在大家後來的事業上也會成為特點，尤其是那些只差臨門一腳就可以進入重要主管圈子或成為主管的受訪者。我們之前提過的庫柏斯建築師事務所的創建合夥人蓋瑞，出身約克夏的勞工階級家庭。他在建築界長期享有成功事業，也是事務所裡最資深的主管之一。但是拋開他在庫柏斯的成功，蓋瑞對於自己在較廣義建築界中的定位卻愈發不確定了。過去幾年，他說，透過英國皇家建築師協會（Royal Institute of British Architects，簡稱RIBA）這個建築師專業團體，他開始與這個領域的高層人士有了愈來愈多的接觸機會。蓋瑞在英國皇家建築師協會裡擔任一個重要的使節性質角色，因為這個職務，有好幾家英國幾位重要築師經常光顧的俱樂部都邀請他加入會員。蓋瑞很清楚，從打造寶貴人脈的這個角度來說，接受這類的邀請，對於幫助自己事業更上一層樓將至關重要，但是他還是一再地婉拒了這些邀請：

> 你確實可以碰到一些非常優雅的人，不過，你要知道，有時候我也真的覺得自己跟那樣的地方格格不入。就像我受邀加入建築師特許協會（Chartered Company of Architects）以及一家紳士俱樂部還是什麼的機構，但我總是說「不」，因為我真的一點都不覺得自己是那裡的一分子……你也知道那一類的地方，我就不是那個樣子啊。所以我必然還有某個部分覺得……就算是現在也一樣，我想每個人都有屬於他們自己的地方吧。

重要的是，蓋瑞的決定並不是因為缺乏抱負或野心，而是出於一種更像是情感上自我保護的自我消除行為。在蓋瑞的預期中，藉由這個領域的菁英俱樂部與協會會員身分而爬上建築師頂峰，可能會帶來明顯的不適以及一種「格格不入」的感覺，因此他以這些理由拒絕了前進。[9]

安全為上

不過自我消除並不一定總是關於放棄具體的機會。在某些情況下，自我消除更常是一種往往伴於當事人事業發展道路上的一般性風險規避以及小心謹慎的行事方式。這種情況通常都與第三章與第五章所討論過的「分類」效應脫不了關係。也因此，向上流動者常常選擇他們描述為「較安全」的事業道路。這樣的決定有時候與經濟安全感有關（如第五章所探討的內容），但也經常與一個組織內的「晉升」，而非繼續發展有關。六號電視台的人資主管布吉特來自南威爾斯，她的父親是一名焊工，母親在療養院擔任護士。已邁入六十的布吉特對於自己的事業非常自豪，她詳細說明了自己被獵人頭公司找進六號電視台前，曾在兩家大公司人資部籌劃的「晉升」策略。在我們的大部分的訪談中，她給人的印象是非常滿意於當下的職業。但接近訪談終結的時候，隨著心情愈來愈放鬆，布吉特開始更坦率地提及自己的出身背景，以及她覺得這樣的家世如何影響她的職涯策略。這個時候的她，說話語調迥異於之前。她開始描述自己的職涯經歷，告訴我們，事實上，她「應該可以走得更遠」、她一直都「過於小心翼翼」、總是選擇「中型企業」，還責怪自己沒有「盡力爭取」。她總結地說：

> 我真的很好奇天底下是否真的有值得心甘情願去冒險的事情。我是說，在自己可能碰到過的風險中，我曾經冒過險嗎？你知道，我不是百大上市公司的集團人資主任。我有這個能力嗎？我不知道，但我當然曾經想過這樣的事情。可是我這麼做了嗎？沒有，我什麼都沒做。而這就足以說明很多事了……

這明顯是一種與蓋瑞非常不一樣的自我消除型態。布吉特不見得會拒絕上門的機會，但她根本就沒有去把機會找出來。在她心裡，她出身背景的殘影就是一種需要規避的風險，而這樣的想法引導她自行歸類在「中層」的角色，也因此無法去達到那個她私底下總是想要追求的高度。

班（勞工階級出身）是透納．克拉克會計師事務所的稅務合夥人，對他來說，他碰到的情況其實更是一個跟速度相關的議題。他雖然最近已晉升合夥人，但相較於透納．克拉克其他同僚晉升合夥人的平均年齡，已經五十好幾的他足足晚了別人至少二十年。班認為這全是他自己的「錯」。他說自己對於某些較具策略層面的工作，以及如何橫越「追求晉升的業務端」，一直都有種持久的不適感[10]：

這是一種有點像是不太值得的那種感覺。所以，如果我去了，如果我去參加一個在格羅夫納（Grosvenor）舉辦的正式服裝活動，我一定會覺得跟服務人員的相處，要比跟其他客人親近。雖然我不認為這樣的想法會阻止我去繼續做這些事情，可是絕對會讓人覺得更辛苦，懂我的意思嗎？而且有時候我會想，真的會去想，如果以前一切事情的狀況可以更清楚的話，到現在這個時候，我其實早就當上了透納．克拉克會計師事務所的管理合夥人了，如果你懂我的意思的話。

太大的一步

當然不是所有的受訪者都曾選擇退出或將高階的職位分類在選項之外。沒錯，如表 A.1a 至 1d 所示，許多社會流動的受訪者都似乎已到達了他們事業的頂峰位置。但有趣的是，就算是位居這樣的職位，我們仍然常常可以察覺到他們身上的自我消除因素的運作。以六號電視台的委託製作人比爾為例。他的父親在當地工廠擔任繪圖員，母親是巴士站的辦事員。他說在他事業發展階段，尤其是在努力成為（六號電視台，以及之前另外一家廣播公司的）委託製作人那段期間，他理解到自己需要，套用他自己的話：「成為中產階級，並在必要時按照中產階級的規矩照章行事。」他解釋所謂的「照章行事」包括了相當複雜的文化模仿過程、改變自己的腔調、「絕口不提自己的出身背景」，以及廣泛地模仿第八章所概述過的高雅上層主管文化。他說：「這就像是你必須瞭解這場遊戲存在著特定的規矩，而你必須依照那些規矩來玩遊戲，學習那種語言、穿著那種衣服，然後這一切些就幾乎成了一件體面的罩袍。」

從很多方面來看，這樣的策略很成功——比爾現在是電台裡最受敬重的委託製作人之一。[11]然而這個同化的過程卻並非沒有極限。比爾在同樣的職位已經待了快十年了，就像他在一段話裡所提出無比清楚的解釋，他覺得自己已經碰到了職涯中那面明顯的天花板了：

> 你可以，嗯，改變如何自我呈現的方式。可是那也走不了太遠。所以我發現自己從來沒有像現在這麼愛談論與思考（我的出身背景），或許這就是我之所以這麼愛跟你們聊天的原因之一。就像這件事……不知道這是不是也反映出了其他來自相同背景者的情況……我不太跟這個圈子裡的人交際，向來都是這樣。我不參加派對、俱樂部，一部分

> 的我其實在想著……他們全都是笨蛋（大笑）……你知道，我才不要把我的時間浪費在他們身上。以前認識的朋友、我的家人，他們才讓我覺得真實、覺得重要。這些常常都感覺像場遊戲……因為我已經扮演了一個角色。所以，沒錯，我完全不想跟我白天一起工作的那些人出去買醉，如果我誠實得完全不留情面，我會說我根本就不是這個俱樂部裡的真正成員；我算是靠著蒙混一路走到這裡，所以最後，雖然我說我學會了怎麼玩這個遊戲，但直到今天，我依然一點都不覺得自己是這裡的一員，不是這裡正式的一員。

即使在六號電視台的高層圈裡，我們也看到了自我消除的再現。雖然比爾成功地打進了這個神奇魔力圈，但是他卻解釋自己之所以達到了事業的**最頂峰**，依靠的是個人生活與職場生活的全面同化，毫無保留地去擁抱電視圈的各個「交際性」層面。但是對比爾來說，把這項表演延伸至日常社交生活中，卻是太大的一步，而且這一大步，需要實質地背叛他所謂的生命「真實面」與「重要面」。正是因為如此，比爾強調了階級文化的同化極限，以及一種這樣的模仿「也走不了太遠」的感覺。然而這裡的重點在於並非是其他人強制施加這樣的極限。相反的，這是比爾自己不願意去擁抱已經發展完成的主體突變，才會有出現的結果。[12]

關於比爾的經歷，還有另外一個需要思考之處。他的經歷不僅凸顯了同化的極限，也闡述了在維持，套用比爾的描述，這種「蒙混」過程中，所涉及到令人筋疲力竭的情緒勞動。

瞭解這種情緒印記，本身就是件很重要的事情。接下來我們就要來探討這個議題。

門票的代價

許多人都習慣假設向上的社會流動是一種正向的經驗。向上流動者總是一成不變地被刻畫成任人唯賢制度下的「勝利者」或「逆勢上游」的浪漫人物。大眾文化充斥著這種的英雄故事，特別是「勞工階級男孩功成名就」一類具性別比喻的範本，像艾倫．休格（Alan Sugar）[13]、德瑞博士（Dr. Dre）[14]，或喬．拜登都是例子。就連具影響力的學術研究，也將這樣的向上流動概念固化為平順與正直的過程。[15]

然而從我們的受訪者經驗中，我們卻發現有證據顯示向上流動常常是一趟明顯顛簸的情緒之旅。重要的是，對於大跨距的向上流動受訪者——盛行的政治修辭中最常歌頌的群組——而言，流動往往帶來特別令人難過的情緒波盪。這些人異口同聲地說著菁英職場與不安全感、自卑感交戰的感覺。新近晉升透納．克拉克會計師事務所管理合夥人的菲利普，出身於一個很貧窮的勞工階級家庭。他告訴我們自他從家鄉米德蘭茲（Midlands）的一間鄉間小會計師事務所邁出了職場的第一步，到成為透納．克拉克會計師事務所中階主管的這段過程中，他曾深陷非常嚴重的自我懷疑：

大概一直到最近之前，老是會有一個聲音從肩膀上傳過來，幾乎總是在說，嗯，早晚會有人認清你的真面目。而我也一直不斷地重複做著相同的夢，在夢境裡我沒有通過考試，然後被大家發現了。一直到我終於把這些狀況告訴了其他人，我說的是一位職業輔導師，他們才像是在說「你真的得克服這個問題」。

這種徘徊不去的不安全感是「冒名頂替症候群」的一種極端型態，在大跨距的向上流動者之間相對普遍。就像菲利普所經歷的過程，這些感覺往往都是因為向上流動在某一個「時刻」[16]突然出現爆炸式的發展而觸發，也許是在當事人以彈射的速度進入某個菁英職場後，也或許是一次重大升遷所引起的蕩漾餘波中。這些突然出現在生活中的事件，常常會留下一種持久不退的殘留情緒、一種自己是否有些「不夠好」、我是不是「騙子」的質疑，或感覺失敗隨時都可能出現。這樣的情緒反應主要是源於新職場或新同事的文化，讓當事人感覺錯置了位置、覺得自己是條「離了水的魚」，或者是對於自己無法成功同化或模仿我們曾在第七、八章中概述過的行為規範而產生的焦慮。

這樣的問題也極具性別性。[17]就以剛成為透納．克拉克會計師事務所實習生的珍妮為例。她是英國白人女性，母親是全職家庭主婦，父親是名計程車司機。珍妮一開始告我們她很喜歡透納．克拉克的生活。但是隨著訪談的深入，她概列了一份永遠就寫不完的焦慮清單。清單上的事情從衣著（「去其他辦公室時，根本不知道該穿什麼——我不想讓我們的企業品牌蒙羞。」）到客戶關係（「我總是在煩惱分寸的問題，他們想要我問他們的家庭狀況或者假期怎麼過的嗎？我一點都不想越界。」）。珍妮日常工作需要一整套令人精疲力盡的自我規範方案，其中最重要的是她以精明幹練為目標，努力調整自我表現的態勢。

我沒有絕佳的社交技能。在特定的人面前，我絕對要再三思考自己要說的話。就像某些人就算隨口說些什麼，詞彙的使用都不得了，反觀我，跟那些人說話的內容，以及怎麼說，總是非常謹慎；還有我的發音。就好像我要試著與對方交談，結果脫口而出的一些東西，讓現場陷入一陣詭異的沉默。當時我腦子裡不斷轉的是怎麼樣才有可能跟這個人有相同之處、該說些什麼話，才能讓他們覺得我不是個百分之百的白痴。還有那些話題，譬如他們週末都在做什麼、他們的孩子怎麼樣、我到底是哪裡的表現令自己失望……在沉默襲來的時候，我腦子力全都是這些東西。

敘述中令人震驚的是珍妮如何把這段跨階級對話所產生的尷尬，看成了是她個人的失敗（「我知道不是我的問題。」她這麼告訴我們），並且一肩挑起了所有因為缺乏她所謂的客觀社交「技能」而帶來的情緒重擔。

其他人倒是較少把責任往自己身上攬，更多的時候是（對這類霸道的行為規範所展現出來的力道）感到氣憤。娜塔莉亞是位英國黑人女性，擔任六號電視台的基層員工已經好幾年了。在我們訪談的員工當中，她是少數覺得自己因為勞工階級出身的背景而受到強烈歧視的人之一（根據她自己的描述，她是在伯明罕一個「貧困的國宅」環境中長大[18]）。她對於自己的出身背景相當自傲，覺得這是身分不可變動的一個層面。「我就是這樣的人，」她這麼說：「我無法改變這個事實。」她告訴我們在過去五年間，她兩次拒絕升遷的理由是因為「我讓他們（她的直屬主管們）覺得不舒服，而大家都喜歡跟自己覺得舒服的人在一起」。與珍妮不同的是，娜塔莉亞拒絕同化：「許多人都在假裝，直到假裝真的在他們身上生了根，完全適應了文化……腔調、衣著，你知道，那些社交場合，這樣子他們才能跟那些人有更多可以交談的話題。還是一樣，一切都是關於讓他們覺得舒服。說實話，我實在煩透了這些。」娜塔莉亞明顯非常氣憤，而在說完這些話後，很快地，她就淚流滿面地停止了這場訪談：「抱歉，我其實並不想搞得這麼情緒化，不過這些真的很傷人。你知道（六號電視台）老是在談擁護多元化，但是……但是感覺真的不是這一回事。」

向上流動者的這些情緒代價，雖然經常集中發生在職場上「適合」度的類似麻煩問題處理上，但真正的挑戰卻往往因為他們已不再完全屬於原來出身的那個文化世界，而變得更加棘手。這種情況往往都以一種夾在兩個世界間左右為難，或成為文化遊民的感覺呈現。[19]道格拉斯是一位出身北蘇格蘭勞工階級的演員。目前住在倫敦的他，絕大部分的生活費都來自於他在倫敦西區劇場的工作。他說除了從這份事業所明顯收穫的地位與收入外，他依然感覺「有點卡在中間」：

你生活在倫敦這個奇怪的區域。你不是這個世界、這個戲劇世界、這個中產階級世界裡的一分子，但你也不再是你原來出身那個世界的一分子了。所以你成了一種非常孤立的傢伙。真正愛你、在乎你的人都為你可以脫離那個世界而高興，可是他們不瞭解你。所以從這個角度來說，有點孤獨，但是你又偏偏處在這個很難找到認同，或者，你知道，找到慰藉或安全感的奇怪區域。你大概只能靠自己了。

這段描述再一次異常清楚地指出了當事人需要對各種矛盾認知來源進行調解的情緒勞動——去像道格拉斯所說的「找到慰藉」。這是一種情緒不斷轉換的行為，當這群人面對向上流動的環境時，通常流露出不安全或自我質疑的感覺，但是當他們向下面對自己的出身時，卻又常常遭到罪惡與疏離感的襲擊。[20]事實上，許多人都注意到我們的訪談形成了一種像是在宣洩的經驗，讓大家把通常從未被探索過或刻意壓抑的想法與情緒都顯現出來。

我們凸顯這些情緒的目的絕非認為向上流動者全都很不開心，或因為精神困擾而飽受折磨。如果我們真的意有所指，也是在暗示我們訪談過的這些人，全都在勇敢地因應這些多重的情緒，甚至有人還做得很成功。[21]確實，有些人甚至告訴我們這種雙重身分有時候帶來的明顯好處，賦予了他們一種變色龍的能力，讓他們在對應不同型態的客戶或同僚時，有能力進行「準則變換」。[22]然而不論他們是否可以成功管理這樣的情緒，我們都要強調，這麼多情緒的協調，是他們必須要扛起來的一個重擔，令人精疲力竭，特別是如果他們還努力地要在高壓職場中繼續前進時。

實際瞭解大家的社會流動歷程之所以重要，有兩個理由。第一，或許我們可以因此論述明顯的「機會成本」與階級天花板有直接的關連性。而從這種關連性的角度來看，流動過程往往需要耗費情緒能量，去抵禦出身特權者完全不會遭遇到的逆風。這種情況不但不公平，而且還會使得流動者的劣勢進一步惡化。

第二，凸顯出這種情感印記除了瞭解這個狀況對於階級天花板驅動因子的影響外，本身就是具有很重要的意義。就像我們在前言中所提，盛行的政治修辭往往盲目地相信向上社會流動的魅力，並將之視為一種社會病灶的萬靈丹。事實上，有些人甚至將本書關切的核心議題——透過本書對於菁英職業的聚焦——看成是這類議題的固化。不過我們要強調，我們的研究很清楚地揭露了儘管政治修辭盛行，向上的社會流動並不是如廣泛社會大眾所假設的那種全然正面的力量。若不是站在經濟與事業成就的角度，而是從心理健康的角度去看待這件事時，流動的「成功」其實更加不確定——就算在成功打破了階級天花板的情況下，也不例外。

---

1 原註：英國全黨派議會團體內的社會流動性（2012）。

2 原註：Sandberg (2015)。

3 原註：Bourdieu (1977, p 495, 1990a)。

4 原註：Bourdieu (1990b, p 65)。

5 原註：這裡的關鍵是布迪厄的慣習概念，我們在第十章會針對這個概念作更完面的定義與探討。

6 原註：Bull and Allen (2018); Allen et al (2013)。

7 原註：Sennett and Cobb (1972); Hanley (2017)。

8 原註：Wilkinson and Pickett (2018) 對這個過程提出過相當廣泛的討論文章與著作。出身勞工背景的人，在職場與其他場合所接收到的他人論斷，對他們來說，都是會帶來高度緊張的「社會評價威脅」（social-evaluative threat）。

9 原註：根據主要慣習（primary habitus）的結構性影響，布迪厄把這類看起來不合理的「決定」視為完全符合邏輯的舉動。舉例來說，他寫道，「透過其系統化的『選擇』，慣習往往會在危急時候提供自己一個盡可能預先適應的環境，作為自我保護的機制」（1990b, p 61）。

10 原註：那些於 Lamont (2000) 著作中出現的受訪者，常常會顯露出這樣的情緒。

11 原註：這種情況與一份長篇幅的社會學文獻內容相符，都指向了勞動過程本身往往會為個人創造出有意義稟性的這個方向（Burawoy, 1982）。

12 原註：這種情況闡述了布迪厄（2008, p 510）所稱的「繼承矛盾」（contradictions of succession），在繼承矛盾

的狀況中，向上的流動者經歷到「成功猶如失敗」的過程，因為他們覺得自己背叛了撫育與創造出自己的家人與朋友。

13 艾倫．休格（Alan Sugar）：一九四七～，英國商業巨頭、媒體人、作者、政治人物，阿姆斯特拉德公司（Amstrad）創辦人，也是現任英國商業大臣企業顧問（Enterprise Champion to the Business Secretary）。根據二〇二〇的數據，為英國排名第一百二十一的富豪。出身勞工階級家庭，父親為裁縫。

14 德瑞博士（Dr. Dre）：一九六五～，原名 Andre Romelle Young，美國饒舌歌手、唱片製作人與企業家，餘波娛樂（Aftermath Entertainment）、耳機公司 Beats by Dr. Dre 創辦人，後來股權陸續由宏達電子與蘋果接手，為嘻哈界首富之一。

15 原註：目前學術界針對此議題的討論相當熱烈。Goldthorpe et al (1980)、Marshall and Firth (1999) 以及更近期的 Chan (2017, 2017) 等著作和研究都發現向上流動常常帶來心理層面上的平順轉變，但是其他如 Castagné et al (2016) and Hadjar and Samuel (2015) 卻提出了相關的（定性與量）資料數據，認為這樣的經驗可能讓人覺得更難以應對、複雜，甚至可能造成心理層面的不穩定。

16 原註：在早期的研究中，Friedman (2016) 認定向上流動的重要「時刻」，通常都會出現職業發展軌跡向上發展的突然爆發，而這樣的情況往往會導致當事人的不穩定或情緒困擾。布迪厄的說法是這樣的流動時刻會引發一種「滯後效應」（hysteresis effect），造成慣習突然發現自己與所處領域的客觀結構不同步。布迪厄認為在隨後發生的「遲滯」中，因為慣習嘗試調整自己配合新的領域，因此當事人常常必須與原始領域以及其目標中的那些布迪厄以及帕塞隆（Jean-Claude Passeron；Passeron〔1977〕）所稱的「反向制裁」（negative sanctions）進行對抗。

17 原註：包括 Skeggs (1997) 與 Reed-Danahay (2004) 等許多作者都曾探討過向上流動的方式，常常對女性的情緒，帶來特別的困擾。如 Lawler (1999) 所提，透過勞工階級出身的男孩子表現優異這些英雄式的描述，男性的向上流動早已被認定為是正當且理所當然的事情，因此男性的慣習很可能有更廣闊的「職業發展可能軌跡的空間」。

18 原註：為確保匿名原則，娜塔莉亞簡介中的一些資料都經過了修改。

19 原註：請參見 Friedman (2014, 2016)。

20 原註：取自精神分析「自體分裂」（splitting of the self; Fourny and Emery, 2000; Steinmetz, 2006）的概念，布迪厄認為這種個人慣習的錯亂（當事人自覺經歷的過程），常常會製造出一個破碎得非常痛苦的自體，亦即一個悖反的慣習（habitus clivé）：「這樣一種矛盾禁令下的產品，注定要對自我產生矛盾……製造出一種內部分裂的慣習，注定對自體產生一種雙重認知、連續的期待，以及多重的身分（Bourdieu and Accardo, 1999, p 511）。

21 原註：儘管我們不再以建立一種「變色龍慣習」(Abrahams and Ingram, 2013) 來詮釋這個情況，我們同意這些作者所論述的身處「兩個世界之間」，給了許多受訪者一種獨特的自反（reflexivity）與自我分析的能力 (Bourdieu, 2007)。

22 原註：Hey (1997)。

第十章

階級天花板：新的社會流動分析工具

我們希望藉由本書，清楚闡述幾個重要的發現：勞工階級背景的人，在高端工作領域的薪資所得，要比他們出身特權階級的同僚少；傳統上對於「優秀能力」的評量方式，只是造成這種情況的部分因素；更強大的驅動因子根植於大家誤以為經過分類後的自我表現是「才華」的展現、工作文化在歷史上都是由出身特權者塑造、「父母銀行」的可利用性，以及以階級文化同質性為前提的舉薦性流動。

另外我們也想明白地表達，除了我們的發現外，我們的想法很重要，我們的**研究方式**也相當創新。我們大概從一開始就認為，這種討論必須持續與社會學理論以及文獻互相交融，因此也必須要有一個不太一樣的寫作風格。儘管本書大部分內容都不是為了研究階級、流動與工作的社會學專家讀者所寫，但我們還是希望能利用這個篇幅，來為我們的學者同僚寫一些更直接的內容。藉由這樣架構設計，本書的非學術讀者，如果願意的話，可以輕易地從這裡直接跳到結論（第十一章）。但是同時，我們還是要大力鼓勵所有讀者隨著我們的內容一起往下讀。關於階級與流動性的學術討論也許晦澀難懂，然而歸根究底，相關的討論焦點，都是我們覺得對這個領域有興趣而投資了許多時間的人會關心的問題：我們所謂的階級是什麼、我們應該如何評量社會流動，以及為什麼我們的階級出身在勞動力市場的某些領域，要比其他領域更重要。

要回應這些基本問題，我們在本章論述，布迪厄的慣習[1]、資本[2]與場域[3]等中心概念，提供了一套幫助我們思考的強大工具。[4]事實上，如我們稍後的內容所述，本書中一直有片布迪厄的濾鏡，在不斷指導著我們的研究設計，以及我們分析結果時所採取的態度。但是（為了增進閱讀性！）這樣的框架在本章之前，卻很大程度都一直處於隱晦的狀態。現在我們就要以更明確的方式，概述我們用布迪厄而啟發的「階級天花板」研究方式，來研究社會流動，以及我們為什麼相信這樣的研究方式，可以提供一種方法去解決當前妨礙社會流動分析的部分限制。本章的架構分成三部分。第一個部分，我們會解釋我們所採用之階級天花板的研究方式，如何受到兩股通常不屬於社會流動主流分析的研究傳統所引導。特別是在融合了標準流動分析的要素、玻璃天花板的女性主義概念，以及一個較久遠以前的菁英聘僱研究之後，我們能夠提供一個更大規模且具代表性的社會流動分析，但同時在概念上依然能持續聚焦於上層階級結構的封閉過程。

第二個部分，我們要論述以這種方式改變流動分析——亦即遠離傳統上誰「走馬」到誰「上任」的關注——需要一副布迪厄的理論濾鏡。我們在這個部分具體提出了兩點。首先我們論述採納布迪厄的作法，可以讓我們正確地瞭解當事人帶進職場的資源或「資本」狀況，進而展現這些資源如何（以及解釋為什麼）在大家的流動職涯發展軌跡中，帶來持久的影響。第二，從管道到晉升的行動決策中，我們也可以解釋我們的研究方式如何超越單變量指標，朝向了一個同時兼顧階級出身與階級終點的多層面量測。

最後，在本章的第三個部分，我們改變思路，解釋我們對於社會流動的瞭解，不僅從**個人**資源或媒介的稜鏡角度去探討，也將社會流動視為可以讓個人進入，且在其間穿梭的特定職場空間或布迪厄「場域」為**介質**的一種經驗去領會。雖然標準的流動分析常常忽略這些特定的職場環境，但我們認為這些職場環境對於瞭解階級天花板至關重要。這是因為個人從他們階級背景所承襲的資本，不會**自動**帶來勞動力市場的優勢。當事人必須將他們的資本轉換成更能在特定場域使用的型態。若想將資本轉為優勢，資本持有者的貨幣就必須要能被該場域的把關者以及／或那些位高權重者辨識出來並且重視。根據我們研究結果，這個結果往往取決於職場環境對於具象以及技術這兩種文化資本的回報程度。

具象的文化資本——廣受推崇的品味、見識的範疇，以及具體的自我表現——主要都是透過特權的成長環境耳濡目染，因此成為一種強大（但不顯）的工具，那些出身中高階及背景的人，可以藉由這樣工具確保自己在菁英職場的優勢，就像我們在第六、七、八章所說明的內容。相反的，技術資本——以實用與專門的知識、專業、技能以及實務技術的型態呈現——可以以較透明的方式，透過教育或工作場所的歷練取得，因此對於已處於優勢者較不具傳承性的優勢提供能力，這一點，我們之前已藉由庫柏斯建築師事務所的範例說明。[5]

儘管我們認為我們採用的布迪厄研究方式可以提供許多層面的東西，而布迪厄所啟發的研究，對於更多傳統社會流動研究者所做過的研究，也提出了根本上的批評，但我們在本章中**不會**針對典範之爭進行辯述。這類的典範之爭鮮少能讓累積的知識繼續發展，也不會給予研究人員攜手發展集體瞭解的空間。再說，我們在社會流動的標準研究作法中，還是看到了非常多的裨益。我們認為職業分類依然是社會流動分析中可以支配的單一最佳代表作法，也是一個量測工具，可提供那些希望自行監測內部員工階級出身的組織，或者像本書中我們這樣的研究人員使用。

不管怎麼說，如果我們要嚴肅考慮出身對於終點影響的所有可能方式，我們就需要一個超越單一變數、分散時間點分析的新方式來研究階級。我們相信經過布迪厄理論修整過的研究方式，在本章中的清楚說明下（以及透過整本書的操作）——同時考慮了收入與職業，並利用定性方式取得個人的職涯軌跡、承襲與累計的資本，以及各類職業對於「優秀能力」的具體概念——可以帶我們朝著瞭解這一切的方向而去。

階級天花板：一個綜合的流動分析方式

社會流動的系統化研究可以說是社會學對於社會科學，以及，更一般性而言，公眾生活的主要貢獻之一。[6]標準的定量研究方式包括了在兩個時間點[7]比較一個人的出身與終點；第一個時間點是父母當中一人的職業落在一系列社經分類中的位置，然後與當事人自己的職業位置相比較。這種將出身與終點職業納入大階級分類的方式，可以構成所謂的「標準流動表」[8]，並用來檢視。這些方式提供了一個基本的分析平台：一個簡單且可以複製的工具，用來評估許多人與他們的父母相比時，階級位置如何移動，同時也提供了一個進行複雜統計程序的根據基礎，建造出隨著時間推移以及／或全國各種不同環境下的流動模式。[9]

這種流動的標準研究方式不僅主導了學術的話語權，在英國也是政府所採納的研究方式[10]，而最近，更是被推薦為各組織用來評估他們內部勞動力階級組成的主要評量方式。[11]我們的研究工作也受到這種方式的強烈影響，整本書中都有應用，特別是第一章。我們要重申，我們相信職業分類仍然是階級定位與社會流動中，最實際的**單一**指標。

但是讀者應該會注意到隨著本書內容的開展，書中的研究方法與這種標準的社會流動研究方式漸行漸遠。本章節中，我們會解釋，特別是我們的**定量**方式如何——在第一、二、三、四章中所說明的內容——將標準方式的要素，與兩種通常並不屬於主流流動分析的研究傳統混合在一起。

我們此處的說明，從解釋我們的研究方式如何在當代主流流動分析，以及大家通常稱為「菁英聘僱社會學」之間打造出重要的連結關係。菁英聘僱社會學是近幾十年來已遭大多數人遺忘的一種時代久遠但內容豐富的研究傳統。[12]在二十世紀的大多數時間裡，菁英聘僱研究是社會學調查的核心。尤其在一九五〇與一九六〇年代，有些經典研究——特別在英國與美國——在諸如高級公務員、神職人員、企業管理階層與政治界等許多菁英領域，調查與探討過社會流動的情況。[13]這種研究工作想要釐清的關鍵問題在於菁英聘僱程序影響社會封閉型態的程度[14]，或者社會集體意識如何制約資源以及機會管道的取得，進而讓人無法進入適任者的小圈子中。[15]從菁英形成的角度來看，封閉也被視為具特殊重要性的議題。舉例來說，若菁英僅限於範圍狹小的家世背景，一般都假設他們更可能發展出「意識與行動的統一與凝聚」，而這樣的結果很可能會對權力的行使產生深遠的影響。[16]

然而一九八〇年代以降，這種菁英研究的傳統，因為社會分層的階級結構研究方式而顯得有些黯淡無光，[17]其中又以英國的情況最明顯。這樣的發展有幾個成因。第一，大家認為菁英聘僱研究具經驗主義限制性。這類研究大多為小規模研究、資料不具代表性、只專注在單一菁英職業，而且階級背景經常仰賴代理條件，譬如菁英學校教育。從更概念化的層面來說，戈德索普也認為藉由聚焦點在「誰超前」的社會組成結構，這些研究方式無法將菁英聘僱模式置入在更廣泛的階級結構變動情境中，特別是戰後受薪階級的大幅擴增。反觀階級結構的研究方式，強調的是「大社會階級」之間的流動率，利用的也是全國具代表性的調查資料。但是，有鑑於這些「黃金標準」調查相對小的樣本數，以及其中菁英族群的回覆可見度，對於菁英職業中那些研究議題的經驗主義審驗，基本上都已絕跡了。[18][19]

我們因此把我們的研究方法視為強勢翻新菁英聘僱的社會學，但同時也加入涵蓋更多流動分析中主流要素的傳統。再說，從使用了具代表性的勞動力調查資料，以及運用了完整的階級出身資料角度來看，我們的分析也堅持住了許多現有流動分析的中心原則。除此之外，我們利用勞動力調查所提供愈來愈大的樣本量，將分析濾鏡向上瞄準那些菁英職場中的人。[20]這樣的作法不僅重啟了對菁英封閉的分析焦點，也堅持對社會流動做更細部的分析，以及對於階級背景影響誰能爬上最高位的體制，為什麼感覺特別重要，有更深入的瞭解。

第二，儘管我們以「階級天花板」之名，對女權主義的玻璃天花板概念做了一些重鑄的工作，但是我們還是想反思本書中所採用的玻璃天花板概念。我們應該清楚在此敘明，我們絕對無意，也沒有任何隱晦的暗示想像過去某些將階級視為「主要類別」的研究那樣[21]，宣稱階級天花板可以取代玻璃天花板。簡單地說，勞動力市場裡階級出身差異的運作模式，並不完全與性別或種族完全相同，因此保留玻璃天花板概念的特異性，明顯是至關重要的事。

不過同時，我們也相信流動分析仍有許多需要向各類文獻學習效法的不足之處。[22]這一點從本書的結果就可以看得很清楚。舉例來說，許多我們辨識為階級天花板驅動因子的機制——同質性、舉薦關係、自我消除、微歧視[23]——都與長久以來各種研究結果確認白人女性以及出身少數種族族群在傳統男性以及白人職業中所遭遇的困境相呼應。[24]

當然玻璃天花板與流動分析的結合，也需要交織概念的居間穿梭。[25]傳統上，在階級與流動分析領域中，交織研究遭受的最好待遇就是因為理論性不足而受到詬病，最糟的情況則是遭到完全的漠視——不論是標準研究方式[26]抑或布迪厄學術領域[27]，都是如此。但是就像我們在前言中所探討的內容，現在出現了重要的定性相關文獻著作，正在研究明顯的心理社會痛苦以及女性和有色人種在向上社會流動過程中所經歷的職業障礙。

以這些深刻的見解為基礎，我們在這次的研究結構裡也建立了交織分析。此舉不但讓本書雖然變得複雜但收穫豐碩，也瓦解了僅從階級面去解釋不平等。舉例來說，我們——在兼顧定量與定性層面上——揭露了明顯的證據，證明出身勞工階級背景的女性與少數種族族群，在英國的菁英職場會面臨一種「雙重劣勢」的獨特困境，而這樣的不平等對當事人而言。往往不僅是額外的負擔，更是加乘的打擊。透過這樣的方式，我們或許可以看到這些群組所面臨的障礙，常常都是以更精準的方式，建構起一道更厚實、更不容易擊碎的「水泥牆」。[28]然而我們也知道我們的交織重點絕不可能萬無一失。因為不僅僅是我們那些女性以及／或少數族群的受訪者，其複雜的階級經驗本身就值得用一本書來記載，就連我們自己也敏銳地意識到我們根本無力在此檢視社會分化的許多軸線，譬如性別、失能以及移民等課題。

最後，我們希望我們結合與改編玻璃天花板的概念，可以成為讓階級分析工具變得更鋒利的一種方式。特別是我們看到了「階級天花板」提供了一個新的**分析工具**，讓階級與流動的研究人員可以，像我們所做的一樣，開始檢視出身較低階級背景者，在特定職業、領域、地區以及全國的環境下，所可能面臨的薪資差異以及其他障礙。儘管有些前輩與同儕已在其他地點、其他時間確認了相同的影響[29]，我們仍希望藉由這份在類似「階級天花板」這個大傘名詞所架構整合出來研究計畫，可以讓一個更清晰的研究傳統浮上檯面、知識得以持續累積，進而促成政治的行動，一如當初在玻璃天花板的大旗下所達到的成就一樣。

掌握階級出身的長遠影響

就像之前的解釋，我們對於社會流動的研究方式，部分代表了標準定量方式以及菁英聘僱與玻璃天花板研究所得出的深刻見解之合成。結合這兩股研究的關鍵想法是不僅僅聚焦在誰「走馬」進入菁英職場，也關注誰「領先」。但是從階級出身對於更細部的職業終點所造成的長遠影響來看，想在概念上以這種方式完全瞭解社會流動，需要做的不只是修改或調整現有的研究方式。

若要解釋這一點，我們需要回到標準流動圖表的問題。如我們之前的概述，大多數的定量流動分析，都是從檢視這類表格開始，再比較一個人在兩個時間點的出身與終點階級。然而以這樣的方式所呈現的階級流動，亦即在兩個分開的時間點各自量測一個變數的作法，明顯是將非常複雜的職涯發展軌跡過份簡化。[30]我們可以用相當簡單的方式來理解這種研究方式的問題——假設我們要分析兩位四十五歲的會計師，一位一直在一家小事務所裡擔任基層的工作人員，一年賺三萬英磅，另一位則是在一家跨國的大事務所裡晉升到了合夥人的職位，年薪高達一千萬。姑且不論兩人職涯發展軌跡的巨大差異，標準研究考慮的是這兩位會計師的階級終點完全相同。同樣的，假設我們也瞭解這兩位會計師的成長環境，知道他們家中負責家計的父親或母親也是會計師。但是其中一位會計師家中並非主要負擔家計的母親或父親是位學者，一家人住在價值兩百萬英磅的房子裡，上的是昂貴的私立學校，而另外一位會計師家中並非主要負擔家計的母親或父親失業，一家人住在租來的房子裡，就讀的是什麼學生都收的中學。雖然我們很容易就可以看到這些條件構成了非常具有實質意義的差異，但是標準研究方式仍然將這兩位會計師都歸類在相同的階級出身分類。

流動性研究者並不是看不出這些限制，他們很清楚這種研究方式的限制所在。[31]然而儘管如此，大多數研究人員依然堅定不移地以標準流動表為依歸。舉例來說，在這個領域中，最高調的爭論莫過於什麼才是量測流動的最佳作法——經濟學家認為焦點應該放在收入[32]，而社會學家則偏好重點關注階級。[33]儘管這兩大陣營對於方法論與經驗主義的分歧爭辯，不但量大而且常常都是激烈異常，但他們卻也都同意瞭解流動最好的方式，就是從簡單的兩點代際焦點來研究。就算是新近創新的研究方式，也無法打破這個共識。就像維登（Kim Weeden）[34]與葛洛斯基（David Grusky）[35]的微階級概念[36]為例，在一種以更具體的職業水準去釐清階級終點的分析上，一直都很重要，而切蒂（Raj Chetty）[37]新近利用稅捐與人口普查數據所繪製出的美國薪資所得流動圖，則是引進了令人吃驚的新經驗主義視野。[38]然而，這些研究計畫，以及這個領域其他數量龐大的大多數計畫，都依然以對稱量測的方式，持續將焦點放在掌握一個人流動終點的單一時間點概要簡述之上。[39]

我們相信這樣的標準研究方式有兩個主要的問題：第一，這種研究方式對於階級可量測的描述，只利用了**單一變數**，第二，流動終點可量測的描述，只使用了**單一時間點**。要解決這些限制，根據我們在本章的論述，需要一種不同的理論濾鏡。在此，我們的想法深受皮耶·布迪厄的影響。

布迪厄，時間與職涯軌跡

我們先從時間這個議題談起，或者更具體的說法是，我們應該如何召喚出**職涯發展軌跡**。標準研究方法所面對的一個相當簡單的問題，就是這些方式忽略了**代內**流動（亦即一個人自己職涯期間的流動）的方式，也因此可能會讓代際流動的量測變得複雜化。在社會學的研究中，這表示在觀念上，社會流動被視為一種職業**管道**的問題，也就是說一旦進入某個職場，一個人的職涯軌跡流動就有了總結。但是如本書的結果所證明，儘管一些出身勞工階級者確實守住了自己進入高端職業的門票，但他們的職涯發展軌跡或成功的幅度，卻不見得會與出身較特權的同儕相同。

若要嚴肅正視始終無法擺脫的階級出身影響問題，我們需要擺脫在兩個固定時間點之間進行流動性量測的固定作法，轉而發展出一種更豐富的概念，去瞭解過去的力量如何影響當下與未來流動性。我們也許會將此概念看成不同背景所帶來的不同推進力道，以及在這些力道在將大家推向未來職位的過程中，扮演了什麼樣角色的一種瞭解。就像前言中馬克所提出的解釋一樣，他帶進電視圈的資源代表了一股強大的「順風」，幫助他一旦進入職場後就可以收穫重要的回報。

在認真考慮被過去的階級會用什麼樣的方式塑造職業道路時，我們認為布迪厄的社會理論可以幫助我們進行這樣的分析。乍看之下，這個想法似乎是個不太尋常的論點。當然布迪厄鮮少正面解決社會流動的問題[40]，也從不與直接專注於這個議題的研究團體打交道。的確，在定量流動性研究的主導領域中，布迪厄常常被刻畫成否認流動重要性的「再製」（reproduction）社會學家。[41]這樣的看法往往與布迪厄慣習概念的批評有關，許多人認為慣習幾乎是社會流動的對立面。[42]在布迪厄[43]的眼中，來自初級社會化的稟性極為強大，以致在絕大多數的案例中，慣習都會在人的一生中，維持著一體的型態，也就是說那些承襲了厚實的經濟、社會與文化資本儲備的人，最可能進而累積更多的資本，反之亦然。[44]

但是許多批評布迪厄的人並沒有看出來的是他的社會空間概念，其實是順著**三個**層面所建構起來的——資本量、資本組合，**以及**「時間對於這些資產的改變」。[45]也因此布迪厄實際上將社會流動視為社會空間的第三軸線，[46]其間的每個人都根據自己所承襲的資本量，擁有「一組可能性或高或低的**職涯發展軌跡**」。也因此，布迪厄其實與批評者的說法相反，他完全承認慣習的稟性結構隨時都可能根據新的經驗[47]，以及透過有意識、刻意的自我塑造或教育的學習而改變。然而他也看到了這種改變的本質是緩慢而且在根本上受到了一直被當成了慣習框架的童年稟性所侷限。[48]我們認為這種慣習的概念——既是由一個人階級出身所帶來資本建構而成，也是引導當下行動的一股結構力——在理解流動性的過程中，也可以讓我們對於歷史與職涯軌跡在其中所扮演的角色，有更深入與統合性的瞭解。具體而言，我們需要把分析焦點轉向大家隨身帶入職場的財富，以及這些累積起來的資產如何接著構建起他們當下與未來行動（以及職涯發展）的可能性。[49]

本書中，我們探討了直接從那些深刻理解中所衍生出來的流動性研究新作法。特別是我們試著跨出以職業管道定義流動性的範圍，並且以定量的方式，與流動**終點**進行了更好的接合。具體而言，透過職業配合收入的分析，我們不只嘗試研究英國高端職業領域裡誰「走馬」，同時也去瞭解了誰「上任」。我們的研究結果說明這種概念化創新的重要性。特別是我們對於重要階級薪資差異的發現[50]，證明了階級出身往往都以非常強大的方式，在當事人的一生之中徘徊不去。我們的研究結果也毫無保留地說明了社會流動的標準研究方式，如何模糊了我們對階級背景長遠影響程度的瞭解。[51]

當然，很重要的一點是我們必須認知到，我們的定量分析只能讓大眾瞭解布迪厄研究社會流動方式的一部分。我們依然需要依賴階級終點的暫時性概要簡述、利用職涯軌跡的代理條件而非細部檢視完整的職涯道路之類的研究方式。解決這些問題另有他法。沒錯，這正是安得魯・阿伯特（Andrew Abbott）[52]之所以在一九九〇年代擁護序列分析的原因。序列分析是一種定期量測個人職業職位，然後將其間所揭露的職涯發展軌跡聚集在一起的一種研究方式。[53]這個研究方法可以讓我們對於大家職涯道路的順序有更多的瞭解。最近，瑪倫・托夫特[54]論證了這種研究方式掌握階級出身黏著性的潛力。她檢視了挪威上層社會內的職涯發展軌跡，顯示向上流動者在高層的職位穩定性往往都很低，他們一方面進入上層社會的時間要比出身特權的同儕晚，另一方面則是常常無法「持續待在上層」。[55]遺憾的是這類分析所需要大規模數據（也就是可以量測流動職涯發展軌跡的序列，同時又仔細聚焦於那些位居上位者）極為罕見。確實，除了屈指可數的創先研究外[56]，其實流動性研究領域一直都沒有廣泛採用序列分析方法。[57]

提到貼近布迪厄的職涯軌跡分析這個部分，我們要強調的是我們在本書中所採用的混合研究方式所具備的明確優勢。特別是每一個研究個案，我們都對深度訪談所得到的調查數據進行了三角交織檢核。這樣的方式讓我們可以直接探查到受訪者的職涯發展軌跡，除此之外，我們也請所有一百七十五位受訪者耐心地向我們說明他們工作經歷中的重要時刻與關鍵時機。這一點在我們評估大家職涯的進行**速度**與**線性**趨勢，以及根據階級出身這樣的線性發展判定模式型態時，特別重要。舉例來說，如我們在第七章中的解釋，在透納．克拉克會計師事務所晉升為合夥人的出身特權者，大多數都是透過資深舉薦人的支持而踏上了快速通關的「合夥人之路」。這表示他們成為合夥人的年齡，一般都要比那些出身背景較不是那麼特權的人年輕許多。在六號電視台，職涯發展軌跡同樣也是因為階級出身而出現系統化的分層。一如我們在第八章中所提到的，出身特權背景的資深主管大多來自公司外部的「橫向聘用」，而且上任者原來的職位通常相當低。相較之下，向上流動的資深主管則更可能是職等晉升——一條費時更長而且與晉升高層幾乎沒有關係的職業道路。受訪者透過這樣的方式讓我們得以瞭解職涯軌跡的模式型態模式，也就是布迪厄[58]所稱的他們的「斜坡與推力」（slope and thrust），如何映射到階級出身之上。方法論說明中的表 A.1a 至 1d，就是我們所納入的一份每一位受訪者的職涯軌跡表。

邁向一種多層面的社會流動研究方法

傳統流動性分析的第二個侷限是利用單一層面的方式將階級概念化。在這裡，階級出身與終點一般都被降縮為職業的單一指標。我們雖然同意職業或許是階級的最佳單一代理條件，而且也絕對是最實際的操作指標，但是我們卻質疑其（或者甚至是任何單一指標）本身是否具足夠代表性。

再次應用布迪厄的理論，我們相信階級應該從多層面來瞭解[59]——唯有從一個人能夠自由處置的資本總數：最核心的經濟、文化，以及社會象徵與特定領域的型態，我們才能對出身與終點有完整的瞭解。但是最定量的資料在根本上就受限於其掌握這類資本的能力。不僅最標準的調查缺乏這種可以量測各種布迪厄資本型態的方式，就算心裡抱持著這樣的目標設計問題，事後也往往會證明對於諸如具象的文化資本這類複雜的稟性結構，設計出來的問題也只是非常不稱手的蠢鈍工具。[60]

因此，在理解真正的布迪厄社會流動的研究方式上，定量分析雖為必要的步驟，但不夠充足。[61]為了朝向更精準的量測方式前進，我們認為調查資料應該要有定性調查作為補充。在我們研究個案的情境中，這樣的作法可以讓我們更完整地掌握受訪者所承襲以及累計的資本存量。受訪者因此也可以從勾勒出一張承襲資本的大範圍地圖開始，回答涵蓋了父母收入、財富與不動產，以及就學學校型態等深入細節的問題。再說，我們也可以就受訪者生長環境中的文化影響，開始長時間且開放式的討論，並進而瞭解他們所承襲的具象文化資本。在這裡，我們遵循著布迪厄的作法，特別探索了哪位受訪者早年曾浸淫在正統以及／或符合規範的文化中，或曾有不斷與這樣的文化接觸的經驗，以及他們接觸的程度，然後藉此來瞭解他們可能體現或部署布迪厄所稱「美學稟性」的程度。美學稟性是具象文化資本中的重要層面（一如我們在本章稍後所會提出的解釋）。[62]方法論說明中的表 A.1a 至 1d，是我們所納入的一份個人承襲經濟與文化資本的狀況資料。

相較於只看父親或母親職業這個單一指標的研究方式，我們採用的作法可以更細緻入微地去理解流動性。舉例來說，在許多個案中，受訪者根據調查分類標準，應該歸屬某種特定的階級出身，但一旦當他們初始的調查回覆納入了雙親的職業，以及／或他們所承襲的文化與經濟資本後，他們應該歸屬的階級出身就很不一樣了。以六號電視台的羅傑為例。調查揭露他是管理團隊中唯一一個出身勞工階級背景的主管，於是很自然地，我們非常想要訪問他。羅傑的父親在他十四歲時雖然是位配管工，母親失業，但他在訪談中卻闡述了後來他父親成為公司裡的一位資深經理人，至於他母親雖然沒有工作，卻成了一位業餘藝術家，並且啟發了羅傑想要成為電視與電影導演的志願。更有甚者，羅傑的祖父母出錢讓他進入一所非常昂貴的私校就讀，而他父母則是負擔了他在電視圈初期的房租與生活費用。當我們提到他的調查回覆時，他諷刺地說，「我絕對不是一個勞工階級的英雄！」許多類似的錯誤歸類案例，我們都揭露在方法論說明的表 A.1a 至 1d 之中。[63]這種情況證明了橫跨不同領域的三角交織檢視分析，確實可以讓許多不一致的資料浮出檯面，特別是多層面地檢視階級，可以暴露出根據單一變數所量測的流動結果失誤。[64]

環境中的資本

截至目前為止，我們解釋了為什麼適切地釐清個人帶入職場的資源是很重要的事情，在解釋的同時，我們也證明了之前的進入職場前的那些財富，如何常常會對職涯發展軌跡的流動留下長遠的影響。大家或許會以為這種情況是社會流動的「供給面」——個人的歷程是如何受到他們所擁有的承襲與累積資產，以及他們本身所自願付出的力量和採取的行動所影響。但是布迪厄有一個觀察角度，卻堅持我們同時關注社會流動的「需求面」，去瞭解一個人發生流動的特定環境與場合，以及在進入那個環境與場合後，遇到的其他人，會如何雙雙影響一個人的職涯發展軌跡。[65]

套用布迪厄的用詞，這個狀況當然是關於慣習與**場域**——亦即個人競爭職位與權力的動態社會空間——的相互作用。[66] 場域能夠以多種不同的規模存在，但從階級構造的頂端來看，與分析關連最大的單位，就是布迪厄所稱的「權力場域」。在布迪厄的眼中，社會上層並非如標準流動化分析中「大階級」分類所暗指的由一個連貫而有凝聚力的群體構成（但是在權力菁英領域確實如此），布迪厄認為社會上層是一個存在於不同菁英區塊（商業、國家、媒體、文化以及等等）中，為了爭奪支配權而內部彼此鬥爭與論戰一個場地。[67] 這個想法不但非常有效地引導我們注意到主導團體**之間**重要的裂痕，也注意到了布迪厄所稱的「職業效應」[68]，亦即在這種效應下，（菁英職業中的）企業與組織以特有的**次場域**方式運作，每一個次場域對於「優秀能力」或價值，都有一套只屬於自己的風險與局部性判斷作法。[69]換言之，為了在特定菁英職場或組織內取得領先地位，當事人必須累積布迪厄所稱的「場域專屬資本」。

要瞭解本書所指摘出來的階級天花板，這一點非常重要。這個概念強調了儘管當事人進入菁英組織性環境時，可能隨身帶著各種因為自身階級所衍生出來的資本（如我們在方法論說明表 A.1a 至 1d 所揭露的細節），然而這類承襲而來的資源，在不同的環境下，不見得可以透過同樣的方式取得有利的條件。我們因此需要探究不同資本在**完整環境**下的運作方式，以及如果這些資本可以**轉換**成具個別職場「場域專屬」型態的資本，轉換的過程是什麼樣子。[70]就這一點而言，隨著我們在本章中的探討，我們的定性研究個案揭露了（傳承而來的）具象文化資本明顯但不平均的力量，以及在特定場合隱晦的「套利」方式。

（具象的）文化資本的套利

布迪厄將文化資本區分為三個主要類型：**制度化**的文化資本，以教育和其他學歷資格型態呈現；**客觀化**的文化資本，透過繪畫、書籍這些正統性的文化所有權的傳承型態呈現；**具**

象化的文化資本，藉由特定的持久稟性型態呈現。[71]當然，他覺得具象的文化資本最「根本」。[72]這樣的想法有部分要歸因於布迪厄認為制度化資本的取得，或者客觀化資本的消費，都（至少部分）取決當事人所具備的構成具象資本之稟性。但還不僅於此，對本書特別重要的一點是布迪厄站在階級再製的角度，認為具象的文化資本擁有極重的「分量」。[73]布迪厄辯稱這是因為具象的文化資本是「資本世代承襲的最佳隱藏型態」，由中上層社會父母在孩子初級社會化期間諄諄灌輸與傳遞，然後再於社會生活中「被誤認為（一種）正當的能力」。[74]我們的分析結果也支持這樣的公式。我們將會論述具象文化資本的成功啟動，是英國高端職業領域階級天花板**最重要的驅動因子**。[75]

要瞭解這個觀點，先釐清布迪厄眼中具關連性但又以不同型態呈現的兩種具象文化資本，是很有用的一種作法。首先，他指向了幼年初期就被烙下的階級專屬與持久的**行為**模式。布迪厄強調這些行為模式更普遍地是透過長期浸淫在一套特定的社會經濟環境之中，或者有過這種環境的經歷而形成，比較不太可能藉由明確的教導方式來達成。[76]這樣的傳遞與加密過程，在當事人的**內在**與**外在**都留下了實實在在的痕跡——表現在腔調、抑揚頓挫、手勢與姿態、穿著的風格、禮節，以及態度。[77]

第二，布迪厄接著將這些舉止的風格或**儀態**（hexis），與特定的思想和感覺方式連結。他認為受過教育的中上層階級，其富裕的物質條件，讓他們有能力與生活必要條件隔開一定的距離，而這樣的生活態度也反映在他們與孩子的互動當中。特別是那些中上層階級者擁有「免於（經濟）迫切性」的時間與空間，將一種布迪厄所謂「象徵性掌控」的脾性灌輸給孩子。這樣的個過程包括了一套語言使用的特定模式，其中涵蓋了複雜的詞彙與「正確的」文法，以及一般來說對於抽象事物、理論概念，和超越具體事物與事件的概念，抱持著更輕鬆與熟悉的態度。[78]然而最能看清楚象徵性掌控之處，根據布迪厄的論述，是凸顯各主導群體的品味，以及——至關重要的——如何以具有美感的方式**呈現**他們的品味。布迪厄在此指出，特權出身者不僅將他們的孩子引進了正統的文化之中，也灌輸給孩子特殊的**看**與**聽**的方式。他稱這些為「美學稟性」——拒絕那些簡單、輕易可及或屬於感官層面的文化品，主張透過「無私」[79]的美學濾鏡看待藝術作品，意會與體驗真正藝術之美的一種堅持。而所謂的無私美學濾鏡，則是將自身與自己對藝術品的實質、情感或功能性投資完全切割開。[80]重要的是，布迪厄強調儘管這種美學稟性在早期的獲取，一開始是因為浸淫在傳統高雅文化的環境之中，但是早期的接觸愈深刻，當事人日後就愈能確保將自己的美學稟性以其他典範性較不明顯的文化型態，進行發揮與轉置。[81]

對於布迪厄而言，美學稟性、象徵性掌控的其他層面，以及與特權出身相關體現的關鍵點，在於大家都很容易就把這些**（誤）視為**社交生活的正統呈現。這些特質也可能構成，布迪厄語重心長地強調，瞭解這個世界的一種方式。但是話又說回來，在大多數的西方社會中，這些特質都被賦予了很高的價值；它們被當成了廣泛被認可的文化區隔信號、「自然的」精緻，甚至智能。[82] 因此這些特質在包括勞動力市場在內的多種不同場合中，能夠以「象徵資本」的型態運作，並進行「套利」之實。[83]

在本書所呈現的資料中，大家可以非常清楚地看到這種資本轉換的過程。以第七章為例，我們揭露了文化資本的具體特定層面如何在職場上提供優勢。特別是在此我們看到了特定的特權體現模式，與普遍盛行於職場的不成文行為準則之間的一致性。[84] 然而重要的是不同環境下的準則並不相同。事實上，所有的準則都具高度的「場域專屬」性——從透納・克拉克會計師事務所內大家期待的企業型精明幹練的表現，到六號電視台要求的經過精心設計過的隨性。儘管這些準則在重要的地方都不一樣，我們的分析卻顯示這些準則全都如出一轍地偏向特權家庭所灌輸出來的具體基模。[85] 這一點，我們認為與那些在傳統上主導這些場域者所遺留下來的慣例與作風有著非常密切的關係，這些人——隨著時間流逝——將特定的「信念」或長久以來被視為理所當然的行為準則（亦即我們在第七章中所稱的「玻璃鞋」）成功地制度化，並偽裝成一種中庸的表現，然而事實上這些都是在反映他們自己接受且具體呈現的實踐。[86]

我們的分析也顯現出具象文化資本更具美感的層面，可以收割利益。以第八章為例，我們探討了文化品味的正統型態如何「套利」。這個情況以六號電視台例子最為明顯，轉置美學稟性為流行電視節目的能力，在這個職場上被賦予了價值，特別是委託製作部的高層世界。同樣的狀況也可以在透納．克拉克會計師事務所中看到，直覺選擇可以取悅客戶的正確文化或玩笑場合，很可能是事務所員工至關重要的能力。在這裡特別值得一提的是，某些員工的具象文化資本不但可以為他們個人帶來益處，合夥人在扮演溝通企業品牌以及收穫外部業務的關鍵角色上，也為組織換來了經濟資本。[87]

我們的分析認為承襲之文化資本的這兩種轉換型態，在高知識模糊性與工作表現特別難以衡量的職場上效果最佳，譬如六號電視台的委託製作部，以及透納．克拉克會計師事務所的諮詢顧問業務群。在這類的工作環境裡，最終產品的成功難以確定，職業的專業度也備受爭議。而根據我們的研究結果顯示，在這種情況下，用來防堵不確定的方式，通常是特權階級出身的自我表現裝備。這種具象的文化資本，這時就與推銷一個節目想法或販售一個金融服務的行為合而為一，成為一種無法被確實證明或驗證的能力代表。

最後，我們的分析也注意到了具象文化資本若不是在早期生活中就透過循循灌輸取得，那麼成功啟動就會困難重重。在這裡，應該要重申布迪厄的論辯，他認為儘管美學稟性可以在人生較晚的階段（透過教育或工作場所的歷練而）獲得，但是那些在初級社會化就融入美學稟性的人，永遠都會佔據領先的地位，特別是他們將自己無私的審美取向轉置到流行文化領域的這個層面，尤其明顯。[88] 這個論點與六號電視台內許多社會流動受訪者不確定的說法不謀而合。一如第八章愛麗斯所闡述的內容，因為當事人失去了某些文化的基準，或者沒有足夠的信心可以隨著審美正統性的規矩起舞，而總是會有一種徘徊不去的焦慮。的確，即使當這些受訪者描述自己隨著社會流動，接觸到了位高權重者，也刻意仿效那些人一樣地自我呈現，但是他們具體的「儀態」要素——腔調、發音、字彙、姿態、品味——往往仍會在他們的身上標記為「其他人」——永遠只能變成半弔子的「假貨」。[89]

透過所有的這些方式，我們的分析顯示出那些出身特權背景者在英國高端職場上，將具象的文化資本轉會為**場域專屬資本**（以及後續的經濟資本）的明確方式。我們認為這一點不但在解釋階級天花板時很重要，還具有更廣泛的意涵。布迪厄派的學者對於具象的文化資本的興趣，舉例來說，往往侷限在文化消費模式的探詢，如分析大家消費的是**什麼**型態的正統文化[90]，或**如何**消費[91]。當然這個議題在幫助我們瞭解品味的分層上，非常有幫助，然而根據我們的分析，這類文獻需要進一步結合大眾如何在不同的社會生活領域中，實際部署他們的品味，特別是這些不同的安排部署是否可以換來具體型態的益處，如果可以，又是如何做到。[92]同樣的，我們也相信這樣的分析對於研究工作與專業學者，或許會帶來一些用處。在這個領域中，經濟資本回歸到文化資本的討論，大部分都侷限在學歷[93]，或近期的職業管道[94]，就我們所知，極少有研究利用具象的文化資本來瞭解職涯發展的特定議題。[95]

具象文化資本與技術資本

我們受到布迪厄影響的研究方式，其價值不僅僅顯現在幫助我們更深入瞭解驅動階級天花板的機制，也幫我們揭露了我們之所以會發現這些天花板效應的重要**變化**的原因。在這個最後的章節裡，我們要論辯的是，藉由發展技術資本這個理論化不足的布迪厄概念，並將之與具象文化資本進行比較，可以讓我們開始瞭解橫跨各英國高端職業領域，階級出身所發揮影響力的一個重要分歧。

技術資本可以簡單地被定義為實務專業、知識、技能——或者布迪厄所稱的「實務技術」——這類能夠在職場環境累積，並用來發展自己事業，或者更一般性的說法，可以換成其他型態的資本。[96]然而相較於布迪厄所理論化的其他資本，技術資本的知名度非常低。這種狀況有部分要歸因於布迪厄一直到後期研究才開始發展這個概念，而且就算已經開始了，這個概念依然處在令人乾著急的理論不足狀態。[97]

然而，我們想要辯述的是不論是遭到布迪厄本人抑或廣義布迪厄學派學者相對忽視的技術資本，之所以未得到足夠的重視，很可能與技術資本這個概念，儘管被布迪厄設定成「一種特別種類的文化資本」[98]，卻可以說構成了他階級再製論述的（部分）威脅這個事實有關。技術資本與布迪厄認定為階級優勢再製關鍵的各種承襲稟性之間，存在著極大的不確定性關係。

布迪厄自己的確從未明確針對這個問題進行說明。但是他也確實承認技術資本與具象的文化資本，在兩個重要方面有著極明顯的差異。第一，技術資本的**取得**門檻，遠遠低於具象的文化資本。根據他的解釋，當事人可以遵循著「正規化、合理化的過程」，以相當線性的方式學習並累積技術資本。[99]當然，這與具象文化資本的邏輯迥異，根據我們的解釋，如果不是透過初級社會化的諄諄灌輸，具象文化資本的獲得與累積都要困難很多。[100]第二，在布迪厄的眼中，技術資本與另一套非常不一樣的承襲稟性連結在一起，而這一套承襲稟性奉行的原則是「實際的掌握」（而非象徵性掌握），且運用者是被支配的一群，並非支配群組，這類稟性讚頌的也是技術、實用主義，以及科學真相這種更實際的價值，而非抽象與象徵性這類康德所強調的無私範疇。[101]

要瞭解不同型態的「優秀能力」在不同職場如何獲得肯定，以及是否可以獲得肯定的過程中，特別是這些優勢型態與階級出身的關係，不同資本與稟性之間的區別是關鍵核心的角色。特別是根據我們對於布迪厄技術資本概念化的理解，技術資本不但傳承性低於具象的文化資本，而且從個人參與勞動力市場而取得這類資本的可能性也極高[102]，甚至於就算透過傳承方式獲得技術資本，這種資本也可能與勞工階級或中產階級家庭所灌輸的稟性更具一致性。

根據我們的推斷，或許可以如此解讀布迪厄的技術資本概念，但從他自己的實證研究，卻很清楚地看到，在布迪厄的眼中，技術資本其實是一種非常不重要的資本。之所以會出現這樣的認知，一個重要原因是他在自己身處的法國環境中，將技術資本的交換價值設定在侷限於具技能性的體力勞動工作以及中產社會階級的自雇零售商範疇之內。[103]但是在當代的英國環境（以及很可能包括英國以外的環境）裡，技術資本的重要性，可以說要廣泛得多。[104]

想要瞭解這一點，先瞭解英國階級關係在二十世紀進化的過程，是很重要的事情。一如薩瓦吉[105]的解釋，在二次世界大戰期間，諸如科學、工程這類更新、更技術導向的專業需求激增。戰後，隨著許多這類產業在規模與地位上都開始與法律、醫藥、會計以及金融這類傳統的「紳士」產業競爭，原本大幅增加的需求持續成長。[106]這樣的景況，薩瓦吉認為，代表中產階級的身分在本質與構成上，都產生了徹底的變化。許多這類新產業的專業人都是向上流動的男性，尤其當中很多人都是來自具技術性的勞動階級，而這個階級正是布迪厄視為技術資本孵化器的家世出身。這個變化為中產階級帶來了一個內部的重要分裂，大多數以男性為主的這種技術性新興中產階級價值觀，與紳士行業那種隱晦、內斂且「文藝」的階級文化準則，格格不入。而且這些新興階級並沒有對傳統型態的準則表示尊重之意，也未展現出布迪厄可能稱為「文化善意」的態度，反而採用了「技術勞工階級長久以來的一種傳統，並沉浸於實務的技能以及自成一派的工藝知性主義當中」[107]，同時還歌頌專業的新理性、科學導向。這股技術導向的強勢，一直持續到今天。有些研究顯示這種新傳統在公務行政機關[108]、資訊產業[109]以及工程界[110]，已經蔚為組織文化的核心。

對我們來說，這種趨勢的重點並不僅僅是新興職業領域比較容易具社會開放性，或技術勞工階級背景出身者特別多。這個狀況也代表了這些領域所讚揚的是獨特的「專業規範」，一種大家宣稱更透明、更唯才是用，以及自覺性否定了與布迪厄具象文化資本相關的各種隱晦審美原則的行為準則。

我們認為從本書的各種資料中，可以看出這種分裂的明顯殘留痕跡。這種痕跡首先，以暫時性之姿，出現在定量數據的模式中。諸如法律、醫學、新聞與會計這類傳統的「紳士」行業，社會排他性依然明顯高於工程與資訊這類特定的技術產業。階級薪資差異的變化也進一步反映出了這種分裂。值得注意的是，像工程與科學這種更具技術專業的領域，薪資差異微乎其微，與法律、金融和醫學形成了強烈的對比。[111]

然而真正呈現這種區隔的最明顯之處，是我們的定性資料。最顯著的對比是六號電視台與建築師事務所庫柏斯。若將職場重視的行為與技術視為一體，兩家企業呈現出有如鴻溝深的歧異（第七章），特別是執行主管圈（第八章）。在六號電視台，一如我們在之前章節中所探討過的內容，我們看到了具象的文化資本之力非常清楚的展現影響力，不論是切身的實踐與組織的主流文化模式一致，還是透過高雅美學導向所呈現的價值觀。相反的，庫柏斯建築師事務所的風氣則完全不同。庫柏斯的受訪者不斷地告訴我們，這是一家「務實」的企業，員工與客戶同樣都能夠「看穿」化身偽裝成「優秀能力」的「胡說八道」。而且這個職場高度強調技術能力、完美主義，以及完工結案。除此之外，如同第七章中一些受訪者的概述，若有員工可以開發出高專門性的技術專業，還會得到報酬。

但是我們也要清楚說明，我們並未將這樣的區隔，一如既往或必要地反映在那些「客觀」[112]被視為更技術性的工作領域上。就以透納．克拉克會計師事務所為例。成為一位會計師的核心技能，從技術性的角度來說，可以說與建築師不相上下。但是，就像我們在第七、八兩章所闡述的內容，在透納．克拉克會計師事務所裡，技術能力往往只能在事業初期賦予一定的優勢，隨著一個人事業的晉升，事務所強調的能力，就更偏向了精明幹練、分量，以及創業才幹的展現。到了這樣的程度，重點就不必然是工作本身的特質，而是不同職業環境更**重視**的能力種類，不論這些能力是真的重要抑或只是大家覺得重要，以及重視這些能力的相關想法，如何影響「正確」的工作方式，並隨著時間成為職場抹不去的印記。正因為這樣，在透納．克拉克會計師事務所裡，隨著個人事業版圖的進階，企業所重視的能力方向變化，與企業內階級背景所呈現的型態相符，那麼出身特權背景者更可能成為合夥人的情況，也就不那麼令人感到詫異了。

因此，我們這裡的重點是我們看到了工作環境中**獲得回報**的技術資本與階級天花板之間明顯的關連。簡單地說，在高度重視技術專業的環境裡，階級薪資差異似乎較小、鮮明的階級天花板較少，而社會流動者（儘管只有男性——這一點我們稍後會有更多著墨）似乎也感覺更自在、更積極。

不過我們還是要強調，我們並不認為技術（或文化）資本的凸顯，必然會侷限於特定的職業或企業中。[113]我們在本書中一直強調，庫柏斯建築師事務所，舉例來說，不太可能代表更廣義的建築業，因為設計掛帥的事務所，很可能會更看重較抽象的高雅美感能力。同樣的，我們也證明了審美能力與技術力的差異，通常都在企業內呈現。舉例來說，如六號電視台的委託製作部，或透納．克拉克會計師事務所的諮詢顧問單位這類更凸顯具象文化資本的部門，社會排他性以都比那些較具「技術性」的單位高出很多，譬如透納．克拉克的稅務單位或六號電視台的技術與策略部（請參見第四章）。

由於關注不同環境所重視的特質，讓我們對自己所發現的出身弱勢背景者，相對來說更容易累積技術資本，並且透過技術資本而收穫回報的狀況，產生了嚴正的警惕——**這種輕鬆的管道，似乎並沒有出現在女性身上**。站在社會流動的角度，像工程業這類許多看似較開放的職業，偏好男性的情況非常嚴重。同樣的，在庫柏斯建築師事務所內，成功進行社會流動的人，清一色的全是男性，也令人吃驚。在此，重新回到薩瓦吉的論述，可以得到一定的啟發。根據他的解釋，儘管一九五〇年代與一九六〇年代新興的技術階級，擺出了更開放與唯才是用的態勢，但他們所根植的技術性勞動工作，幾乎全以男性為主，所以這類的技術階級都具有一種男性，甚至「沙文主義」的調調。[114]也是因為如此，在正式宣布技術資本的取得，是社會更開放與更唯才是用的必要或絕對條件之前，我們必須非常謹慎。畢竟技術資本和其他所有的資本一樣，都必須先獲得肯定才能有效使用。而我們的發現認為這樣的情況發生在男性身上的機會，要比女性高出太多。我們在此重申，打破階級天花板，不見得等同於打破玻璃天花板。

就像華康德（Loïc J. D. Wacquant）[115]一段著名的發言：「布迪厄的研究，並非沒有矛盾、缺陷、緊張關係、困惑或尚未解開的問題，因此在隨著布迪厄的想法思考的同時，也需要在必要時從反對與超越布迪厄的思想面去推敲。」[116]本著這樣的精神，我們相信本章中所討論的各項發現，都指向一個當代對文化資本更深刻的瞭解，特別是文化資本在職場環境的兌換狀況，以及像在英國這樣特定的國家環境下，文化資本如何隨著時間而產生型態上的變化。[117]我們的發現顯示職業結構與中產階級身分形成過程中的不同歷史變化，會提升文化資本中某種特定的技術型態。而這種情況，因此也至少在一定程度上，已經成為某些勞動力市場領域裡，對於那些出身特權背景者用傳承而來的具象文化資本去套利之能力的挑戰。[118]

1 原註：布迪厄（Bourdieu 1998, p 81）將慣習定義為一種「社會化、結構化的本體，結合了一個世界或該世界特定部分——領域（field）——之內在結構，並因此構成了當事人對那個世界的看法以及在那個世界裡所採取的行動」。

2 原註：布迪厄對於資本的看法，要比經濟學裡資本的貨幣概念更廣泛：資本是一種「一般化的」資源，可以以貨幣或非貨幣、有形或非有形的型態呈現 (Anheier et al , 1985, p 862)。

3 原註：布迪厄（Bourdieu 1999, p 46）將場域定義為「一種社會結構化的空間，一種力場——存在著支配與被支配者，在這個空間之內，隨時且永遠都會有不平等的關係——因此這個場域也是改善或保存這個力場的爭鬥所在。這個世界裡的每一位演員都發揮自身的相對力量，透過競爭與其他演員接觸，這個力量定義了當事人在這個場域裡的定位，也因此，定義了他的策略」。

4 原註：布迪厄對於社會實踐（social practice）的理解，廣為人知地濃縮在一道等式中（慣習 × 資本）＋場域＝實踐 (Bourdieu, 1984)。

5 原註：這兩種資本差異的最好說明，就是布迪厄所說的 (1990b, p 73)「『主體所學習』而來的東西非當事人擁有，而是造就了當事人，就像可以賣弄的知識」。

6 原註：更一般性的說法，請參見 Goldthorpe (2005) 的論述。

7 原註：在戈德索普一九八〇年的經典研究（Goldthorpe et al, 1980) 中，他認為流動發生在三個時間點（男性回覆者十四歲時父親的工作、進入勞動力市場後的第一份工作，以及調查時的工作），這樣的想法帶來了相當繞的「反流動性」討論，他認為若父親處於相對特權的階級，兒子一開始進入勞動力市場時做低階的工作，但接下來，等到「事業成熟」的時點，就可能會有相對較高的機會移動回較高的職位。不過絕大多數人都已經棄這種「三點」研究不用了。

8 原註：這種情況通常都以 7×7 的階級轉移矩陣來表示，以顯示具特別出身與階級終點的回覆者實際比例。請參見方法論說明以我們在本書中（表 A.3）使用的勞動力調查分析為基礎的範例。

9 原註：最顯著的是這些表格都可以利用對數線性迴歸為模型。請參見 Erikson and Goldthorpe (1992)。

10 原註：從全國社會經濟分級統計而來。更多相關資訊，請連結 www.ons.gov.uk/methodology/classificationsandstandards/otherclassifications/thenationalstatisticssocio economicclassificationnssecrebasedonsoc2010。

11 原註：請參見內閣辦公室（2018）。

12 原註：請參見 Reeves et al (2017)。

13 原註：Guttsman (1951); Kelsall (1955); Stanworth and Giddens (1974); Useem (1986); Useem and Karabel (1986); Dahl (1989); Mills (1999); Domhoff (2002)。

14 原註：當然從事菁英職業者的社會背景，絕非聘僱程序中引發封閉的唯一條件。但聘僱卻是偏厚菁英階級出身者特別明顯之處，學者很早就認定了這種狀況高度暗示了聘僱程序就是封閉發生之處。

15 原註：Parkin (1979); Tilly (1999); Weeden (2002)。

16 原註：Scott (2008, p 35); Domhoff (2013); King and Crewe (2013)。

17 原註：但是值得注意的是，近年來包括 Burrows et al (2017), Korsnes et al (2017) 以及最近在《社經評論》（*Socio-Economic Review*）特刊（Cousin et al , 2018）在內，一直有人試著讓這個傳統復活。

18 原註：請參見 Savage and Williams (2008, p 3)。不過有些北歐研究者持不同意見（Hjellbrekke et al , 2007; Flemmen, 2009; Ellersgaard et al , 2013; Hansen, 2014; Larsen et al , 2015; Ljunggren, 2017; Strømme and Hansen, 2017; Larsen and Ellersgaard, 2018). See also LeBaron's work on Central Bankers (usually in French, but not Lebaron, 2008)。

19 原註：不平等在二十世紀後期加劇——特別是所得分配頂端——促使整個社會科學對菁英產生了新一波的強烈興趣 (Savage, 2014)。但是這類族群的社會組成分析，卻在大多數新研究的議程上缺席。

20 原註：我們要在此重申於前言中提出的論述，我們並沒有將菁英職業視為帕雷多（Vilfredo Pareto）、米爾斯（C. Wright Mills）與其他菁英理論家所使用的「統治菁英」或「權力菁英」的觀念。取而代之的是，我們依照 Heath (1981) 的論述，將菁英職業概念化為「儲備或雇用市場」的組成結構，而統治或權力菁英都出自這個市場。

21 原註：二十世紀大多數研究分層與不平等狀況的社會學家都相信階級是社會最重要的區分，至於其他的座標，則僅有「微乎其微的整體重要性副作用」(Atkinson, 2015, p 81)。

22 原註：不過我們也要重申我們明白「玻璃天花板」一直是存在著實質性批評的議題，而且還有人錯將這個隱喻用來暗示性別不平等僅存在於女性事業晉升到較高階時才變得明顯的問題（Eagly and Carli, 2007）。

23 原註：可能的引文很多，但請參見 Kanter (1993), Hagan and Kay (1995), Hull and Nelson (2000), Bell et al (2003), Gorman and Kmec (2009), Brynin and Güveli, 2012), Modood and Khattab (2015) and Bhopal (2018)。

24 原註：「玻璃」的隱喻儘管有其侷限性，但在精確定位勞動力市場更特定的不平等層面上，卻是成效卓然。舉例來說，我們在第七章從 Ashcraft's (2013) 汲取了大量的「玻璃鞋」概念，將「適合」的相關階級化想法概念化，Williams' (1992) 的「玻璃扶梯」在第六章思考舉薦人的快速晉升影響時，也很有用。

25 原註：這裡的核心洞燭之見，當然是社會分化的主要座標軸，譬如階級、性別、種族，而且其作用並非離散且互相排斥的力量，反而是互相協攜、共同發揮影響 (Collins and Bilge, 2016)。

26 原註：戈德索普、女性主義者以及其他人於一九七〇、八〇年代，針對流動性研究的「分析單位」所進行的激烈辯論，最能闡述這個情況。(Acker, 1973; Goldthorpe, 1983; Heath and Britten, 1984)。

27 原註：布迪厄的作品一直都飽受女性主義者（Lovell, 2000; Adkins and Skeggs, 2005）、種族與族群學者（請參見 Wallace, 2016，有很好的概述）的批評。

28 原註：Moore and Jones (2001)。

29 原註：美國的地位成就傳統利用了許多不同的出身與終點指標，而詹克斯（Charles Jencks）與其他人在他們具開拓性的一九七二年著作中，就表示階級出身與收入有關連，即使在考慮過他們的職業終點後，也不例外，如普菲佛（Carla A. Pfeffer, 1977）對商學院畢業生的研究。更近一點的研究有托切（Florencia Torche, 2011）在美國找出了類似的效應，另外請參見瑞典的赫許坦（Martin Hällsten, 2013）以及挪威的佛萊門（Magne Paalgard Flemmen, 2009）與韓森（Marianne Nordli Hansen, 2001）。

30 原註：因此戈德索普與其他人（1980）提出工作生活流動（亦即代內流動，指的是人一生中的流動）可以讓「代際流動」的分析更複雜，而且他在自己的比較研究中 (Erikson and Goldthorpe 1992)，一再提到這個論點。

31 原註：舉例來說，戈德索普就相當務實地處理了這個問題。他若不是專注在年屆三十五歲的這群他認為「事業成熟」的年齡（他認為過了這個年齡，轉換職業的可能性相對較低），就是確保自己在研究中比較相同年齡的人（請參見譬如 Bukodi et al, 2015）。儘管如此，一般的看法仍是流動包含了好幾個層面——自己與父母的各種層面——因此無法輕易地濃縮在一個標準的列表中。

32 原註：Blanden et al (2004, 2007)。

33 原註：Bukodi et al (2015)。

34 維登（Kim A. Weeden）：目前任教於康乃爾大學的社會學家。

35 葛洛斯基（David B. Grusky）：一九五八～，目前任教於史丹佛大學人文科學學院的社會學家。

36 原註：微階級研究方式呼籲的是一種遠離「大階級」分類的涂爾幹（David Émile Durkheim）理論，並根據被研究者位於勞力的技術分區位置，進行較小職業群組的分析，大家因此認為這樣的分析方式比較貼近我們文化認同的日常經驗 (Weeden and Grusky, 2005)。

37 切蒂（Nadarajan "Raj" Chetty）：一九七九～，印度出生的美國經濟學家，目前任教於哈佛大學，為哈佛經濟系最年輕的講師。

38 原註：Chetty et al (2014b, 2017)。

39 原註：切蒂的機會平等（Equality of Opportunity）計畫有縱向資料，但截至目前為止，大部分發表的著作，即使有分析，通常也只顯示還算不錯的單一時間點工作，並將之視為較長期職業發展軌跡的代表。

40 原註：不過還是有部分的例外，請參考 Bourdieu (1987a, 1996)。

41 原註：請參見 Goldthorpe (2005)。

42 原註：King (2000); Goldthorp (2007)。

43 原註：Bourdieu (1984, p 101)。

44 原註：Bourdieu and Wacquant (1992, p 133)。

45 原註：Bourdieu (1984, p 114)。

46 原註：Atkinson (2015, p 105)。

47 原註：Bourdieu (2000, p 161); Wacquant (2016)。

48 原註：換言之，主要的稟性都是「持久」的傾向；這些傾向往往都具延續性且可自行複製，卻非永久（Bourdieu, 2005, p 45）。

49 原註：很重要的一點是認知到傳統社會流動性研究專注在固定與穩定結構內的移動。布迪厄採取了更激進的作法，他認定結構本身就具歷史動態的特質。大家其實一直都在一個始終進行變化的社會世界裡流動。因此布迪厄基本上其實是位歷史導向的社會學家，一直想要拓展我們對於流動的瞭解，他不是只看個人在某種固定結構內的移動，他還想讓大家知道我們也需要研究結構的動態歷史重造（Savage and Friedman, 2017）。另外同樣值得注意的是，儘管動態——特別是對應職業的概念——經常是文獻中的主張，但在實徵研究上卻不盡然會應用。相關例子，請參見 Stewart et al (1980, pp 271-2); Savage et al (1992, p 222); Bertaux and Thompson (1997); Blackburn and Prandy (1997); Savage (1997, 2000); Miles and Savage (2004); Abbott (2001, 2006). Even Erik Wright acknowledges this in multiple places: Wright (1978, 92-3, 1985, 185-6, 1989, 329-31, 2005, 17-18, Wright and Shin, 1988)。

50 原註：這裡我們再度需要注意的是因階級出身而產生的收入差異，在一些其他國家的環境中也有被凸顯出來，如瑞典 (Hällsten, 2013)、挪威 (Hansen, 2001; Flemmen, 2009) 以及美國 (Torche, 2011)。

51 原註：Lareau (2015)。

52 安得魯・阿伯特（Andrew Abbott）：一九四八～，目前任教於芝加哥大學的社會學家與社會學理論家。二〇〇〇至二〇一六年間《美國社會學期刊》（*American Journal of Sociology*）編輯。

53 原註：著名的參考資料包括 Abbott and Hrycak (1990) 與 Stovel et al (1996)。

54 目前為挪威奧斯陸大學的社會學與人類地理學系的博士後研究生。

55 原註：Halpin and Chan (1998) 以及 Toft (2018) 都曾利用序列分析研究過階級流動。

56 原註：特別是 Bühlmann (2010); Bison (2011); Bukodi et al (2015, 2016)。

57 原註：更有甚者，應用序列分析來說明代內流動複雜模式的研究著作，並未與代際社會流動的研究產生有效的交流影響。舉例來說，經濟學家大量的著作（如 Jenkins, 2011），都是利用縱向資料研究收入流動，結果證明相當數量的短距離流動，都是每年一次，而地理學家（譬如 Fielding, 1992, 1995）的著作則是長期以來一直強調空間流動在瞭解代內移動過程中的角色重要性。然而這些進展卻絕大部分沒有整合成流動社會學的研究議題。這個情況也說明阿伯特的序列分析方法——儘管廣受引用且備受敬重——更常見於人口統計學的家庭變遷與序列分析，而非常社會流動性的研究。

58 原註：Bourdieu (1984)。

59 原註：事實上，布迪厄很少使用「階級」這個詞彙。取而代之的是，他的著作是依據處於社會空間內鄰近位置，以及與類似「生存條件」（意即出於實際必要性的資本積蓄與距離）者有社交來往的人群來撰寫「可能的」階級群組 (1990b, p 60, 1991, p 237)。

60 原註：舉例來說，大英階級調查的設計主旨在於掌握布迪厄理論中的資本狀況，不會詢問任何攸關個人審美取向的問題（Savage et al, 2013, 2015a）。更多的相關資訊，請參考 Friedman et al (2015)。

61 原註：舉例來說，這種情況讓我們可以建立起有關出身背景持續的廣大、一般性且健全的模式，但同時也需要仰賴一些譬如職業的替代條件，或收入這種不完整的指標。

62 原註：依照柯普曼（Sharon Koppman, 2015）的論述，我們透過三組問題，探究受訪者美學社會化（aesthetic socialization）的情況：（一）自家擁有的藝術品以及童年參與藝術活動的程度；（二）在校或大學裡正式接受藝術教育的程度，以及（三）鼓勵接觸藝術與關注藝術的程度。

63 原註：舉例來說，演員費絲的父親是位牧師，母親是位社會工作者，但是兩位都是從國外到英國的移民，她在受訪時解釋雖然她的父親已經在當地教會有了一些工作，但在她成長的過程中，他一直都要在當地的超級市場工作，她的母親在家照顧她和她的兄弟姊妹。她的雙親，費絲說，因此都很窮，而且沒有英國教育體系的經驗，文化資本的水準相當低。反觀在庫柏斯建築師事務所的建築助理阿米爾告訴我們，他小時候，父親失業了很長一段時間，但在移民英國之前，他父親是巴基斯坦的工程師，而且還安排阿米爾和他哥哥在巴基斯坦的一個發展建案中工作，累積工作經驗。

64 原註：請參見 Silva and Wright (2009)。

65 原註：波特羅（Wendy Bottero, 2010, pp 14-15）就強調每個人都會為了對應在自覺所處的群體裡「遵守秩序」而不斷調整自己的稟性。在這裡，其他人「互為主體性」（inter-subjective）的重要性至高無上——這是必須納入考量的因素，而且大家（我們）會因為在社會環境內所期待遭遇到的事情而決定行動。

66 原註：這就是布迪厄個人的獨特嘗試，試圖克服大家所熟悉的個人與社會、結構與媒介之間的社會科學二分法。布迪厄在他一九九四年完成的《實踐理性》（Practical Reason）一書中，揭露他努力想要為「一個人無法表露，卻必須透過科學研究掌握、建構與證實」的客觀關係，創造出一套科學的關係哲學，並建構一種行動的性格哲學，這種哲學解釋了刻印在「媒介體與媒介體採取行動之情境結構內的潛在可能性」之間的關係（Bourdieu, 1998, p vii）。

67 原註：布迪厄賦予權力場域的特質是「在不同型態權力掌握者之間掙扎的一個權力場域，一個擁有足夠特定資本（特別是經濟或文化資本）的媒介者與組織，能夠在各自場域中佔據主導位置，並利用不同策略對峙，以達到保存或轉變這些權力關係的競賽空間」(Bourdieu, 1996, p 264)。

68 原註：Bourdieu (1984, pp 102-4)。

69 原註：Bourdieu (1993)。

70 原註：在布迪厄學術成就中，資本轉換一直是個研究不足的議題。如布迪厄 (1977) 所說，擁有相同資本水準的人，不見得都可以獲得相同的利潤。的確，他將這種情況與紙牌遊戲作比較，當發牌者把牌發給玩家後，玩家成功的能力端賴他自己的遊戲技巧，以經濟名詞來說，就是他的「投資策略」。

71 原註：Bourdieu (1986)。

72 原註：Bourdieu (1986, p 17)。

73 原註：若想要對布迪厄的階級與體現有個非常好的概觀，請參見 Vandebroeck (2014, 2016)。

74 原註：Bourdieu (1986, p 18)。這種錯誤的認知在許多方面都是立於大家廣泛認為實際身體為一個人「本質」的最有形存在的假設基礎上，因此人的天賦就根植於「自然天生」而非社會構成的「培育」。

75 原註：在這裡我們要呼應的是查爾斯沃斯（Simon J. Charlesworth, 1999, p 65）的「階級是現實的一種現象」主張。

76 原註：布迪厄 (1977, p 195) 詳細說明：「如果所有的社會……在衣著、舉止、身體與語言禮節等這些看起來最不重要的細節上，都認定這麼重要，理由就是身體被當成了一種記憶，社會以諸如記憶術這類簡潔實用的型態，強行將文化蠻橫內容的基本原則置入這個記憶中。以這種方式體現的這些原則不受意識掌控，因此無法自發性質地理解、刻意改變，甚至無法讓這些原則變得更明確；這些原則是最難以言喻、難以溝通、最獨特的存在，因此要比被賦予價值的身體更珍貴，讓身體透過一種隱性教育法的隱形說服力達到變體，並藉由『抬頭挺胸』或『不要用左手拿刀』這類很不重要的禁令，讓身體有能力逐漸灌入一整套的宇宙學、道德觀、形而上學、正式哲學。」

77 原註：Bourdieu (1977, p 94, 1984, pp 437, 466-8) 以及更一般性的論述，請參考 Jenkins (2002, pp 74-5)。

78 原註：Atkinson (2015, pp 62, 135)。

79 原註：Kant (1987, p 234)。

80 原註：Bourdieu (1984, p 3)。

81 原註：Bourdieu (1984, p 40) 以及更一般性的論述，請參考 Lizardo and Skiles (2012) 關於美學稟性的探討。

82 原註：Bourdieu (1984, p 291)。

83 原註：布迪厄把這種情況看成是資本型態可以變體為象徵資本的方式。

84 原註：布迪厄 (1984, p 418) 將慣習的一個重要特質視為慣習透過一種普遍性的階級實踐價值（class ethos），將來自一個實踐領域的稟性，轉換為另外一種（另請參見 Crossley, 2001, p 125; Vandebroeck, 2016, p 50）。

85 原註：布迪厄 (1990b, pp 58-9) 將這個情況解釋為一種過程，在這個過程中，慣習往往會與其他來自類似背景的人變成「客觀地和諧化」，而且「不需要直接互動或明確合作，就可以互相調整」。

86 原註：這些準則也可以在普瓦（Nirmal Puwar, 2004）「身體規範」（somatic norm）的公式中看到。

87 原註：因此像透納·克拉克會計師事務所這樣的組織，會站在他們相信（至少一些人相信）客戶會因為特別的美感經驗而支付額外價格的基礎上，有效聘僱合夥人(Brown and Hesketh, 2004, p 157; Ashley, 2010, p 723)。

88 原註：如布迪厄(1984, p 331)所述：「身為白手起家者，（向上流動者）無法擁有與文化的緊密關係，但是那些生來，亦即天性與本質就與文化有所連結的人，可以透過文化的授權而變得勇氣十足。」

89 原註：ourdieu (1977, pp 93-4)。另外相關但內容較一般性的，還有Goffman (1951, p 301)論述暴發戶階級之間「吹牛」的限制。其他值得一讀的還有Rollock et al (2011) and Wallace (2017)有關「黑人文化資本」的討論，以及內容更廣泛的作品如Karyn Lacy's (2004, 2007) and Mary Pattillo's (2013)，探討黑人中產階級的經驗。

90 原註：以Bennett et al (2009)作為範本，請參考之。

91 原註：Friedman (2011); Jarness (2015)。

92 原註：長久以來，這一直是各文獻的重點。舉例來說，大概三十年前，拉蒙特（Michèle Lamont）與拉魯（Annette Lareau）(Lamont and Lareau, 1988, p 163)就曾辯稱學者需要花更多的心力在「個人將自己的文化資本活化以……取得渴望得到的社交結果之微互動（micro-level interactions）」。罕見的例外，請參考Koppman (2015, 2016); Levy et al (2018); Reeves and de Vries (2018)。

93 原註：Zimdars et al (2009); Sullivan (2001); Hout (2012); Igarashi and Saito (2014); Wakeling and Savage, 2015)。

94 原註：Ashley et al (2015); Rivera (2015); Koppman (2016); Ingram and Allen (2018)。

95 原註：這裡有一個著名的例外，那就是里夫斯（Aaron Reeves）與維瑞艾斯（Robert de Vries）的研究（Reeves and de Vries, 2018），他們說明文化消費愈多的人，在專業職場上賺取得愈多。然而，一如概述的內容，雖然這些作者提出了具象的文化資本概念，但是他們並沒有數據檢驗這些經濟回報是源於身體實踐抑或來自美學稟性。

96 原註：「親力親為者的資本」(Bourdieu, 2005, pp 29, 78-81)。我們要強調，我們這裡的重點在於職場環境所累計的技術資本，而非透過教育體系所累積的技術能力與知識，我們將後者歸類於「組織化文化資本」型態。不過，當然，很難完整區分我們資料中的專業型態，哪些是「在職」累積所得，哪些是經過「教育」累積而來。

97 原註：請參見Emmison and Frow (1998)以及Archer et al (2015)，瞭解罕見的應用狀況。

98 原註：Bourdieu (2005, p 29)。

99 原註：Bourdieu (2005, p 127)。

100 原註：就像凡德布洛克（Paul Vanderbroeck, 2016, p 48) 辯述的，社會流動很可能經歷最急性的「遲滯」，在這段遲滯期間，「組織起特定實踐領域的稟性會（一）與最早的社會經驗連結，（二）成為大量實際灌輸的產品（而非明確的理論化指示），以及（三）藉由教育系統所提供的系統化、全面性教學型態，來逃避接踵而來的重組工作」，或者我們也可以在技術資本的這個案例中加上一個經由技術資格以及／或訓練所提供的顯性教學。

101 原註：Bourdieu (2005, pp 78-81)。

102 原註：不過也很重要的是，要記住第九章中所強調的，參與勞動力市場的能力與渴望，因此累積技術資本，很可能在重要的方面仍會被「分類」。

103 原註：請參見 Bourdieu (2005, p 29) 與薩瓦吉（Michael Savage 的論點 (Savage, 2010, pp 67-93)。

104 原註：根據 Bennett et al (2009)，我們認為，從強調一輩子都能夠持續累積的能力與技術這方面來看，技術資本其實與貝克（Howard S. Becker）的人力資本概念雷同。

105 原註：Savage (2010)。

106 原註：Edgerton (2005, 圖 4.1, 與 p 148); 另請參見 Harrison (2009)。

107 原註：Savage (2010, p 84)。

108 原註：O'Brien (2016)。

109 原註：Halford and Savage (2010)。

110 原註：Nichols and Savage (2017)。

111 原註：尤其是這種二分法並不完全符合我們的數據——舉例來說，從進入管道來看，建築師特別貼近勞工階級出身，而社會流動似乎在新聞界的表現特別佳。然而在我們所有組別的菁英職場中，階級出身所顯現的方式，明顯表露了一些有意義的模式。

112 原註：這個當然很重要，但是儘管我們知道一份特定工作所必須具備的廣義可辨識技術專業程度或水準，這類研究卻很難判定兩份類似工作所真正需要具備的技術專業高低與程度差異。

113 原註：相反的，我們看到技術資本的強調被視為一種感性，而且這種感性在各式各樣頂級職業、頂級企業、劃分細膩的部門，或甚至公司內部的團隊中都可以看到。

114 原註：Savage (2010)。

115 華康德（Loïc J. D. Wacquant）：一九六〇～，社會學家與社會人類學家，目前任教於加州大學柏克萊分校。

116 原註：Bourdieu and Wacquant (1992, pp xiii-xiv)。

117 原註：更多資料，請參見 Prieur and Savage (2014) 與 Friedman et al (2015)。

118 原註：當然，這個部分還需要更多的研究。特別是我們要強調探討的重要性，有些議題，我們僅提示性地進行探討，尤其是技術與具象的文化資本潛在性的轉換與可流動性。舉例來說，在頂級職業中，技術資本可以真正迎戰具象文化資本價值到什麼程度？又像透納．克拉克會計師事務所的職場所展現出來的，一旦晉升進入技術高階層級，技術資本被貶抑或淹沒到什麼程度？同樣的，技術資本的取得與累積一直都比「任人唯賢」要透明，那麼技術資本用什麼方法可以進行代際傳承？最後，為什麼技術資本的成功啟動，視性別而定的狀況如此明顯？

第十一章

結語

在當代英國，成為特權階級是實實在在值回票價的事情。出身勞工階級背景的人，即使成功進入這個國家的菁英職業圈，他們的薪資所得，平均而言，也要比出身特權的同儕要少百分之十六。更重要的是，傳統的「優秀能力」指標，根本無法解釋這種階級薪資差異的現象。就算我們再把一個人的學歷、工作時數，以及培訓與經驗程度全部納入考慮，實質的差距依然存在。

這個相對簡單的發現，在很多方面都構成了本書的**最重要**核心貢獻。當大家在各自的職場發展領先其他人時，我們往往都會假設那是基於他們個人的技能、經驗與努力。這些原則，不論是道德或實務面，都是支撐英國「任人唯才理想」的骨架[1]，也是長久以來經濟成長與社會流動的主流討論議題。然而「階級薪資差異」的存在，卻對這個崇高的目標提出了一個發人深省的糾正。當牛津與劍橋這類大家推崇為菁英掛帥的終極汰選教育機構，也像我們在第三章中所實證的狀況，無法完全沖刷掉階級背景的優勢時，無疑對相信英國任人唯賢菁英制度的人，甚至最忠誠的信徒，都構成了一個嚴厲的反駁。階級薪資差異，換言之，揭露了一個強大而且在之前一直沒有受注意的不平等軸線，而這個問題顯然需要迫切的關注。

儘管如此，我們希望自己不僅僅診斷問題，還能做更多的事。也因此，本書大部分的內容都致力於揭露階級薪資差異的**驅動因子**，以及精確解釋**為什麼**向上流動者，即使與他們出身特權階級背景的同僚具有相同的「優秀能力」（不論我們從哪一個可以量測的方面而言），卻依然無法擁有平等的發展機會。這其中，還有一個不斷出現在我們分析當中的主題，那就是與「優秀能力」概念本身有關的議題。我們不會去爭辯傳統上量測「優秀能力」的方式——技能、資格、專業、努力、經驗——對於英國菁英職業領域的職涯發展重要性。但是我們的分析顯示了大家利用自己「優秀能力」套利的才能，或者該說「發揮」自己才華的能力，並不見得平等。這是因為要讓「優秀能力」獲得肯定，必須要先獲得展現的機會，「優秀才能」必須要能夠以符合主流思想的「正確」方式去展現，而且必須獲得那些掌控進階之門鑰匙者認可為有價值的「優秀才能」，才能發揮作用。在所有的這些過程中，一如我們將詳細解釋的內容，都讓特權階級出身者取得了重要的領先位置。

隱形的手

大多數的菁英職場，當然也包含接受我們訪談的許多人，都對任人唯才的理想——應該建立在能力、技術與成就之上的**個人**職涯發展概念——堅信不疑。但是我們發現菁英職場的人，鮮少**只**根據他們自己的努力開展事業。相反地，他們的職涯發展軌跡，在重要之處都會因為他人的支持行動而受到影響。當我們的受訪者描述他們事業旅途中的決策時間點時——重要的決定、新的工作、重要的升遷——故事中往往會出現其他的演員，以及提供了重要**支**

持的資源。這樣的協助，根據我們的分析顯示，往往來自兩個方向。

第一個方向，如第五章所述，是我們確認為當事人階級背景所帶來的支援資源，亦即所謂的「父母銀行」。這種財務資助，我們認為，對於推動當事人的事業發展具關鍵作用，特別是在像文化產業這類不確定性很高的菁英勞動力市場。在這樣的情況下，金錢扮演了事業初期的重要潤滑劑，可以讓出身特權背景者踏入更有前途的職業路徑、專注在發展更有價值的人脈、抵制具剝削性的工作，以及抓住具風險性的機會——所有的這些事情，都可以增加個人未來的成功機會。

不過援手不一定都是從身後或下方伸出。在第六章中，我們解釋了在許多傳統菁英領域，支持更可能來自上方而非下方的拉力，而非推力。不像財務方面的協助，這樣的支持通常屬於社會面——以非正式的舉薦關係展現。在英國，這樣的舉薦性流動往往都與過去的時代有所關連，是一種在現代已經過氣了的「老校友人脈」遺風。但是我們的實地調查卻提出了舉薦關係在許多菁英職場上依然相當盛行——而且持續不成比例地讓那些出身優勢背景者獲得有利的條件。這種舉薦關係在不同的職場會以稍有不同的方式運作，但關鍵作用卻完相同：資深的高階領導者在鎖定了基層的受保護者後，藉由仲介工作機會、分配高價值的工作，或為他們代言的方式，讓受保護者在職場上快速通關。這種狀況，我們認為，就是布迪厄的社會資本概念，當事人不一定是「優秀的網脈使用者」，但能與「正確」的人建立關係，而且重要的是，能與這些人熟悉到利用他們的支持。

這些援手操作著事業發展的遊戲，偏好那些特權階級出身之人。這些援手之所以如此有效的主要的原因，我們認為，是他們大多都隱藏在大眾目光看不到的地方——他們以**隱形的手**型態運作，幫助某些人往前進，同時也讓其他人陷於不利的情況中。從舉薦關係的角度來看，這種情況有部分要歸因於特定種類的管理術語——利用「人才地圖」這類空洞的詞彙——一方面讓人對正式的工作表現管理，產生了錯誤的印象，另一方面則隱藏了高階領導人在透過組織階級，獨厚受保護者時所享有的自主權。

大家是否認知到這類支持力量的存在，其實是個牽涉範圍更廣的問題。我們發現，在描述事業進程的時候，不論是舉薦人抑或父母銀行，大家都淡化處理。當然，這樣的支持直接攻擊到了成功的道德正當性；大多數人都**想要**相信所有的好運，全是因為自己應得，一如韋伯的著名評論。[2]但同時這樣的噤聲、掩蓋與模糊化，也代表了在菁英職場工作的其他人，以及作為一個群體的廣大大眾，無法瞭解菁英職業仰賴其他人支持的程度，究竟有多高。這種狀況從根本上將我們所理解的「優秀能力」變得複雜化，也暗示了從展現技能、資格與努力的角度來看，一個人的「優秀能力」要能夠奏效，首先需要別人鋪設的一個特定**平台**。就像愛麗斯（勞工階級出身）對於六號電視台資深委託製作人的敏銳觀察：「就好像他們真的全都很有才華，不是這個問題。而是他們（之所以如此成功）就像是因為他們有機會可以，嗯，**被人視為有才華的人。**」

因此「優秀的能力」必須要能夠在對的場合或在對的人面前刻意展現——**「優秀的能力」必須要能被人看見**——而這樣的展現契機，往往就是提供這個平台的其他人所仲介的資源以及／或機會。

「優秀能力」的表現

大家不僅以為「優秀的能力」是當事人獨有的特質，還認為「優秀的能力」具有固定的本質——被廣泛認為是「可客觀評量」的傳統指標，也因此被所有人平等地認可。[3]但是貫穿本書的一個重要主題就是「優秀能力」必須要能持續且積極地在職場展現，而且要能受到其他人——特別是資深決策者——認可、說服這些人相信其價值。在很多方面，這種展現或許可以被視為一種類似表演的呈現——在執行與工作相關的任務時，當事人必須要能啟動其他人認為是他客觀的「優秀能力」庫存——譬如資格、經驗、專業——然後再透過包括了衣著、腔調、語言以及舉止等等特定自我表現的方式來體現。這裡的重點在於理應是客觀評量「優秀能力」的方式，實際上往往都是評判們根據當事人的表演方式，所產生非常一樣的接受、評斷與重視的結果。某些人的表演很「合適」，這也表示，其他人的表演並不「合適」。

要瞭解為什麼有些「優秀能力」在菁英職場上的表演「合適」，我們需要先瞭解第七章所談到的「玻璃鞋」效應。這個效應指的是特定職業似乎具有一些與實際工作幾乎沒有關連的傳襲特性，而這些特性卻讓能某些人變成天生適合，其他人受到排擠。以會計師這個行業為例，在這個產業中，特別是諸如倫敦市等特定地區，在歷史傳統上，幾乎一面倒的絕大多數都是特權階級出身者（白人、男性），而這一群人所認為的「正確」行動與工作方式，因此深植人心。這表示特定形式的「優秀能力」展演，特別是對那些駕馭了階級行為準則的人來說，就變成了構建出誰適合晉升或被拔擢的看法——即使這類的準則與實際有效執行工作所需要的專業可以說毫無關連。決策者大多表示這種適合的感覺是一種直覺性的「本能」、直觀的反應，就像透納．克拉克會計師事務所的雷蒙所說，某些人就是「感覺起來像個合夥人」。

這類「優秀能力」的「鏡像反映」版範例，在本書中隨處可見。以第七章為例，我們探討了電視圈「精心設計過的隨性」與會計師業「精明幹練」的效力。儘管有許多明顯的不同，但兩者都是期待套組中關鍵的組成要素——與衣著、腔調、品味、語言和禮儀有關——也是與特權背景出身或教養存在著緊密關係的元素，亦即布迪所稱的**具象的文化資本**。另外，我們還發現了行為準則在特定的菁英環境中特別重要。舉例來說，我們認為這些行為準則在特定的工作領域，會呈現出更高程度的重要性，譬如六號電視台的委託製作部門，或透納・克拉克會計師事務所的諮詢顧問事業體等這些實際的工作表現特別難以評斷，因此「優秀能力」的概念也就特別難以確定且具爭議的領域。在前述的兩種工作環境中，「最終產品」的成功——不論是財務建議或電視節目——都非常難預測，因此這兩種業務的專業知識與專業技能，在本質上就模糊不清。也因此，在向客戶提出建議或推銷自己的節目計畫時，呈現或表演出正確的形象，不但成了整場說服行動不可分割的部分，也是當下無法依靠足以信賴或明確方式提出定義的能力代表。

「適合」的概念對於高階管理階層也特別重要。這種情況同樣有部分要歸因於展現領導力的「技能」和「潛力」的確認與認可，在本質上就模糊不明。除此之外，我們在第八章裡也辯述了適合性的問題，另外也是那些已佔據管理高位者進行管道限制的方式，只有他們認可的有資格者，才可以通過管道加入他們的小圈圈內。以六號電視台為例，掌握高雅美學就被視為一種進入高階主管圈的先決條件——儘管這個神奇魔力圈的大多數成員，都承認這一點和電台製作的主流節目毫無關係。

在所有的這些場合中，我們發現證據證明了特權階級出身的自我表現套組，經常會被誤認為才華或能力的標記。**這些全都是階級化的表演，換言之，是偽裝成客觀「優秀能力」的呈現**。在研究個案中，我們發現正是這些領域——委託製作、諮詢顧問、高階主管群——聚集了最多的出身特權背景之人。

物以類聚

我們已經證明，對某些人而言，要將自己的技能、適任資格以及專業資本化，不僅需要特定的平台，他們自己也必須要能展現出「優秀能力」，而且呈現的方式不但必須與主流對於適合這兩個字的想法一致，還要受到掌握晉升大權者的重視。但獲得這類決策者的認可，不僅要仰賴會議、報告或面試時的表演，我們認為**關係**也常常是非常相關的要素。

我們就從熟悉能產生連結這個基本的觀察開始吧。這個原則——一般稱為同質性[4]——幾乎是所有關係的建構基礎。大家總是會受到與自己相似之人的吸引，也因此對於接收到的資訊、形成的態度，以及經歷的互動，都會帶來非常強大的意涵。在解釋種族與性別的不平等狀況時，同質性就已經證明了其強大的影響，而根植在階級出身的同質性，是階級天花板的重要驅動因素，更是連貫本書的一個重要議題。

最直接的說法就是，如果要瞭解我們之前概述過的職業支持，同質性絕對是重中之重。舉薦關係的連結，一如我們在第六章中所解釋，鮮少是單純架構在工作之上。相反地，這種關係幾乎總是奠基於一種根本的感覺連結之上，而追溯這種感覺的濫觴[5]，往往都是來自文化親和力——共有的品味、生活風格與幽默。儘管這種文化匹配性並不見得必然反映到共同的階級出身，但是大量的研究卻顯示這種情況的比例非常高。[6]在我們受訪者案例中，大多數也都是這樣的狀況。當絕大多數的資深領導者本身都出身特權階級背景時，往往他們舉薦的對象也是按照自己的形象選定。這件事很重要。因為這代表透過舉薦人仲介的重要職位與工作機會，不僅僅仰賴才華與能力，還要依靠階級文化的共通性。

另外，瞭解高階管理基層在面對那些來自不同人口統計領域的人時，會出現較負面的「本能反映」，也是很重要的事。這類的尷尬時刻，很可能就是他們拒絕舉薦關係培養，以及描繪，套用透納．克拉克會計師事務所合夥人詹姆斯的直言不諱，那些「你可能會跟對方出去喝一杯，但喝了半杯就待不下去」之人的真實心裡感受。

當然，要避免職場上的這類連結關係非常困難。文化同質性的發現，相當於一種強大的感情黏著，可以促進親近感與信賴。[7]然而迫切的問題是這種階級同質性為何對於職涯**發展**的結果影響如此之大？我們的分析再次提供了一些線索。首先，相較於基層人員，高階人員的聘僱與晉升過程，往往都較不正式化，也更不透明。這個作法提升了舉薦人的權力，讓他們能夠確保舉薦對象的優勢，不論是敦促這些鎖定的對象積極爭取，抑或去影響其他決策者的決定。其實上層圈的工作的明顯不確定特質，也與此有關。[8]六號電視台的執行主管莉吉這麼描述：「每天我們都得從懸崖上跳下去五次。」面對這樣高度的不確定性，高層人員因此常常會親近他們可以依賴、讓他們覺得會對自己忠心的人——套用透納．克拉克會計師事務所詹姆斯的話，就是「與我們看法相同的人」。但是這種對忠心與信賴需求的提升，加上總是隨伺在側的風險規避感，只會讓這種聘僱與自己相似者的狀況益加嚴重。「信賴感與相似性全混在一起了。」六號電視台的麥可這麼說，莉吉後來也承認有一種「你無法因為要讓人上車就把火車停下來」的感覺，而不能上車的人，就是那些可能因為比較不熟悉，而感覺到風險比較高的人。

「優秀能力」無法發揮作用

如果沒有平台展現「優秀能力」，又或者是展現的「優秀能力」不受到決策者認可，怎麼辦？我們在研究過程中聽到很多人提到這方面的親身經驗。雖然有這種經驗的人，大多數都是社會向上流動者，卻也不盡然全然如此。這些描述所凸顯出來的不確定，從**沒有**經濟安全網、因為沒有舉薦人的代言，當事人需要花更多的力氣，到持續不去的焦慮感，只因為害怕無法成功模仿出令人信服的主流行為規範——套用透納．克拉克會計師事務所馬丁納的話，就是「破解這些準則」。

這些受訪者也從個人的決策角度，提供了「優秀能力」的展現無法收穫回報時，令人吃驚的後續發展。在這樣的過程中，「汰選」是個很重要的詞彙。簡單地說，這個詞彙描述的是那些出身勞工階級背景的人，在進入特定菁英領域、職業與部門時，遭到**水平**濾除的過程，而這個過程也導致了當事人在薪資與地位兩方面的回報都較低。特別是在第三章中，我們看到了流動人群往往都會被歸類在獲利較低的工作、規模較小的企業，以及倫敦以外的地方。第四章中，我們探討了這種汰選狀況也會出現在企業之內，因為那些出身特權的人會匯集到明顯更有晉升前景的部門，譬如透納．克拉克會計師事務所的諮詢顧問單位或六號電視台的委託製作部。最後，在第九章中，我們概述了汰選同時也具**垂直**層面的影響，特別是我們探討了流動者在向前推進自己的事業過程中，如何經常自我消除。然而這種自我消除的現象，並非源於決策圈有時候所以為的這些人缺乏積極性，或沒有鴻鵠之志。[9] 在絕大部分的情況下，自我消除都是對前述障礙型態——經濟不確定感、比較沒有支持的感覺，抑或對「融入」的焦慮與模糊性——的一種反應，或者可以說是一種預期心理。所有的這些因素都深刻地影響了我們向上流動受訪者的「事業想像」[10]、以及他們所看到的事業可能性。

在圖11.1[11]中，我們回到第三、四章用於結尾的啟發式圖表。不過現在可以再加入我們在研究個案中所找到的階級薪資差異驅動因素——父母銀行、舉薦關係、行為準則以及自我消除。儘管我們這裡的分析不可能具絕對性，而且也會無可避免地傾向於我們進行實地調查的特定菁英領域，然而我們相信這些驅動因素的加總力量，對於解開階級薪資差異之謎，應該

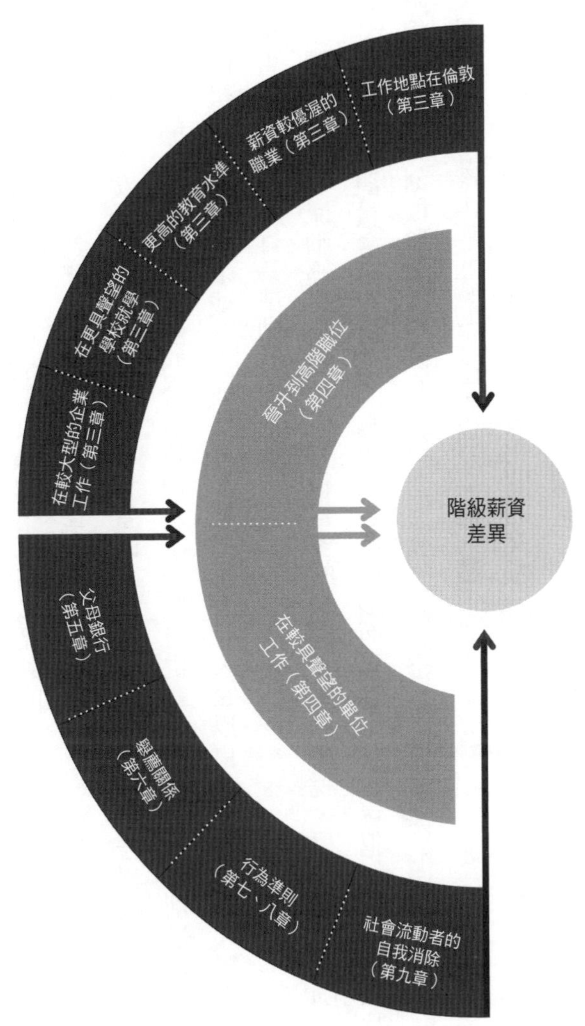

圖11.1　階級天花板的所有驅動因子——特權階級有什麼優勢？

備註：我們將本書中所有辨識出來的各種階級天花板成因全置於此表中。

有相當程度的幫助。

當然，「優秀能力」的呈現與確認，並不僅僅受到個人的階級背景影響。相反的，我們發現了非常有力的證據——也是首次得知——**向上流動**的女性與（特定）的少數種族族群在菁英職場上，會面臨到雙重（有時候甚至三重）薪資所得劣勢的窘境。舉例來說，出身勞工階級的英國黑人女子，相較於出身特權背景的白人男性，平均薪資差異高達兩萬英磅。關於這些交織性的不平等，我們的訪談資料提供了一些可供參考的看法，特別是性別與族群可能會提高階級差異能見度（或反之亦然），結果反而令大家以更大功率的放大鏡去檢視這群人個人是否依據主流的行為準則行事。

我們對於這種流動經驗的瞭解仍有相當多的窒礙。舉例來說，只有向上流動的女性、黑人以及少數族群演員會訴說自己因為角色定型侷限而感到刻骨的冒犯與諷刺，以及不斷演出依照相同的過時刻板形象所刻畫的角色，但這些角色其實與自己真實生活經驗毫無關連——遭到家暴的妻子、莎士比亞式的弄臣，以及「黑人護士」。

更有甚者，一如大量玻璃天花板相關的文獻所呈現的，這些群體在堅持他們的「優秀能力」過程中，同時還面對到許多非階級相關的障礙。確實，我們絕對無意在本書中，暗示階級天花板可以以任何方式取代或超越玻璃天花板。這樣的主張從根本上就是短視的行為。階級不是在真空的環境中運作，瞭解不平等如何與各種人口統計交織項目的弊害彼此互動，我們認為對於解開階級天花板成因，是至關重要的事。

最後，我們還想強調很重要的一點是，我們要去瞭解，對於那些正在經歷流動的人，流動性究竟**代表什麼意義**。在一般人的看法中，向上流動毫無疑義地絕對是一種正面經驗，但是我們的分析打破了這種常識性的假設。我們發現當流動者進入菁英職場後，他們深刻地感受到格格不入，而且常常會因此衍生出一種終其整個職涯都徘徊不去的不安——那些經歷過特別大跨距的向上流動者尤其如此。[12]這種情緒損傷本身就是非常值得去探討的重要課題。除此之外，一如前言中所提及的內容，普遍流傳的政治修辭，對於向上的社會流動往往存在著盲目的迷戀，並將之視為社會病灶的一種萬靈丹。事實上，有些人甚至認為本書的核心關切點——透過此書對於菁英職業的聚焦——是在鞏固社會向上流動這個議題。但是我們要強調的是，如果不僅考慮經濟與事業成就，而是從心理健康的角度來看這件事，即使成功打破了階級天花板，流動性的所謂「成功」，仍有非常高的不確定性。

這件事為什麼重要

二〇一七年八月完成了實地調查的工作後，我們重回六號電視台去向當初委託我們進行這項研究的高層簡述我們的發現。這是件令人相當緊張的事情——結果顯然非常重要，會場的氣氛有時候令人感到窒息。總體而言，高層領導接受了我們的研究結果，而且許多人對於我們的分析，表現出了深思與反省的態度。但是當我們開始批評委託製作部門的高雅文化時，情況就全變了。這個主題顯然捅穿了馬蜂窩。資深主管喬許打斷了我們的報告，提出抗議。他的第一個論點很有道理。「這實在有點勁爆，」喬許開玩笑地說：「一群學者走進來告所我們，我們的學養太高了！」完全一針見血！但是他的第二個論點卻嚴肅多了。掌握高雅的文化，他告訴我們，並非無的放矢地裝模作樣——對於好的節目製作而言，這就是核心：

> 六號電視台的產品本來就是文化產品，所以脫離不了書本與繪畫。我們用這樣的方式評斷作品，我們的觀眾也是這樣評斷我們。所以如果你們的論點是對**國家機器**提出知識批判沒有用，或嚴肅看待大眾文化，給予大眾文化一個配得上它的中肯批評沒有用，我絕對不會接受。

喬許在此提出了一個很重要的論點。我們是社會學家，不是電視節目委託製作人，因此我們在斷定這份工作有效落實時，所確實需要的技能與特質，能力顯然不足。因此我們也有必要認知到有些受訪者（巧的是，幾乎全都是位居高位的白人、特權出身的男性）確實會像喬許一樣反駁，堅持認為我們視為霸道的行為準則或「優秀能力」的展現，其實全都是「優秀能力」的合理構成要素，而自我表現或文化知識存量等方面，也是做好菁英工作的必要條件。

我們承認這絕對不是非黑即白的問題，特別是如果菁英專業所大力仰賴的企業或資金客戶，非常重視這類的事情，狀況更是不同。然而我們還是要強調我們沒有看到任何明確的邏輯或令人信服的理由，可以把這些特質與靠得住的技能、智識或能力的量測結果連結在一起。再說，我們訪問的大多數人——在他們匿名受訪的安全範圍內所提出的描述——都承認了這一點。

我們另外還想要明確指出我們對於「優秀能力」的看法。我們不希望大家誤會我們不承認才華的存在，抑或成功與個人技能或努力無關。我們認為在我們研究的領域裡，大多數成功的人確實都很聰明、工作得很努力，而且才華橫溢。我們的關鍵論點其實在於這些領域對於「優秀能力」的認定，還參雜了「優秀能力」的執行方式、如何更輕易地利用「優秀能力」，以及誰是慧眼視出這項能力的決策者等因素。在這樣的情況下，就算撇開我們的各種成見，也不可能以任何純粹客觀的方式去評估「優秀能力」。即使是標準化的測驗，通常也都融入了種族、階級與性別的偏見，而經驗的檢測，更像是天賦的考核。[13] 因此「優秀能力」的評鑑屢屢都納入了其他型態的社會評鑑當中，換言之，相較於那些（至少）條件相當但出身較弱勢背景者，特權出身的人更容易收穫回報。

我們認為，這樣的情況對於許許多多在菁英職場工作的人來說——從人資專業到各個不同領域的高階主管——都具有一定的意涵。在後記中，我們會特別為這些從業者，將之前提到的各種狀況濃縮成十項實用的建議。這麼做的目的是希望能同時提供企業組織與個人一些應對階級天花板的工具。在此，針對所有的那些外在干預，我們簡單地補提兩個核心重點。第一，我們的建議強調了那些在菁英職場工作者，特別是上層圈，以客觀的量測方式，嚴謹盤點他們所倚賴的「優秀能力」要求，並且仔細思考這樣的量測作法是否存在著主觀或執行度方面的問題。第二，我們強調處理階級天花板的直接政治行動需求。英國政府最近主導了性別薪資差異的因應行動——強制規定大型組織公布他們內部薪資分配的細部資料。這類強制報告的作法，儘管並非解決性別不平等的萬靈丹，卻於事後證明了是一種以非常公開的態度，呼籲企業說明各自的狀況的有效方式。有些重要的變革已經因此產生。舉例來說，許多大規模的公司都快速地採取行動，努力對應這種令人尷尬的資料揭露。我們相信以類似的態度處理階級天花板的可能性確實存在，特別是隨著愈來愈多的企業開始收集內部員工的社會階級出身資料。我們同時也呼籲政治人物要拿出勇氣要求階級薪資差異的提報。

這件事為什麼受到社會學的重視

我們試著（希望）以跨越學術的方式撰寫本書。於此同時，我們當然也希望社會學界的同儕也可以閱讀本書，並覺得有用。因此我們歸納了自認為主要貢獻的幾點（在第十章中有這些摘要的詳細內容）。

首先，我們相信我們的研究方式與發現，對於學者如何思考社會階級，具有一定的意涵。有關社會流動的大部分研究，舉例來說，都有個假設的前提，那就是一旦達到某個階級的「終點」——以進入某個特定職業的型態呈現——階級出身就不再具重要性。但是我們的研究顯示階級出身具有超強的「黏著性」。一路跟著階級出身流動的資源，對於個人生命歷程的塑造，絕對不只侷限在進入職場的那個節點。

對某些人而言，這個觀察的結果或許有些乏善可陳。畢竟大量的定性研究顯示階級認知一般總帶著——至少某種形式的——過去的象徵性包袱，而這樣的過往印記對於大家當下的行為，往往也有著重要的影響。[14]然而在主流階級分析的定量領域中，卻沒有階級出身如何徘徊不去的敏感度研究，而且就我們所知，還沒有人論證深植於社會出身的經濟與文化資本，如何有系統地型塑大家各自進入職場後的表現，而不僅僅是有能力進入某一個特定職業或企業的狀況。

第二，與前一點非常相關的是，我們相信我們的分析打開了一條研究社會流動的新方式。我們的研究證明了職業階級的整體分析，總的來說，永遠都無法完整掌握一個人的社會終點。這類的「大階級分類」隱藏了太多的相關資訊。一如我們所呈現的內容，英國全國社會經濟分級統計第一類[15]的特點就是流動比例的巨大變化。瞭解這個變化，必然會對代際階級的不平等，究竟是透過哪些明確管道複製的問題，有非常重要的啟發作用。確實，我們這裡的分析，指向了不同菁英領域之間不同型態的知識與「優秀能力」的重要性，以及這些重要性在不同程度的流動上，所可能代表的意義。特別是我們的分析認為，在「優秀能力」的概念或可以證明的專業定義較模糊，也較難評斷的菁英職業中——譬如電視委託製作部或諮詢顧問事業——特權階級背景文化的外在表現，可以提供更多實質的優勢。在這種高度不確定的環境中，「優秀能力」的階級化展現，可以說是充滿了升值貨幣的價值。

然而我們還進一步地作了更深入的研究。即使是特定的職業，我們認為，也不足以瞭解一個人的階級終點。就以第十章兩位會計師的假設狀況為例，他們在兩家不同規模的事務所工作、出身不同的階級背景、領著非常不同的薪水。儘管他們都從事同一種**職業**，但他們位於同一個**階級職位**是否具有真正的意義，卻不清楚。相較於大階級分類，單一職業提供了更精準的階級職位代表性——同一職業內的成員在薪資與其他資源上，要比更大階級的巨集內成員更接近。確實，根據布迪厄以及甚至更近代的戈德索普論點[16]，我們認為要想完整地瞭解階級終點，必須把社會地位與資源的多項指標一併納入考量。

第三，我們暫時性地補充說明我們的分析可能也對非階級研究者有些用處——尤其是研究性別、種族與族群的學者。就我們所知，我們的研究工作是第一個從薪資不平等的角度，展現出系統性交織比對階級、性別與族群的研究。儘管我們絕對無意暗示階級的復活是某種足以支配一切的「主變數」，但我們確實認為未來玻璃天花與薪資差異的研究，因為在所有可能項目中納入了階級出身的因素，很可能會產出一些有價值的交織性洞見。

最後，在我們眼中，我們的工作是探索「階級出身長遠影響」這一個整體研究的延伸。這項大部分因布迪厄的啟發而展開的研究，長久以來一直致力於解釋階級背景黏著性在塑造我們小學、中學與大學就學經驗上的影響。[17]最近羅倫．瑞衛拉與路薏絲．艾胥黎的開創性研究計畫，把焦點轉移到了勞動力市場，尤其是菁英企業的聘僱作法如何獨厚那些出身特權階級者。

我們認為我們就是在延續這條研究的路線，但又增加了我們以三種主要方式所瞭解的「長遠影響」。第一，我們的研究呼應著許多這類學者所巧妙勾勒出來的過程——包括舉薦關係與階級文化配對——但也顯示這類的積極機制運作範圍不僅侷限在金融與法律，而是深入到了許多其他的菁英領域。第二，這些驅動因子不止在聘僱階段扮演了重要的角色，在整個菁英事業生涯中也都是核心關鍵。確實，根據我們的論辯，這些因素在建構事業進程中的影響更強大，因為正是透過更日常化的職場運作，舉薦人才能夠確保打開「後門」的職涯發展軌跡；正是藉由看起來世俗化的辦公室互動，決策者才能夠產生一種持續較久的「適合」感覺。第三，我們的分析也指出階級出身型塑職涯發展軌跡的額外方式。具體來說，我們的研究著重於外在經濟支援在大家的職涯發展軌跡中扮演了什麼樣的角色。我們發現這些家庭資源，儘管往往都在聘僱過程中隱藏於大眾視線之外，而且在成功者敘述內容中也經常遭到淡化處理，卻是塑造個人職業的核心——尤其在類似文化產業這類不穩定性較高的勞動力市場，更是明顯。在這樣的市場上，財務上的協助，或甚至理論上可行的財務支援，通常可以幫助特權出身者策略性地轉向到獲利更豐或聲望更高的職業軌道上，同時也將那些沒有援手的人，送入穩定性較高但薪資較低的職涯發展道路上。

一些議題的釐清

我們也想釐清那些我們在本書中既未提及，也無意影射的議題。首先，也是最重要的是，我們無法肯定地說，階級天花板在我們的論證的範圍之外如何運作。我們的證據只允許我們有充分的立場表示，在高端職業領域，普遍存在著階級天花板的情況，而且我們有相當的信心認為這樣的說法適用於許多特定的職業領域。我們四個研究個案中，有三個都出現階級天花板的情況，其運作的機制，本書都有說明。我們認為許多類似的機制也存於其他的會計師事務所與電視公司，甚至存在於菁英職場的其他領域，但是因為沒有進一步的研究，我們無法確切地知道答案。

一如我們不能說我們所研究的企業之外，存在著我們所辨識出來的各種障礙，我們甚至無法肯定地說我們在研究的這些企業中，找出了所有可能產生影響的機制。舉例來說，很多人都向我們表示出身勞工階級者，比較不願意要求加薪，或比較不會以離職作為晉升的威脅手段。我們知道在這些領域中，性別差異很重要、影響也很深遠[18]，而階級文化差異似乎也可能存在。但是我們在這次的實地調查中，並未找到系統性的證據。這或許與我們所選擇的研究方法有關。性別差異與階級文化差異的影響，可以說帶有一種特定的道德瑕疵，因此以民族誌學的角度來觀察行為，會比面對面的訪談更容易揭露。

同樣的，許多讀者可能想知道階級**歧視**的問題。在這裡值得一提的是，我們針對可能被稱之為明顯歧視的狀況，觀察到的證據非常有限。舉例來說，儘管各高端工作以及我們所研究的三個領域，都存在著階級出身的薪資差異，但是我們卻沒有找到任何證據證明出身不同階級背景的人，做著完全相同的工作，卻領著不同薪酬。雖然這樣說，但仍有許多證據證明這些職場存在著我們可能稱為「微歧視」的情況——勞工階級背景腔調的人會遭到同僚的嘲弄，或者讓大家開著「低俗小鬼」（chav）[19]以及其他勞工階級刻板印象的玩笑。一如第八章所述，這些微歧視現象最明顯的就是戲劇表演界，特別是試鏡場，套用雷的化，「大家輕率地就對你做出了判斷」。葛瑞絲回憶說，「曾有人問我，我是否有能力『好好地』說話。他們真的就是跟我當面這麼說！」吉姆描述在戲劇學校遭遇到的類似事件：「有位老師對我說，『你有沒有考慮過回去當個水管師傅？』這是他對我說的話。『回去當個水管師傅。』」

然而這些都是獨立的例子。大多數我們訪談過的出身特權背景的人都很熱切地強調他們想要在階級多元化的環境中工作，並表示支持那些出身勞工背景的同僚。不過，同樣的，這不代表任何一家我們研究過的企業或其他高端工作領域，不存在階級出身的歧視問題；我們還是要說，這樣的情況很可能以我們沒有察覺到或無法察覺的方式存在。舉例來說，最近的研究顯示在英國，出身特權者私下依然懷著強烈的階級勢利感，但是在我們的訪談現場，大家因為必須展現出對他人的開明、寬容與尊重的強烈道德制約，所以這類評論的發表很可能受到了約束。[20]

另外一個需要強調的重點，我們的研究發現是關於整體勞工階級出身者的經驗與薪資所得的模式與議題。就像所有社會學，以及所有關於平均值或典型狀態的主張，這並不代表**所有**成為演員、醫生、會計師或總裁的勞工階級出身者，都一定會遭遇到我們在書中所概述的任何或所有障礙。換言之，大家不能認定本書提及的任何障礙或狀況，都代表勞工階級背景的人永遠都晉升不到高位，或在菁英職場的每一位勞工階級出身者都會在職涯中面對到極大的困難。我們訪談的許多出身勞工階級者，都爬到了非常高的職位（一如方法論說明表 A.1a 至 1d 所佐證）。

除此之外，特別值得一提的是我們在庫柏斯建築師事務所研究個案所發現的狀況。我們並沒有在庫柏斯發現階級天花板。我們在第七、八兩章中提到，我們認為這種情況的一個重要原因是「優秀能力」的階級化呈現，在庫柏斯建築師事務所中比較不重要；不論是事務所的高層領導者還是客戶，都比較不重視這樣的展現能力，套句伊門的話，他們「可以洞燭其奸」。同時，我們也發現「優秀能力」的傳統標誌——以技術專業的型態展現——在這家事務所中更容易顯現；身為「務實的建築師」，蓋瑞說，合夥人相信高品質的工作，絕大部分都可以透過工作**成果**確認，而不是從這些工作的執行者個性去證明。

但是這並不代表庫柏斯建築師事務所在其他層面的不平等也免疫。沒有女性合夥人這件事令人遺憾，但在建築業並非特例，這也顯示了「優秀能力」的展現，在重要的地方依然有性別差異的問題。

盛行風

這本書由六號電視台的委託製作人馬克揭開序幕。馬克把特權持續停留的特色，描述為「順風」，而他的整個職涯中，也一直都有順風車推著他往前行。這種長年不斷的盛行風概念，我們認為簡潔有力地捕捉住了出身優勢背景所提供的精妙推動之力——包括如何靈巧地成為職涯發展軌跡的型塑之力，並見縫插針地規劃出當事人的行動路徑、提供了什麼樣可用的支援，以及一個人的「優秀能力」如何讓其他人看到。換句話說，特權就是一個節能設備，可以讓某些人比較不費力地走更遠的路。同樣的，盛行風的比喻也將那些向上流動者如何「逆風」而行的經驗變得具象。這些人不是無力前進或永遠達不到頂峰；一般來說，問題在於他們前進與攀爬至頂峰的時間要更長、成功的次數更少，而且常常都是一個明顯更費力、更令人疲憊的經歷。

把階級特權比喻為盛行風的另一個有用的思考層面，是這股推力的影響結果遠遠超出了菁英職場的範疇。這本書主要當然是在討論英國上層社會的社會流動或缺乏流動。但我們同時也要明確的呼籲，請大家不要把我們的發現結果看成是對上層圈的進一步迷戀；我們的階級背景不**僅僅**關於誰拿的薪水最高，或者誰得到了最有權力的工作。相反的，在我們眼中，我們的發現是在闡述特權對於階級結構的各個部分，以及各種人生結果的許多影響方式之一。[21]而在所有的這些領域中，當特權的順風被誤解為「優秀能力」時，造成不平等結果的原因就會被合理化。這樣的情況會讓那些幸運兒相信成功是他們憑藉自己能力所賺到的結果，並令那些較不幸的失敗者自責。我們希望藉由「優秀能力」的詳盡闡述，告訴大家「優秀能力」充其量只是解釋成功抵達事業高峰的一個不夠完整的原因，這樣我們就可以對經濟系統往往根據社會出身這種不可控的因素，而極不公平地分配報酬的現況合理性，提出更廣泛的質疑。

1　原註：《利特勒報告》(2017)。
2　原註：Weber (1992)。
3　原註：Simpson and Kumra (2016)。
4　原註：相關的概述，請參考 McPherson et al (2001)。
5　原註：路易斯（Kevin Lewis）與考夫曼（Jason Kaufman）最近在廣泛的連結構成研究中發現了類似的效果（Lewis and Kaufman, 2018）。
6　原註：舉例來說，請參考 Mills (2000 [1956]) 與 Rivera (2015)。
7　原註：DiMaggio and Mohr (1985); Gigone and Hastie (1993); Mouw (2003); Lambert and Griffiths (2010); Vaisey and Lizardo (2010)。
8　原註：DiMaggio and Powell (1983); Bielby and Bielby (1994); Godart and Mears (2009)。

9 原註：英國全黨派議會團體內的社會流動性（2012）。

10 原註：Cohen (2014)。

11 原註：我們應該注意這是刻意以啟發性說明而非因果圖的方式呈現，當然，任意數量的額外箭頭都可以畫在個別機制間。

12 原註：請參見 Friedman (2016)。從流動與不平等之間的關係來看，這一點當然具有意涵，這暗示一個人在社會空間中向上流動的距離，會因為非常不平等的待遇而增加，也因此流動經驗的困難性，也很可能增加。

13 原註：Fischer and Voss (1996); Atkinson (2015)。

14 原註：Skeggs (1997); Lareau (2011)。

15 原註：為英國正式的職業階級規劃中最高的「大分類」，也是本書中我們「菁英職業」群組分析的基礎。

16 原註：他在二〇一四年布達佩斯的國際社會學會協會（ISA）分層與流動研究委員會春季會議（RC 28 Meeting）中的專題演講。

17 原註：Abrahams (2017)。

18 原註：Babcock et al (2003); Babcock and Laschever (2009)。

19 原註：這個詞彙通常是針對年經勞工族群的貶抑詞。

20 原註：請參見 Jarness and Friedman (2017)。

21 原註：舉例來說，當我們所比較的特權出身與其他階級終點，不屬於我們研究的菁英職業群組時，就會看到了一些「階級地板」（class floor）效應的證據。我們發現出身較高階管理與專業背景的人（本書全國社會經濟分級統計第一類所稱「專業管理階層」出身的前半段），若從事較低階的管理與專業職業（教師、護士等屬於國社會經濟分級統計第二階職業），其所得要比出身勞工階級背景的人，高出百分之十六，而流動終點為中階的人（經濟分級統計第三至五階），所得要比出身勞工階級的人高出約百分之四點五（尚未發表的分析）。

後記

十種打破階級天花板的方式

——與橋集團（the Bridge Group）執行長尼克・米勒（Nik Miller）聯合提出

學者善於診斷問題。但將我們的批判性深入看法轉換為具體、可執行的政策建議時，學者的效力往往就會大降。這種情況有部分要歸因於我們常常質疑的問題。舉例來說，階級天花板的驅動因素，如我們之前所提出的內容，大部分都是社會性的問題，攸關一個人從家庭背景中流出的資源（經濟、文化與社會）這種在根本上就不平等的情況。這種系統性的不平等，沒有藥到病除式的單一治療方式可以對應。然而這也是專業的問題。像我們這類的社會學家，受教育訓練的目的，一般而言並不是為了思考解決問題的政策。但是有許多人卻是解決問題的專家。橋集團的執行長尼克・米勒就是個很好的例子。橋集團是個針對高等教育與職場聘僱進行研究與促進社經多元化的慈善組織。[1]二〇〇八年創建以來，橋集團已將自己打造成了英國社會流動政策意見的領導者。這個聲望的建立與鞏固，絕大部分是來自於該集團所提供的獨特服務，以及產出嚴謹、獨立的研究，但橋集團的這些服務與研究都是與雇主攜手完成，之後再用心納入深刻的見解，提出務實的建議，讓企業組織可以確實執行。這段後記稍後的內容，是我們與尼克共同思考出著手處理階級天花板的方式。[2]我們一起共提出了十個務實的步驟來協助大家作出有意義的改變。

概述這些建議之前，我們覺得有必要先簡短地反思一下當代社會流動與菁英職場的一些政策狀況。一如我們在本書前言中所提，長久以來，英國最具聲望職業的排他性，一直都受到政治關注。但是這樣的關注絕大部分並未轉換成雇主要處理的組織化議題。當然，促進社會流動的行動，要比性別與族群問題（以及失能以及性取向議題）的聯合干預晚了許多年。這樣的情況原因有三：第一，進入菁英職場的社會流動狀況，一直沒有強而有力的證據提供組織採用；第二，企業之間對於如何有效量測階級背景——亦即大多數雇主所稱的「社經背景」——一直存在著相當的顧慮；第三，一直沒有強制性的法令強迫企業組織採取行動——階級背景不是英國保障的特性項目。

然而情況已然改變。自從凸顯職業「開放」需求的社會流動委員會二〇〇九年《米爾本報告》出現後，政治壓力就在緩慢累積。特別是聯合政府制訂的《社會流動商業協定》（Social Mobility Business Compact），意味著重要的舉措已經從研究與修辭領域，移向了行動的範疇。儘管這項協定並未明確訂定雇主應該採用的政策，但在集合雇主一起討論與分享如何促進社會流動的當務之急與機會上，功不可沒。某些高調的雇主也當了開路先鋒。譬如橋集團具開創性的報告《公務體制快速升遷的社經多元化》（*Socio-economic diversity in the Civil Service Fast Stream*）[3]就是第一份針對大規模全國性招募主管的深入分析，而且從這次的分析中也提出了一系列具體的建議以及，更重要的，看到了改善作法的實施：快速升遷系統納入了兩倍的「較低階社經背景」候選人。專業服務產業也在透明度這個部分執行了創新的作法，像畢馬威聯合會計師事務所這樣的企業就一直在倡導全面性勞動力資料的收集、發表與使用，以期更詳盡地提報多元化狀況和具包容性的策略。[4]

多元化可以帶來更好的商業表現當然一直是雇主投資的部分動力，但是同儕壓力也扮演了相當重要[5]的角色，社會流動雇主指標（the Social Mobility Employer Index，為一項根據推動社經多元化行動為依據的雇主排名調查）所顯示的成長就是很好的證明。[6]

現在把話題轉到我們為雇主提供的十項建議。這些建議都是為了提高社會流動，以及因應本書所辨識出來的特定階級天花板成因，從橋集團在橫跨許多組織環境中的可行性經驗，以及確實有效的作法中所摘取出來的內容。

一、量測與監測階級背景

我們相信讓菁英職場邁向有意義改變的第一步，是累積**量測**。目前對於階級或社經背景的量測與監測，各行各業之間幾乎沒有共識。許多組織仍然不會收集這個領域的資料，而在那些已經採用了這個作法的企業組織當中，大家使用的量測方式也都不同。最新的證據強調，階級背景是唯一一個宣稱擁有因應策略的雇主數量，大於實際進行量測之企業組織數量的多元化特性。[7]這表示許多雇主試著因應他們並不完全理解的挑戰，而缺乏量測的狀況也阻礙了改善的腳步，讓企業組織無法將內部的資料與所處產業的內、外基準進行比較。然而重要的跡象顯示這樣的情況正在改變。二〇一八年六月，在諮詢了包括我們與橋集團在內的相關利害人後，英國政府公告了雇主應該如何量測他們內部勞動力階級背景的建議。[8]政府建議企業組織從四個領域收集員工的資料——父母職業、就學的學校型態、是否符合學校免費午餐資格，以及父母的高等教育經驗。許多大型企業組織，如英國廣播公司、畢馬威聯合會計師事務所以及公務機構，都已經在進行這些資料的收集，而其他組織也做好了跟進的準備。[9]為此，我們呼籲所有雇主依照橋集團所提供的指導方式，收集勞動力階級背景相關的資料（指導內容可進入橋集團網站查閱[10]）。這份指導內容提供了企業組織問卷應該詢問的確切問題、答案應該歸屬的分類、可以協助提升回覆率動機的溝通方式，以及這些數據的結果應該如何呈現等相關的詳細指引。

我們瞭解有些企業組織既有的員工問卷，或許本來在內容上就已經非常廣泛，填寫起來也相當耗時，若再加上四個新的量測項目，會感覺到有些為難。根據本書所採的方式，我們會強調我們認為最好的**單一量測方式**，如果真的只能選擇一種的話，是**父母的職業**。與其他建議的量測方式不同的是，父母職業在準確定位問卷填寫者的階級優勢與個人成長劣勢的相關程度，不但有用，而且準確、清楚、容易比較，也更可能引出答案。

二、釐清企業組織是否存在階級天花板

有效的量測包括兩個層面。當然，企業組織需要瞭解自己員工的整體階級組成狀況，但不就此止步也是很重要的事情。我們敦促各企業組織調查內部是否也存在著**階級天花板**。這個調查可以藉由分析職等或職位的社經組成結構變化而達成（請參見第四章），也可以調查薪資差異是否出現依照階級背景變化，而這些變化是否可以透過訓練、工作任期或考績這類與工作表現或技能等指標有明顯連結的事件而解釋清楚（請參見第二、三章）。若確實揭露了企業內的天花板效應，那麼我們會鼓勵這些企業進行定性研究，找出造成這種問題的原

因。就像本書所概述的內容，階級天花板的驅動因子都具企業專屬性，因此需要專屬於該企業的解決方式。

三、與才華展開對話

本書所概述的階級天花板驅動成因當中，最重要的因素與才華、「優秀能力」如何定義，以及組織內部如何給予回報有關。我們的重點在於「優秀能力」的辨識，常常都與當事人表現「優秀能力」的方式（從自我表現以及霸道的行為準則角度來看）、決策者是誰、決定什麼是「優秀能力」以及對當事人的表現特質給予回報的人又是誰等等事件，都有千絲萬縷釐不清的關係。這是個非常棘手、挑釁度很高的問題，極難處理，特別是如果在這個組織或產業中，大家對於才能的看法又存在歧見的時候，問題更複雜。但是我們還是要呼籲各企業組織接納各方不同的歧見、以批判的態度省視「優秀能力」的「客觀」量測方式、仔細思考這樣的量測方式是否存在著主觀或表演成分、有沒有支撐「優秀能力」辨識角度的可能情境因素，以及量測方式與可供證明的結果或呈現方式，有多高的可靠度。各企業組織創造機會，讓這類開放且坦誠的溝通能夠建立起來，是很重要的事情，這樣的環境也可以確保各層級的員工都對公司作出貢獻。對話可以透過許多不同的型態達成，譬如會議[11]、部落格與網路研討會的線上互動（若採取這種方式，通常允許員工匿名的效果比較好）、一系列的公關活動[12]、或者企業內部的一日出遊安排。不論採用何種型態，都應該暫時將權威的影響置於一邊，刻意讓大家闡述彼此對立的意見，聚焦於證據、研究與數據資料的討論與辯論，而且應該援引本章節概述的建議，以創造實用的因應作法為目的。

四、嚴肅看待交織性

企業組織內部的平等與多元性規範，往往都是根據社會不平等的單一軸線來進行組織化的單一層面規劃，譬如性別或族群。但是要瞭解大家的工作生活，比較周延的方式，卻是透過多條產生綜合以及交互影響的不平等軸線，或是找出因為不同原因而讓員工實際經歷過的獨特不利狀況，進行綜合分析。就像本書分析所顯示的證據，舉例來說，出身勞工階級家世的白人女子與有色人種，他們在收入上面臨著非常明顯的「雙重劣勢」，而這樣的困境很可能是各種因素的加乘效應，而非只是簡單的疊加所造成。這類問題的成因，舉例來說，往往根植於決策者以不同的方式「閱讀」女性與男性階級背景標示所致。因此，我們敦促各企業組織從分析員工資料的方法以及設計「多元化」的干涉影響兩個方面雙管齊下，檢視多元化內容中不同分項的交織性。

五、發表社會流動資料

社會流動相關的正面改變需要大家負起**集體的責任**，也需要**跨產業**的協同行動。為了達到這個目的，個別的企業組織需要以果敢且透明的態度去面對問題。這表示發表關於所有員工，特別是高層領導者的階級背景資料。這個作法將有助於同業、跨業的比較，以及找出整個產業中造成這類問題的驅動原因和共同的解決方案。除了公開相關的資料，各企業也應該納入所有促使狀況改善的行動細節；然而僅僅只是公布相關資料，仍足以產生效果，可以讓企業試圖鼓勵流動卻面臨這些困境的目標對象——出身勞工背景的應試者——不再有聽天由命的想法。

六、廢除無償與未經公開招募的實習生制度

出身特權階級者利用「父母銀行」來幫助他們打造事業，是造成階級天花板存在的明顯成因之一。或許建立這種優勢的最直接運作方式，就是透過無償或薪資非常低的實習生制度——通常只有具備財務外援資源的人才能承擔的工作。這類的實習生制度在許多菁英領域

不但常見，而且還是獲得畢業後高度競爭聘僱機會的重要墊腳石。舉例來說，在二〇一六、一七年間，曾在律師事務實習過的大學生中，超過六成畢業後會在同一家事務所獲得一份正職工作。[13]另外一種相關但同樣沒有幫助的作法是未經公開招募的實習生制度，這樣的招募訊息通常只會在封閉且與企業現任員工有關連的人際脈絡內流通。我們呼籲所有的企業組織完全停止這種無償或未經公開招募的內定式實習生制度，同時也主張有關單位針對所有實習生，制訂最長四週的實習工作相關法令；學徒制度的應用雖然花費較高，卻能產生較優質的臨時支援；[14]另外發表大家都可以存取的全國性實習生權益指南，也會有幫助。

七、高階的認可有其必要，但仍嫌不足

如果企業組織打算正視社會流動的議題，那就需要高階主管有意義地認可。我們看過的最佳範例，是由一位（也許不只一位）非常高層的長官作為這個計畫的正式推動者。在推動這樣的計畫時，權責單位與企業主都扮演了絕對關鍵的角色；社會流動的目標應該是要擁有平等的地位、以相同的方式管理，與企業的其他目標殊途同歸。高層的鼓吹儘管重要，但其他不同職位但攸關改變的主管參與，一般而言更是重中之重。這些職位當然因企業而異，但根據我們大部分研究以及橋集團所進行的廣泛研究顯示，這些職位通常是中階與資深管理人

（換言之，就是最高層領導團隊之下，依照職涯軌跡而構成的管理團隊），身處這些職位的主管，其實正是制訂主流工作文化，並「周旋」於其中的主力，他們同時也是決定如何定義以及辨識才幹的日常決策者。在一般的情況下，推動包容與平等的相關政策時，這些中階與基層資深主管通常也是自認損失最多的一群人。根據橋集團的經驗，接觸這群人並說服他們的參與，往往需要一個令人信服的成功案例，這個案例要能同時呈現出企業表現與社會平等性的雙重改善、以凸顯挑戰本質為重點，整理與報告企業內部和標竿目標的相關資料，還要能匯集組織內針對焦點議題所反映出來的各種聲音（獨立研究提出的資料用處最大）。

八、將非正式的程序全部納入正式程序管理

在我們研究個案的所有企業中，我們發現了一種檯面下的舉薦關係文化。透過舉薦的操作，資深員工，通常都是透過非正式程序的運作，有能力將那些在文化相似基礎上得到自己關注的資淺員工，送進快速通關的軌道上。對於各個組織而言，監控職場上誰和誰建立了關係這種事，既困難又麻煩，然而組織卻有權力決定資深主管與聘僱（特別是招募有經驗者，而非基層階級員工）相關的自主權限，包括越級處理、規避或「玩弄」正式程序等行為。我們相信正確而清楚的陳述以及充分執行的規範，是關閉管道檯面下運作的關鍵（提供特權階

級者不符合比例的回報部分，已在前面的內容中說明）。若想避免非正式管道的舉薦關係，方法之一就是將這類的舉薦機會變成正式（透過設計的透明與溝通程序）且民主（提供所有人相同的機會）的流程。更普遍地來說，很重要的一件事是雇主必須瞭解設計與頒布薪資與升遷的相關政策，並不僅僅是人資單位的責任。在人資單位工作的同僚專業與經驗當然重要，然而職場的決策者也必須投入，並且例行性地撥出時間去貫徹這些策略，以及積極對所有的例外狀況，提出正當理由與解釋。

九、支持那些需要支持的人

我們的研究結果顯示出身勞工階級者，常會從自己努力向前的事業旅程中自我消除，或者自動踏入比較不具聲望或獲利較不豐厚的專業領域。這個結果鮮少是因為缺乏積極進取心之故。一如之前所提，這種狀況更多是因為拒絕同化、拒絕與「被排擠的異類」感覺對抗，或拒絕與職場中程度輕微但不斷出現的微歧視妥協。這些情形都應該以細膩的手法去處理。目前，我們所相信的社經多元性主流說法，往往都是從個人欠損的角度出發（「世界上有些欠缺特定特質的較不幸之人，需要我們的協助才能成功」）。舉例來說，橋集團的研究就揭露了在法界，出身勞工階級的人自願歸類進入較不受到敬重的執業領域，似乎早已是大家司空見慣的事情，絕大多數也沒有人對此提出質疑。因此，務實作法的目的往往都是去幫助這些代表性不足的群體，融入到他們所不熟悉的職業文化中，而非質問我們是否應該重新構建這些文化本身（請參見前述的第三項與第八項建議），讓多元群體可以在新的文化中，公平茁壯且貢獻己力。我們相信大家過於強調前者的執行，以致後者的改善，將持續因為沒有深刻反省，也沒有採取有意義行動，而進展異常緩慢。

話說回來，雇主至少提供出身勞工階級的員工一些特定的支持，我們認為是很重要的事情。這些支持並沒有放諸四海皆準的公式。在某些情況下，已經在菁英職場證實有效的支持白人女性或有色人種的支援網絡或提供這類支持的倡議團體，都可能行得通。公務人員的機會網絡（the Opportunity Network）[15]就提供了一個成功案例。只不過同樣重要的是雇主需要確實理解到，某些出身勞工階級者，並不見得希望以這樣的方式，公開背負或擁有這樣的「身分」。對許多人來說，不是太公開的支持機制或許更合適，譬如提供輔導或成為好友，又或者只是很簡單地在新進員工入職過程中，讓大家在報到時就清楚瞭解到，來自不同背景的員工對於工作文化與行為規範的熟悉度，很可能存在顯著差異。不論怎麼做，重要的是企業組織應該諮詢出身較弱勢背景的人有關如何為他們提供最好的支持，並避免他們發生自我消除的情況。

十、爭取法律保護

《二〇一〇年平等法》（the Equality Act 2010）保障了許多少數族群的法定權利，但是就如之前所提，其中並未納入階級或社經背景。然而這套法則其實包含了一段名為「社會經濟責任」的內容，只是鮮為人知的是這段規範要求政府與所有政府機構要對「降低因社會經濟弱勢所導致的不平等結果」給予應有的重視。很明顯地，後來的政府針對這個提供了一道明確法令，將階級背景納入保障原因（以及其他保障結果）的規範，執行得非常不力。不過有關進一步推行這個法律議題的動能正在累積。蘇格蘭最近導入了《讓蘇格蘭更公平的義務》（Fairer Scotland Duty）規範，作為社經責任的範本。至於英格蘭，哈瑞特・哈門（Harriet Ruth Harman）[16]已提出了第五九一號早期動議，要求政府制訂社經義務的相關法規。截至目前為止，已有七十八位國會議員承諾支持這項動議。我們呼籲讀者也進一步支持這項法案動議。讀者可以利用公平公正與平等團體（Just Fair）以及平等信託（the Equality Trust）所領導的社會活動「平等第一」（#1forequality）[17]範本，寫信給所屬的國會議員，要求他們支持這項早期動議。

多元化與包容性的改善，有賴於降低大家一生中每一個階段所遭遇的不平等。這些不平等的效應其實早在每個人進入勞動力市場前就已顯現，而且在早期就開始產生影響，之後又常常透過讓不平等持續存在的高等教育體系，加劇影響力。儘管辨識出了這些重要的源頭影響，但是我們在書中也提到了，雇主往往也會有效地豎立起他們自己的障礙。

若能有效打破這些障礙，獲得的報酬必然相當豐厚。平等的環境會來更具包容性與多元化的勞動力、更高的產值，以及最重要的，對勞動力抱持更公正的社會態度，讓每個人都能在無關自己出身背景的環境下，成長與茁壯，同時讓階級出身成為一種可以汲取幫助的優勢，而非必須費力因應的挑戰。我們期待本書在這個方面可以提供正面的貢獻——不論是菁英職場，抑或任何因為誤認「優秀能力」而不斷複製階級不平等的其他之處。

1 原註：更多關於橋集團的資訊，請連結 www.thebridgegroup.org.uk。

2 原註：儘管此處的重點放在英國的政策領域，但我們相信這些建議有許多也和美國以及其他國家有關。

3 原註：Bridge Group et al (2016)。

4 原註：KPMG (2016)。

5 原註：但是我們也應該註明，我們對於類似雇主指標（Employers Index）這類新資料的發表目的，抱持著有些質疑的心態，因為這類資料把新改善社會流動狀況的目標轉換成了個人化的競爭，而非需要雇主間單負起集體責任與合作來面對的一個社會問題。

6 原註：社會流動基金會（Social Mobility Foundation, 2018）。

7 原註：請連結 https://ise.org.uk/page/ISESurveys。

8 原註：請連結 www.gov.uk/government/publications/socio-economic-background/socio-economic-background-seb。

9 原註：這些企業組織全都接受過橋樑團體的特定建議與支持；請參見英國國家廣播公司（BBC, 2017）。

10 原註：請連結 bridgegroup.co.uk/research-and-Policy/。

11 原註：電視圈提供了一些很好的例子。舉例來說，在第四電視台（the Channel 4）二〇一八年的多元化會議中（2018 Diversity Conference），第四電視台的創意主導者，天空電視台（Sky）、英國國家廣播公司，以及獨立電視台（ITV）聚集在一場研討會中，回應會中所提出的電視圈階級天花板的相關數據資料、解釋他們計畫如何處理這些問題，特別是產業中行為準則所扮演的角色。同樣的，在二〇一八年愛丁堡國際電視典禮（2018 Edinburgh International Television Festival）上，一個名為「過於優雅，沒有生產力」的活動，請現場數百位電視專業的來賓剖析這個產業內對於「才華」的定義。

12 原註：以公民服務（a Civil Service）部落格為例（連結網址如下），為一系列關於社會經濟背景的多元化與包容性等跨部門的活動寫下了引言，請連結：https://civilservice.blog.gov.uk/2016/09/12/defining-our-progress-onsocial-mobility。

13 原註：請連結 https://ise.org.uk/page/ISESurveys。

14 原註：這是英國雇主的一種稅賦，目的在於資助二〇一七年四月引進的新學徒制度。這個稅賦徵收的基準是年度員工薪資支出超過三百萬英磅的雇主，因此支付這個稅賦的英國雇主低於百分之二。

15 原註：請連結 https://fson.wordpress.com。

16 哈瑞特．哈門（Harriet Ruth Harman）：一九五〇～，英國御用大律師，為英國現任國會議員。

17 原註：請連結 https://1forequality.com/take-action。

本書方法論說明

學者經常簡潔講述著啟人疑竇的研究程序。大家把方法論打包成一篇論文或一本書中的幾個公式化段落，並將實地調查與結論決策看成線性、理性與無縫的過程，更是屢見不鮮的情況。然而鮮少有研究過程是這樣的。在現實中，研究過程往往呈現極混亂而且脫節的狀況。我們的這個研究計畫當然也不例外。各位讀者手中的這本書，是一個耗時四年，過程中出現雜亂無序地延伸，而且往往難以處理的合作研究案的研究成果。這個研究一直都是項野心勃勃的擴充型計畫，也是一個在開始與過程中經歷多次錯誤、在重要方向出現瑕疵的研究。我們這章附註的目的，是想把**這個**過程告訴大家。我們盡量做到誠實、透明，讓讀者能夠按照時序，知道我們實地調查確實的完整樣貌。最後我們也探討了一些更具技術性與概念性的議題，包括我們自己的階級背景（以及其他人口統計座標值）如何影響這個研究、如何進行訪談、如何定義「菁英」職業、如何量測社會流動、如何以及為什麼挑選這些研究個案、如何把研究結果回饋給研究個案的企業，以及這項研究的重要侷限所在。

誤打誤撞所誤入的階級天花板世界

這個研究計畫的濫觴完全是個無心插柳的巧合。二〇一四年九月，我們都是剛到倫敦政經學院報到就職不久的菜鳥，兩人的辦公室正好門對門。原本只是一起為英國廣播公司的大英階級調查計畫工作，後來有關單位要求我們為《社會學評論》（*Sociological Review*）特刊撰文。丹尼爾的論文通過了初評，但山姆的論文卻被拒於門外。山姆這邊試圖用大英階級調查檢視社會流動經驗的論文，收到了三份審查回覆，兩份不溫不火，一份則是可謂兇狠殘暴。「我認為這就是一篇很糟糕的科學論文，」第三位審查者的結論這麼說：「而且最終必然會損及作者的名聲。」哇，夠狠。

期刊編輯的反應雖然圓滑卻很直接——全部重寫或撤回。就在打算接受失敗的當兒，山姆把自己的論文拿給了丹尼爾看。還有搶救的機會嗎？丹尼爾不太確定，但是他卻認同這篇論文提出的一個有趣發現。在那些接受大英階級調查的「菁英」中，出身勞工背景者的收入，要比他們那些出身比較特權的同僚低很多。我們自問，可能造成這種情況的原因會是什麼？隨之而來的是一段向四面八方開放、令人興奮的長時間對話。兩週內，我們（在安迪・邁爾斯〔Andy Miles〕的協助下）提出了一篇完全不一樣，但內容卻更引人好奇的論文。我們知道性別、種族族群以及性向造成的薪資差異都有據可證，但是階級薪資差異呢？

但是研究這個問題，會遭遇一個障礙。大英階級調查是個資料豐富的資源，但同時也是自願性質的網路調查，回覆者大多都為出身特權者。我們已經注意到大家對於大英階級調查所提出的這個批評，[1]因此我們需要具全國代表性且符合「黃金標準」的資料來證實我們的發現。

我們於是開始審視可以取用的資料。英國的流動研究已經有很長一段時間都因為具全國代表性數據的限制而遲滯不前。大多數既有的研究都仰賴縱向資料來源，譬如根據一九五八至一九七〇出生的回覆者所進行的出生世代研究。這些縱向資料的研究在瞭解全國性的流動率如何隨著時間變化部分，非常有幫助，但有限的樣本數卻無法讓一些重要的問題獲得解答。

我們接著又碰到了另外一樁巧合。在宣布了研究的幾天內，勞動力調查這個英國最大的就業調查專案發表了一份新的「社會流動模組」數據，其中包括了回覆者的階級背景（父母職業）資料。新發表的資料檔案擁有將近十萬筆[2]大量具代表性的樣本（關於這些資料的更多細節，均納於本附註稍後的「勞動力調查分析」章節中）。

根據我們在勞動力調查數據中所找到的結果——英國菁英職業中存在著百分之十六的巨大階級薪資差異——既讓我們震驚，也讓我們有點安心；這個結果不但與我們在大英階級調查中發現的結果高度吻合，也提供了我們一個更強大且更具代表性的平台來堅持我們的主張。有了這些新資料作為武器，我們開始在學術會議與研討會中呈獻我們的研究結果。大家的反應都很明顯。有些人暴怒，有些人持懷疑態度，但所有人都鼓勵我們進一步深入研究。而且有一個問題不斷被提出——**為什麼會這樣？**什麼樣的機制可能帶來階級薪資差異？各方人馬提出了各種假設——也許向上流動者是階級歧視的受害者、也許他們的抱負比較低，也許他們比較不會去爭取較高的薪資，又或者也許他們進入了比較沒有聲望的職業領域或企業中？

我們在深思後覺得，許多的這些機制，都難以在全國性的資料中辨識出來，不論這些數據庫的資料多麼龐大與豐富。有些過程只會出現在特定的職業或特定的企業之內。那麼若要瞭解這些成因，我們就必須親身走入這些領域中，走近菁英職場之內，檢視在這些領域與職場中工作者的日常工作生活。

「走進」菁英企業組織

我們的目標是執行一套菁英企業的個案研究。要想完成這個目標，我們需要時間與研究支援。二〇一五年一月，山姆向經濟與社會研究委員會[3]提出了未來研究領袖獎的申請，[4]希望能執行三個跨越菁英職場的企業個案研究。這個計畫的目的是要仔細觀察一個呈現小幅度但具統計重要性階級薪資差異的職業，以及兩個差異幅度較大的企業，但這兩個企業又需要在其他重要的地方存在明顯差異（我們會在本附註稍後的內容中解釋我們之所以選擇特定研究個案的職業與組織的過程）。

進入企業組織內部去瞭解菁英職業，大體上是件合情合理的作法，但是那些屬於自雇、接案以及短期合約工作的工作者呢？近年來，所謂的「零工經濟」快速發展，就像從倫敦大學金匠學院畢業的戴夫・歐布萊恩在二〇一四年下半年向我們解釋的一樣，瞭解英國的文化產業，其實特別重要。因此一面與戴夫合作，一面等著研究補助金消息的同時，我們決定把戲劇表演當成我們第一個研究案例的職業。

演員的研究

這個研究個案計畫一開始納入了大英階級調查中的四百零二位演員。就算樣本數極大的勞動力調查，也只有六十一位演員的資料，因此利用大英階級調查的資料，對於這個職業的人口統計概況有一個較詳細的瞭解，是非常關鍵的事情。採自願性網路調查方式的大英階級調查，絕對不是提供戲劇表演職業具代表性樣本的最佳資料來源，不過也沒有其他調查可以提供如此龐大的演員樣本數以及演員的階級背景資料了。另外，我們在所有可能的地方，還另外比較了大英階級調查與勞動力調查中的演員數據。

這個計畫的第二個部分是二〇一四年十二月至二〇一五年三月間，對四十七位演員的半結構式訪談。我們本來希望訪問大英階級調查的回覆者，但礙於英國廣播公司的資料保護政策，這個希望完全行不通。因此我們在媒體上刊登廣告徵求受訪者的參與，同時也在許多個戲劇表演的網站、新聞發布處以及工會公告我們的徵求廣告。這些嘗試招徠了三十一位受訪者。我們接著採用滾雪球抽樣法完成了樣本數，再將之與具代表性的勞動力調查中英國戲劇表演職業的人口結構資料進行匹配。我們希望各種不同出身背景的演員都能有一個廣泛的平等比例，結果有十九位受訪者出身專業與經理階級背景，十位出身中產階級，十八位來自勞工階級背景（所有受訪者的更詳細背景資料，都列於表 A.1c 中）。

六號電視台的研究

二〇一五年十二月，另一個偶然的機運開啟了我們第二種研究個案的大門。我們在一場與會者多元的會議上報告完了分析結果後，英國最大電視台之一的六號電視台多元性部門的負責人露意絲遞過來了一張名片。「多元化相關議題的討論過程中，階級一直都是個明顯但大家全都避而不談的大問題，」露意絲這麼對我們透露。「但說實話，我們真的不知道怎麼去量測階級。你們可以幫忙嗎？」

這簡直就是一份天上掉下來的禮物，我們當然不會錯過。透過露意絲的牽線，我們在六號電視台召開了一場初始會議，但從這個早期階段開始，六號電視台的管理階層就對是否要讓社會學家「進來」的決定，產生了分歧。一方面，大多數人都懷疑這個職場環境具有高度的社會排他性，也都真心對這個議題表示關切，希望能解決這個問題，同時也希望能有可靠的證據證明這種長期以來的假設性看法。然而證實這些懷疑是否為真的研究，必然會出現無可避免的資訊外流問題，進而帶來可能的負面宣傳，這個可能性令許多人對我們進入企業內研究的提案，保持了慎重的態度。「畢竟，保護我的執行主管們是我的工作。」一位資深的人資主管在一場辯論特別激烈的計畫會議中大聲地這麼說。針對這種高敏感度問題進行協商，果然非常困難。取得六號電視台首肯的過程不但冗長，而且還有些艱辛。幸好最後在歷經大概九個月的討論後，研究工作於二〇一六年九月開始認真展開。

實地調查分為三階段。第一階段的工作包括以電子郵件向所有六號電視台的員工寄送一封簡短的匿名問卷——我們收到了員工高達百分之七十六的熱烈參與。[5] 這份問卷詢問了回覆者的年齡、性別、種族、教育、出身所在區域，以及他們在六號電視台服務的單位與職位。為了量測社會流動性，我們採用了與勞動力調查完全相同的問題，詢問回覆者在十四歲時，家中負擔主要收入來源的父親或母親的職業。

如我們在第四章中所提出的解釋，六號電視台是數家委託「獨立製作公司」製作節目的「廣播公司出版商」之一。為了瞭解獨立製作業，我們後來也向那些在獨立製作節目製作公司工作的人，發出相同的問卷。這一次是透過寄送問卷給電影電視製片人聯盟（the Producers Alliance for Cinema and Television/PACT）的會員來達成任務。電影電視製片人聯盟是代表英國獨立電視公司商業利益的一個貿易協會。這一波的操作也收穫了百分之七十五的回覆率（一千三百七十三位回覆者）。

實地調查研究的第二步是與六號電視台員工進行五十場的深度訪談。問卷回覆雖然採匿名制，但我們也請有意願接受訪問的回覆者留下電子郵件信箱；百分之四十九的回覆者都表示受訪意願，而我們也因此從性別、種族族群、年齡與出身所在區域的角度，設計了一套可以代表六號電視台整體勞動力的訪談樣本（所有受訪者進一步的相關細節，請參見表A.1a）。我們在第四章曾仔細說明過這次調查的結果，讓我們後來把注意力集中在三組受訪者身上——那些在特定部門工作的人（委託製作部的二十位受訪者）、特定階級的主管（二十七位資深經理、執行主管和部門負責人），以及出身不同階級背景的人（十四位出身勞工階級、十一位出身中產階級，以及二十五位出身專業與管理階層背景的受訪者）。大多數的訪問都在電視台倫敦總部內進行，但有五場訪問是在他們的格拉斯哥辦公室內進行。

這個實地調查研究的最後一部分是觀察面試過程。高階儲備人才評審是一個由各廣播公司一起舉辦，六號電視台部分贊助，享有高度聲譽的一個在職人才計畫，為期一年，旨在選出電視專業領域的「明日之星」，提供他們支援、指導與人際關係網，讓他們能夠進入更高階的職位。這個計畫的籌備者邀請我們進入面試會場以及二〇一六年六月在倫敦市中心進行的總結會議會場旁聽。高階儲備人才評審活動吸引了大約五百位申請者，經篩選後會選出一百位進行面試。面試會場有三十處，面試官成員由高階儲備人才評審籌備者從各電視台的資深執行主管中挑選。每一場面試前，面試評審小組都會收到每一位申請者的履歷以及相關的補充資料，包括就讀的學校以及父母的職業。

透納．克拉克會計師事務所的研究

最後兩個研究個案的選擇雖然比較刻意，但同樣也不是完全的計畫內。我們的會計師事務所個案選擇，從與全球最大事務所當中一所的接觸溝通開始。這家事務所對於社會流動的議題，一直都採取積極對應的方式，而且一開始對於參與我們的研究，也抱持著相當正面的態度。但是和六號電視台一樣，從接觸會議開始，我們就感覺到了大家對於研究所揭露的可能結果，有明顯的恐懼、甚至驚慌。經過了近半年的討論，加上數不勝數的會議與電子郵件交換，最後該事務所決定不參與研究。他們拒絕的原因——「時機不合適」——相對薄弱。確實，那家事務所的一位前職員後來私下告訴我們，這個計畫因為資深主管擔心社會學家掌握的結果（即使全部都以匿名方式進行），可能會帶來負面的宣傳效果，因此最後遭到否決。我們認為這段插曲證明了那些位高權重者明顯的焦慮，他們對探討階級天花板所可能揭露的結果，有相當的顧慮。

我們的運氣很好。當我們還陷在失去那家事務所合作機會的蕩漾餘波中時，有位政策聯絡人聽說了我們的經驗，立即協助牽線，讓我們和透納．克拉克會計師事務所的一位把關者聯絡。從社會流動的角度來看，會計師業一向是受到最密切關注的行業之一，而透納．克拉克在對應這個議題上，態度始終非常積極。他們為了拓展進入的管道，已經試行了一系列的新舉措，包括引進「環境脈絡」的學術資料，以及在進行畢業生工作申請資料審查時，遮蔽申請者就讀學校與大學的名稱等方案，普遍被大眾認為是產業的社會流動領先者。我們的研究個案因此從進一步瞭解晉升管道相關議題之外的狀況，轉到以鞏固透納．克拉克在業界的社會流動聲譽為切入點，試著說服管理階層。在這個基礎上，透納．克拉克總裁在二〇一七年二月同意讓我們開始研究個案。

我們在透納．克拉克會計師事務所的實地調查，分成兩個階段。首先我們根據性別、族群、辦公地點、服務的業務性質與表現，來分析事務所內部員工的資料。從社會流動的角度來看，這家事務所目前並沒有收集員工父母職業的相關資料，也不願意要求員工再做一次調查。取而代之的方式是額外詢問員工幾個問題，藉以量測事務所所謂的「社經背景」——就學時是否為免費營養午餐的學生、在私立學校或國立學校就學，以及父母是否為大學生；百分之七十九的員工都回答了這些問題。

實地調查工作的第二階段時間為二〇一七年的三月到七月，我們進行了四十二場深度訪談。訪談樣本的設計是為了反映出事務所內的人口多元性。一如六號電視台的作法，這項工作也是以問卷結果為基礎。我們在第四章已詳細闡述過，問卷調查的發現，讓我們聚焦在三類受訪者身上——那些在特定部門工作的人（諮詢顧問事業的二十位受訪者）、組織層級兩端的人（二十四位合夥人與十八位實習生），以及出身不同階級背景的人。我們另外也檢視了不同的工作地點，在透納．克拉克會計師事務所的倫敦、牛津、曼徹斯特、聖奧爾本斯（St Albans）、米爾頓凱恩斯（Milton Keynes）、卡地夫（Cardiff）與伯明罕辦公室，都進行了訪談。儘管缺乏員工父母的職業資料，但寄給所有合夥人與實習生的訪談者招募電子郵件，仍包括了一個有關父母職業的問題。我們所進行的訪談中，有十八位是專業與管理階級背景家世、十位中產階級，十四位的父親或母親是從事勞工階級工作（請參見表 A.1b）。

庫柏斯建築師事務所的研究

由我們的研究助理伊恩·麥當勞負責完成大部分工作的最後一個研究個案，過程就順利多了。我們一開始聯絡了好幾家建築師事務所，徵詢他們參與研究的意願，唯一一家給予正面回應的就是庫柏斯建築師事務所——這也再次凸顯了庫柏斯在廣義的建築業中，代表性可能並不高。

庫柏斯的創建合夥人之一蓋瑞是關鍵的把關者。經過了簡單的電子郵件聯絡，他邀請我們到事物所開了一場簡短的會議，之後就立即拍板同意參與研究。這個決定並不是因為他覺得社會流動是建築業一個討論特別熱烈的問題。相反地，他覺得幾十年前在柴契爾主導下，政府對這個行業放寬管制，並且取消收費標準的規定，有效創造了一個公平競爭的舞台，之後社會排他性的問題，也已經獲得了實質上的解決。[6] 儘管如此，他對更廣泛的社會階級問題很感興趣、擔心不斷上漲的大學學費，也對媒體負面刻畫勞工階級的作法，感到沮喪。

這個實地調查研究在二〇一七年的四月至六月間舉行，包括一次員工調查（百分之六十四的回覆率）以及三十六場後續的訪談。訪談根據年資、年齡、性別以及所屬專案團隊資料，執行更進一步的資料收集（請參見表 A.1d）。依照事務所員工調查的量測項目組合，我們進行的訪談對象中中，有二十八位出身專業／管理階層背景、五位中產階級，還有三位是勞工階級背景出身。

我們如何進行訪談

在我們的所有研究個案中，訪談[7]架構由四個部分組成。首先，我們會從探索受訪者階級背景的一組問題開始。問題包括（受訪者成長過程中的）父母職業、就學狀況、關於承襲經濟資本（包括父母**收入**、**財富**與**資產**的問題）的開放性討論，以及關於承襲文化資本（包括父母**擁有**的藝術品、童年**參與**的藝術活動、正式**教育**的學歷，以及童年時在父母**鼓勵**下，與藝術相關的瞭解與**接觸**程度[8]）。接著，我們請受訪者描述他們截至目前為止的職涯軌跡，用他們自己的話說明重要的時刻與關鍵契機。[9]第三步，我們以更明確的問題針對他們的職涯、事務所的特定文化、事務所以及普遍業界對才幹的定義，以及他們是否覺得自己的事業之路因為任何原因而出現滯礙難行等方向，提出詢問。最後，我們以簡短解釋薪資差異分析的相關發現作為結尾，並詢問受訪者有什麼回饋與回顧的想法。

在表 A.1a 至 1d 中，我們從受訪者回覆問題的答案中汲取資料，進行每位受訪者的階級背景、目前職位與職涯軌跡的量測。我們說明了受訪者父母的職業、就學的學校類型，並對每位受訪者承襲的經濟與文化資本程度（每項資本的高、中、低程度），以及職涯進程的速度（加速、穩定或遲滯），進行了主觀（但非正式）判別。「職位與薪資」欄位，則是根據不同的研究個案而提供稍有不同的資料：針對透納．克拉克會計師事務所、六號電視台與庫柏斯建築師事務所，我們分別提供了受訪者在公司組織內的職位；在透納．克拉克會計師事務所與六號電視台的資料裡，我們提供的是薪資級距與職務描述的內容連結，至於庫柏斯建築師事務所的資料，我們掌握的是受訪者自己提報的收入級距，而演員部分，我們則是單刀直入地詢問受訪者年薪資所得，然後直接反映在資料中。

表A.1a　六號電視台受訪者

姓名	性別	族群	年齡	父親職業	母親職業	承接之經濟資本	承接之文化資本	就讀學校	職位與薪資範圍（英磅）	工作部門	訪問地點	職涯軌跡
艾卡	女	不同種族族群通婚後代／多族群群體	三十多歲	計程車司機	商店助理	低	低	國立	專業／技術 25-70K	法務與商務	倫敦	穩定
艾拉	女	英國白人	四十多歲	演員	護士	中	中	國立	部門負責人／執行主管 100-500K	人資、財務、地產	倫敦	加速
艾莎	女	英國黑人	二十多歲	老師	警官	中	中	國立	專業／技術 25-70K	行銷與溝通	倫敦	穩定
艾麗克斯	女	其他白人	二十多歲	工廠勞工	秘書	低	低	國立	專業／技術 25-70K	法務與商務	格拉斯哥	遲滯
愛麗斯	女	英國白人	四十多歲	醫院搬運工	清潔工	低	低	國立	助理／行政人員 21-60K	委託製作	倫敦	遲滯
比爾	男	英國白人	五十多歲	工廠機械操作員	家庭主婦	低	低	國立	部門負責人／執行主管 100-500K	委託製作	倫敦	穩定
布吉特	女	英國白人	六十多歲	鋼鐵工	家庭主婦	低	低	重點學校	部門負責人／執行主管 100-500K	人資、財務、地產	倫敦	穩定
凱薩琳	女	英國白人	三十多歲	資深經理	秘書	中	中	國立	資深經理 60-120K	技術與策略	倫敦	穩定
克莱兒	女	英國白人	五十多歲	資訊技術人員	行政助理	中	低	國立	部門負責人／執行主管 100-500K	技術與策略	倫敦	穩定
可拉	女	英國白人	四十多歲	資深公務人員	家庭主婦	高	高	私立	資深經理 60-120K	法務與商務	倫敦	穩定
丹尼爾	男	英國白人	二十多歲	老師	老師	中	高	國立	資深經理 60-120K	委託製作	倫敦	快速
戴夫	男	英國白人	五十多歲	擴充教育老師	辦公室經理	中	高	重點學校	資深經理 60-120K	委託製作	倫敦	穩定

姓名	性別	族群	年齡	父親職業	母親職業	承接之經濟資本	承接之文化資本	就讀學校	職位與薪資範圍（英磅）	工作部門	訪問地點	職涯軌跡
迪恩	男	其他白人	三十多歲	店員	商店助理	中	低	國立	資深經理 60-120K	營業、數位與交易	倫敦	穩定
愛思米	女	其他白人	三十多歲	建築工	裁縫	中	低	國立	專業／技術 25-70K	技術與策略	倫敦	穩定
潔瑪	女	英國白人	三十多歲	勞工	清潔工	低	低	國立	專業／技術 25-70K	人資、財務、地產	倫敦	穩定
喬治	男	英國白人	三十多歲	調酒師	行政助理	低	低	私立	專業／技術 25-70K	委託製作	倫敦	穩定
漢娜	女	英國黑人	五十多歲	泥水匠	髮型師	中	低	國立	經理 35-80K	人資、財務、地產	倫敦	遲滯
荷莉	女	英國華裔	二十多歲	廚師	服務生	低	中	國立	助理／行政人員 21-60K	委託製作	倫敦	遲滯
詹姆斯	男	其他白人	六十多歲	中型企業企業主	家庭主婦	高	高	私立	部門負責人／執行主管 100-500K	委託製作	倫敦	加速
賈維德	男	英國印度裔	二十多歲	工廠勞工	工廠勞工	低	低	國立	資深經理 60-120K	營業、數位與交易	倫敦	遲滯
喬許	男	英國白人	四十多歲	班主任	護理人員	中	高	私立	部門負責人／執行主管 100-500K	委託製作	倫敦	加速
凱特	女	英國白人	二十多歲	未提供	清潔工	低	中	重點學校	資深經理 60-120K	行銷與溝通	倫敦	穩定
凱蒂	女	英國白人	五十多歲	牙醫	家庭主婦	高	中	私立	經理 35-80K	技術與策略	倫敦	穩定
凱爾	男	英國白人	五十多歲	科學家	家庭主婦	高	中	國立	資深經理 60-120K	技術與策略	倫敦	穩定
凱芮	女	其他白人	六十多歲	資深公務人員	家庭主婦	高	高	私立	部門負責人／執行主管 100-500K	委託製作	倫敦	穩定

姓名	性別	族群	年齡	父親職業	母親職業	承接之經濟資本	承接之文化資本	就讀學校	職位與薪資範圍（英磅）	工作部門	訪問地點	職涯軌跡
凱文	男	英國白人	五十多歲	大型企業企業主	資深業務經理	高	高	私立	資深經理 60-120K	委託製作	倫敦	加速
奇亞藍	男	英國白人	二十多歲	勞工	未提供	低	低	國立	助理／行政人員 21-60K	委託製作	倫敦	遲滯
凱莉	女	英國白人	四十多歲	工廠勞工	小學老師	中	中	私立	資深經理 60-120K	營業、數位與交易	倫敦	穩定
里昂	男	英國白人	二十多歲	軍人	商店助理	低	低	國立	經理 35-80K	營業、數位與交易	格拉斯哥	穩定
莉吉	女	英國白人	四十多歲	教授	家庭主婦	高	高	私立	部門負責人／執行主管 100-500K	委託製作	倫敦	加速
梅吉	女	英國白人	三十多歲	未提供	家務女工	低	低	國立	經理 35-80K	人資、財務、地產	倫敦	穩定
馬克	男	英國白人	三十多歲	科學家	老師	高	高	私立	資深經理 60-120K	委託製作	倫敦	加速
瑪莎	女	英國白人	四十多歲	班主任	社工人員	中	高	私立	部門負責人／執行主管 100-500K	委託製作	倫敦	穩定
瑪麗	女	英國黑人	二十多歲	未提供	外燴助理	低	低	國立	專業／技術 25-70K	人資、財務、地產	倫敦	遲滯
麥可	男	英國白人	四十多歲	大學講師	藥劑師	高	高	國立	資深經理 60-120K	委託製作	倫敦	穩定
莫	男	不同種族族群通婚後代／多族群群體	二十多歲	計程車司機	商店助理	中	低	私立	專業／技術 25-70K	人資、財務、地產	倫敦	穩定
莫妮卡	女	英國白人	三十多歲	老師	辦公室經理	中	中	國立	資深經理 60-120K	委託製作	倫敦	穩定

姓名	性別	族群	年齡	父親職業	母親職業	承接之經濟資本	承接之文化資本	就讀學校	職位與薪資範圍（英磅）	工作部門	訪問地點	職涯軌跡
娜塔莉亞	女	英國黑人	二十多歲	未提供	搬運工	低	低	國立	助理／行政人員 21-60K	委託製作	倫敦	遲滯
奈吉	男	英國白人	四十多歲	管理顧問	秘書	高	高	私立	部門負責人／執行主管 100-500K	行銷與溝通	倫敦	加速
尼許	男	英國亞裔	五十多歲	建築師	護士	高	高	國立	部門負責人／執行主管 100-500K	法務與商務	倫敦	加速
派翠莎	女	英國白人	四十多歲	總經理	老師	中	中	私立	部門負責人／執行主管 100-500K	技術與策略	倫敦	穩定
彼得	男	英國白人	三十多歲	老師	放射線技師	中	中	國立	資深經理 60-120K	行銷與溝通	倫敦	加速
瑞秋	女	英國白人	四十多歲	教授	編輯	高	高	國立	資深經理 60-120K	委託製作	倫敦	加速
羅傑	男	其他白人	五十多歲	資深經理	家	中	高	私立	·部門負責人／執行主管 100-500K	法務與商務	倫敦	加速
露絲	女	英國白人	五十多歲	大型企業企業主	老師	高	中	私立	經理 35-80K	行銷與溝通	倫敦	穩定
山姆	男	英國白人	三十多歲	水管工	資料遺漏	低	低	國立	專業／技術 25-70K	人資、財務、地產	格拉斯哥	穩定
蘇菲	女	英國白人	三十多歲	資深經理	翻譯	高	高	私立	資深經理 60-120K	委託製作	倫敦	加速
蘇西	女	英國黑人	四十多歲	失業	服務生	低	低	國立	經理 35-80K	人資、財務、地產	倫敦	遲滯
席奧	男	英國白人	三十多歲	農人	秘書	中	低	國立	經理 35-80K	技術與策略	格拉斯哥	穩定

表A.1b　透納．克拉克會計師事務所受訪者

姓名	性別	族群	年齡	父親職業	母親職業	承接之經濟資本	承接之文化資本	就讀學校	職位與薪資範圍（英磅）	工作部門	訪問地點	職涯軌跡
艾力	男	英國白人	二十多歲	遺漏	遺漏	遺漏	遺漏	國立	實習生 25-50K	稅務	倫敦	穩定
芭芭拉	女	英國白人	二十多歲	遺漏	遺漏	遺漏	遺漏	私立	實習生 25-50K	諮詢顧問	倫敦	穩定
班	男	英國白人	六十多歲	木匠	商店助理	低	低	國立	合夥人 100-500K	諮詢顧問	倫敦	遲滯
班尼迪克	男	英國白人	二十多歲	遺漏	遺漏	遺漏	遺漏	國立	實習生 25-50K	稽核	倫敦	穩定
貝絲	女	英國白人	三十多歲	商店店主	家庭主婦	中	低	國立	主任 75-125K	諮詢顧問	倫敦	遲滯
貝芙	女	英國白人	三十多歲	建築工／房地產經紀人	秘書	低	低	國立	合夥人 100-500K	諮詢顧問	倫敦	遲滯
凱西	女	英國白人	四十多歲	法務主管	秘書	中	中	重點學校	合夥人 100-500K	稽核	倫敦	穩定
夏綠蒂	女	英國白人	二十多歲	遺漏	遺漏	遺漏	遺漏	國立	實習生 25-50K	稅務	倫敦	穩定
克里斯多夫	男	英國白人	二十多歲	遺漏	遺漏	遺漏	遺漏	國立	實習生 25-50K	稅務	倫敦	穩定
柯林	男	英國白人	四十多歲	稅務稽查員	中階經理	中	中	私立	合夥人 100-500K	稽核	聖奧爾本斯	加速
尤金	男	英國白人	二十多歲	律師	行銷執行主管	高	高	私立	實習生 25-50K	稅務	倫敦	穩定
佛來瑟	男	其他白人	二十多歲	遺漏	遺漏	遺漏	遺漏	國立	實習生 25-50K	稽核	倫敦	穩定

姓名	性別	族群	年齡	父親職業	母親職業	承接之經濟資本	承接之文化資本	就讀學校	職位與薪資範圍（英磅）	工作部門	訪問地點	職涯軌跡
喬治	男	英國白人	二十多歲	遺漏	遺漏	遺漏	遺漏	國立	實習生 25-50K	稽核	倫敦	穩定
喬治雅	女	英國白人	二十多歲	遺漏	遺漏	遺漏	遺漏	私立	實習生 25-50K	諮詢顧問	倫敦	穩定
蓋爾斯	男	英國白人	五十多歲	醫生	醫生	高	高	私立	合夥人 100-500K	諮詢顧問	倫敦	加速
葛拉漢	男	英國白人	四十多歲	演員	演員	高	高	私立	合夥人 100-500K	稽核	倫敦	加速
海莉	女	英國黑人	二十多歲	遺漏	遺漏	遺漏	遺漏	國立	實習生 25-50K	稅務	倫敦	穩定
伊莫珍	女	英國白人	二十多歲	遺漏	遺漏	遺漏	遺漏	私立	實習生 25-50K	諮詢顧問	倫敦	穩定
詹姆斯	男	英國白人	四十多歲	政治人物	家庭主婦	高	高	國立	合夥人 100-500K	諮詢顧問	卡地夫	加速
珍	女	英國白人	五十多歲	會計師	護士	高	高	私立	合夥人 100-500K	諮詢顧問	曼徹斯特	加速
傑森	男	英國白人	四十多歲	老師	老	中	中	國立	合夥人 100-500K	稽核	曼徹斯特	遲滯
珍妮佛	女	英國華裔	二十多歲	遺漏	遺漏	遺漏	遺漏	國立	實習生 25-50K	諮詢顧問	曼徹斯特	穩定
珍妮	女	英國巴基斯坦裔	二十多歲	計程車司機	家庭主婦	中	低	國立	實習生 25-50K	稅務	倫敦	遲滯
潔絲	女	英國白人	五十多歲	工廠勞工	清潔工	低	低	國立	合夥人 100-500K	稅務	卡地夫	遲滯
喬	男	英國白人	四十多歲	環境衛生官員	老師	中	中	私立	合夥人 100-500K	稅務	米爾頓凱恩斯	穩定

姓名	性別	族群	年齡	父親職業	母親職業	承接之經濟資本	承接之文化資本	就讀學校	職位與薪資範圍（英磅）	工作部門	訪問地點	職涯軌跡
喬許華	男	英國黑人	二十多歲	飯店經理	人資經理	中	中	私立	實習生 25-50K	稽核	倫敦	穩定
茱蒂	女	英國白人	四十多歲	財務經理	家庭主婦	高	中	重點學校	合夥人 100-500K	諮詢顧問	倫敦	加速
凱倫	女	英國白人	四十多歲	大學教授	家庭主婦	高	高	國立	合夥人 100-500K	支援部門	米爾頓凱恩斯	穩定
羅拉	女	英國白人	五十多歲	工具製造商	裁縫	中	低	國立	合夥人 100-500K	稽核	倫敦	遲滯
馬丁	男	英國白人	四十多歲	大型企業企業主	家庭主婦	高	高	私立	合夥人 100-500K	稽核	萊斯特	加速
瑪丁納	男	英國白人	二十多歲	調酒師	廚師	低	低	國立	實習生 25-50K	諮詢顧問	米爾頓凱恩斯	遲滯
馬修	男	英國白人	四十多歲	工程師	商店店主	中	中	國立	合夥人 100-500K	稅務	曼徹斯特	穩定
奈爾	男	英國白人	三十多歲	資深經理	中階經理	高	高	國立	合夥人 100-500K	稽核	米爾頓凱恩斯	加速
奈吉	男	英國白人	三十多歲	資深經理	家庭主婦	高	高	私立	合夥人 100-500K	諮詢顧問	倫敦	加速
保羅	男	英國白人	五十多歲	營業員	家庭主婦	低	低	重點學校	合夥人 100-500K	諮詢顧問	伯明罕	遲滯
菲利浦	男	英國白人	四十多歲	園丁	商店助理	低	低	國立	合夥人 100-500K	諮詢顧問	曼徹斯特	遲滯
雷蒙	男	英國白人	四十多歲	電工	家庭主婦	低	低	國立	合夥人 100-500K	稽核	劍橋	遲滯
蕾貝卡	女	英國白人	二十多歲	資訊經理	護士	高	高	國立	實習生 25-50K	諮詢顧問	萊斯特	加速

姓名	性別	族群	年齡	父親職業	母親職業	承接之經濟資本	承接之文化資本	就讀學校	職位與薪資範圍（英磅）	工作部門	訪問地點	職涯軌跡
羅伯特	男	英國白人	四十多歲	資深經理	辦公室經理	高	中	重點學校	合夥人 100-500K	諮詢顧問	倫敦	加速
羅傑	男	英國白人	五十多歲	中階經理	秘書	中	中	重點學校	合夥人 100-500K	諮詢顧問	倫敦	穩定
泰瑞	男	英國白人	二十多歲	遺漏	遺漏	遺漏	遺漏	國立	實習生 25-50K	稽核	倫敦	穩定
威爾	男	英國白人	二十多歲	醫生	律師	高	高	私立	實習生 25-50K	諮詢顧問	倫敦	加速
雅絲敏	女	英國白人	二十多歲	遺漏	遺漏	遺漏	遺漏	國立	實習生 25-50K	稅務	倫敦	穩定

表A.1c 受訪演員

姓名	性別	族群	年齡	父親職業	母親職業	承接之經濟資本	承接之文化資本	就讀學校	職位與薪資範圍（英磅）	訪問地點	職涯軌跡
阿碧蓋爾	女	英國白人	三十多歲	未提供	老師	中	高	國立	16.5K	倫敦	穩定
艾登	男	英國白人	二十多歲	失業	護理師	低	低	國立	60K	倫敦	穩定／遲滯
阿萊娜	女	英國白人	二十多歲	主廚	行政助理	低	低	國立	15K	倫敦	穩定
安迪	男	英國白人	二十多歲	醫生	醫生	中	高	國立	遺漏	倫敦	穩定
阿契	男	英國白人	五十多歲	農人	家庭主婦	中	低	國立	微薄	倫敦	遲滯
布萊恩	男	英國黑人	四十多歲	未提供	歌手	低	中	國立	10K	倫敦	穩定
凱芮	女	英國白人	三十多歲	建築師	家庭主婦	高	高	私立	18K	倫敦	穩定
卡特	男	英國白人	五十多歲	工程師	家庭主婦	中	中	重點學校	12K	倫敦	穩定
夏綠蒂	女	英國白人	三十多歲	未提供	公務人員	中	高	重點學校	30K	倫敦	穩定
黛西	女	英國白人	三十多歲	老師	老師	中	高	國立	遺漏	倫敦	穩定
達尼	男	亞裔（混血）	三十多歲	老師	老師	中	高	私立	36K	倫敦	加速
丹尼爾	男	英國白人	二十多歲	技師	行政助理	低	低	國立	微薄	倫敦	遲滯
黛博拉	女	英國黑人	四十多歲	辦公室職員	商店助理	低	低	國立	8K	新堡	遲滯
德瑞克	男	英國白人	五十多歲	勞工	秘書	低	低	國立	27K	倫敦	遲滯
道格拉斯	男	英國白人	三十多歲	小型企業企業主	家庭主婦	中	中	私立	18K	倫敦	穩定
艾拉	女	英國白人	四十多歲	繪圖員	髮型師	中	低	國立	12K	倫敦	遲滯
艾莉	女	英國白人	三十多歲	班主任	資深經理	高	高	國立	20K	伯明罕	穩定
費絲	女	不同種族族群通婚後代／多族群群體	四十多歲	牧師	社工人員	低	低	國立	20K	倫敦	遲滯

姓名	性別	族群	年齡	父親職業	母親職業	承接之經濟資本	承接之文化資本	就讀學校	職位與薪資範圍（英磅）	訪問地點	職涯軌跡
佛來瑟	男	英國白人	二十多歲	維修人員	行政助理	中	低	國立	微薄	倫敦	遲滯
葛瑞絲	女	英國白人	三十多歲	建築工	家庭主婦	中	低	國立	27K	利物浦	穩定
伊莫珍	女	亞裔（混血）	三十多歲	精算師	家庭主婦	高	高	私立	24-27K	倫敦	穩定
伊莎貝爾	女	英國白人	二十多歲	廚房設備安裝人員	銷售採購員	中	中	重點學校	20K	倫敦	穩定
傑克	男	英國白人	三十多歲	音樂家	藝術行政人員	中	高	國立	40K	愛丁堡	加速
珍	女	英國白人	四十多歲	辦公室職員	辦公室職員	中	低	國立	100-200K	格拉斯哥	加速
吉姆	男	英國白人	五十多歲	貨車司機	調酒師	低	低	國立	35K	倫敦	遲滯
瓊安	女	英國白人	三十多歲	中型企業企業主	老師	高	中	重點學校	微薄	倫敦	遲滯
約翰	男	英國白人	四十多歲	老師	老師	中	中	國立	20K	倫敦	穩定
莉亞	女	英國黑人	二十多歲	工程師	老師	高	中	私立	遺漏	倫敦	穩定
里昂	男	英國白人	三十多歲	老師	秘書	中	高	國立	25K	倫敦	穩定
路易斯	男	英國白人	四十多歲	機械工程師	清潔工	中	低	國立	4K	倫敦	穩定
莉莉	女	英國華裔	五十多歲	中型企業企業主	小學老師	中	中	國立	34K	倫敦	穩定
羅伊德	男	英國白人	四十多歲	技工	護理師	低	低	國立	17K	倫敦	穩定
羅拉	女	英國白人	四十多歲	未提供	失業	低	低	國立	遺漏	格拉斯哥	遲滯
露西	女	英國白人	二十多歲	勞工	家庭主婦	低	中	國立	微薄	倫敦	遲滯
馬克	男	英國白人	青少年	公司董事	行銷助理	高	中	國立	12-15K	倫敦	穩定
梅森	男	英國白人	四十多歲	工廠勞工	工廠勞工	低	低	國立	遺漏	倫敦	穩定
米亞	女	英國白人	四十多歲	電工	家庭主婦	中	低	國立	30K	倫敦	穩定／遲滯

姓名	性別	族群	年齡	父親職業	母親職業	承接之經濟資本	承接之文化資本	就讀學校	職位與薪資範圍（英磅）	訪問地點	職涯軌跡
米莉	女	英國白人	五十多歲	股票經紀人	教育管理者	中	中	國立	12-20K	樸次茅斯	穩定
茉莉	女	英國白人	三十多歲	大型企業企業主	辦公室經理	高	高	私立	45K	倫敦	加速
奈森	男	英國白人	四十多歲	演員	演員	高	高	私立	50K	倫敦	加速
歐利	男	英國白人	三十多歲	演員	演員	高	高	私立	35K	倫敦	加速
彼得	男	英國白人	二十多歲	辦事員	咖啡師	中	中	重點學校	14K	倫敦	穩定
瑞	男	英國白人	二十多歲	未提供	護理師	低	低	國立	微薄	倫敦	遲滯
山帝	男	英國白人	二十多歲	資深經理	家庭主婦	高	高	私立	24K	倫敦	加速
蘇菲	女	英國白人	三十多歲	勞工	家庭主婦	低	低	國立	微薄	曼徹斯特	遲滯
泰德	男	英國白人	五十多歲	辦事員	小學老師	中	中	重點學校	20K	透過Skype	穩定
湯米	男	英國白人	三十多歲	大型企業企業主	家庭主婦	高	高	私立	40K	倫敦	加速

表A.1d　庫柏斯建築師事務所受訪者

姓名	性別	族群	年齡	父親職業	母親職業	承接之經濟資本	承接之文化資本	就讀學校	職位與薪資範圍（英磅）	訪問地點	職涯軌跡
亞倫	男	英國白人	三十多歲	建築師	整骨醫生	高	高	私立	建築師 40-59,999K	倫敦	加速
阿敏	男	英國巴基斯坦裔	三十多歲	計程車司機	家庭主婦	低	低	國立	合夥人 60K以上	倫敦	加速
阿米爾	男	英國巴基斯坦裔	二十多歲	失業	家庭主婦	低	中	國立	建築助理 自願無薪	倫敦	穩定
安娜	女	其他白人	二十多歲	律師	護士	中	中	國立	建築助理 25-39,999K	倫敦	穩定
克莉絲汀	女	英國白人	三十多歲	零售經理	工程師	中	中	國立	辦公室團隊 40-59,999K	倫敦	穩定
克萊兒	女	英國白人	三十多歲	資訊經理	班主任	高	中	國立	合格建築師 25-39,999K	倫敦	穩定
克萊夫	男	英國白人	四十多歲	建築師	商店經理	高	中	國立	合夥人 60K以上	倫敦	穩定
柯姆	男	其他白人	二十多歲	工程師	護士	中	中	國立	建築助理 25-39,999K	倫敦	穩定
康納	男	英國白人	二十多歲	業務代表	物理治療師	中	中	國立	建築助理 25-39,999K	倫敦	穩定
達菲德	男	英國白人	二十多歲	採購經理	零售經理	中	中	國立	建築助理 25-39,999K	倫敦	加速
丹	男	英國白人	二十多歲	工程師	小型企業企業主	高	高	國立	建築助理 24,999K以下	倫敦	穩定
大衛	男	英國白人	四十多歲	搬運工	小學老師	中	中	國立	合夥人 60K以上	倫敦	穩定

姓名	性別	族群	年齡	父親職業	母親職業	承接之經濟資本	承接之文化資本	就讀學校	職位與薪資範圍（英磅）	訪問地點	職涯軌跡
伊門	男	其他白人	三十多歲	業務代表	小學老師	中	中	國立	建築師 40-59,999K	倫敦	穩定
伊蓮娜	女	其他白人	三十多歲	工程師	物理治療師	高	中	國立	建築助理 25-39,999K	倫敦	穩定
菲諾拉	女	其他白人	二十多歲	營建公司企業主	家庭主婦	中	中	國立	建築助理 25-39,999K	倫敦	穩定
法蘭	女	其他白人	二十多歲	公司董事	接待人員	高	中	國立	合格建築師 25-39,999K	倫敦	遲滯
加貝瑞拉	女	其他白人	二十多歲	公司資深經理	家庭主婦	高	高	私立	建築助理 25-39,999K	倫敦	穩定
蓋瑞	男	英國白人	五十多歲	石匠	食堂工作人員	低	中	國立	合夥人 60K以上	倫敦	穩定
海倫	女	其他不同種族族群通婚後代／多族群群體	二十多歲	醫生	社工人員	高	中	私立	辦公室團隊 24,999K以下	倫敦	穩定
潔西卡	女	英國白人	二十多歲	工匠	地方政府經理人	高	中	私立	建築助理 24,999K以下	倫敦	穩定
約翰	男	英國白人	四十多歲	地方政府經理人	慈善組織行政人員	中	中	國立	建築師 60K以上	倫敦	穩定
克莉絲坦	女	其他白人	二十多歲	飯店經理	公關公司經理	高	中	私立	建築助理 25-39,999K	倫敦	穩定
克里斯多夫	男	其他白人	四十多歲	工程師	秘書	中	中	國立	合格建築師 40-59,999K	倫敦	遲滯
路克	男	英國白人	二十多歲	飯店經理	人資經理	中	中	國立	合格建築師 25-39,999K	倫敦	穩定
馬丁	男	英國白人	二十多歲	平面設計師	地方政府經理人	中	中	國立	建築助理 25-39,999K	倫敦	加速

姓名	性別	族群	年齡	父親職業	母親職業	承接之經濟資本	承接之文化資本	就讀學校	職位與薪資範圍（英磅）	訪問地點	職涯軌跡
米格爾	男	其他白人	四十多歲	醫生	家庭主婦	高	中	國立	建築師 40-59,999K	倫敦	穩定
麥克	男	英國白人	四十多歲	建築師	食堂工作人員	中	中	國立	合夥人 60K以上	倫敦	遲滯
帕爾羅	男	其他白人	二十多歲	律師	護士	高	中	國立	建築助理 25-39,999K	倫敦	穩定
保羅	男	英國白人	四十多歲	工程師	研究員	中	中	國立	合夥人 60K以上	倫敦	穩定
寶拉	女	其他白人	三十多歲	辦公室職員	辦公室職員	中	中	私立	建築師 40-59,999K	倫敦	遲滯
寶琳	女	英國白人	二十多歲	企業家	企業	中	中	國立	建築助理 25-39,999K	倫敦	穩定
莎拉	女	英國黑人	二十多歲	牙醫	家庭主婦	中	中	國立	合格建築師 25-39,999K	倫敦	穩定
莎拉兒	女	其他白人	四十多歲	工程師	個人助理	高	中	私立	建築師 60K以上	倫敦	遲滯
西莫斯	男	其他白人	二十多歲	公家機關資深經理	物理治療師	中	中	國立	建築助理 25-39,999K	倫敦	穩定
賽門	男	英國白人	三十多歲	建築師	公務人員	高	高	國立	初級合夥人 40-59,999K	倫敦	穩定
蘇菲亞	女	其他白人	三十多歲	企業主	老師	高	中	國立	建築師 40-59,999K	倫敦	遲滯

我們的階級出身與研究過程

我們在閱讀與本書類型相同的著作時，常常會好奇地自問那些研究人員是誰。但是大多數的社會學家往往都會置身於他們所敘述的方法論相關內容之外。這樣的作法有一些很好的理由——舉例來說，過度依賴第一人稱，通常意味著任性而為。但同時，我們認為我們有必要反映出自身的社會座標，因為我們的出身背景無可避免會影響到本書研究的方式。

乍看之下，作為研究人員的我們（山姆與丹尼爾），似乎很相似。我們都是白人男性，在學術界擁有高地位的工作，因此在許多方面都具非常高的特權性。這個定位很重要。另外認知到我們的定位很可能會影響某些受訪者——特別是女性以及少數種族族群——在與我們分享工作經驗時的自在程度，也很重要

但是我們在許多方面也是相當不一樣的人。最明顯的差異是丹尼爾是美國人，而山姆是英國人，光是這一點，就讓我們兩人對於階級、流動與菁英工作，有不同看法與假設。比較不明顯的地方在於丹尼爾是位跨性別的男性——他之前對自己的認知是一位非二元性別的女性，就讀研究所以及後來進行的變性手術前，丹尼爾曾在女同性戀與女性組織中工作。

但與這本書關係最大的差異，源於我們兩人其實來自非常不同的階級背景。山姆出自一

個相當傳統的中高階級家庭。他的父母雖然出身於中產或中低階級背景，但都是向上流動者。山姆成長的過程中，他的父母一位是經濟學家，另一位是社會工作者。他們一家住在布里斯托一個富裕區域的大房子裡，而且山姆接受的是私校教育。相反地，丹尼爾由母親獨自扶養長大，她母親沒有完成大學學業，自認（與事實也相差不遠）勞工階級。丹尼爾成長期間，她在工會擔任組織者與秘書。他十四歲時，一家人正式買下了一棟房子，在那之前，他和家人曾在好幾個不同的租屋中落腳，租屋大多都位於華盛頓州西雅圖市較為貧困的「南區」。他在上大學前念的都是（美國定義的）公立／國立學校。

這樣的階級背景差異在我們研究合作的過程中，產生了非常重要的影響。不論是檯面上還是在檯面下，這些差異一直是我們研究的激活劑，在我們各自判讀研究所產出的數據資料時，也製造了一種源源不斷卻有高度生產力的緊張關係。我們對於自己的出身背景如何影響各自的職涯發展軌跡，也做了相當廣泛的反省。舉例來說，我們最初談論的議題之一，是圍繞著山姆如何以及為什麼會在倫敦政經學院獲得一份永久教職的激烈討論。針對這件事，山姆根據他的感覺，認為整個聘僱的過程，包括一連串與現有教職員非正式的一對一面試（他們有權於面試後投票給自己選定的面試者）以及與教職員和其他通過初選的候選人一起參加一場晚宴，對他都可能帶來不公平的優勢。特別是（學院裡有位牧師教授）成功通過這種面試過程所需要遵守的行為準則與隱晦的「遊戲規則」，對於山姆而言，全是相當本能的反應。山姆在憶及那場極度尷尬的候選人晚宴時，他注意到，相較之下，其他面試者明顯地不知無措。反觀丹尼爾，在進研究所前，除了在大學期間遇到的教授外，根本不認識任何教授。他對於遊戲規則或行為準則，**儘管**缺乏本能性的瞭解，但事業旅程中還是一路斬獲了許多成功。任何人都很難分析出自己所感覺到的陌生或不安，有多少是因為個人特質所致，又有多少真的是與階級和階級文化有關。丹尼爾回憶，他在與學術界人士初次見面時，對許多學術界的人情世故與專業慣例都茫然不知；舉例來說，主辦團體在學術交流後常會安排葡萄酒與乳酪時段，期待大家藉著這個活動閒聊、聯絡感情，他覺得自己在這類的場合表現得特別糟糕，除此之外，他一直活到了二十五、六歲，才第一次碰到吃飯時，桌上的餐具竟然不只一把叉子。

如何量測社會流動

量測社會流動，可以簡單地只看一個人的階級起點與生活中當下的位置（或者稱為「終點」），然後計算起點與終點之間的移動或流動。然而精確決定要用什麼社會分類或變數來量測階級起點與終點，卻是一點都不簡單的事情（我們在第十章已探討過這些概念性議題）。傳統上，經濟學家一般利用收入，而社會學家則偏向使用職業作為判別標準。但不論經濟學還是社會學，起點都是從**父母**的職業或收入來判定，終點則是看當事人**自己**的職業或收入。收入的量測相當簡單，職業則是通常彙整至職業類別中。在英國，使用最廣泛的基模，是由社會學家戈德索普所發展出來被命名為英國全國社會經濟分級統計的分級標準。關於哪種研究方式更有效、更準確，特別是從隨著時間推移來瞭解流動率變化這方面，過去二十年間，各方的爭辯一直都很激烈。[10]

然而，重要的跡象顯示社會學的研究方式慢慢開始佔據上風，其中又以英國最明顯。特別是英國內閣辦公室最近才建議所有的大型組織與政府單位，在監控社會流動時，重視員工父母職業的量測。[11]我們的研究中也使用了英國全國社會經濟分級統計。在終點判定上，我們理所當然地只對那些在「菁英職業」領域有特定職業終點的回覆者有興趣。一如我們將在接下來的段落中所解釋的內容，我們是從所有較高階級的專業與管理職業（英國全國社會經濟分級統計第一類），外加一系列文化與創意工作的角度來訂定。所有這些職業合起來構成了勞動力調查中一萬八千四百一十三位回覆者的樣本。[12]在不同的時點，我們也會在這個群組中區分出十九種個人專業。儘管這十九種職務並非全部都可視為「專業」，但我們的目標在於產生擁有廣義而言類似的訓練、技能與工作環境的職業群組分類，[13]同時在每一個群組中，產生足夠大的**樣本**數，進行有意義的推斷。值得注意的是，涵蓋在完整「菁英」終點分析中的參與者，並非所有人都屬於這十九種職業群組；兩千一百七十七位屬於英國全國社會經濟分級統計第一類分類別中的回覆者，並未記錄下具體的職業，而一千四百九十二位回覆者的職業雖然可以歸類，但樣本規模太小，不足以進行個別分析，卻也不能合理地歸類於其他菁英職業中。每個階級出身背景群組中的每個高端職業（以及那些無法分類）回覆者數量，我們都列在下頁表A.2中。

為了量測回覆者的階級出身，我們參考了勞動力調查向參與調查者所提問的問題，「您十四歲的時候，家中主要收入來源者的職業是什麼？」（值得注意的是，百分之八十以上的情況，這個問題都是指父親的工作。）根據這個問題的答案，我們接著又把各群組中成員的階級出身，再細部歸類到英國全國社會經濟分級統計的七大分類中；那些沒有收入來源家庭成員，則納入長期失業的第八大類。圖1.1就凸顯出每一個英國全國社會經濟分級統計中出身階級的職業範例。

我們在本書大部分內容中所呈現的每一個報告結果，都是利用簡化了的英國全國社會經濟分級統計的三大類分類方式做成。我們將英國全國社會經濟分級統計第一、二類出身階級者，歸類於「專業與管理階層」、「中高階級」或「特權階級」背景群組中。英國全國社會經濟分級統計第三、四與第五類背景者，歸類於「中產階級」或「中低階級」背景群組中。最後，我們將那些英國全國社會經濟分級統計第六、七類出身階級以及沒有收入者的家庭歸類於「從事例行或半例行性工作」，或「勞工階級」背景。我們知道這些分類存在著一些觀

表A.2.　依階級出身分類，每個菁英職業中的勞動力調查回覆者的數量

	專業與管理階級出身	中產階級出身	勞工階級出身	總計
戲劇藝術	184	123	74	381
影視	185	139	43	367
新聞	244	107	39	390
建築	92	70	16	178
學術	298	137	87	522
科學	269	166	81	516
生命科學	269	123	46	438
醫療	520	146	47	713
法律	313	124	66	503
會計	384	272	155	811
工程	451	401	250	1,102
資訊	1,027	717	433	2,177
廣告	612	311	203	1,126
執行長	103	62	31	196
管理顧問	240	114	71	425
金融	321	245	115	681
企業高階管理	1,494	1,152	767	3,413
公家機構高階管理	281	212	133	626
消防隊、救護車隊長與警察局長	74	63	42	179
其他高端工作	1,542	1,256	871	3,669
總計	8,903	5,940	3,570	18,413

念上的模糊地帶，特別是像中上階級與中下階級這樣的類別。但是我們認為這些分類在釐清我們在這個研究中所檢視的三個階級出身群組之間的關係區隔，很有幫助。

另外值得注意的是，我們的分析有一個限制，我們並未釐清那些從英國全國社會經濟分級統計第二類背景，流動到第一類工作的短距離流動——譬如教師的孩子成為學術人才。大約有百分之三的回覆者經歷這樣的職涯軌跡，而從事我們菁英工作者有百分之二十一也都來自英國全國社會經濟分級統計的第二類背景。我們另外檢視了其他發表的研究結果，想瞭解與較高階級的專業與管理者（英國全國社會經濟分級統計第一類）的孩子相比時，這些第二類背景出身的高階工作者，是否面臨到階級薪資差異的問題。我們發現平均而言，他們確實要比最特權階級出身者平均每年少賺約兩千九百英磅。但是當我們加入所有的控制參數後，這樣的薪資差異就失去了統計上的重要性了。[14]

何謂「菁英」職業？

「菁英」這個詞彙的多重意義本質，讓我們在定義一套沒有爭議的「菁英職業」時，困難重重。在英國的社會情境中，我們主要是以英國全國社會經濟分級統計制度創立者之一的大衛・洛斯（David Rose）[15]所提供的指南為依據。他認為現存最佳的量測結果，是英國全國社會經濟分級統計的頂階人口。[16]隸屬這個階級的人口是一群從事「較高階的專業、管理與行政」工作者。我們另外也納入了一些文化與創意工作，這些工作普遍與高端職業的政策論述相關，且歸類在其他社經分類系統中，不過並未歸類於英國全國社會經濟分級統計第一類。這些工作包括了新聞業、影視從業人員、表演藝術者，以及廣告業。從事這些工作者的薪資所得，平均而言，雖然可能要比其他的菁英工作薪資所得低，但他們卻在其他重要面向展現出了「菁英性」。這些領域的工作，在我們所有菁英職業中，名列最具競爭性的組別中，與其他菁英職業一樣具有相當高的評價、發展願景（不過不一定可以實現）、創意性、自我表達性與魅力。最後，這些職場上的佼佼者——我們在本書中，對他們的興趣最大——在公眾生活層面，可以發揮有意義的影響力，而在透過電影、媒體與表演藝術等介面，塑造國家文化認知上，也是非常關鍵的角色。

我們應該在此強調的是我們並非要主張每位從事我們菁英工作的人，符合菁英這個詞彙的所有條件。相反地，我們認為我們回覆者所受雇的職場，就算有人真的爬到了高階層級，承諾的也是透過不符合比例原則的大多數管道，將英國社會中那種「關鍵職位」[17]提供給大多數人認定具備菁英特質的人。

勞動力調查分析

一如之前概述，我們彙整的資料源於二〇一三年至二〇一六年間的勞動力調查資料。[18]勞動力調查每季進行一次，利用的是回覆者連續五季或十五個月的滾動式樣本。任何一季的調查，大概都有五分之一的回覆者為首次參與，五分之一為第二次參與，以此類推，但是這些季調查所詢問的所有問題，並不會完全相同；社會階級出身的問題只會出現在七到九月的調查中，所以我們也結合了二〇一四、二〇一五或二〇一六年七到九月的那些回答了社會階級出身問題的回覆者資料。這也表示最早參與調查的回覆者，出現在二〇一三年七到九月，而最晚加入調查的則出現在二〇一六年七至九月。以這樣的資料彙整方式，我們不但可以獲得最大可能量的樣本數，同時也讓我們在必要時，可以運用不同季度的個別回覆者資料。

我們依不同條件選擇樣本。首先，為了最大程度降低退休的影響，我們只採用六十九歲以下回覆者的樣本。第二，我們將所有二十三歲以下或全職學生的樣本從分析中剔除，因為這些回覆者不太可能穩定地過渡到專業工作中。從這個角度來看，值得注意的是流動分析研究者通常只採用三十、三十五，或甚至年齡更大者的資料。[19]但是我們納入了範圍最大的合理年齡區間，因為我們的興趣在於專業與管理工作的組成結構，而非階級出身的流動機會。

要分析個人職涯內的進程狀況，我們利用了勞動力調查回覆者的薪資所得資料。當然薪資所得不盡然可以提供工作職位的絕對量測結果，但卻是可取得的最佳代理條件，而且本身也是當事人成功的重要標記。由於這些量測的問題只在第一季與第五季回覆者資料中收集（並非所有參與調查的回覆者都有回覆），而且並非所有回覆者都願意回覆收入的問題，因此在我們菁英職業組中，有提供薪資所得數據的回覆樣本數為八千五百六十三份，其中八千三百二十五份涵蓋在迴歸模型中使用的所有共變異數資料。雖然許多回覆者都缺少薪資所得資料，但我們在網路版附錄的結果中解釋了我們對於這個分析的自信，網路版附錄網址為https://www.classceiling.org/appendix。

有鑑於勞動力調查的大樣本規模，我們同時還可以從性別、年齡與族群來研究社會流動的差異。我們利用勞動力調查涵蓋了大多數人種族族群類別的變數，而這個類別中的選項區別出了白人、黑人／非洲人／加勒比海人／英國黑人、印度人、巴基斯坦人、孟加拉人、中國人、其他亞洲人、不同種族族群通婚後代，多族群群體以及任何其他族群。當樣本規模過小時，有時候我們會把孟加拉人與巴基斯坦人結合在一起觀察，因為他們都是穆斯林，而且在英國勞動力市場所面對的劣勢，以及個人在社會流動過程中所經歷的不平等，程度往往相當。[20]移民以及歐洲、北美、澳洲、紐西蘭（其他白人）以及愛爾蘭共和國（愛爾蘭白人）的歐洲白人移民與第二代，都包含在白人分類中；我們掌握了一些有關出生國家的變化問題，區分出問卷參與者出生地是在英格蘭、威爾斯、蘇格蘭、北愛爾蘭，以及英國以外的國家。

利用迴歸瞭解階級薪資差異

在第三章中，我們根據迴歸模型呈現了一系列數字。這些數據讓我們省視不同階級背景出身者的工作相關特質，是否可以解釋我們在高端工作領域看到的薪資差異狀況。更具體地來說，迴歸模型可以估計研究者納入模型內的每一項潛在因素，各自對於一個「應變數」（在我們的研究中，這個變數就是薪資所得）的增加（或減少）影響程度有多高。如果兩個變數都容易與獨立變數的增加有關連性，而在我們將之納入研究後，彼此也產生關連性質，那麼我們通常就會在每一個變數上看到一個較小的獨立效應。這樣的情況，我們通常稱為「控制」附加變數。

將這種研究方式具象化的一種方式，就是想像自己在攀登一個山坡。如果山峰面向東南方，那麼你朝東南方攀爬的腳步，有些會是朝東的步子，有些則是朝南方，而分別量測每一步的方向是可以做到的事情。如果你只量測自己朝向東南方的行進，那麼收穫到的攀升量測結果很可能只有向南的移動。只考慮階級出身與薪資，就像是只去量測東南方向的移動——想一想最後一章階級薪資圖中那個明顯可見的「坡度」。圖A.1（頁四五七）就顯示了階級出身與教育的薪資所得「山」。在這個東南向的階級出身山坡上，向上的每一步都代表著收入的增加，但是朝著教育／東向行進的步伐，同樣**也**出現了收入的增加。把教育因素納入我們對於薪資斜坡的瞭解，可以讓我們依據階級而形成的斜坡坡度預估值縮小，因為某些階級的斜坡，其實是因為群組之間——就像是西東斜坡——教育差異所造成的結果。

在第三章中，我們試著釐清階級出身薪資差異的潛在源頭。為了達到這個目的，我們進行了一系列控制四組因素的嵌套式線性迴歸分析，這四套因素都是我們從之前研究中所辨識出來，認為是造成薪資所得不平等的關鍵因子。我們利用勞動力調查中代表週薪的變數，乘以五十二，來當作年薪所得預估的應變數。在人口統計模型中，我們納入了性別、族群、失能與年齡等控制因素，以及回覆者提供薪資收入資料的季資料。在教育模型中，我們加入了三種量測教育的項目：回覆者獲得的最高學歷或資格證明、就讀的大學型態，以及他們的學業成就等級。另一個「優秀能力」模型中，我們加入了人力資本的額外量測項目——訓練、工作年資、一般工作時數，以及過去的健康狀況。接著，我們還增加了回覆者在英國工作的地區，之後又陸續加入了他們從事的具體工作（在我們的菁英工作中，我們使用的是二〇一〇年標準職業分類〔SOC10〕準則）、他們工作所屬的產業、在私人機構或公家機關工作，以及他們服務的企業組織規模。[21]我們從這些模型中所得到的結果，與我們登入薪資所得作為應變數的結果[22]、薪資所得百分位數、或者依據地區別的薪資所得百分位數，[23]均具實質的一致性。

我們利用每一組控制因素解釋整體的薪資差異時，根據的是布萊恩德——奧沙卡拆解模型（Blinder-Oaxaca decomposition model）[24]的結果。布萊恩德——奧沙卡拆解模型是一種特別為了這個目的所設計的迴歸分析（我們在之前的研究中曾解釋過這種方式，更多完整的細節，我們都提供在網址為 www.classceiling.org/appendix 的網路版附錄中）。[25]

研究個案職業的比較

之前曾解釋過，我們的四個研究個案不見得可以代表**所有的**菁英職業，而特定菁英組織的研究選擇，也有部分是因緣際會的結果。

然而我們在決定如何比較這些特定職業時，卻有自己的道理。這四種職業都有些重要的共通性。第一個共通特質，也是最重要的，就是在大家眼中，他們全都是高社會地位的工作。以會計師與建築師為例，這兩種工作同時保證了（透過相對高薪形式的）物質報酬以及聲望這種象徵性的回報。[26]大眾對於電視圈與戲劇表演的事業，也有高度的評價，具創意、自我表現與迷人的前景（儘管不見得都可以實現）。第二，這些職場全都代表高度競爭的專業工作，並且在全國畢業生就業終點最具價值排行榜中，始終名列前茅。最後，在這些專業職場上，每一個職業的領導者——同時也是本書特別有興趣的對象——對於社會生活，都具有一定的影響力。英國最大與最有權勢的企業機構當中，部分由會計師界的高階管理者掌管，而電視圈、建築以及戲劇表演業的領袖，則是透過媒體、表演藝術以及環境打造，在塑造國家文化認同上，扮演了至關重要的角色。

這些職業雖然具有重要的共通特性，但在四種重要的層面上，卻存在著差異。首先，聘僱過程往往由非常不同的方式架構而成。會計與建築領域都是歷史悠久的傳統專業，屬於穩定而常設性的工作。相反地，戲劇表演與電視產業卻是現在大家稱為「零工」經濟的範本。舉例來說，電視台的聘僱經常仰賴一系列短期工作契約協商——特別是那些循著「創意」路徑走過來的電視節目製作（請參見第五章更多關於電視業創意之路重要性的內容）。戲劇表演可以說是更不穩定的職業，而且大多數的演員都屬於自雇領域。而我們之所以選擇戲劇表演，有部分原因出於我們希望能探討自聘與階級天花板之間的關係。

第二點，職業與職涯發展在這四個職場中的運作完全不同。首先，會計業的支配者——從經濟產出的角度來看——是少數幾家跨國事務所。這些事務所的規模一般都非常龐大，而職涯發展的垂直結構，最高可達七到八種不同的職級。一如我們在第四章中所述，這類事務所內的升遷路徑，相對成熟，許多員工都是在這樣的系統中獲得「晉升」。電視廣播界同樣也是由一小撮地面無線電視頻道所掌握（不過這個產業還有大約四百八十個規模較小的免費播出、免費觀賞與觀眾訂閱的頻道）。像六號電視台這樣的主流電視廣播企業，階級相當分明，不過在獨立製作（亦即「獨立製作公司」）產業，要晉升到創意職務最高位，主要還是取決於經驗的累積。戲劇表演界是典型「勝者全拿」的勞動力市場。在這個領域裡，不論是從收入或地位的角度來說，只有極少數的頂端專業人士才能得到非常高的報酬，大多數從事這個職業的人，都只能賺取相當微薄的薪資。相反地，建築業就是一個階級制度不是那麼鮮明的行業。許多英國的建築師都是一人獨撐大局，不然就是以五個人或更少的人數編制，經營很小規模的事務所。在這樣的產業環境下，組織內的職等就沒有太大意義了。事業初期，大家的動力全放在一般要用七年或更長時間才能完成的建築教育三大階段上，因為只有完成了建築教育，當事人才能獲准使用「建築師」這個受到保護的頭銜。在這之後，職業發展的關鍵就成了累積專案建築師經驗。

第三點差異，從當前對於社會流動的政策辯論角度來看，這四種職業全都有著很獨特的定位。舉例來說，自從艾倫．米爾本極具影響力的二〇〇九年報告《公平取得工作機會》後，社會流動在會計師業界就一直是個非常重要的議題。許多大型事務所隨後在各傳統專業領域中，率先引進了「環境脈絡」的學術資料，並在進行畢業生工作申請資料審查時，遮蔽申請者就讀學校與大學的名稱（但是在升遷時，這部分的重視度，就沒那麼大了）。最近，電視圈與戲劇表演業也因為一些名流與政策制訂者利用媒體平台譴責職業管道與發展的障礙，而受到了大眾的檢視。[27]至於建築業，儘管長久以來一直都屬於菁英行業，卻在很大程度上避開了這樣的政策針對性，在社會流動議題方面，只有零星的辯論與活動。多元化議題反而主要集中在性別歧視的問題上，這個產業缺乏女性的參與，特別是較資深的高位。

最後一點，就如我們在第四章中所概述的內容，階級對於職涯發展的影響，因行業差異而有非常巨大的不同。我們的勞動力調查分析顯示會計師（特別是位於倫敦市的大型事務所）與戲劇表演業的薪資階級差異相對較高。而在建築師與電視圈，我們並沒有找到階級薪資差異的證據。因此，我們對於研究個案職業的選擇，在基本上，就和我們想要瞭解什麼樣的潛在因素可以改善以及遏阻階級薪資差異的計畫，從根本上就連在了一起。

菁英企業的比較

就像本書稍早所解釋過的，我們相信階級薪資差異的許多潛在驅動因子，從特定組織的文化與結構來說，都是在企業層級運作。要想釐清這些機制，我們選擇透過組織研究個案的角度去檢視菁英職業，而不是研究來自不同企業的個人橫剖面。我們的研究個案企業為一家全國性的電視廣播公司六號電視台、一家大型的跨國會計師事務所透納·克拉克，以及一家執業的建築師事務所庫柏斯。

除了我們選擇特定職業的論證外，我們也仔細思考過我們想要研究的特定企業類型。首先，我們有興趣進一步探討第三章當中所揭露的倫敦效應。因此我們選了三家在倫敦中區部署了相當人力的企業。除此之外，我們也想至少找一家在全國都有廣泛人力配置的企業，可以讓我們進行有意義的比較分析。透納．克拉克會計師事務所就提供了這樣的條件——他們有百分之六十的員工都是以首都以外的地區作為工作基地，而庫柏斯建築師事務所與六號電視台，則是百分之九十以上的人力都集中在倫敦。

第二，我們想要探討企業規模相關的差異。各位讀者可以回想一下，我們在第三章中曾解釋過薪資差異更集中在較大型的企業中。為了進一步瞭解這樣的差異，我們選擇了一家中型企業——庫柏斯建築師事務所，一家中大型的企業——六號電視台，以及一家非常大型的企業——透納．克拉克會計師事務所。

最後，我們也想比較內部存在不同程度專業性的企業。第三章清楚說明了菁英職業**之間**的汰選力量。但是我們另外有興趣的議題，是菁英職業內是否同樣存在水平偏析的類似相關形式——也就是不同階級出身的員工，是否會被歸類到不同的區域或單位，而這樣的狀況對於他們職涯發展前景，會帶來什麼影響？一如我們在第四章中所提，六號電視台內（特別是委託製作部相較於其他五個主要單位）、透納．克拉克會計師事務所（特別是諮詢顧問事業相較於稽核與稅務），以及庫柏斯建築師事務所（特別是專注在設計、技術與商業的員工之間），都存在著非常重要的專業型態。

回饋研究個案企業

每一個個案的研究，都是與以上提到的企業合作進行。完成了實地調查後，我們會向每家企業的高階領導者回報我們的研究結果——首先是一場口頭報告，接著在消化並納入了企業高層的回饋後，再以書面型態提交一份正式的報告。我們覺得回饋這個程序非常重要，因為這個過程讓每一家企業都擁有「答辯權」。更有甚者，我們的目標一直都在於產出企業組織可以針對各種社會流動與職涯發展議題實際運用的研究。

不過報告回饋的過程並非一路順風。我們的報告在六號電視台與透納．克拉克會計師事務所，都受到了嚴厲的批評。這兩家企業的高層接受了我們大部分的發現，但是某些特定的個人也提出了強烈的反對。舉例來說，我們在透納．克拉克會計師事務所解釋普遍存在的非正式舉薦關係時，有位資深合夥人就氣憤地打斷我們的報告：「我才不相信這樣的鬼話。在我的經歷中，這裡根本沒有這種事情。」在其他的狀況下，異議更常常來自於我們對於資料數據的詮釋。以我們在結語（第十一章）中所列舉的例子來說，六號電視台的委託製作部針對我們對於文化的批評，反對力道尤其強大。

我們的研究對個案企業帶來了實質的影響。舉例來說，六號電視台就設立了一個營運小組（山姆也是其中成員）來因應我們的發現，而且最終產生了一項廣泛的社會流動策略，包括持續承諾量測與監控員工階級背景、增加社會流動人員在上層管理階級的數量目標，以及將電台內大多數的實習生位置，「圍欄」留給那些來自於社會流動背景的人。我們的研究在透納・克拉克會計師事務所也造成了一些改變，包括監控員工階級結構的類似承諾。這家事務所另外也對內部的畢業實習生甄選程序作了一些改變，包括不再強調相關實習工作經驗與課外活動成就，以及調整性向測驗內容，讓這項測驗能從更整體性的角度，去辨識人才與文化契合度。

關於保密性

對於以匿名方式維持我們研究個案企業以及受訪個人的身分，是我們極其關切的一件事。對企業而言，員工組成結構的彙總資訊具有商業敏感性。對受訪者來說，我們詢問的問題私密而挑釁，而且具有可能會為他們職涯帶來嚴重影響的辨識度。我們主要的關切點並非一般讀者可能會認出受訪者的真實身分，這一點我們認為幾乎是不可能發生的事情，我們擔心的是服務於同一個組織內的同僚可能會辨識出他們的真實身分。為此，我們採取了一些步驟來確保匿名性。首先，我們以化名來稱呼所有的受訪者。第二，我們修改了部分受訪者的特徵或生活細節，以期能確保別人無法辨識出他們的身分。然而在掩蔽特定細節同時，我們還要避免編造出來的改變，影響到讀者對我們論述的評斷能力（譬如人口統計特徵中的重要改變）。最後，讀者應該會注意到我們偶爾會提及一些具特定特徵的個人，卻沒有提供化名。之所以這麼做是因為這些人的論述相當具挑釁度，如果讀者沿著書中的化名追蹤，很可能會辨識出他們的身分。表 A.1a 至 1d 中，我們提供了每一位受訪者的性別、族群與父母職業的相關細節。

侷限性與未來的研究

這個研究計畫有許多重要的侷限性。有些相當明顯。譬如，有一個始終無法釐清的關鍵問題——階級天花版是一個新的現象嗎？我們在本書中的主張是，在此之前，階級天花板的狀況一直未能有意義地揭露。但是這樣的主張與宣稱階級天花板以前並不存在，完全是兩回事。特別是我們知道以地位成就模型來進行流動性研究，是一九七〇年代美國與許多比較研究的主流研究方式，而這樣的研究曾發現階級出身對於薪資所得，以及職業終點本身的淨效應本身，具直接的影響。[28]

遺憾的是，我們手上的橫斷面資料，無法讓我們研究這個隨著時間而變化的議題。那麼，試著找出足以檢視英國過去是否存在階級薪資差異的狀況，以及隨著時間演進，這樣的差異是漸增還是漸減趨勢的縱向資料，或許會是未來一條收穫豐厚的研究路線。

另外在個案選擇方面，我們也面臨了固有的侷限。簡單地說，如果我們著眼於其他的高端職業以及其他的菁英組織，我們當然可以揭露階級薪資差異的不同驅動因子。尤其是我們的研究個案企業願意敞開大門，讓研究者進入內部檢視一個敏感的議題，從這一個重要的層面來說，就足以證明他們代表性不足。我們很難知道這樣的情況對我們的研究結果有多大的影響，但是相較於其他企業，這些組織對於自己內部廣泛階級不平等的相關議題，會有更多的瞭解與認知，卻是可以成立的說法。大多數的其他組織，包括我們之前曾經嘗試接觸卻無法取得合作的企業，對於階級討論所可能揭露的狀況，都心懷恐懼。也是因此，我們的結果實際上很可能低估了階級天花板的規模，特別是那些拒絕我們入內研究的企業，或許存在著更嚴重的階級出身障礙問題。

我們研究方法的另外一個關鍵侷限性，來自於我們所辨識出來的不同薪資差異驅動因子，很難讓大家有意義地裁定出彼此的相對明顯性以及相互關連性。在許多層面上，我們採用並執行的混合研究方式所遭遇到的坎坷窒礙，都是這個困局所反映出來的狀況。舉例來說，儘管我們在第二、三章都找到了所有「菁英職業」共有的一種階級薪資差異狀況，但從第四章之後的分析，卻只能聚焦檢視四個個別的研究個案，而不是繼續專注於所有菁英職業都存在的問題。[29]整個研究計畫中，整體菁英領與個案研究領域這兩個部分，在很多方面都存在著一種不完美的分析連結。首先，就像之前才解釋過的，我們無法確定自己在研究個案中所辨識出來的機制，是否普遍適用於所有的菁英職業。第二，第三章所辨識出來的許多驅動因子都是關於當事人**進入**哪個職業或企業（或者，以教育為例，是在進入該職場之前所發生的事情），而這個部分在很大程度上都發生我們針對**已經進入企業服務**者的研究範疇之外，抑或研究之前的事情（當然，我們還是可以從受訪者自己對於事業的描述，發現一些這些較早期的驅動因子殘留痕跡，其中又以六號電視台的這種情況最多）。最後，我們研究個案中的有些人，雖然在菁英企業服務，但從事的工作並不符合我們「菁英職業」的分類。舉例來說，六號電視台的行政助理，以及透納・克拉克會計師事務所中許多「支援」的員工，都並非明確受雇於菁英職業。[30]

其他的侷限性，都與我們的方法論決策有關。這個研究計畫主要以訪談為主，因為我們需要瞭解大家的職涯軌跡以及他們工作相關的經歷。然而，很重要的是，我們必須認知到，大家對於自己所做之事的描述，往往不見得與他們現實生活中實際的行為相連。就像傑若麥克與汗（Jerolmack and Khan）[31]所說的「光出一張嘴」，卻總是沒有真正與空話相符的行為。這一點從機制的角度來看，關連性特別強，譬如階級歧視。我們雖然在這次的研究計畫中幾乎找不到什麼證據，但這樣的結果卻很可能是訪問環境下的人造產品，也就是說，大家比較容易突顯出那個較不具批判性質、「稱頭體面」的自己。[32]更多人種誌觀察方法的使用，或許有助於進一步闡明我們在本書中引用的許多機制，譬如行為準則的力量、舉薦關係的建立以及管理階層高位文化的呈現等等。另外還有一些重要的把關性質過程，譬如薪資協商、面試或升遷考核等，對於瞭解階級天花板都是關鍵的事件，而採用人種誌觀察方法，會有較好的探查效果。

我們在本書中用了很多的篇幅，特別是第十章，辯述研究人員必須跨出廣義的職業分類範疇，應用更詳盡的方式來量測階級終點——不論是薪資所得或工作職位。但是同時，我們自己在瞭解大家（在勞動力調查中）的階級出身時，卻採用了同樣的傳統職業量測方式。我們並沒有忽略這種行為的雙重標準現象，未來的研究工作中，我們會更加注意，應該採用更精細的階級量測方式；我們的研究受限於勞動力調查的可用資料量，希望未來更大規模的研究（甚至可能是勞動力調查本身的擴大研究）可以納入多種階級出身的量測方式。

在進行本書第一部分所呈現的分析過程中，我們做出來的圖表，其實遠比我們可以在主要內文中完整討論的數量多得多。不過我們提出了一些讀者可能會有興趣更進一步瞭解的分析，因此在接下來的幾頁，我們呈現了一些我們覺得內容非常引人注意的圖表，關於這些分析更詳細的說明與數字，請參閱網路版附錄（www.classceiling.org/appendix）。我們在此處所呈現的圖表，由於是本書主文中的參考基準，因此僅提供了最小程度的討論。

表A.3　勞動力調查中的出身與終點狀況（%）

父母	較高階管理與專業職	較低階管理與專業職	中階	小型企業雇主	較低階監督與技術職	半例行性職業	例行性職業	從未工作過	合計
較高階管理與專業職	3.8	4.6	1.7	1.1	0.6	0.9	0.5	1.1	14.3
較低階管理與專業職	3.5	5.4	2.1	1.4	0.9	1.4	0.8	1.5	16.9
中階	1.7	2.9	1.5	0.8	0.5	1.1	0.7	1.0	10.1
小型企業雇主	1.4	2.9	1.5	1.9	0.9	1.7	1.3	1.8	13.4
較低階監督與技術職	1.5	2.9	1.6	1.1	1.0	1.5	1.0	1.5	12.0
半例行性職業	1.1	2.5	1.5	1.0	1.0	1.9	1.4	1.8	12.3
例行性職業	1.3	3.0	2.0	1.4	1.3	2.5	2.2	2.8	16.6
從未工作過	0.3	0.7	0.5	0.3	0.3	0.6	0.6	1.0	4.4
合計	14.6	24.8	12.3	8.9	6.5	11.7	8.6	12.5	100.0

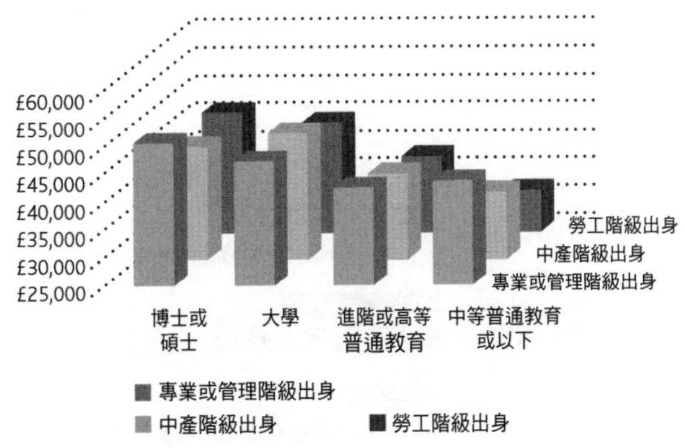

圖A.1　收入之山——迴歸說明

備註：本圖表採用了我們分析的真實數據，藉以說明迴歸模型效用概念。

資料出處：勞動力調查

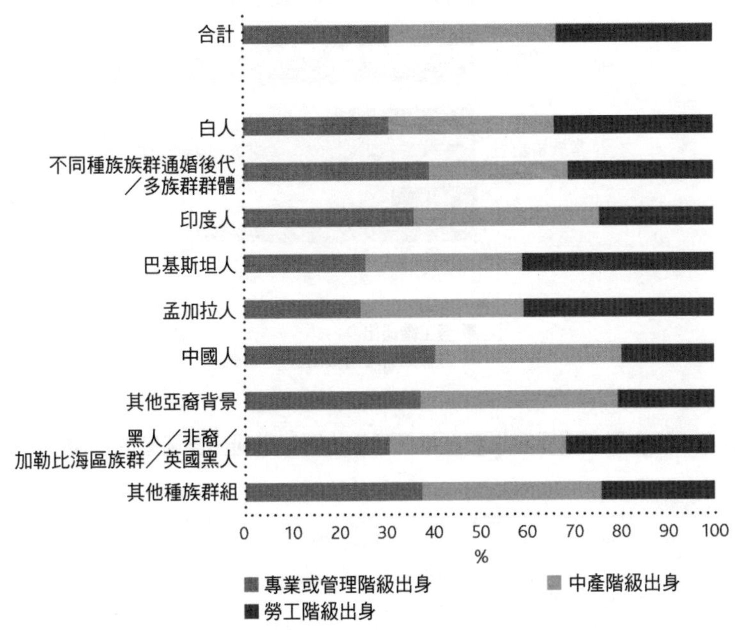

圖A.2　以整個英國勞動力為基礎，每種階級出身範疇的每個種族族群比例

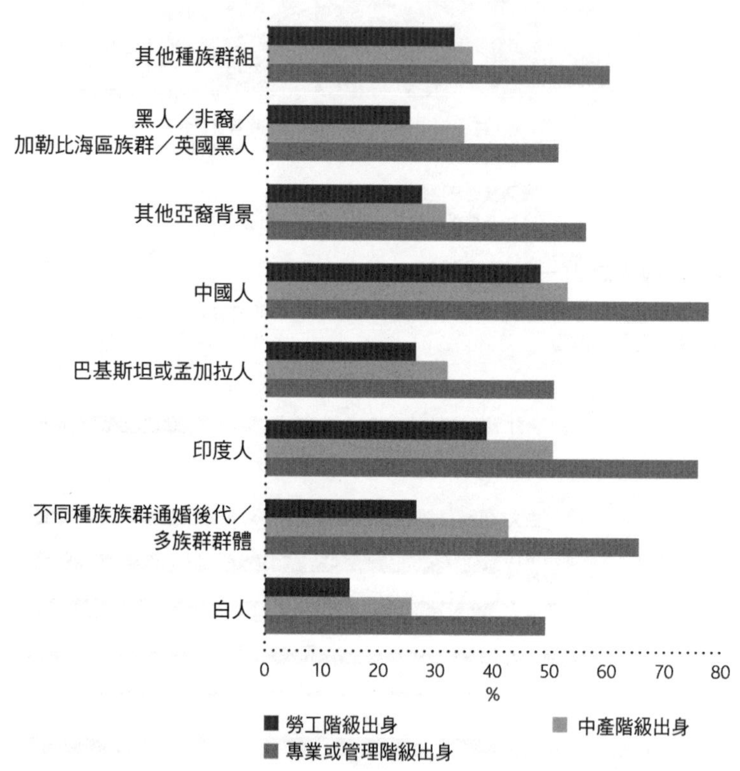

圖A.3　擁有學士或更高學歷在每個種族族群與階級出身範疇的比例

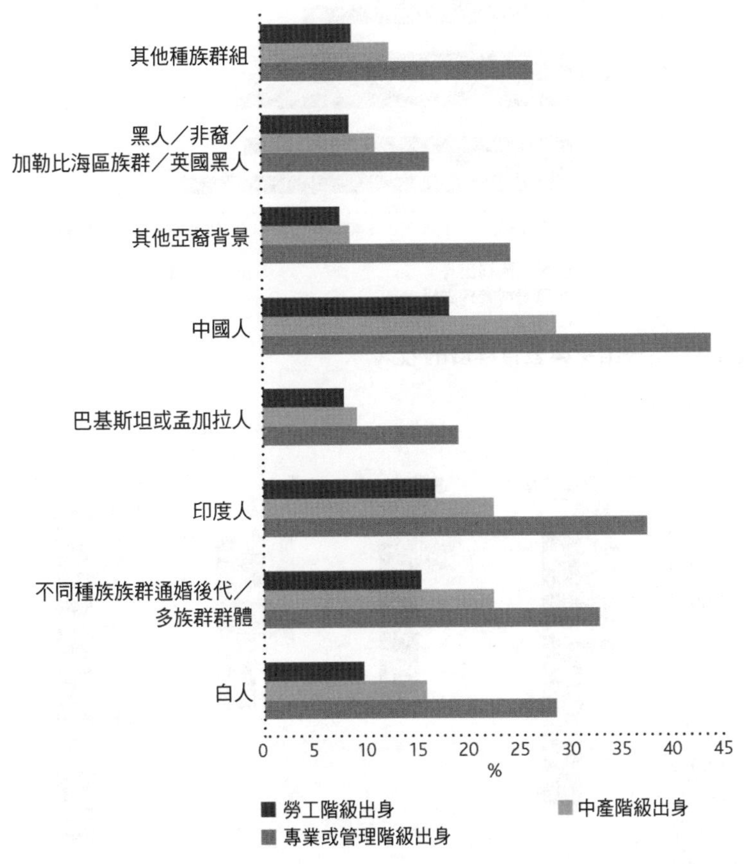

圖A.4 每個種族族群與階級出身佔高端工作，且擁有學士或更高學歷的人數比例

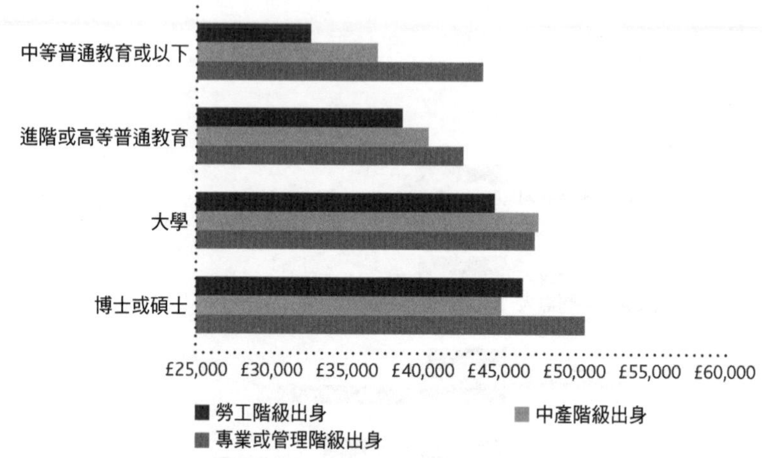

圖A.5　階級出身與教育程度的收入

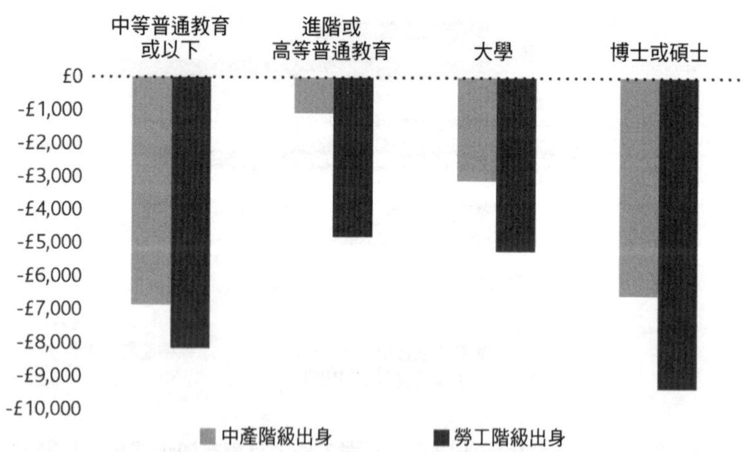

圖A.6　相同教育程度範疇內的階級薪資差異

備註：這些源於迴歸模型的表現包括了第三章人口統計模型中相同的控制項目。除了教育程度為進階或高等普通教育的中產階級與專業或管理階級出身之間，其他所有的階級相資差異都具統計顯著性，p值<0.05。

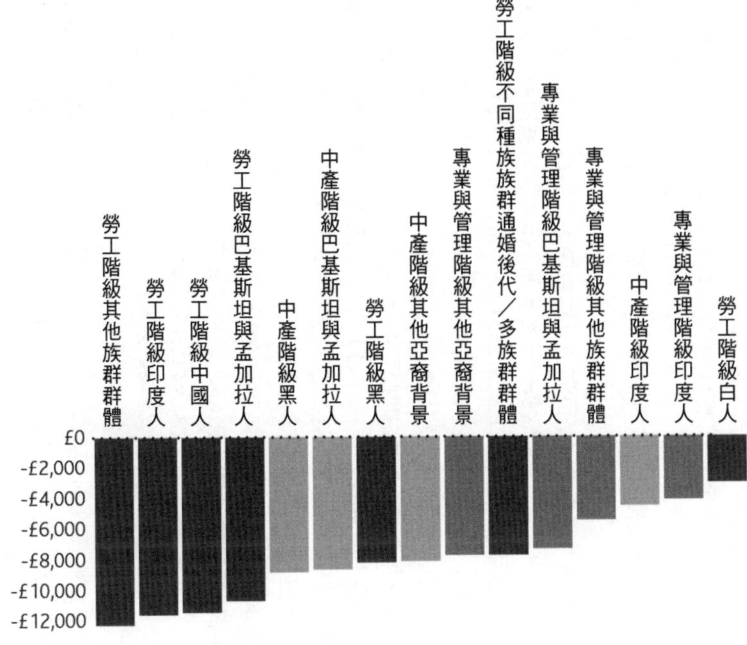

圖A.7　每一個種族族群與每一種階級背景的階級薪資差異

備註：從這張圖表中可看出：在與專業或管理階級出身的白人比較時，所有階級出身／種族族群差異都具統計顯著性，p值<0.05。

1 原註：Mills (2013, 2015)。

2 原註：我們應該補充說明的是，以勞動力調查這樣的規模，在調查問卷中新增問題的成本是數百萬甚至上千萬英鎊，而且過程冗長，政治性很高。因此我們要特別感謝社會流動委員會以及像約翰．戈德索普這樣的社會流動研究者，多年來相當英勇的遊說行動，才讓當局釋出新的資料數據，也因此才有這本書所呈現分析說明。

3 原註：經濟與社會研究委員會（ESRC）是英國經濟與社會議題研究的最大贊助者。

4 原註：我們把這個名稱當作電視產業並行節目的假名。

5 原註：這個比例遠高於柏魯克（Yehuda Baruch , 1999）所發現的組織性研究個案平均百分之五十三的回覆率。

6 原註：蓋瑞不認為建築界的晉升是由社會階級構建而成的這一點，有些令我們訝異，因為從我們的勞動力調查數據顯示，出身勞工階級的建築師其實很少（請參見圖 1.3）。我們對此提供兩個可能的解釋。第一，相較於其他行業，建築師的薪資並沒有階級天花板的確切證據。第二，薪酬遞增的問題，在建築師圈子裡見仁見智。收入豐厚的專業中，建築師算是薪酬最低的行業之一，而且傳統上，建築師在他們冗長的教育過程中，大家都鼓勵他們把設計品質放在個人財務回報之前，並將建築視為一種職志，而非職業（Fowler and Wilson, 2004）。

7 原註：實地調查的工作由山姆負責，他執行了大量的訪談（一百七十五場訪談中的一百一十場）。我們的研究助理伊恩．麥當勞（Ian McDonald）負責了庫柏斯建築師事務所的大多數訪談（三十六場訪談中的三十場），戴夫．歐布萊恩博士（Dr. Dave O'Brien）與演員進行了二十場的訪談，而坎頓．路易斯博士（Dr. Kenton Lewis）執行了透納．克拉克會計師事務所中的十二場訪談。

8 原註：我們此處的問題設計是依循著柯普曼所概述的方法論設計（Koppman, 2015）。我們採用的方式在第十章中有較多的著墨。

9 原註：在表 A.1a 至 1d 中，我們利用這些描述，製作了每一位受訪者職業發展軌跡的主觀判斷。

10 原註：Blanden et al (2004); Bukodi et al (2015)。

11 原註：內閣辦公室、公民服務與格墨議員（the Rt Hon Ben Gummer, 2016）。

12 原註：由於英國國家統計局（ONS）改變了他們提供給研究人員的資料數據方式，因此我們無法比對回覆者二

○一五年與二○一六年的回覆內容。這種狀況造成某一波調查（二○一五年七月參與第一季調查）的對象被統計了兩次。我們整個研究中所提供的人數並未計算那些參與二○一六年最後一次調查的二○一五年七月回覆者，不過我們在分析中還是納入了這些人數，為了釐清這一個部分，我們給予這個調查的這些人一個群體權重，僅為一般情況下的一半。

13 原註：Hout (1984)。

14 原註：請參見 Laurison and Friedman (2016, pp 680-1)。

15 大衛．洛斯（David Rose）：艾塞克斯大學社會學榮譽教授，主要研究興趣為社會階層化，研究領域包括歐洲社經分級的發展，以及社會比較與社會秩序等。

16 原註：Rose (nd)。

17 原註：在社會學裡，大家一般以兩種方式辨識菁英——透過職位以及／或名聲。莫斯卡（Gaetano Mosca, 2011 [1939]）廣為人知地認為瞭解菁英的最佳說法就是「少數統治者」，透過與權威關係的授權，通常都在組織層級結構中佔據檯面上的高位。這也是米爾斯瞭解菁英的理論邏輯，一如本書方法論中那些佔據「關鍵位置……指揮現代社會的大多數階級與組織」（Mills, 2000 [1956], p 4）。其他人則論述從名聲的角度來說，對於菁英的更有用辨識方式，是「瞭解狀況者」認為有權力或具重要性的人（Hunter, 1969），抑或是在高階網脈中，佔據某種核心型態的個人（Larsen et al , 2015）。

18 原註：更多更細部的技術性內容，請參閱網路附錄，網址為 www.classceiling.org/appendix。

19 原註：Goldthorpe et al (1980)。

20 原註：我們此處所遵照的歸類結合方式出自 Li and Health (2016)。

21 原註：我們在網路版附錄中完整呈現了迴歸圖表以及我們所使用的勞動力調查特定變數細部內容。網路版附錄網址為 www.classceiling.org/appendix。

22 原註：Laurison and Friedman (2016)。

23 原註：Friedman and Laurison (2017)。

24 原註：這個手法是一九五五年由一位女性社會學家艾芙琳．北川（Evelyn Kitagawa）所建立，然而就算是理應透明的「才華」，若是由女性來呈現，有時候也不會全部歸功於女性，這個研究手法正是這種情況的完美範例。這個研究方法的名稱後來稱取自於兩名二十年後才發表這種方式的男性社會學家 (Kitagawa, 1955; Blinder, 1973; Jann, 2008)。

25 原註：請參見 Laurison and Friedman (2016)。

26 原註：會計師與建築師都落在全國社會經濟分級統計的最高階級內，演戲與電視業位於第二階。但是演戲、電視（以及較小範圍的建築）也可以說是帶有額外的光環維度，因為這兩種行業都具「創意」，而且是「很酷的」文創產業中必須面對大眾的職業。

27 原註：Plunkett (2014); Denham (2015)。

28 原註：Jencks and et al (1972); Pfeffer (1977)。

29 原註：舉例來說，如果我們可以盡可能多訪問從事「高端工作」者的職涯過程，或許能找到更一致的狀況。不過根據菲佛（Pfeffer, 1977）的論點，我們假設的許多重要動態狀況，很可能都會在企業內出現，只不過不同的領域——如我們在第十章所論述的內容——會有不同的「信念」——亦即規範、期待等等。因此，在我們的個案研究上，我們把關注的焦點只放在了企業裡（或演藝領域）的人員。

30 原註：然而這並不損及我們在第四章中所提出的基本論點，也不妨礙我們在各公司內部所進行的階級出身分類，就像我們檢視我們高端工作中每一個單位的大多數組成分子（可能除了六號電視台的人資、財務與不動產單位，以及透納．克拉克會計師事務所的間接支援單位），以及菁英職業中每家企業高端層級的完整成員狀況。我們也清楚許多人並沒有從事我們這些企業中的高端工作，特別是六號電視台，但他們卻是朝著高端工作的方向前進，抑或本來可能可以成為企業的高層人員，卻因為他們對於現在的工作充滿了熱情，而屈就於一個比較不是那麼知名的職務。

31 原註：Jerolmack and Khan (2014)。譯註：柯林．傑若麥克（Colin Jerolmack）為紐約大學社會學與環境研究的

助理教授；沙姆斯．汗（Shamus Rahman Khan）為普林斯頓大學社會學與美國研究教授。

32 原註：Jarness and Friedman (2017)。

參考資料

Abbott, A. (2001) *Time matters: On theory and method*, Chicago and London: University of Chicago Press.

Abbott, A. (2006) 'Mobility: What? When? How?', in S. Morgan, D. Grusky and G. Fields (eds) *Mobility and inequality: Frontiers of research in sociology and economics,* Stanford, CA: Stanford University Press, 137-61.

Abbott, A. and Hrycak, A. (1990) 'Measuring resemblance in sequence data: An optimal matching analysis of musicians' careers', *American Journal of Sociology*, 96(1), 144–85.

Abrahams, J. (2017) 'Honourable mobility or shameless entitlement? Habitus and graduate employment', *British Journal of Sociology of Education*, 38(5), 625-40 (https://doi.org/10.1080/01425692.2015.1131145).

Abrahams, J. and Ingram, N. (2013) 'The chameleon habitus: Exploring local students' negotiations of multiple fields', *Sociological Research Online*, 18(4), 1-14 (https://doi.org/10.5153/sro.3189).

Acker, J. (1973) 'Women and social stratification: A case of intellectual sexism', *American Journal of Sociology*, 78(4), 936-45.

Adkins, L. and Skeggs, B. (2005) *Feminism after Bourdieu*, Chichester: Wiley.

Ahmed, R. (2016) 'Typecast as a terrorist', The Long Read, *The Guardian*, 15 September (www.theguardian.com/world/2016/sep/15/riz-ahmed-typecast-as-a-terrorist).

Allen, K., Quinn, J., Hollingworth, S. and Rose, A. (2013) 'Becoming employable students and "ideal" creative workers: Exclusion and inequality in higher education work placements', *British Journal of Sociology of Education*, 34(3), 431-52 (https://doi.org/10.1080/01425692.2012.714249).

Alvesson, M. (2001) 'Knowledge work: Ambiguity, image and identity', *Human Relations*, 54(7), 863-86 (https://doi.org/10.1177/0018726701547004).

Anderson-Gough, F., Robson, K. and Grey, C. (eds) (1998) *Making up accountants: The organizational and professional socialization of trainee chartered accountants*, Aldershot and Brookfield, VT: Ashgate Publishing Limited.

Anheier, H.K., Gerhards, J. and Romo, F.P. (1995) 'Forms of capital and social structure in cultural fields: Examining Bourdieu's social topography', *American Journal of Sociology*, 100(4), 859-903.

APPG (All-Party Parliamentary Group) on Social Mobility (2012) *7 Key Truths About Social Mobility*, Interim report, London: APPG on Social Mobility (www.raeng.org.uk/publications/other/7-key-truths-about-social-mobility).

ARB (Architects Registration Board) (2017) *Annual Report 2017*, London: ARB (www.arb.org.uk/publications/publications-list/annual-report).

Archer, L., Dawson, E., DeWitt, J., Seakins, A. and Wong, B. (2015) '"Science capital": A conceptual, methodological, and empirical argument for extending Bourdieusian notions of capital beyond the arts', *Journal of Research in Science Teaching*, 52(7), 922-48 (https://doi.org/10.1002/tea.21227).

Armstrong, E.A. and Hamilton, L.T. (2015) *Paying for the party: How college maintains inequality* (Reissued edn), Cambridge, MA: Harvard University Press.

Ashcraft, K.L. (2013) 'The glass slipper: "Incorporating" occupational identity in management studies', *Academy of Management Review*, 38(1), 6-31 (https://doi.org/10.5465/amr.2010.0219).

Ashley, L. (2010) 'Making a difference? The use (and abuse) of diversity management at the UK's elite law firms', *Work, Employment and Society*, 24(4), 711-27.

Ashley, L. and Empson, L. (2013) 'Differentiation and discrimination: Understanding social class and social exclusion in leading law firms', *Human Relations*, 66(2), 219-44.

Ashley, L. and Empson, L. (2016) 'Understanding social exclusion in elite professional service firms: Field level dynamics and the "professional project"', *Work, Employment & Society*, 950017015621480.

Ashley, L. and Empson, L. (2017) 'Understanding social exclusion in elite professional service firms: Field level dynamics and the "professional Project"', *Work, Employment and Society*, 31(2), 211-29.

Ashley, L., Duberley, J., Sommerlad, H. and Scholarios, D. (2015) 'A qualitative evaluation of non-educational barriers to the elite professions' (http://dera.ioe.ac.uk/23163/1/A_qualitative_evaluation_of_non-educational_barriers_to_the_elite_professions.pdf).

Atkinson, W. (2015) *Class*, Cambridge: Polity Press.

Babcock, L. and Laschever, S. (2009) *Women don't ask: Negotiation and the gender divide*, Princeton, NJ: Princeton University Press.

Babcock, L., Laschever, S., Gelfand, M. and Small, D. (2003) 'Nice girls don't ask', *Harvard Business Review*, 81(10), 14-16.

Banks, M. (2017) *Creative justice: Cultural industries, work and inequality*, Lanham, MD: Rowman & Littlefield International.

Banks, M., Gill, R. and Taylor, S. (eds) (2013) *Theorizing cultural work: Labour, continuity and change in the cultural and creative industries*, London and New York: Routledge.

Baratta, A. (2018) *Accent and teacher identity in Britain: Linguistic favouritism and imposed identities*, London: Bloomsbury Publishing.

Barbière, C. (2016) 'Emmanuel Macron officially enters the French presidential race', EURACTIV, 16 November (www.euractiv.com/section/elections/news/emmanuel-macron-officially-enters-the-french-presidential-race/).

Baruch, Y. (1999) 'Response rate in academic studies – A comparative analysis', *Human Relations*, 52(4), 421-38 (https://doi.org/10.1177/001872679905200401).

Basford, T.E., Offermann, L.R. and, T.S. (2014) 'Do you see what I see? Perceptions of gender microaggressions in the workplace', *Psychology of Women Quarterly*, 38(3), 340-9 (https://doi.org/10.1177/0361684313511420).

Bathmaker, A.-M., Ingram, N., Abrahams, J., Hoare, A., Waller, R. and Bradley, H. (2018) *Higher education, social class and social mobility: The degree generation*, London: Palgrave Macmillan.

Battle, E.S. and Rotter, J.B. (1963) 'Children's feelings of personal control as related to social class and ethnic group', *Journal of Personality*, 31(4), 482-90 (https://doi.org/10.1111/j.1467-6494.1963.tb01314.x).

Bauman, Z. (2000) *The individualized society*, Cambridge and Malden, MA: Polity Press.

BBC (2017) *Equality Information Report 2016/17* (https://www.bbc.co.uk/diversity/newsandevents/equality-information-report-2017).

BBC Media Centre (2018) 'Pay and equality at the BBC', 30 January (www.bbc.co.uk/mediacentre/latestnews/2018/pay-and-equality-at-the-bbc).

BBC News (2018) 'Six male BBC presenters agree to pay cuts', 26 January (www.bbc.co.uk/news/uk-42827333).

Beck, U. (1992) *Risk society: Towards a new modernity*, London and Newbury Park, CA: Sage Publications Ltd.

Beck, U. (1996) *Reinvention of politics: Rethinking modernity in the global social order*, Cambridge and Cambridge, MA: Polity Press.

Beck, U. and Willms, J. (2003) *Conversations with Ulrich Beck*, Cambridge and Malden, MA: Polity Press.

Beck, U., Giddens, A. and Lash, S. (1994) *Reflexive modernization: Politics, tradition and aesthetics in the modern social order*, Stanford, CA: Stanford University Press.

Becker, G.S. (1962) 'Investment in human capital: A theoretical analysis', *Journal of Political Economy*, 70(5), 9-49 (https://doi.org/10.1086/258724).

Belam, M. (2018) 'Toby Young quotes on breasts, eugenics and working-class people', *The Guardian*, 3 January (www.theguardian.com/media/2018/jan/03/toby-young-quotes-on-breasts-eugenics-and-working-class-people).

Bell, E.L., Edmondson, J. and Nkomo, S.M. (2003) *Our separate ways: Black and white women and the struggle for professional identity*, Cambridge, MA: Harvard Business Press.

Beller, E. and Hout, M. (2006) 'Intergenerational social mobility: The United States in comparative perspective', *The Future of Children*, 16(2), 19-36.

Belsky, D.W., Domingue, B.W., Wedow, R., Arseneault, L., Boardman, J.D., Caspi, A., et al (2018) 'Genetic analysis of social-class mobility in five longitudinal studies', *Proceedings of the National Academy of Sciences*, July, 115(3), E7275-E7284 (https://doi.org/10.1073/pnas.1801238115).

Bennett, T., Savage, M., Bortolaia Silva, E., Warde, A., Gayo-Cal, M. and Wright, D. (2009) *Culture, class, distinction*, London: Routledge.

Bertaux, D. and Thompson, P. (1997) *Pathways to social class: A qualitative approach to social mobility*, Oxford: Oxford University Press.

Beswick, K. (2018) 'Playing to type: Industry and invisible training in the National Youth Theatre's "Playing Up 2"', *Theatre, Dance and Performance Training*, 9(1), 4-18 (https://doi.org/10.1080/19443927.2017.1397542).

Bhopal, K. (2018) *White privilege*, Bristol: Policy Press.

Bielby, W.T. and Bielby, D.D. (1994) '"All hits are flukes": Institutionalized decision making and the rhetoric of network prime-time program development', *American Journal of Sociology*, 99(5), 1287-313.

Bison, I. (2011) 'Education, social origins and career (im) mobility in contemporary Italy', *European Societies*, 13(3), 481-503 (https://doi.org/10.1080/14616696.2011.568257).

Blackburn, R. and Prandy, K. (1997) 'The reproduction of social inequality', *Sociology*, 31(3), 491-509 (https://doi.org/10.1177/0038038597031003007).

Blair, T. (1999) 'Tony Blair's speech in full', BBC News, UK Politics, 28 September (http://news.bbc.co.uk/2/hi/uk_news/politics/460009.stm).

Blanden, J. (2013) 'Cross-country rankings in intergenerational mobility: A comparison of approaches from economics and sociology', *Journal of Economic Surveys*, 27(1), 38-73 (https://doi.org/10.1111/j.1467-6419.2011.00690.x).

Blanden, J. and Machin, S. (2017) *Home ownership and social mobility*, CEP Discussion Paper 1466, London: Centre for Economic Progress (CEP), London School of Economics (http://cep.lse.ac.uk).

Blanden, J., Goodman, A., Gregg, P. and Machin, S. (2004) 'Changes in intergenerational mobility in Britain', in M. Corak (ed) *Generational income mobility in North America and Europe*, Cambridge: Cambridge University Press,122-46.

Blanden, J., Gregg, P. and Macmillan, L. (2007) 'Accounting for intergenerational income persistence: Noncognitive skills, ability and education', *The Economic Journal*, 117(519), C43-C60.

Blau, F.D. and Kahn, L.M. (2007) 'The gender pay gap', *The Economists' Voice*, 4(4) (https://doi.org/10.2202/1553-3832.1190).

Blinder, A.S. (1973) 'Wage discrimination: Reduced form and structural estimates', *Journal of Human Resources*, 8(4), 436-55.

Bloodworth, J. (2016) *The myth of meritocracy: Why working-class kids still get working-class jobs*, London: Biteback Publishing.

Bol, T. and Weeden, K.A. (2015) 'Occupational closure and wage inequality in Germany and the United Kingdom', *European Sociological Review*, 31(3), 354-69 (https://doi.org/10.1093/esr/jcu095).

Boltanski, L. and Chiapello, E. (2007) *The new spirit of capitalism*, London: Verso.

Bottero, W. (2010) 'Intersubjectivity and Bourdieusian approaches to "identity"', *Cultural Sociology*, 4(1), 3-22 (https://doi.org/10.1177/1749975509356750).

Bourdieu, P. (1977) *Outline of a theory of practice* (Translated by Richard Nice), Cambridge: Cambridge University Press.

Bourdieu, P. (1984) *Distinction* (Translated by Richard Nice), Cambridge, MA: Harvard University Press.

Bourdieu, P. (1986) 'The forms of capital', in J. Richardson (ed) *Handbook of theory and research for the sociology of education*, New York: Greenwood Press, 241-58 (www.marxists.org/reference/subject/philosophy/works/fr/bourdieu-forms-capital.htm).

Bourdieu, P. (1987a) 'What makes a social class? On the theoretical and practical existence of groups', *Berkeley Journal of Sociology*, 32, 1-17.

Bourdieu, P. (1987b) 'The biographical illusion', *Working Papers and Proceedings of the Centre for Psychosocial Studies,* 14: 1-7.

Bourdieu, P. (1990a) *Reproduction in education, society, and culture*, London and Newbury Park, CA: Sage, in association with Theory, Culture & Society, Department of Administrative and Social Studies, Teesside Polytechnic.

Bourdieu, P. (1990b) *The logic of practice*, Stanford, CA: Stanford University Press.

Bourdieu, P. (1991) *Language and Symbolic Power*, Cambridge, MA: Harvard University Press.

Bourdieu, P. (1993) *The Field of Cultural Production* (Translated by Randal Johnson), New York: Columbia University Press.

Bourdieu, P. (1996) *The state nobility: Elite schools in the field of power*, Oxford: Polity Press.

Bourdieu, P. (1998) *Practical reason: On the theory of action*, Cambridge: Polity Press.

Bourdieu, P. (1999) *On television*, New York: The New Press.

Bourdieu, P. (2000) *Pascalian meditations*, Palo Alto, CA: Stanford University Press.

Bourdieu, P. (2005) 'Habitus', in E. Rooksby and J. Hillier (eds) *Habitus: A sense of place* (2nd edn), Aldershot and Burlington, VT: Ashgate Publishing Company, 43-52.

Bourdieu, P. (2007) *The bachelors' ball* (Translated by Richard Nice), Cambridge: Polity Press.

Bourdieu, P. (2008a) *Sketch for a self-analysis* (Translated by Richard Nice), Cambridge: Polity Press.

Bourdieu, P. (2008b) *The bachelors' ball: The crisis of peasant society in Béarn*, Cambridge: Polity Press.

Bourdieu, P. and Accardo, A. (1999) *The weight of the world*, Stanford, CA: Stanford University Press.

Bourdieu, P. and Passeron, J.-C. (1977) *Reproduction: In education, society and culture*, London: Sage.

Bourdieu, P. and Wacquant, L.J.D. (1992) *An invitation to reflexive sociology*, Chicago, IL: University of Chicago Press.

Breen, R. (2005) 'Foundations of a neo-Weberian class analysis', in E.O. Wright (ed) *Approaches to class analysis*, Cambridge: Cambridge University Press, 31-50.

Breen, R. and Goldthorpe, J.H. (2003) 'Class inequality and meritocracy: A critique of Saunders and an alternative analysis', *The British Journal of Sociology*, 50(1), 1-27 (https://doi.org/10.1111/j.1468-4446.1999.00001.x).

Breen, R. and Jonsson, J.O. (2005) 'Inequality of opportunity in comparative perspective: Recent research on educational attainment and social mobility', *Annual Review of Sociology*, 31(1), 223-43 (https://doi.org/10.1146/annurev.soc.31.041304.122232).

Bridge Group, CEM (Centre for Evaluation & Monitoring) and Cabinet Office (2016) *Socio-economic diversity in the Fast Stream*, London (https://assets.publishing.service.gov.uk/government/uploads/system/uploads/attachment_data/file/497341/BG_REPORT_FINAL_PUBLISH_TO_RM__1_.pdf).

Britton, J., Shephard, N., Vignoles, A. and Dearden, L. (2016) *How English domiciled graduate earnings vary with gender, institution attended, subject and socio-economic background*, London: Institute for Fiscal Studies (www.ifs.org.uk/publications/8233).

Brown, P. and Hesketh, A. (2004) *The mismanagement of talent: Employability and jobs in the knowledge economy*, Oxford and New York: Oxford University Press.

Brown, S., Kelan, E. and Humbert, A.L. (2015) 'Women's and men's routes to the boardroom', (https://www.womenonboards.net/womenonboards-AU/media/UK-PDFs-Research-Reports/2015_opening_the_black_box_of_board_appointments.pdf).

Brynin, M. and Güveli, A. (2012) 'Understanding the ethnic pay gap in Britain', *Work, Employment & Society*, 26(4), 574-87 (https://doi.org/10.1177/0950017012445095).

Budig, M.J. and England, P. (2001) 'The wage penalty for motherhood', *American Sociological Review*, 66(2), 204-25 (https://doi.org/10.2307/2657415).

Bühlmann, F. (2010) 'Routes into the British service class feeder logics according to gender and occupational groups', *Sociology*, 44(2), 195-212 (https://doi.org/10.1177/0038038509357193).

Bukodi, E., Goldthorpe, J.H., Waller, W. and Kuha, J. (2015) 'The mobility problem in Britain: New findings from the analysis of birth cohort data', *The British Journal of Sociology*, 66(1), 93-117 (https://doi.org/10.1111/1468-4446.12096).

Bukodi, E., Goldthorpe, J. H., Halpin, B. and Waller, L. (2016) 'Is education now class destiny? Class histories across three British birth cohorts', *European Sociological Review*, 32(6), 835-49 (https://doi.org/10.1093/esr/jcw041).

Bull, A. and Allen, K. (2018) 'Introduction: Sociological interrogations of the turn to character', *Sociological Research Online* 23(2), 392-98 (https://doi.org/10.1177/1360780418769672).
Burawoy, M. (1982) *Manufacturing consent: Changes in the labor process under monopoly capitalism*, Chicago, IL: University of Chicago Press.
Burrows, R., Webber, R. and Atkinson, R. (2017) 'Welcome to "Pikettyville"? Mapping London's alpha territories', *The Sociological Review*, 65(2), 184-201 (https://doi.org/10.1111/1467-954X.12375).
Burt, R.S. (2000) 'The network structure of social capital', *Research in Organizational Behavior*, 22(January), 345-42 (https://doi.org/10.1016/S0191-3085(00)22009-1).
Cabinet Office (2009) *Unleashing Aspiration: The Final Report of the Panel on Fair Access to the Professions*, London.
Cabinet Office (2016) 'Civil Service pilots new social mobility measures', 17 August (www.gov.uk/government/news/civil-service-pilots-new-social-mobility-measures).
Cabinet Office (2018) *Measuring socio-economic background in your workforce: Recommended measures for use by employers* (https://assets.publishing.service.gov.uk/government/uploads/system/uploads/attachment_data/file/713738/Measuring_Socio-economic_Background_in_your_Workforce__recommended_measures_for_use_by_employers.pdf).
Campbell, P., O'Brien, D. and Taylor, M. (2018) 'Cultural engagement and the economic performance of the cultural and creative industries: An occupational critique', *Sociology*, May, 38038518772737 (https://doi.org/10.1177/0038038518772737).
Carter, P.L. (2007) *Keepin' it real: School success beyond black and white*, Oxford and New York: Oxford University Press.
Casciaro, T. and Lobo, M.S. (2008) 'When competence is irrelevant: The role of interpersonal affect in task-related ties', *Administrative Science Quarterly*, 53(4), 655-84 (https://doi.org/10.2189/asqu.53.4.655).

Castagné, R., Delpierre, C., Kelly-Irving, M., Campanella, G., Guida, G., Krogh, V., et al (2016) 'A life course approach to explore the biological embedding of socioeconomic position and social mobility through circulating inflammatory markers', *Scientific Reports*, 6(April), 25170 (https://doi.org/10.1038/srep25170).

Chan, T.W. (2017) 'Social mobility and the well-being of individuals', *The British Journal of Sociology*, 69(1), 183-206 (https://doi.org/10.1111/1468-4446.12285).

Charlesworth, S.J. (1999) *A phenomenology of working-class experience*, Cambridge and New York: Cambridge University Press.

Chetty, R., Hendren, N., Kline, P. and Saez, E. (2014a) 'Where is the Land of Opportunity? The geography of intergenerational mobility in the United States', *The Quarterly Journal of Economics*, 129(4), 1553–1623 (https://doi.org/10.1093/qje/qju022).

Chetty, R., Hendren, N., Kline, P., Saez, E. and Turner, N. (2014b) 'Is the United States still a land of opportunity? Recent trends in intergenerational mobility', *The American Economic Review*, 104(5), 141-7 (https://doi.org/10.1257/aer.104.5.141).

Chetty, R., Grusky, D., Hell, M., Hendren, N., Manduca, R. and Narang, J. (2017) 'The fading American Dream: Trends in absolute income mobility since 1940', *Science* (April), eaal4617 (https://doi.org/10.1126/science.aal4617).

Choo, H.Y. and Ferree, M.M. (2010) 'Practicing intersectionality in sociological research: A critical analysis of inclusions, interactions, and institutions in the study of inequalities', *Sociological Theory*, 28(2), 129-49 (https://doi.org/10.1111/j.1467-9558.2010.01370.x).

Cohen, L. (2014) *Imagining women's careers*, Oxford: Oxford University Press.

Coleman, J.S. (1988) 'Social capital in the creation of human capital', *The American Journal of Sociology*, 94, S95-120.

Collins, P.H. (1986) 'Learning from the outsider within: The sociological significance of black feminist thought', *Social Problems*, 33(6), S14-32 (https://doi.org/10.2307/800672).

Collins, S.M. (1993) 'Blacks on the bubble: The vulnerability of black executives in white corporations', *The Sociological Quarterly*, 34(3), 429-47 (https://doi.org/10.1111/j.1533-8525.1993.tb00120.x).

Collins, S.M. (1997) *Black corporate executives: The making and breaking of a black middle class*, Philadelphia, PA: Temple University Press.

Collins, P.H. and Bilge, S. (2016) *Intersectionality*, Hoboken, NJ: John Wiley & Sons.

Corak, M. (2004) *Generational income mobility in North America and Europe*, Cambridge: Cambridge University Press.

Corbyn, J. (2018) 'Labour is back as the political voice of the working class', The Labour Party blog, 3 July (https://labour.org.uk/press/labour-back-political-voice-working-class-corbyn).

Correll, S.J., Benard, S. and Paik, I. (2007) 'Getting a job: Is there a motherhood penalty?', *American Journal of Sociology*, 112(5), 1297-338.

Coser, L.A., Kadushin, C. and Powell, W.W. (1982) *The culture and commerce of publishing*, New York: Basic Books.

Coupland, N. and Bishop, H. (2007) 'Ideologised values for British accents', *Journal of Sociolinguistics*, 11(1), 74-93 (https://doi.org/10.1111/j.1467-9841.2007.00311.x).

Cousin, B., Khan, S. and Mears, A. (2018) 'Theoretical and methodological pathways for research on elites', *Socio-Economic Review*, 16(2), 225-49 (https://doi.org/10.1093/ser/mwy019).

Crawford, C., Macmillan, L. and Vignoles, A. (2017) 'When and why do initially high-achieving poor children fall behind?', *Oxford Review of Education*, 43(1), 88-108 (https://doi.org/10.1080/03054985.2016.1240672).

Crenshaw, K. (1988) 'Race, reform, and retrenchment: Transformation and legitimation in antidiscrimination law', *Harvard Law Review*, 101(7), 1331-87 (https://doi.org/10.2307/1341398).

Crenshaw, K. (1991) 'Mapping the margins: Intersectionality, identity politics, and violence against women of color', *Stanford Law Review*, 43(6), 1241-99.

Crossley, N. (2001) *The social body: Habit, identity and desire*, London and Newbury Park, CA: Sage Publications Ltd.

Cuff, D. (1992) *Architecture: The story of practice*, Cambridge, MA: MIT Press.

Dahl, R.A. (1989) *Who governs?*, New Haven, CT: Yale University Press.

Davis, A. (2018) *Reckless opportunists: Elites at the end of the Establishment* (Reprint edn), Manchester: Manchester University Press.

Davis, K. and Moore, W.E. (1945) 'Some principles of stratification', *American Sociological Review*, 10(2), 242-49 (https://doi.org/10.2307/2085643).

Dean, D. (2005) 'Recruiting a self: Women performers and aesthetic labour', *Work, Employment and Society*, 19(4), 761-74 (https://doi.org/10.1177/0950017005058061).

Dearden, L., Ryan, C. and Sibieta, L. (2011) 'What determines private school choice? A comparison between the United Kingdom and Australia', *Australian Economic Review*, 44(3), 308-20 (https://doi.org/10.1111/j.1467-8462.2011.00650.x).

De Benedictis, S., Allen, K. and Jensen, T. (2017) 'Portraying poverty: The economics and ethics of factual welfare television', *Cultural Sociology*, 11(3), 337-58 (https://doi.org/10.1177/1749975517712132).

de Graft-Johnson, A., Manley, S. and Greed, C. (2005) 'Diversity or the lack of it in the architectural profession', *Construction Management and Economics*, 23(10), 1035-43 (https://doi.org/10.1080/01446190500394233).

de Keere, K. (2014) 'From a self-made to an already-made man: A historical content analysis of professional advice literature', *Acta Sociologica*, 57(4), 311-24 (https://doi.org/10.1177/0001699314552737).

Denham, J. (2015) 'Christopher Eccleston argues only white, male, middle-class actors get to play Hamlet on the London stage', *The Independent*, 7 September (www.independent.co.uk/arts-entertainment/theatre-dance/news/christopher-eccleston-argues-only-white-male-middle-class-actors-get-to-play-hamlet-on-the-london-10489689.html).

Devine, F. (2004) *Class practices: How parents help their children get good jobs*, Cambridge and New York: Cambridge University Press.

Dews, C.L.B. and Law, C.L. (1995) *This fine place so far from home: Voices of academics from the working class* (New edn), Philadelphia, PA: Temple University Press.

DiMaggio, P.J. (1987) 'Classification in art', *American Sociological Review*, 52(4), 440-55 (https://doi.org/10.2307/2095290).

DiMaggio, P.J. and Mohr, J. (1985) 'Cultural capital, educational attainment, and marital selection', *The American Journal of Sociology*, 90(6), 1231-61.

DiMaggio, P.J. and Powell, W.W. (1983) 'The iron cage revisited: Institutional isomorphism and collective rationality in organizational fields', *American Sociological Review*, 48(2), 147-60 (https://doi.org/10.2307/2095101).

DiPrete, T.A. and Eirich, G.M. (2006) 'Cumulative advantage as a mechanism for inequality: A review of theoretical and empirical developments', *Annual Review of Sociology*, 32(1), 271-97 (https://doi.org/10.1146/annurev.soc.32.061604.123127).

Doherty, C. (2016) 'Theresa May's first speech to the nation as Prime Minister – in full', *The Independent*, 13 July (www.independent.co.uk/news/uk/politics/theresa-mays-first-speech-to-the-nation-as-prime-minister-in-full-a7135301.html).

Domhoff, G.W. (2002) *Who rules America*? New York: McGraw-Hill.

Domhoff, G.W. (2013) *Who rules America? The triumph of the corporate rich* (7th edn), New York: McGraw-Hill Education.

Dorling, D. (2014) *Inequality and the 1%*, London: Verso Books.

Du Bois, W.E.B. (1971) 'That capital "N"', in Lester, J. (ed) *The Seventh Son: The Thought and Writings of W. E. B. Du Bois*, New York: Random House.

Dubrow, J.K. (2015) 'Political inequality is international, interdisciplinary, and intersectional', *Sociology Compass*, 9(6), 477-86 (https://doi.org/10.1111/soc4.12270).

Eagly, A.H. and Carli, L.L. (2007) *Through the labyrinth: The truth about how women become leaders*, Boston, MA: Harvard Business Review Press.

Edelmann, A. and Vaisey, S. (2014) 'Cultural resources and cultural distinction in networks', *Poetics*, 46(Oct), 22-37 (https://doi.org/10.1016/j.poetic.2014.08.001).

Edgerton, D. (2005) *Warfare state: Britain, 1920–1970* (Reprint edn), Cambridge and New York: Cambridge University Press.

EHRC (Equality and Human Rights Commission) (2016) *Race Report: Healing a Divided Britain*, London: EHRC (www.equalityhumanrights.com/en/race-report-healing-divided-britain).

Elias, N. (2000) *The civilizing process: Sociogenetic and psychogenetic investigations* (Revised edn), Oxford and Malden, MA: Blackwell Publishers.

Ellersgaard, C.H., Larsen, A.G. and Munk, M.D. (2013) 'A very economic elite: The case of the Danish top CEOs', *Sociology*, 47(6), 1051-71 (https://doi.org/10.1177/0038038512454349).

Elliott, L. (2017) 'Middle classes in crisis, IMF's Christine Lagarde tells Davos 2017', *The Guardian*, 18 January (www.theguardian.com/business/2017/jan/18/middle-classes-imf-christine-lagarde-davos-2017-joe-biden).

Emmison, M. and Frow, J. (1998) 'Information technology as cultural capital', *Australian Universities Review*, 41(1), 41-45.

England, P. (2010) 'The gender revolution: Uneven and stalled', *Gender & Society*, 24(2), 149-66 (https://doi.org/10.1177/0891243210361475).

Erickson, B.H. (1996) 'Culture, class, and connections', *The American Journal of Sociology*, 102(1), 217-51.

Erikson, R. and Goldthorpe, J.H. (1992) *The constant flux: A study of class mobility in industrial societies*, New York: Oxford University Press.

Erikson, R., Goldthorpe, J. H. and Portocarero, L. (1979) 'Intergenerational class mobility in three Western European societies: England, France and Sweden', *The British Journal of Sociology*, 30(4), 415-41 (https://doi.org/10.2307/589632).

Escarpit, R. and Pick, E. (1971) *Sociology of literature*, London: Cass (www.getcited.org/pub/101373390).

Evans, G. and Mellon, J. (2018) *British Social Attitudes 33*, London: NatCen Social Research (www.bsa.natcen.ac.uk/latest-report/british-social-attitudes-33/social-class.aspx).

Falcon, J. (no date) 'The class pay gap in France.' Unpublished working paper.

Faulkner, R.R. and Anderson, A.B. (1987) 'Short-term projects and emergent careers: Evidence from Hollywood', *American Journal of Sociology*, 92(4), 879-909.

Feinstein, L. (2003) 'Inequality in the early cognitive development of British children in the 1970 cohort', *Economica*, 70(277), 73-97 (https://doi.org/10.1111/1468-0335.t01-1-00272).

Ferree, M.M. (2018) 'Intersectionality as theory and practice', *Contemporary Sociology*, 47(2), 127-32 (https://doi.org/10.1177/0094306118755390).

Fielding, A. J. (1992) 'Migration and social mobility: South East England as an escalator region', *Regional Studies*, 26(1), 1-15 (https://doi.org/10.1080/00343409212331346741).

Fielding, T. (1995) 'Migration and middle-class formation in England and Wales', in T. Butler and M. Savage (eds) *Social change and the middle classes*, London: UCL Press, 169-87.

Fischer, C.S. and Voss, K. (1996) *Inequality by design*, Princeton, NJ: Princeton University Press.

Fleming, P. (2009) *Authenticity and the cultural politics of work: New forms of informal control*, Oxford and New York: Oxford University Press.

Flemmen, M. (2009) 'Social closure of the economic upper class', *Tidsskrift for Samfunnsforskning*, 50(4), 493-522.

Flynn, J.R. (2012) *Are we getting smarter? Rising IQ in the twenty-first century*, Cambridge and New York: Cambridge University Press.

Fourny, J.-F. and Emery, M. (2000) 'Bourdieu's uneasy psychoanalysis', *SubStance*, 29(3), 103-12 (https://doi.org/10.2307/3685564).

Fowler, B. and Wilson, F. (2004) 'Women architects and their discontents', *Sociology*, 38(1), 101-19 (https://doi.org/10.1177/0038038504039363).

Freer, E. (2018) *Social mobility and the legal profession: The case of professional associations and access to the English Bar*, Abingdon: Routledge.

Friedman, S. (2011) 'The cultural currency of a "good" sense of humour: British comedy and new forms of distinction', *The British Journal of Sociology*, 62(2), 347-70 (https://doi.org/10.1111/j.1468-4446.2011.01368.x).

Friedman, S. (2014) 'The price of the ticket: Rethinking the experience of social mobility', *Sociology*, 48(2), 352-368.

Friedman, S. (2014) *Comedy and distinction: The cultural currency of a 'good' sense of humour*, London and New York: Routledge.

Friedman, S. (2016) 'Habitus Clivé and the emotional imprint of social mobility', *The Sociological Review*, 64(1), 129-47 (https://doi.org/10.1111/1467-954X.12280).

Friedman, S. and Laurison, D. (2017) 'Mind the gap: Financial London and the regional class pay gap', *The British Journal of Sociology*, 68(3), 474-511 (https://doi.org/10.1111/1468-4446.12269).

Friedman, S. and Macmillan, L. (2017) 'Is London really the engine-room? Migration, opportunity hoarding and regional social mobility in the UK', *National Institute Economic Review*, 240(1), R58-72 (https://doi.org/10.1177/002795011724000114).

Friedman, S. and O'Brien, D. (2017) 'Resistance and resignation: Responses to typecasting in British acting', *Cultural Sociology*, 11(3), 359-76 (https://doi.org/10.1177/1749975517710156).

Friedman, S., Laurison, D. and Miles, A. (2015) 'Breaking the "class" ceiling? Social mobility into Britain's elite occupations', *The Sociological Review*, 63(2), 259-89 (https://doi.org/10.1111/1467-954X.12283).

Friedman, S., O'Brien, D. and Laurison, D. (2016) '"Like skydiving without a parachute": How class origin shapes occupational trajectories in British acting', *Sociology*, February (https://doi.org/10.1177/0038038516629917).

Giddens, A. (1991) *Modernity and self-identity: Self and society in the late modern age*, Stanford, CA: Stanford University Press.

Gigone, D. and Hastie, R. (1993) 'The common knowledge effect: Information sharing and group judgment', *Journal of Personality and Social Psychology*, 65(5), 959-74 (https://doi.org/10.1037/0022-3514.65.5.959).

Gitlin, T. (2000) *Inside prime time*, Los Angeles, CA: University of California Press.

Godart, F.C. and Mears, A. (2009) 'How do cultural producers make creative decisions? Lessons from the catwalk', *Social Forces*, 88(2), 671-92 (https://doi.org/10.1353/sof.0.0266).

Goffman, E. (1951) 'Symbols of class status', *The British Journal of Sociology*, 2(4), 294-304 (https://doi.org/10.2307/588083).

Goldthorpe, J.H. (1983) 'Women and class analysis: In defence of the conventional view', *Sociology*, 17(4), 465-88 (https://doi.org/10.1177/0038038583017004001).

Goldthorpe, J.H. (2005) *On sociology: Numbers, narratives, and the integration of research and theory*, Oxford and New York: Oxford University Press.

Goldthorpe, J.H. (2007) "'Cultural Capital': Some critical observations', *Sociologica*, 2 (https://doi.org/10.2383/24755).

Goldthorpe, J.H. (2016) *Social class mobility in modern Britain*, CSI 21, Oxford: Centre for Social Investigation (CSI), Nuffield College, Oxford (http://csi.nuff.ox.ac.uk/wp-content/uploads/2016/03/CSI-21-Social-class-mobility-in-modern-Britain.pdf).

Goldthorpe, J.H. and Jackson, M. (2007) 'Intergenerational class mobility in contemporary Britain: Political concerns and empirical findings', *The British Journal of Sociology*, 58(4), 525-46 (https://doi.org/10.1111/j.1468-4446.2007.00165.x).

Goldthorpe, J.H., Llewellyn, C. and Payne, P. (1980) *Social mobility and class structure in modern Britain* (http://library.wur.nl/WebQuery/clc/131626).

Goodall, L. (2017) 'The BBC gender pay gap is bad – but its class gap is worse', *Sky News*, 23 July (https://news.sky.com/story/the-bbc-pay-gap-is-bad-its-class-gap-is-worse-10957166).

Gorman, E.H. and Kmec, J.A. (2009) 'Hierarchical rank and women's organizational mobility: Glass ceilings in corporate law firms', *American Journal of Sociology*, 114(5), 1428-74.

Granovetter, M.S. (1973) 'The strength of weak ties', *American Journal of Sociology*, 78(6), 1360 (https://doi.org/10.1086/225469).

Green, F., Machin, S., Murphy, R. and Zhu, Y. (2011) 'The changing economic advantage from private schools', *Economica*, 79(316), 658-79 (https://doi.org/10.1111/j.1468-0335.2011.00908.x).

Green, F., Henseke, G. and Vignoles, A. (2016) 'Private schooling and labour market outcomes', *British Educational Research Journal*, 43(1), 7-28 (https://doi.org/10.1002/berj.3256).

Grierson, J. (2017) 'Lineker £1.79m, Balding £199,999: The list that shows BBC's gender gap', *The Guardian*, 19 July (www.theguardian.com/media/2017/jul/19/lineker-balding-the-list-that-shows-bbc-gender-gap).

Griffiths, D. and Lambert, P. (2011) 'Dimensions and boundaries: Comparative analysis of occupational structures using social network and social interaction distance analysis', *Sociological Research Online*, 17(2), 5.

Groot, W. and Oosterbeek, H. (1994) 'Earnings effects of different components of schooling; Human capital versus screening', *The Review of Economics and Statistics*, 76(2), 317-21.

Grugulis, I. and Stoyanova, D. (2012) 'Social capital and networks in film and TV: Jobs for the boys?', *Organization Studies*, 33(10), 1311-31 (https://doi.org/10.1177/0170840612453525).

Guttsman, W. L. (1951) 'The changing social structure of the British political élite, 1886-1935', *The British Journal of Sociology*, 2(2), 122-34 (https://doi.org/10.2307/587384).

Hadjar, A. and Samuel, R. (2015) 'Does upward social mobility increase life satisfaction? A longitudinal analysis using British and Swiss Panel Data', *Research in Social Stratification and Mobility*, 39(March), 48-58 (https://doi.org/10.1016/j.rssm.2014.12.002).

Hagan, J. and Kay, F. (1995) *Gender in practice: A study of lawyers' lives*, Oxford: Oxford University Press.

Halford, S. and Savage, M. (2010) 'Reconceptualizing digital social inequality', *Information, Communication & Society*, 13(7), 937-55 (https://doi.org/10.1080/1369118X.2010.499956).

Hällsten, M. (2013) 'The class-origin wage gap: Heterogeneity in education and variations across market segments', *The British Journal of Sociology*, 64(4), 662-90 (https://doi.org/10.1111/1468-4446.12040).

Halpin, B. and Chan, T.W. (1998) 'Class careers as sequences: An optimal matching analysis of work–life histories', *European Sociological Review*, 14(2), 111-30 (https://doi.org/10.1093/oxfordjournals.esr.a018230).

Hanley, L. (2017) *Respectable: Crossing the class divide*, London: Penguin.

Hansen, M.N. (2001) 'Closure in an open profession. The impact of social origin on the educational and occupational success of graduates of law in Norway', *Work, Employment & Society*, 15(3), 489-510.

Hansen, M.N. (2014) 'Self-made wealth or family wealth? Changes in intergenerational wealth mobility', *Social Forces*, 93(2), 457-81 (https://doi.org/10.1093/sf/sou078).

Harris, C. I. (1993) 'Whiteness as property', *Harvard Law Review* 106(8), 1707-91 (https://doi.org/10.2307/1341787).

Harrison, B. (2009) *Seeking a role: The United Kingdom 1951–1970* (1st edn), Oxford and New York: Oxford University Press.

Heath, A.F. (1981) *Social mobility*, London: Fontana Paperbacks.

Heath, A.F. and Britten, N. (1984) 'Women's jobs do make a difference: A reply to Goldthorpe', *Sociology*, 18(4), 475-90.

Hecht, K.M. (2017) 'A sociological analysis of top incomes and wealth: A study of how individuals at the top of the income and wealth distributions perceive economic inequality', PhD, London: London School of Economics and Political Science (http://etheses.lse.ac.uk/3699).

Hesmondhalgh, D. and Baker, S. (2011) *Creative labour: Media work in three cultural industries*, London and New York: Routledge.

Hey, V. (1997) 'Northern accent and southern comfort: Subjectivity and social class', in P. Mahony and C. Zmroczek (eds) *Class matters: Working class women's perspectives on social class* (1st edn), London and Bristol, PA: Taylor & Francis, 143-54.

Hirsch, P.M. (1972) 'Processing fads and fashions: An organization-set analysis of cultural industry systems', *American Journal of Sociology*, 77(4), 639-59.

Hirsch, P.M. (2000) 'Cultural industries revisited', *Organization Science*, 11(3), 356-61 (https://doi.org/10.1287/orsc.11.3.356.12498).

Hjellbrekke, J., Le Roux, B., Korsnes, O., LeBaron, F., Rosenlund, L. and Rouanet, H. (2007) 'The Norwegian field of power anno 2000', *European Societies*, 9(2), 245 (https://doi.org/10.1080/14616690601002749).

Ho, K. (2009) *Liquidated: An ethnography of Wall Street* (Paperback Octavo edn), Durham, NC: Duke University Press.

Hoggart, R. (2009) *Modern classics: The uses of literacy: Aspects of working-class life*, London: Penguin Classic.

Honey, J.R. de S. (1977) *Tom Brown's universe: Public school in the nineteenth century*, London: Millington.

hooks, b. (1993) 'Keeping close to home: Class and education', in M. M. Tokarczyk and E. E. Fay (eds) *Working-class women in the academy: Laborers in the knowledge factory*, Amherst, MA: University of Massachusetts Press, 99-111.

Hout, M. (1984) 'Status, autonomy, and training in occupational mobility', *The American Journal of Sociology*, 89(6), 1379-409.

Hout, M. (2008) 'How class works: Objective and subjective aspects of class since the 1970s', in A. Lareau and D. Conley (eds) *Social class: How does it work*, New York: Russell Sage Foundation, 25-64.

Hout, M. (2012) 'Social and economic returns to college education in the United States', *Annual Review of Sociology*, 38(1), 379-400 (https://doi.org/10.1146/annurev.soc.012809.102503).

Hull, K.E. and Nelson, R.L. (2000) 'Assimilation, choice, or constraint? Testing theories of gender differences in the careers of lawyers', *Social Forces*, 79(1), 229-64 (https://doi.org/10.1093/sf/79.1.229).

Hunter, F. (1969) *Community power structure: A study of decision makers* (1st edn), Chapel Hill: University North Carolina Press.

Igarashi, H. and Saito, H. (2014) 'Cosmopolitanism as cultural capital: Exploring the intersection of globalization, education and stratification', *Cultural Sociology*, 8(3), 222-39 (https://doi.org/10.1177/1749975514523935).

IMF (International Monetary Fund) (2017) *IMF Fiscal Monitor, Tackling Inequality, October 2017* (www.imf.org/en/Publications/FM/Issues/2017/10/05/fiscal-monitor-october-2017).

Ingram, N.A. (2011) 'Within school and beyond the gate: The complexities of being educationally successful and working class', *Sociology*, 45(2), 287-302.

Ingram, N.A. (2018) *Working-class boys and educational success: Teenage identities, masculinities and urban schooling*, New York: Palgrave Macmillan.

Ingram, N.A. and Allen, K. (2018) '"Talent-spotting" or "social magic"? Inequality, cultural sorting and constructions of the ideal graduate in elite professions', *The Sociological Review*, May (http://eprints.lancs.ac.uk/125638).

Jack, A.A. (2014) 'Culture shock revisited: The social and cultural contingencies to class marginality', *Sociological Forum*, 29(2), 453-75 (https://doi.org/10.1111/socf.12092).

Jack, A.A. (2016) '(No) harm in asking: Class, acquired cultural capital, and academic engagement at an elite university', *Sociology of Education*, 89(1), 1-19.

Jann, B. (2008) 'The Blinder–Oaxaca decomposition for linear regression models', *Stata Journal*, 8(4), 453-79.

Jarness, V. (2015) 'Modes of consumption: From "what" to "how" in cultural stratification research', *Poetics*, 53 (December), 65-79 (https://doi.org/10.1016/j.poetic.2015.08.002).

Jarness, V. and Friedman, S. (2017) '"I'm not a snob, but ...": Class boundaries and the downplaying of difference', *Poetics*, 61 (April), 14-25 (https://doi.org/10.1016/j.poetic.2016.11.001).

Jefferson, T. (1817) *Bill for establishing a system of public education*, Richmond: State of Virginia.

Jencks, C., Smith, M., Acland, H., Bane, M.J., Cohen, D., Gintis, H., Heyns, B. and Michelson, S. (1972) *Inequality: A reassessment of the effect of family and schooling in America*, New York: Basic Books.

Jenkins, R. (2002) *Pierre Bourdieu*, London: Routledge.

Jenkins, S.P. (2011) *Changing fortunes: Income mobility and poverty dynamics in Britain* (1st edn), Oxford and New York: Oxford University Press.

Jensen, T. (2014) 'Welfare commonsense, Poverty porn and doxosophy', *Sociological Research Online*, 19(3), 3.

Jerolmack, C. and Khan, S. (2014) 'Talk is cheap: Ethnography and the attitudinal fallacy', *Sociological Methods & Research*, 43(2), 178-209 (https://doi.org/10.1177/0049124114523396).

Johnson, B. (2013) 'Boris Johnson's speech at the Margaret Thatcher lecture in full', *The Telegraph*, 28 November (www.telegraph.co.uk/news/politics/london-mayor-election/mayor-of-london/10480321/Boris-Johnsons-speech-at-the-Margaret-Thatcher-lecture-in-full.html).

Jones, D. (1924) *An English pronouncing dictionary: (Showing the pronunciation of over 50,000 words in international phonetic transcription)* (Rev. edn, with Supplement), New York: E. P. Dutton & Co.

Jonsson, J.O., Grusky, D.B., Di Carlo, M., Pollak, R. and Brinton, M.C. (2009) 'Microclass mobility: Social reproduction in four countries', *American Journal of Sociology*, 114(4), 977-1036 (https://doi.org/10.1086/592200).

Judge, T.A. and Bono, J.E. (2001) 'Relationship of core self-evaluations traits – self-esteem, generalized self-efficacy, locus of control, and emotional stability – with job satisfaction and job performance: A meta-analysis', *Journal of Applied Psychology*, 86(1), 80-92 (https://doi.org/http://dx.doi.org/10.1037/0021-9010.86.1.80).

Kant, I. ([1790] 1987) *Critique of judgment*, UK: Hackett Publishing Co.

Kanter, R.M. (1993) *Men and women of the corporation* (2nd edn), New York: Basic Books.

kehal, p.s. (no date) 'Racializing meritocracy: Ideas of excellence and exclusion in faculty diversity', Unpublished PhD disseration, Brown University, RI.

Kelsall, R.K. (1955) *Higher civil servants in Britain, from 1870 to the present day*, London: Routledge.

Khan, S.R. (2010) *Privilege: The making of an adolescent elite at St Paul's School*, Princeton, NJ: Princeton University Press.

King, A. (2000) 'Thinking with Bourdieu against Bourdieu: A "practical" critique of the habitus', *Sociological Theory*, 18(3), 417-33 (https://doi.org/10.1111/0735-2751.00109).

King, A. and Crewe, I. (2013) *The blunders of our governments*, London: Oneworld Publications.

Kitagawa, E.M. (1955) 'Components of a difference between two rates', *Journal of the American Statistical Association*, 50(272), 1168-94 (https://doi.org/10.2307/2281213).

Koppman, S. (2015) 'In the eye of the beholder: The stratification of taste in a cultural industry', *The Sociological Quarterly*, 56(4), 665-94 (https://doi.org/10.1111/tsq.12098).

Koppman, S. (2016) 'Different like me: Why cultural omnivores get creative jobs', *Administrative Science Quarterly*, 61(2), 291-331 (https://doi.org/10.1177/0001839215616840).

Kornberger, M., Carter, C. and Ross-Smith, A. (2010) 'Changing gender domination in a big four accounting firm: Flexibility, performance and client service in practice', *Accounting, Organizations and Society*, 35(8), 775-91 (https://doi.org/10.1016/j.aos.2010.09.005).

Korsnes, O., Heilbron, J., Hjellbrekke, J., Bühlmann, F. and Savage, M. (2017) *New directions in elite studies*, Abingdon: Routledge.

KPMG (2016) 'KPMG reveals employees' parental occupation in a bid to increase social mobility', Press release, 15 December (https://home.kpmg.com/uk/en/home/media/press-releases/2016/12/kpmg-reveals-employees-parental-occupation-in-a-bid-to-increase-.html).

Kuhn, A. (2002) *Family secrets: Acts of memory and imagination* (2nd revised edn), London and New York: Verso.

Kynaston, D. (2012) *City of London: The history*, London: Vintage.

Lacy, K.R. (2004) 'Black spaces, black places: Strategic assimilation and identity construction in middle-class suburbia', *Ethnic and Racial Studies*, 27(6), 908-30 (https://doi.org/10.1080/0141987042000268521).

Lacy, K.R. (2007) *Blue-chip black: Race, class, and status in the new black middle class*, Berkeley, CA: University of California Press.

Lambert, P. and Griffiths, D. (2018) *Social inequalities and occupational stratification: Methods and concepts in the analysis of social distance*, Basingstoke: Palgrave Macmillan.

Lamont, M. (2000) *The dignity of working men: Morality and the boundaries of race, class, and immigration*, New York and Cambridge, MA: Russell Sage Foundation and Harvard University Press (http://site.ebrary.com/id/10314265).

Lamont, M. and Lareau, A. (1988) 'Cultural capital: Allusions, gaps and glissandos in recent theoretical developments', *Sociological Theory*, 6(2), 153-68.

Lancaster University (no date) 'Meet our chancellor' (www.lancaster.ac.uk/about-us/ourpeople/meet-our-chancellor).

Lareau, A. (2011) *Unequal childhoods: Class, race, and family life* (2nd edition with an update a decade later), Berkeley, CA: University of California Press.

Lareau, A. (2015) 'Cultural knowledge and social inequality', *American Sociological Review*, 80(1), 1-27 (https://doi.org/10.1177/0003122414565814).

Larsen, A.G. and Ellersgaard, C.H. (2018) 'The inner circle revisited: The case of an egalitarian society', *Socio-Economic Review*, 16(2), 251-75 (https://doi.org/10.1093/ser/mwx052).

Larsen, A.G., Ellersgaard, C. and Bernsen, M. (2015) *Magteliten: Hvordan 423 danskere styrer landet* [The ruling elite: How 423 Danes rule the country], Politikens Forlag (https://politikensforlag.dk/magteliten/t-1/9788740018004).

Laurison, D. and Friedman, S. (2016) 'The class pay gap in higher professional and managerial occupations', *American Sociological Review*, 81(4), 668-95 (https://doi.org/10.1177/0003122416653602).

Lawler, S. (1999) '"Getting out and getting away": Women's narratives of class mobility', *Feminist Review*, 63(1), 3-24 (https://doi.org/10.1080/014177899339036).

Lawler, S. (2005) 'Disgusted subjects: The making of middle-class identities', *The Sociological Review*, 53(3), 429-46 (https://doi.org/10.1111/j.1467-954X.2005.00560.x).

Lawler, S. and Payne, G. (2017) 'Social mobility talk: Class-making in neo-liberal times', in S. Lawler and G. Payne (eds) *Social mobility for the 21st century: Everyone a winner?*, New York: Routledge, 118-32.

LeBaron, F. (2008) 'Central bankers in the contemporary global field of power: A "social space" approach', *The Sociological Review* (www.u-picardie.fr/~LaboERSI/mardi/fichiers/m64.pdf).

Lee, D. (2011) 'Networks, cultural capital and creative labour in the British independent television industry', *Media, Culture & Society*, 33(4), 549-65 (https://doi.org/10.1177/0163443711398693).

Levy, O. and Reiche, B.S. (2018) 'The politics of cultural capital: Social hierarchy and organizational architecture in the multinational corporation', *Human Relations*, 71(6), 867-94 (https://doi.org/10.1177/0018726717729208).

Lewis, K. and Kaufman, J. (2018) 'The conversion of cultural tastes into social network ties', *American Journal of Sociology*, 123(6), 1684-1742 (https://doi.org/10.1086/697525).

Lexmond, J. and Reeves, R. (2009) *Building character*, London: Demos.

Li, Y. and Heath, A. (2016) 'Class matters: A study of minority and majority social mobility in Britain, 1982–2011', *American Journal of Sociology*, 122(1), 162-200 (https://doi.org/10.1086/686696).

Lin, N. (1999) 'Social networks and status attainment', *Annual Review of Sociology*, 25(1), 467-87 (https://doi.org/10.1146/annurev.soc.25.1.467).

Lindert, P.H. (2004) *Growing public: Volume 1, The story: Social spending and economic growth since the eighteenth century*, Cambridge: Cambridge University Press.

Littler, J. (2017) *Against meritocracy: Culture, power and myths of mobility*, London and New York: Routledge.

Lizardo, O. (2006) 'How cultural tastes shape personal networks', *American Sociological Review*, 71(5), 778-807 (https://doi.org/10.1177/000312240607100504).

Lizardo, O. and Skiles, S. (2012) 'Reconceptualizing and theorizing "omnivorousness": Genetic and relational mechanisms', *Sociological Theory*, 30(4), 263-82 (https://doi.org/10.1177/0735275112466999).

Ljunggren, J. (2017) 'Elitist egalitarianism: Negotiating identity in the Norwegian cultural elite', *Sociology*, 51(3), 559-74 (https://doi.org/10.1177/0038038515590755).

Longhi, S. and Brynin, M. (2017) *The Ethnicity Pay Gap*, Equality and Human Rights Commission Research Report 108, Manchester: Equality and Human Rights Commission (www.equalityhumanrights.com/sites/default/files/research-report-108-the-ethnicity-pay-gap.pdf).

Longhi, S., Nicoletti, C. and Platt, L. (2013) 'Explained and unexplained wage gaps across the main ethno-religious groups in Great Britain', *Oxford Economic Papers*, 65(2), 471-93 (https://doi.org/10.1093/oep/gps025).

Lovell, T. (2000) 'Thinking feminism with and against Bourdieu', *Feminist Theory*, 1(1), 11-32 (https://doi.org/10.1177/14647000022229047).

Major, J. (1990) *Today*, BBC Radio 4, 24 November.

Major, L.E. and Machin, S. (2018) *Social mobility: And its enemies*, London: Penguin.

Marshall, G. and Firth, D. (1999) 'Social mobility and personal satisfaction: Evidence from ten countries', *The British Journal of Sociology*, 50(1), 28-48 (https://doi.org/10.1111/j.1468-4446.1999.00028.x).

Maxwell, C. and Aggleton, P. (2015) *Elite education: International perspectives*, Abingdon: Routledge.

Maxwell, C. and Aggleton, P. (2016) 'Creating cosmopolitan subjects: The role of families and private schools in England', *Sociology*, 50(4), 780-95.

Maylor, U. and Williams, K. (2011) 'Challenges in theorising "black middle-class" women: Education, experience and authenticity', *Gender and Education*, 23(3), 345-56 (https://doi.org/10.1080/09540253.2010.490203).

McCrory Calarco, J. (2018) *Negotiating opportunities: How the middle class secures advantages in school*, New York: Oxford University Press.

McDowell, L. (1997) *Capital culture: Gender at work in the city*, Oxford: John Wiley & Sons.

Mckenzie, L. (2015) *Getting by: Estates, class and culture in austerity Britain*, Bristol: Policy Press.

McMillan Cottom, T. (2016) 'Black cyberfeminism: Intersectionality, institutions, and digital sociology', in J. Daniels, K. Gregory and T. McMillan Cottom (eds) *Digital sociologies* (Reprint edn), Bristol and Chicago, IL: Policy Press, 211-31.

McPherson, M., Smith-Lovin, L. and Cook, J.M. (2001) 'Birds of a feather: Homophily in social networks', *Annual Review of Sociology*, 27(1), 415-44 (https://doi.org/10.1146/annurev.soc.27.1.415).

Meghji, A. (2017) 'Positionings of the black middle-classes: Understanding identity construction beyond strategic assimilation', *Ethnic and Racial Studies*, 40(6), 1007-25 (https://doi.org/10.1080/01419870.2016.1201585).

Mijs. J. (2016) 'The unfulfillable promise of meritocracy: Three lessons and their implications for justice in education', *Social Justice Research*, 29 (1), 14-34.

Milburn, A. (2009) Unleashing Aspiration: The Final Report

of the Panel on Fair Access to the Professions (http://webarchive.nationalarchives.gov.uk/+/http:/www.cabinetoffice.gov.uk/media/227102/fair-access.pdf).

Milburn, A. (2014) 'Elitist Britain?' (http://dera.ioe.ac.uk/20793/1/Elitist_Britain_-_Final.pdf).

Milburn, A. (2015) *Bridging the Social Divide: Making Social Mobility and Child Poverty Core Business for the Next Parliament*, London: Social Mobility & Child Poverty Commission (https://assets.publishing.service.gov.uk/government/uploads/system/uploads/attachment_data/file/408405/Bridging_the_Social_Divide_Report.pdf).

Miles, A. and Savage, M. (2004) 'Origins of the modern career', in D. Mitch, J. Brown and M.H.D. van Leeuwen (eds) *Origins of the Modern Career*, Burlington: Ashgate, 79-100.

Miles, A. and Savage, M. (2012) 'The strange survival story of the English gentleman, 1945-2010', *Cultural and Social History*, 9(4), 595-612.

Mill, J.S. (1859) *On Liberty*, London: John W. Parker and Son.

Mills, C.W. (2000 [1856]) *The power elite*, Oxford: Oxford University Press.

Mills, C. (2013) 'The Great British class fiasco', *Oxford Sociology*, Blog (http://oxfordsociology.blogspot.co.uk/2013/04/the-great-british-class-fiasco.html).

Mills, C. (2015) 'The Great British Class Survey: Requiescat in pace', *The Sociological Review*, 63(2), 393-99 (https://doi.org/10.1111/1467-954X.12287).

Modood, T. and Khattab, N. (2015) 'Explaining ethnic differences: Can ethnic minority strategies reduce the effects of ethnic penalties?', *Sociology*, May, 38038515575858 (https://doi.org/10.1177/0038038515575858).

Moore, M. and Jones, J. (2001) 'Cracking the concrete ceiling: Inquiry into the aspirations, values, motives, and actions of African American female 1890 cooperative extension administrators', *Journal of Extension*, 39(6).

Moore, J., Higham, L., Mountford-Zimars, A., Ashley, L., Birkett, H., Duberly, J. and Kenny, E. (2016) *Socio-economic diversity in life sciences and investment banking*, London: Social Mobility Commission (www.gov.uk/government/publications/socio-economic-diversity-in-life-sciences-and-investment-banking).

Mosca, G. (2011 [1939]) *The Ruling Class*, Charleston, SC: Nabu Press.

Mouw, T. (2003) 'Social capital and finding a job: Do contacts matter?', *American Sociological Review*, 68(6), 868-98 (https://doi.org/10.2307/1519749).

Nichols, G. and Savage, M. (2017) 'A social analysis of an elite constellation: The case of Formula 1', *Theory, Culture & Society*, 34(5-6), 201-25 (https://doi.org/10.1177/0263276417716519).

Oakley, K. and O'Brien, D. (2015) *Cultural value and inequality: A critical literature review*, Arts and Humanities Research Council.

Oakley, K., Laurison, D., O'Brien, D. and Friedman, S. (2017) 'Cultural capital: Arts graduates, spatial inequality, and London's impact on cultural labour markets', *American Behavioral Scientist*, June (http://eprints.whiterose.ac.uk/117253).

O'Brien, D. (2016) 'What price evidence? The ethics of office and the ethics of social science in British cultural policy', *Journal of Cultural Economy*, 9(2), 127-40 (https://doi.org/10.1080/17530350.2015.1100649).

O'Brien, D., Allen, K., Friedman, S. and Saha, A. (2017) 'Producing and consuming inequality: A cultural sociology of the cultural industries', *Cultural Sociology*, 11(3), 271-82 (https://doi.org/10.1177/1749975517712465).

Olsen, W. (2010) *The gender pay gap in the UK 1995–2007*, London: Government Equalities Office (www.escholar.manchester.ac.uk/uk-ac-man-scw:75226).

Olsen, W., Gash, V., Kim, S. and Zhang, M. (2018) *The gender pay gap in the UK: Evidence from the UKHLS*, London: Government Equalities Office (www.gov.uk/government/publications/the-gender-pay-gap-in-the-uk-evidence-from-the-ukhls).

ONS (Office for National Statistics) (2016) *Quarterly Labour Force Survey, 2013–2016*, UK Data Archive, Social Survey Division, Northern Ireland Statistics and Research Agency, Central Survey Unit (https://discover.ukdataservice.ac.uk/series/?sn=2000026).

Pareto, V., Montesano, A., Zanni, A., Bruni, L., Chipman, J.S. and McLure, M. (2014) *Manual of political economy: A critical and variorum edition*, Oxford: Oxford University Press.

Parkin, F. (1979) *Marxism and class theory: A bourgeois critique*, London: Tavistock Publications.

Pattillo, M. (2013) *Black picket fences, second edition: Privilege and peril among the black middle class* (2nd edn), Chicago and London: University of Chicago Press.

Payne, G. (2017) *The new social mobility*, Bristol: Policy Press.

Peterson, R.A. and Anand, N. (2004) 'The production of culture perspective', *Annual Review of Sociology*, 30(January), 311-34.

Pfeffer, J. (1977) 'Toward an examination of stratification in organizations', *Administrative Science Quarterly*, 22(4), 553-67 (https://doi.org/10.2307/2392400).

Pfeffer, J. and Leblebici, H. (1973) 'Executive recruitment and the development of interfirm organizations', *Administrative Science Quarterly*, 18(4), 449-61 (https://doi.org/10.2307/2392198).

Piketty, T. (2014) *Capital in the twenty-first century*, Cambridge, MA: Harvard University Press.

Plomin, R. and Deary, I.J. (2015) 'Genetics and intelligence differences: Five special findings', *Molecular Psychiatry*, 20(1), 98-108 (https://doi.org/10.1038/mp.2014.105).

Plunkett, J. (2014) 'Working-class talent being priced out of acting, says David Morrissey', *The Guardian*, 15 September (www.theguardian.com/culture/2014/sep/16/david-morrissey-working-class-actors-priced-out).

Prieur, A. and Savage, M. (2014) 'On "knowingness", cosmopolitanism and busyness as emerging forms of cultural capital', in P. Coulangeon and J. Duval (eds) *The Routledge companion to Bourdieu's 'Distinction'*, New York: Routledge.

Puwar, N. (2004) *Space invaders: Race, gender and bodies out of place*, Oxford and New York: Berg Publishers.

Reay, D. (2002) 'Shaun's story: Troubling discourses of white working-class masculinities', *Gender and Education*, 14(3), 221-34.

Reay, D. (2017) *Miseducation: Inequality, education and the working classes* (1st edn), Bristol: Policy Press.

Reay, D., Crozier, G. and Clayton, J. (2009) '"Strangers in paradise"? Working-class students in elite universities', *Sociology*, 43(6), 1103-21 (https://doi.org/10.1177/0038038509345700).

Reed-Danahay, D. (2004) *Locating Bourdieu*, Bloomington, IN: Indiana University Press.

Reeves, R.V. (2018) *Dream hoarders: How the American upper middle class is leaving everyone else in the dust, why that is a problem, and what to do about it*, Washington, DC: Brookings Institution Press.

Reeves, A. and de Vries, R. (2018) 'Can cultural consumption increase future earnings? Exploring the economic returns to cultural capital', *The British Journal of Sociology* (https://doi.org/10.1111/1468-4446.12374).

Reeves, A., Friedman, S., Rahal, C. and Flemmen, M. (2017) 'The decline and persistence of the old boy: Private schools and elite recruitment 1897 to 2016', *American Sociological Review*, 82(6), 1139-66 (https://doi.org/10.1177/0003122417735742).

Rivera, L.A. (2012) 'Hiring as cultural matching: The case of elite professional service firms', *American Sociological Review*, 77(6), 999-1022 (https://doi.org/10.1177/0003122412463213).

Rivera, L.A. (2015) *Pedigree: How elite students get elite jobs*, Princeton, NJ: Princeton University Press.

Rivera, L.A. and Tilcsik, A. (2016) 'Class advantage, commitment penalty: The gendered effect of social class signals in an elite labor market', *American Sociological Review*, 81(6), 1097-131 (https://doi.org/10.1177/0003122416668154).

Roberts, S. and Arunachalam, D. (no date) 'The class pay gap in Australia.'

Robson, K., Humphrey, C., Khalifa, R. and Jones, J. (2007) 'Transforming audit technologies: Business risk audit methodologies and the audit field', *Accounting, Organizations and Society*, 32(4), 409-38 (https://doi.org/10.1016/j.aos.2006.09.002).

Rollock, N. (2014) 'Race, class and "the harmony of dispositions"', *Sociology*, 48(3), 445-51 (https://doi.org/10.1177/0038038514521716).

Rollock, N., Gillborn, D., Vincent, C. and Ball, S. (2011) 'The public identities of the black middle classes: Managing race in public spaces', *Sociology*, 45(6), 1078-93 (https://doi.org/10.1177/0038038511416167).

Ruderman, M.N., Ohlott, P.J. and Kram, K.E. (1996) *Managerial promotion: The dynamics for men and women*, Greensboro, NC: Center for Creative Leadership.

Saha, A. (2017a) 'The politics of race in cultural distribution: Addressing inequalities in British Asian theatre', *Cultural Sociology*, 11(3), 302-17 (https://doi.org/10.1177/1749975517708899).

Saha, A. (2017b) *Race and the cultural industries*, Malden, MA: Polity Press.

Sandberg, S. (2015) *Lean in: Women, work, and the will to lead*, London: W.H. Allen.

Saunders, P. (1995) 'Might Britain be a meritocracy?', *Sociology*, 29(1), 23-41 (https://doi.org/10.1177/003803859502900103).

Saunders, P. (2003) 'Reflections on the meritocracy debate in Britain: A response to Richard Breen and John Goldthorpe', *The British Journal of Sociology*, 53(4), 559-74 (https://doi.org/10.1080/0007131022000021489).

Savage, M. (1997) 'Social mobility and the survey method: A critical analysis', in D. Bertaux and P. Thompson (eds) *Pathways to social class: Qualitative approaches to social mobility*, Oxford: Clarendon Press, 299-326.

Savage, M. (2000) *Class analysis and social transformation*, Buckingham: Open University Press.

Savage, M. (2010) *Identities and social change in Britain since 1940: The politics of method*, Oxford and New York: Oxford University Press.

Savage, M. (2014) 'Social change in the 21st century: The new sociology of "wealth elites"', *Discover Society*, December (http://discoversociety.org/2014/12/01/focus-social-change-in-the-21st-century-the-new-sociology-of-wealth-elites/).

Savage, M. and Friedman, S. (2017) 'Time, accumulation and trajectory: Bourdieu and social mobility', in S. Lawler and G. Payne (eds) *Social mobility for the 21st century*, Abingdon: Routledge, 81-93.

Savage, M. and Williams, K. (2008) 'Elites: Remembered in capitalism and forgotten by social sciences', *The Sociological Review*, 56(May), 1-24 (https://doi.org/10.1111/j.1467-954X.2008.00759.x).

Savage, M., Barlow, J., Dickens, P. and Fielding, T. (1992) *Property, bureaucracy, and culture: Middle-class formation in contemporary Britain*, London: Routledge.

Savage, M., Bagnall, G. and Longhurst, B. (2001) 'Ordinary, ambivalent and defensive: Class identities in the Northwest of England', *Sociology*, 35(4), 875-92 (https://doi.org/10.1177/003803850103500400 5).

Savage, M., Devine, F., Cunningham, N., Taylor, M., Li, Y., Hjellbrekke, J., Le Roux, B., Friedman, S. and Miles, A. (2013) 'A new model of social class? Findings from the BBC's Great British Class Survey Experiment', *Sociology*, 47(2), 219-50 (https://doi.org/10.1177/0038038513481128).

Savage, M., Devine, F., Cunningham, N., Friedman, S., Laurison, D., Miles, A., Snee, H. and Taylor, M. (2015a) 'On social class, anno 2014', *Sociology*, 49(6), 1011-30 (https://doi.org/10.1177/0038038514536635).

Savage, M., Cunningham, N., Devine, F., Friedman, S., Laurison, D., McKenzie, L., Miles, A., Snee, H. and Wakeling, P. (2015b) *Social class in the 21st Century*. Penguin UK.

Sayer, A. (2009) *The moral significance of class*, Cambridge and New York: Cambridge University Press.

Scott, J. (1991) *Who rules Britain?*, Oxford and Cambridge, MA: Polity Press.

Scott, J. (2008) 'Modes of power and the re-conceptualization of elites', *The Sociological Review*, 56(1_suppl), 25-43 (https://doi.org/10.1111/j.1467-954X.2008.00760.x).

Sennett, R. and Cobb, J. (1972) *The hidden injuries of class*, New York: Vintage.

Sherman, R. (2017) *Uneasy street: The anxieties of affluence*, Princeton, NJ: Princeton University Press.

Silva, E.B. and Wright, D. (2009) 'Displaying desire and distinction in housing', *Cultural Sociology*, 3(1), 31-50 (https://doi.org/10.1177/1749975508100670).

Simpson, R. and Kumra, S. (2016) 'The Teflon effect: When the glass slipper meets merit', *Gender in Management: An International Journal*, 31(8), 562-76 (https://doi.org/10.1108/GM-12-2014-0111).

Skeggs, B. (1997) *Formations of class and gender: Becoming respectable*, London: Sage.

Social Mobility Foundation (2018) *Social Mobility Employer Index 2018* (www.socialmobility.org.uk/index).

Spence, C. and Carter, C. (2014) 'An exploration of the professional habitus in the big 4 accounting firms', *Work, Employment and Society*, 28(6), 946-62 (https://doi.org/10.1177/0950017013510762).

Spohrer, K., Stahl, G. and Bowers-Brown, T. (2018) 'Constituting neoliberal subjects? "Aspiration" as technology of government in UK policy discourse', *Journal of Education Policy*, 33(3), 327-42 (https://doi.org/10.1080/02680939.2017.1336573).

Srinivasan, S. (1995) *The South Asian petty bourgeoisie in Britain: An Oxford case study*, Aldershot: Avebury.

Stanworth, P. and Giddens, A. (1974) *Elites and power in British society*, 8, Cambridge University Press Archive (http://books.google.co.uk/books?hl=en&lr=&id=Syg4AAAAIAAJ&oi=fnd&pg=PR7&dq=Stanworth+and+Giddens,+1974%3B&ots=4hIfX8nZvS&sig=2pdEVgm8oGgapvHOczsZoISS_hQ).

Steinbugler, A.C., Press, J.E. and Johnson Dias, J. (2006) 'Gender, race, and affirmative action: Operationalizing intersectionality in survey research', *Gender & Society*, 20(6), 805-25 (https://doi.org/10.1177/0891243206293299).

Steinmetz, G. (2006) 'Bourdieu's disavowal of Lacan: Psychoanalytic theory and the concepts of "habitus" and "symbolic capital"', *Constellations*, 13(4), 445-64 (https://doi.org/10.1111/j.1467-8675.2006.00415.x).

Stevens, G. (1999) *The favored circle: The social foundations of architectural distinction*, Cambridge, MA: MIT Press.

Stewart, A., Kenneth, P. and Blackburn, R.M. (1980) *Social stratification and occupations*, London: Macmillan.

Stovel, K., Savage, M. and Bearman, P. (1996) 'Ascription into achievement: Models of career systems at Lloyds Bank, 1890-1970', *American Journal of Sociology*, 102(2), 358-99 (https://doi.org/10.1086/230950).

Strømme, T.B. and Hansen, M.N. (2017) 'Closure in the elite professions: The field of law and medicine in an egalitarian context', *Journal of Education and Work*, 30(2), 168-85 (https://doi.org/10.1080/13639080.2017.1278906).

Sullivan, A. (2001) 'Cultural capital and educational attainment', *Sociology*, 35(4), 893-912 (https://doi.org/10.1177/0038038501035004006).

Taylor, A. (2016) 'Full transcript: Theresa May's first speech as Britain's prime minister', *The Washington Post*, 13 July (www.washingtonpost.com/news/worldviews/wp/2016/07/13/full-transcript-may-promises-bold-new-positive-role-for-britain-after-brexit/?utm_term=.0067441a8f2a).

Thaler, R.H. and Sunstein, C.R. (2009) *Nudge: Improving decisions about health, wealth, and happiness*, New York: Penguin Books.

Thrift, N. and Williams, P. (2014) *Class and space (RLE social theory): The making of urban society*, London: Routledge.

Tilly, C. (1999) *Durable inequality*, Los Angeles, CA: University of California Press.

Time (2016) 'Here's Donald Trump's presidential announcement speech', 16 June (http://time.com/3923128/donald-trump-announcement-speech/).

Toft, M. (2018) 'Mobility closure in the upper class: Assessing time and forms of capital', *The British Journal of Sociology* (https://doi.org/10.1111/1468-4446.12362).

Tokarczyk, M.M. and Fay, E.E. (eds) (1993) *Working-Class women in the academy: Laborers in the knowledge factory*, Amherst, MA: University of Massachusetts Press.

Torche, F. (2011) 'Is a college degree still the great equalizer? Intergenerational mobility across levels of schooling in the United States', *American Journal of Sociology*, 117(3), 763-807 (https://doi.org/10.1086/661904).

Tumin, M.M. (1953) 'Some principles of stratification: A critical analysis', *American Sociological Review*, 18(4), 387-94 (https://doi.org/10.2307/2087551).

Turner, R.H. (1960) 'Sponsored and contest mobility and the school system', *American Sociological Review*, 25(6), 855-67.
Tyler, I. (2008) '"Chav mum chav scum"', *Feminist Media Studies*, 8(1), 17-34 (https://doi.org/10.1080/14680770701824779).
Useem, M. (1986) *The inner circle: Large corporations and the rise of business political activity in the US and UK*, Oxford: Oxford University Press.
Useem, M. and Karabel, J. (1986) 'Pathways to top corporate management', *American Sociological Review*, 51(2), 184-200 (https://doi.org/10.2307/2095515).
Vaisey, S. and Lizardo, O. (2010) 'Can cultural worldviews influence network composition?', *Social Forces*, 88(4), 1595-618 (https://doi.org/10.1353/sof.2010.0009).
Vandebroeck, D. (2014) 'Classifying bodies, classified bodies, class bodies', in J. Ducal (ed) *The Routledge companion to Bourdieu's 'Distinction'*, London: Routledge.
Vandebroeck, D. (2016) *Distinctions in the flesh: Social class and the embodiment of inequality*, London: Taylor & Francis (https://books.google.com/books?hl=en&lr=&id=8zMlDwAAQBAJ&oi=fnd&pg=PP1&dq=dieter+vandebroeck&ots=wnaeSFwOF6&sig=wDYsSWSn_iOIGROpyBmLb4xAKFA).
van Galen, J.A. and van Dempsey, O. (eds) (2009) *Trajectories: The social and educational mobility of education scholars from poor and working class backgrounds*, Rotterdam: Sense Publishers.
Vincent, C., Rollock, N., Ball, S. and Gillborn, D. (2012) 'Being strategic, being watchful, being determined: Black middle-class parents and schooling', *British Journal of Sociology of Education*, 33(3), 337-54 (https://doi.org/10.1080/01425692.2012.668833).
Wacquant, L.J.D. (2013) 'Symbolic power and group-making: On Pierre Bourdieu's reframing of class', *Journal of Classical Sociology*, 13(2), 274-91 (https://doi.org/10.1177/1468795X12468737).
Wacquant, L.J.D. (2016) 'A concise genealogy and anatomy of habitus', *The Sociological Review*, 64(1), 64-72 (https://doi.org/10.1111/1467-954X.12356).
Wajcman, J. (1998) *Managing like a man: Women and men in corporate management*, Cambridge: Polity Press.

Wakeling, P. and Laurison, D. (2017) 'Are postgraduate qualifications the "new frontier of social mobility"?', *The British Journal of Sociology*, 68(3), 533-55 (https://doi.org/10.1111/1468-4446.12277).

Wakeling, P. and Savage, M. (2015) 'Entry to elite positions and the stratification of higher education in Britain', *The Sociological Review*, 63(2), 290-320 (https://doi.org/10.1111/1467-954X.12284).

Walkerdine, V. (1990) *Schoolgirl fictions*, London and New York: Verso Books.

Wallace, D. (2017) 'Reading "race" in Bourdieu? Examining black cultural capital among black Caribbean youth in South London', *Sociology*, 51(5), 907-23 (https://doi.org/10.1177/0038038516643478).

Watson, T. (2017) 'Acting up: Labour's inquiry into access and diversity in the performing arts', The Labour Party (www.tom-watson.com/actingup).

Watts, D.J. (2004) 'The "new" science of networks', *Annual Review of Sociology*, 30(1), 243-70 (https://doi.org/10.1146/annurev.soc.30.020404.104342).

Weber, M. (1992) *Economy and society*, Berkeley, CA: University of California Press.

Weeden, K.A. (2002) 'Why do some occupations pay more than others? Social closure and earnings inequality in the United States', *American Journal of Sociology*, 108(1), 55-101.

Weeden, K.A. and Grusky, D.B. (2005) 'The case for a new class map', *American Journal of Sociology*, 111(1), 141-212.

Weeden, K.A., Kim, Y.-M., Di Carlo, M. and Grusky, D.B. (2007) 'Social class and earnings inequality', *American Behavioral Scientist*, 50(5), 702-36 (https://doi.org/10.1177/0002764206295015).

Weyer, B. (2007) 'Twenty years later: Explaining the persistence of the glass ceiling for women leaders', *Women in Management Review*, 22(6), 482-96 (https://doi.org/10.1108/09649420710778718).

Whitely, W., Dougherty, T.W. and Dreher, G.F. (1991) 'Relationship of career mentoring and socioeconomic origin to managers' and professionals' early career progress', *Academy of Management Journal*, 34(2), 331-50 (https://doi.org/10.5465/256445).

Wilkinson, R. and Pickett, K. (2009) *The spirit level: Why greater equality makes societies stronger*, New York: Bloomsbury Publishing USA.

Wilkinson, R. and Pickett, K. (2018) *The inner level: How more equal societies reduce stress, restore sanity and improve everyone's wellbeing*, London: Penguin UK.

Williams, C.L. (1992) 'The glass escalator: Hidden advantages for men in the "female" professions', *Social Problems*, 39(3), 253-67 (https://doi.org/10.2307/3096961).

Wingfield, A.H. (2009) 'Racializing the glass escalator: Reconsidering men's experiences with women's work', *Gender & Society*, 23(1), 5-26.

Wingfield, A.H. (2010) 'Are some emotions marked "whites only"? Racialized feeling rules in professional workplaces', *Social Problems*, 57(2), 251-68.

Woodhams, C., Lupton, B. and Cowling, M. (2015) 'The snowballing penalty effect: Multiple disadvantage and pay', *British Journal of Management*, 26(1), 63-77 (https://doi.org/10.1111/1467-8551.12032).

Woodson, K. (2015) 'Race and rapport: Homophily and racial disadvantage in large law firms', *Fordham Law Review*, 83(5), 2557.

World Bank, The (2016) *Taking on inequality: Poverty and shared prosperity 2016*, International Bank for Reconstruction and Development, The World Bank (https://openknowledge.worldbank.org/bitstream/handle/10986/25078/9781464809583.pdf).

Wright, E.O. (1978) *Class, crisis and the state*, London: New Left Books.

Wright, E.O. (1985) *Classes*, London: Verso.

Wright, E.O. (1989) 'Rethinking, once again, the concept of class structure', in E.O. Wright (ed) *The Debate on Classes*, London: Verso, 269-348.

Wright, E.O. (2005a) 'Foundations of a neo-Marxist class analysis', in E.O. Wright (ed) *Approaches to Class Analysis*, Cambridge: Cambridge University Press, 4-31.

Wright, E.O. (ed) (2005b) *Approaches to class analysis*, Cambridge and New York: Cambridge University Press.

Wright, E.O. and Shin, K.-Y. (1988) 'Temporality and class analysis: A comparative study of the effects of class trajectory and class structure on class consciousness in Sweden and the United States', *Sociological Theory*, 6(1), 58-84 (https://doi.org/10.2307/201914).

Young, M. (2001) 'Comment: Down with meritocracy', *The Guardian*, 29 June (www.theguardian.com/politics/2001/jun/29/comment).

Zimdars, A., Sullivan, A. and Heath, A. (2009) 'Elite higher education admissions in the arts and sciences: Is cultural capital the key?', *Sociology*, 43(4), 648-666 (https://doi.org/10.1177/0038038509105413).

國家圖書館出版品預行編目資料

他的地板是你的天花板：特權階級怎樣自我複製並阻礙社會流動機會？我們如何打破社會不平等？/ 山姆・弗里曼(Sam Friedman), 丹尼爾・勞瑞森(Daniel Laurison) 著 ; 麥慧芬 譯. -- 初版. -- 臺北市 : 商周出版, 城邦文化事業股份有限公司出版 : 英屬蓋曼群島商家庭傳媒股份有限公司城邦分公司發行, 民111.06

面； 公分. -- (Discourse ; 112)

譯自 : The class ceiling : why it pays to be privileged

ISBN 978-626-318-311-7 (平裝)

1. CST: 階級社會 2.CST: 社會問題 3.CST: 平等

546.1 111007488

他的地板是你的天花板：

特權階級怎樣自我複製並阻礙社會流動機會？我們如何打破社會不平等？

原著書名／The class ceiling : why it pays to be privileged
作者／山姆・弗里曼（Sam Friedman），丹尼爾・勞瑞森（Daniel Laurison）
譯者／麥慧芬
企劃選書／陳玳妮
責任編輯／劉俊甫

版權／黃淑敏、林易萱
行銷業務／黃崇華、周丹蘋、賴正祐
總編輯／楊如玉
總經理／彭之琬
事業群總經理／黃淑貞
發行人／何飛鵬
法律顧問／元禾法律事務所 王子文律師
出版／商周出版
城邦文化事業股份有限公司
臺北市中山區民生東路二段141號9樓
電話：(02) 2500-7008 傳眞：(02) 2500-7759
E-mail：bwp.service@cite.com.tw
發行／英屬蓋曼群島商家庭傳媒股份有限公司城邦分公司
臺北市中山區民生東路二段141號2樓
書虫客服服務專線：(02) 2500-7718・(02) 2500-7719
服務時間：週一至週五09:30-12:00・13:30-17:00
24小時傳眞服務：(02) 2500-1990・(02) 2500-1991
郵撥帳號：19863813 戶名：書虫股份有限公司
E-mail：service@readingclub.com.tw
歡迎光臨城邦讀書花園 網址：www.cite.com.tw
香港發行所／城邦（香港）出版集團有限公司
香港灣仔駱克道193號東超商業中心1樓
電話：(852) 2508-6231 傳眞：(852) 2578-9337
E-mail：hkcite@biznetvigator.com
馬新發行所／城邦（馬新）出版集團 Cité (M) Sdn. Bhd.
41, Jalan Radin Anum, Bandar Baru Sri Petaling,
57000 Kuala Lumpur, Malaysia
電話：(603) 9057-8822 傳眞：(603) 9057-6622
E-mail：cite@cite.com.my

封面設計／周家瑤
排版／新鑫電腦排版工作室
印刷／韋懋印刷事業有限公司
經銷商／聯合發行股份有限公司
電話：(02) 2917-8022 傳眞：(02) 2911-0053
地址：新北市231新店區寶橋路235巷6弄6號2樓

■2022年（民111）6月初版
定價 580元

Printed in Taiwan
城邦讀書花園
www.cite.com.tw

ISBN 978-626-318-311-7

廣　告　回　函
北區郵政管理登記證
台北廣字第000791號
郵資已付，免貼郵票

104台北市民生東路二段141號2樓

英屬蓋曼群島商家庭傳媒股份有限公司　城邦分公司

請沿虛線對摺，謝謝！

書號：BK7112　**書名：**他的地板是你的天花板　**編碼：**

請於此處用膠水黏貼

讀者回函卡

線上版讀者回函卡

感謝您購買我們出版的書籍！請費心填寫此回函卡，我們將不定期寄上城邦集團最新的出版訊息。

姓名：＿＿＿＿＿＿＿＿＿＿ 性別：☐男 ☐女

生日：西元＿＿＿＿年＿＿＿＿月＿＿＿＿日

地址：＿＿＿＿＿＿＿＿＿＿

聯絡電話：＿＿＿＿＿＿＿＿ 傳真：＿＿＿＿＿＿＿＿

E-mail ：

學歷：☐ 1. 小學 ☐ 2. 國中 ☐ 3. 高中 ☐ 4. 大學 ☐ 5. 研究所以上

職業：☐ 1. 學生 ☐ 2. 軍公教 ☐ 3. 服務 ☐ 4. 金融 ☐ 5. 製造 ☐ 6. 資訊

☐ 7. 傳播 ☐ 8. 自由業 ☐ 9. 農漁牧 ☐ 10. 家管 ☐ 11. 退休

☐ 12. 其他＿＿＿＿＿＿＿＿

您從何種方式得知本書消息？

☐ 1. 書店 ☐ 2. 網路 ☐ 3. 報紙 ☐ 4. 雜誌 ☐ 5. 廣播 ☐ 6. 電視

☐ 7. 親友推薦 ☐ 8. 其他＿＿＿＿＿＿＿＿

您通常以何種方式購書？

☐ 1. 書店 ☐ 2. 網路 ☐ 3. 傳真訂購 ☐ 4. 郵局劃撥 ☐ 5. 其他＿＿＿＿

您喜歡閱讀那些類別的書籍？

☐ 1. 財經商業 ☐ 2. 自然科學 ☐ 3. 歷史 ☐ 4. 法律 ☐ 5. 文學

☐ 6. 休閒旅遊 ☐ 7. 小說 ☐ 8. 人物傳記 ☐ 9. 生活、勵志 ☐ 10. 其他

對我們的建議：＿＿＿＿＿＿＿＿＿＿

【為提供訂購、行銷、客戶管理或其他合於營業登記項目或章程所定業務之目的，城邦出版人集團（即英屬蓋曼群島商家庭傳媒（股）公司城邦分公司、城邦文化事業（股）公司），於本集團之營運期間及地區內，將以電郵、傳真、電話、簡訊、郵寄或其他公告方式利用您提供之資料（資料類別：C001、C002、C003、C011 等）。利用對象除本集團外，亦可能包括相關服務的協力機構。如您有依個資法第三條或其他需服務之處，得致電本公司客服中心電話 02-25007718 請求協助。相關資料如為非必要項目，不提供亦不影響您的權益。】

1.C001 辨識個人者：如消費者之姓名、地址、電話、電子郵件等資訊。
2.C002 辨識財務者：如信用卡或轉帳帳戶資訊。
3.C003 政府資料中之辨識者：如身分證字號或護照號碼（外國人）。
4.C011 個人描述：如性別、國籍、出生年月日。

請於此處用膠水黏貼